Clemens Zerling

Lexikon der Tiersymbolik

Herausgegeben von
Wolfgang Bauer

Clemens Zerling

Lexikon der Tiersymbolik

Mythologie Religion Psychologie

Herausgegeben von Wolfgang Bauer

Kösel

ISBN 3-466-36639-9
© 2003 by Kösel-Verlag GmbH & Co., München
Printed in Germany. Alle Rechte vorbehalten
Druck und Bindung: Kösel, Kempten
Umschlag: Kaselow-Design, München
Umschlagmotiv: Minotaurus. Griechische Vasenmalerei: Innenbild einer Schale
(ca. 515 v. Chr.). Kunsthandel London. Foto: akg-images/Werner Forman

Inhalt

Einleitung
Clemens Zerling

Warum ein Lexikon der Tiersymbolik?

Liebhaber mittelalterlicher Kirchen und ihrer Sakralkunst können mitunter den Eindruck gewinnen, sie stehen weniger vor einem Gotteshaus als vor dem Eingang zur Unterwelt. Ein ganzes Heer scheinbar höllischer Ausgeburten wird aufgeboten, den Menschen schon an der Außenfassade zu erschrecken. Monströse Fabeltiere, Raubkatzen, Bären, Wölfe und mitunter Haustiere in aggressiver Haltung mit oft weit aufgerissenem Rachen spielen Dachreiter, Regentraufen, Fundamentstützen oder begegnen uns im Portalbereich. Im Innern geht es weiter. Von Weihwasserbehältern, Säulenkapitellen und Kanzelelementen starren uns mehr oder weniger identifizierbare animalische Skulpturen an. Nicht einmal im Altarbereich bleibt man sicher vor ihnen. Sollen sie warnen, mahnen, Furcht einflößen? Oder sind sie selbst Ausdruck mittelalterlicher Angst vor dem jederzeit und überall anzutreffenden Wesen des Widersachers, der umhergeht »wie ein brüllender Löwe, suchend, wen er verschlinge«?

Tiere als Symbol

Leider wissen wir zu wenig von der Gedankenwelt gotischer und erst recht romanischer Baumeister und Künstler. So laufen denn die Interpretationen weit auseinander. Versteifen sich einige Kunstforscher vehement darauf, dass tierische und pflanzliche Ausdrucksformen reine Ornamentik sei, suchen andere eine inhaltliche Annäherung von Seiten der Bibel, des Physiologus und der Fabeln des Aesop, den bekanntesten und verbreitetsten Büchern in jener Zeit. Symbolforschung greift weiter aus und vergleicht interkulturell ähnliche Bildprogramme. Der kunstbeflissene Fulcanelli, ein Pseudonym für Julien Champagne, legte 1926 in seinem bahnbrechenden Werk Les Mystères des Cathédrales den Finger auf die mannigfaltigen Symbolverbindungen zur mittelalterlichen Alchimie. Alchimisten, selbst wenn sie mit Metallen laborierten, waren immer auf der Suche nach dem »Erkenne dich selbst«. Carl Gustav Jung wies dann in seinen Forschungen nach, wie gut sich ihre verschlüsselten Botschaften plötzlich dechiffrieren lassen, sucht man sie tiefenpsychologisch zu deuten. Tiere und Fabelwesen als Ausdruck der Ganzheit unseres Selbst?

Die heiligen Schriften, Mythen und kosmologischen Erklärungsmodelle der Menschheit bieten so gut wie immer mehrere Bedeutungsebenen an. Dabei arbeiteten sie mit Symbolen, der eigentlichen Sprache aller Religionen und Kulte. Mittelalterliche Sakralkunst führte diesen Anspruch weiter. Nur durch das Symbol gelinge es, »die Belanglosigkeit des lediglich Vorhandenen und Registrierten zu brechen, um Gestalt und Idee, Erscheinung und Verborgenes, Vordergründiges und Hintergründiges, Weltliches und Göttliches miteinander zu verbinden«, zitierte Manfred Lurker Hubertus Halbfas (1990:69). In solcher Kompaktheit bergen sie für jeden von uns eine Fülle von Botschaften, allgemeiner und persönlicher Art. Gerade, wenn wir uns fragen, »was haben sie denn mit mir zu tun?«, können diese Symbole mit Leben erfüllt werden.

Auf Tiersymbolik stoßen wir natürlich nicht nur im sakralen Bereich, wie jeder Besuch in einem Museum beweist. Noch bis ins 17. Jahrhundert strotzen die Malereien von Landtieren, Fischen und Vögeln, deren Bedeutung sich im Einzelnen nur schwer erschließen lässt. Stadtwappen, Vereinsfahnen und Heraldik scheinen besondere Eigenschaften herauszustellen. Kaum ein Märchen kommt ohne wegweisende Tiere aus, Sagen und Legenden lassen sie in alle Lebensbereiche eingreifen. Selbst moderne Künstler und Romanautoren bedienen sich gern aus der Requisitenkiste einer magischen Weltarena, wo Tiere nicht immer Tiere sind. Werbung und modernes Marketing reiten geradezu auf tierischen Vergleichen, wenn es um Antriebskraft und Schnelligkeit von Wagen geht, um das scheinbare Abenteuer von Zigarettenkonsum, aber auch um biedere Häuslichkeit und Sentimentalitäten. Warum lässt uns das Tier nicht los, selbst wenn wir in unseren westlichen Konsum- und Stadtgesellschaften oft die Nähe zur Natur aus den Augen und dem Sinn verloren haben? Warum identifizieren wir uns dabei mehr mit den wilden und gefährlichen Vertretern als mit Hase, Kaninchen, Schaf oder Kuh? Und warum verbinden wir das Gefährliche mit Freiheit?

Tiere als Lehrmeister

Anthropologen entwarfen das Bild des Frühmenschen, der irgendwann lernte, Sinnesimpulse aus dem Innern und Wahrnehmungen im Außen zu trennen. Mit dieser Entwicklung erschien ihm die ohnehin angsteinflößende Welt nun immer mehr als von ihm losgelöst, von machtvollen Wesen gelenkt und eher feindlich. Da war es erleichternd, wenn er das Unbekannte seiner Umgebung aus der unheimlichen Fremdheit herausnehmen und der eigenen bekannten Welt zuordnen konnte. Tiere gehörten zur bekannten Welt. Sie bedrohten ihn zwar wie jedes Unwetter, verlangten Respekt ab, lieferten aber gleichzeitig Lebensgrundlage und spielten Lehrmeister, z.B. in der Kunst der Jagd und des Überlebens. Die ersten Tiervergleiche finden wir in der charakterisierenden Bestimmung totemistischer Sippen und Clans, in der Beschreibung von Sonne, Mond und Wettererscheinungen. Tiere repräsentierten Zyklen und Jahreszeiten. Sie beschrieben die gebärenden, nährenden, erhaltenden und zerstörenden Aspekte der Natur. Vor allem wilde Raubtiere waren wie geschaffen, die Bandbreite der Lebenskraft auszudrücken: ihren gnadenlosen, unaufhaltsamen und oft ungestümen Drang nach ständiger Veränderung, den ewigen Kreislauf zwischen Tod und Neugeburt. Alles zyklische Werden strebt aber nach Ausdehnung, nach Freiheit und letztendlich nach Vervollkommnung.

Schlummern solche Bedeutungen seit Zehn- oder Hunderttausenden von Jahren oder noch länger als Archetypen im kollektiven Bewusstsein? Jene Welt der Archetypen verstand Carl Gustav Jung als lebendige schöpferische Matrix all unserer bewussten und unbewussten Funktionen. Diese archetypischen Hintergrundmächte inspirieren durch neue Ideen und Einsichten. Sie wandeln sich aber zu gnadenlos zerstörerischen Kräften, wenn solche Fortschritte blockiert werden oder zu Vorurteilen erstarren. So können Archetypen emotionale Läuterungen, Erleuchtungen und auch wissenschaftliche Lichtblitze herbeiführen oder dafür Platz machen (Czogalla / Gläsel 1973:11;16).

Sie schlummern also nicht nur in der ganzen Menschheit, sie sind erstaunlich wach. Doch sie verändern sich nicht wirklich. Es wechselt nur die Form der Offenbarung, die den Fähigkeiten und dem Bewusstsein des Menschen entspricht, in denen sie nach Ausdruck suchen.

Tiere als Spiegel

Gerade in so genannten Schlüsselträumen warnen oft Tiere davor, dass wichtige Instinkte und Triebe unserer animalischen Natur (auch Vitalseele genannt) sich allzu ungehemmt entladen dürfen und uns damit »tierische« Schwierigkeiten einhandeln können. Oder aber wir haben sie fahrlässig geknebelt, verdrängt und sie bedürfen einer neuen Einschätzung. Liegen solche Einsichten schon dem Phänomen zugrunde, dass mittelalterliches Christentum in der Symbolik so gut wie alle Tierarten im wahrsten Sinne des Wortes »verteufelte«? Wollte oder musste ein in allen Teilen der Gesellschaft vorherrschendes Bewusstsein in Schranken gewiesen werden, das zu sehr an derb sinnlichen Vergnügen festhing und ihnen oft ungehinderten Lauf ließ?

Heutzutage erfreut sich Tiersymbolik in Selbsterfahrungsgruppen zunehmender Beliebtheit. Liefert sie doch anschaulich Hintergründiges über unsere Charaktereigenschaften, Schwächen und Stärken. Wer sein Unterbewusstsein da gezielt zurate zieht, wird feststellen, wie beschlagen es in dieser Thematik ist. Einzelheiten aus der Praxis über Verfahren und Aussagewert liefert der anschließende Beitrag von Wolfgang Bauer.

Wo uns also in der Symbolik das Tier begegnet, müssen wir mit mehreren Bedeutungsebenen rechnen. Wenn wir wollen, hält es auch eine Aussage für uns selbst bereit. Hier bietet dieses Lexikon Hilfestellung an. Der Sucher findet zum ersten Male die wichtigsten tierischen Symbolträger zusammengefasst, denen sonst höchstens Einzeldarstellungen gewidmet sind. Er kann dabei aus den ältesten Mythen der Völker, vergleichender Religionsbetrachtung, Mystik, Alchimie, Astrologie, Tiefenpsychologie und Volkskunde schöpfen; auch aus den Vorstellungen von Naturvölkern, die diese Sprache noch lebendig halten. Querverbindungen und ein Glossar bieten weitere Hinweise.

Tiere als Vorzeichen

Der transpersonale Psychologe und Bewusstseinsforscher Ken Wilber rät, sich mit solchen Symbolen intensiv auseinander zu setzen, treten sie als Bilder oder Botschaften in unser äußeres Bewusstsein. Suchten wir dann ihre Deutungen zu integrieren, lockere sich »die verkrustete obere Schicht der Seele« und lasse ein Wachstum des Transzendenten zu. Damit wüchsen auch jene Vorgänge, die über unser persönliches Leben hinausgehen, aber trotzdem Aspekte eines tieferen Selbst seien (1979:168).

Wer diese Zwiesprache mit dem Unbewussten ernst nimmt und sie pflegt, dem werden neben Träumen und Meditationserfahrungen weitere Zeichen präsentiert. Leider stolpern wir oft blind durch den Alltag, und es mangelt uns an Aufmerksamkeit. Dabei spiegeln sich nicht nur in akuten Krisen- oder Gefahrensituationen Regungen und Botschaften aus dem Innern auch im Außen. Vielleicht wird unsere Aufmerksamkeit auf seltsame »Zusammenfälle« gelenkt, die Carl Gustav Jung als »Synchronizität« bezeichnete. Damit beschrieb er »sinnvolle zeitliche Zusammentreffen« von inneren mit äußeren Ereignissen, ohne dass diese kausal voneinander abhängig wären.

Ohne Ziel spazierte der Jüngling Santiago in Paulo Coelhos Roman *Der Alchimist* aus der Oase, als seine Aufmerksamkeit plötzlich auf den Flug zweier Sperber gelenkt wurde. »Ihre Flugbahnen erschienen ihm erst wie ungeordnete Linien, und doch mussten sie einen Sinn haben. Es gelang ihm nur nicht, ihre Bedeutung zu entschlüsseln. Deshalb wollte er mit seinem Blick dem Flug der Vögel folgen ...« Da stürzte plötzlich einer der Vögel hernieder und griff den anderen an. Im gleichen Augenblick hatte Santiago die flüchtige Vision eines Angriffs auf die Oase. Erschrocken berichtete er davon dem »Rat der Oberhäupter«. Und durch ihn vorgewarnt, konnte tatsächlich ein räuberischer Überfall erfolgreich abgewehrt werden.

Auf die misstrauisch bohrende Frage, warum die Wüste gerade ihm, einem Fremden, dies durch ein Zeichen offenbart habe, antwortete der Junge: »Weil meine Augen sich noch nicht an die Wüste gewöhnt haben, sodass ich Dinge wahrnehme, die angepasste Augen nicht mehr sehen können.«

Grundlegung

Wolfgang Bauer

Das Tier – Symbol unseres Wesens

Das Tier als mythischer Ahne

Wie Felsbilder nahelegen, trugen schon im Neolithikum Menschen Masken, um die Abstammung von einem tierischen Urahnen, z. B. einem Wolf, rituell nachzuerleben. Solche initiatorischen Erfahrungen haben sich in Märchen und Sagen von menschenfressenden Werwölfen, in Kinderbüchern, Comics und in der Trivialliteratur erhalten und werden in Filmen immer wieder zum Thema gemacht. Gern verkleiden sich Menschen auch heute noch als Tiere. In einem kleinen Ort im Höllental (im Schwarzwald) kostümieren sich die Jugendlichen in der Fastnachtszeit als Wolfshunde und gehen auf großen Umzügen als eigene Gruppe mit.

Die Germanen kannten Wolfs-, Bären- und Fuchsbünde genauso wie auch andere Völker im europäisch-asiatischen Raum. Der Religionshistoriker Mircea Eliade weist darauf hin, dass die Daker, die heutigen Rumänen, sich mit ihrem ursprünglichen Namen dáoi nach dem Wolfsgott Daunus »die den Wölfen gleichen« nannten. Es sei bezeichnend, meint Mircea Eliade, dass das einzige Volk, dem es gelang, die Daker erstmals zu besiegen, ihr Land zu besetzen, zu besiedeln und seine Sprache durchzusetzen, das römische Volk war. »Ein Volk, das seine mythische Genealogie um Romulus und Remus entwickelt hatte, den Kindern des Wolfgottes Mars, die von der Wölfin des Kapitols gestillt und aufgezogen worden waren.« Auch die Invasion der Bevölkerung durch Dschingis Khan und seine Nachfahren sei durch ein Volk erfolgt, das unter dem Zeichen des

Wolfes stand. Dschingis Khan ist nach dem genealogischen Mythos der Mongolen der Nachfahre eines grauen Wolfes gewesen, der vom Himmel herabgestiegen war.

Bei Hunnen und Turko-Tartaren war die Darstellung eines Wolfes auf Herrschaftszeichen wie Szeptern und Flaggen häufig. Noch heute finden sich in der Türkei Männer im Geheimbund der Grauen Wölfe zusammen.

Das Tier als Bruder und Helfer

Die Angehörigen von Naturvölkern glaubten daran, dass sich höhere Wesen in allen möglichen Naturerscheinungen und auch in der Form von Tieren zeigten und in diesen Gestalten sogar – wie der Rabe, der Hase, der Präriewolf – als Weltschöpfer tätig waren. Bei den Irokesen wurde »Großer Hase« als Großvater der Menschen angesehen. Er habe das Land gemacht, Wasser, Fische, Hirsche und die Menschen. Die Indianer empfanden die Tiere als Verwandte und nicht, wie es die christlichen Missionare lehrten, als untergeordnete Lebewesen, die allein für die Nutzung durch die Menschen dazusein hatten. »Ist nicht der Himmel ein Vater und die Erde eine Mutter?«, fragte Schwarzer Hirsch, der weise Häuptling der Ogalalla-Sioux. »Sind nicht alle Lebewesen ihre Kinder, ob sie nun Füße, Flügel oder Wurzeln haben?«

Mit magischen Mitteln konnte man mit den Wesen aus der Geister- und Götterwelt kommunizieren. Die Plains Apache riefen mit weißen Möwenfedern die Wassergeister und mit Truthahnfedern die Berggeister. Mit der Rassel der Klapperschlange, mit Muscheln und Federn beschwor man die Kräfte des Windes und des Morgensterns. Mit Federn des Uhus schützte man sich vor schädlichen Einflüssen, da man annahm, dass der Uhu böse Geister verfolgt und auffrisst. Mit Hilfe des »Issiwun«, des heiligen Büffelhutes der Cheyenne, konnte der Träger sich mit der Kraft des Büffels, der als Sinnbild des Weltalls galt, verbinden. Der Hunkpapa Sioux Brave Buffalo nutzte einen Elk-Dreamer-Kopfschmuck um bedeutsame Träume und Visionen zu erhalten. Der Häuptling Medicine-Crow trug einen vollständigen Rabenbalg als saam (»Medizin«) auf dem Kopf. Eine solche Medizin lud den Träger mit kosmischen Kräften auf. Die Namen von Häuptlingen wie Sitting Bull, Keokuk (Aufmerksamer Fuchs), Black Hawk, Crazy Horse, Lone Wolf, Háchaka Ssapa (Schwarzer Elch), Susetscha Tanka (Große Schlange) deuten, vermittelt über die Tiernamen, auf die Träger hin als Personen, die eine besonders starke Lebenskraft besitzen.

Starb bei den Indianern ein alter Schamane, musste der junge Schamane mit einem Band aus weißen Knochen und einem Medizinbeutel am Hals in den Wald laufen und warten, bis er in einer Vision durch ein Tier »die Gabe« empfing. »Er läuft, um seinen Schmerz zu finden, er läuft, um seine Kraft zu finden, er fastet, erduldet, singt und ruft heilige Namen an«, erzählt die Ojibwa Gloria Hulk über diese Suche. »Er läuft bis ihn das Licht ereilt und ihn hält. Sein wildes Tier ist da und springt ihn an, wirft ihn auf den Boden, gibt ihm seine Macht, schmeckt seine Kraft. Der Läufer wird Schamane, ganz weiße Knochen und Magie.«

Hatten Kelten, Germanen und Römer das Erscheinen von Tieren als Zeichen der Götter gedeutet und sie als heilige Boten und Führer angesehen, ordnete das Christentum viele Tiere der Sphäre des Teufels zu und machte sie zu Repräsentanten sündhafter Begierden. Die Abbildung des Wolfs, vorher ein Begleiter des Gottes Odin, auf einem mittelalterlichen Kirchenportal steht dort dann für die niedere Raubtiernatur der Triebe, der Hase, vorher eine Manifestation der Jungfraugöttin, mahnt an die Sünde der Wollust, der Rabe, vorher Helfer des Gottes Odin, an die Sünde der Völlerei, die Eule, vorher Attribut der Göttin Athene, symbolisierte böses Tun, Unreinheit und Falschheit, der Frosch, vorher ein Tier im Gefolge der Mondgöttin, Geiz und Unkeuschheit. Der Teufel selbst wurde als Tiermensch mit Hufen und Bockshörnern dargestellt. Pate für dieses Bild stand der Gott Pan, der Herr des Waldes und seiner Tiere. Der heilige Franz von Assisi, der in allen Naturerscheinungen, Pflanzen und Tieren Brüder und Schwestern sah, und der, der Legende nach, sogar einen reißenden Wolf bewog, sich seiner Gefolgschaft anzuschließen, bleibt im Christentum mit dieser anderen Anschauung eine Ausnahme.

Der alte Glaube an die Tiere als wesensgleiche Geschöpfe findet sich aber vielfach noch in unseren Märchen. Es sind genau die verteufelten Tiere, Wolf, Rabe, Hase, Eule, Kröte, die dem Helden, der Heldin dann helfen, sie geleiten und mit besonderen Kräften ausstatten, wenn der Mensch sie respektiert. Ein Beispiel: In dem Märchen »Das Waldhaus« leben ein alter Mann und drei Tiere. Zu ihnen kommen nacheinander die drei Töchter eines Holzhackers, die sich bei Nacht im Wald verirrt haben. Die ersten beiden Töchter denken bei der Aufforderung des Alten »koch uns ein Abendessen« nur an ihren eigenen Magen. Die Tiere lassen sie hungern. In der Nacht öffnet der Alte eine Falltür und wirft sie hinab in einen tiefen Keller. Nur die dritte Schwester sorgt sich als erstes um die Tiere, worauf sich die Verzauberung, in der Haus und Bewohner befangen waren, löst und das Mädchen sich in einem prächtigen Schloss wiederfindet, der Alte, jetzt ein junger schöner Königssohn, hält mit ihr Hochzeit.

»Der eintretende Gast muss selbst darauf kommen, wo die Tiere das Fell drückt und wo die Wende einsetzen kann«, schreibt der Märchenerzähler und Märchenerkunder Rudolf Geiger. »Die Wende liegt in der ebenso schlichten wie selbstverständlichen Liebe zu den Geschöpfen – da darf keine Berechnung hineinspielen, wie hoch der Lohn sei, den man für eine Handreichung empfange. Es geht um die Frage: Wessen bedürfen die Bedürftigen? Sie sind hungrig und durstig, also müssen sie gespeist und getränkt werden, das ist alles. Und doch scheint dieses einfache Mitfühlenkönnen so schwer zu sein, dass zwei von dreien daran verzagen. Es ist eine Stufe des Menschseins, die über das egoistische Nur-sich-selbst-Kennen hinausreicht.«

Dem unguten Gefühl, das viele Menschen beschleicht, wenn sie Fleisch essen, mögen solche Vorstellungen, Tiere als Mitgeschöpfe zu empfinden, zugrundeliegen. Unvergesslich ist mir ein Erlebnis, das ich hatte, als ich einmal mit dem Mythenforscher Sergius Golowin im Frankfurter Stadtwald die Traditionsgaststätte »Unterschweinsstiege« aufsuchte. Die Bedienung machte uns darauf aufmerksam, dass es frisches Wild gebe. »Was haben Sie denn anzubieten?«, fragte Golowin. »Es gibt Hase.« »Hase? Nein, Hasen sind so nett. Was haben Sie noch?« »Ja, Wildschwein.« »Nein, das sind auch so nette Tiere.« »Wie wäre es denn mit Reh?« »Nein, nein, das geht schon gar nicht. Haben Sie denn nicht noch anderes Wild?« Ziemlich genervt sagte die Kellnerin: »Wir hätten noch Schnecken.« »Ja«, sagte Golowin, »die nehme ich, die mag ich nicht.«

Die neuesten Entdeckungen der Biologen, die sie bei der Entschlüsselung des Genoms der Maus gemacht haben, legen sogar eine Verwandtschaft zwischen Mäusen und Menschen nahe. Die Biologen gehen davon aus, dass Mäuse und Menschen gemeinsame Vorfahren haben. Der Mensch hat heute noch die Gene, die für die Ausbildung eines Schwanzes nötig sind. Sie sind beim Menschen nur nicht mehr aktiv. Selbst noch ein so kleines Geschöpf wie die Fruchtfliege (drosophila) verfügt über fast genauso viel Gene wie der Mensch.

Das Tier als Spiegel

Die Werbung nutzt in der Darstellung von Tieren sowohl totemistische Bezüge[1] wie animistische Kräfte, die wir Tieren zuschreiben, und Kräfte, die über das hinausgehen, was Menschen normalerweise können, und die in unseren Träumen und Wünschen hoch besetzt sind. Mit Tieren können gewünschte Eigenschaften von Produkten wie Schnelligkeit, Eleganz, Kraft, Gelassenheit, Wildheit allegorisch dargestellt werden. Tierdarstellungen sind Symbole, die keine sprachlichen und nur wenige kulturelle Barrieren kennen, sie öffnen den Herstellern den Zugang zu fremden Kulturen und schaffen – als Schlüsselreize – bleibende Bilder beim Konsumenten wie die Muschel bei Shell, der Kranich bei der Lufthansa, der Löwe bei Lion, das Krokodil bei Lacoste, der Jaguar beim gleichnamigen Autohersteller, das Dromedar bei der Zigarettenmarke Camel oder der Höllenhund Zerberus bei Agip. »Werbung mit Tieren«, sagt Helmut Bien vom Deutschen Werbemuseum in Frankfurt/Main, »arbeitet mit der anthropologischen Tiefendimension des menschlichen Lebens. Denn Tiere symbolisieren die Archetypen des kollektiven Unterbewusstseins.«

Wenn wir vermeintliche Eigenschaften von Tieren auf Mitmenschen übertragen und sie als eitle Gans, dummes Schwein, falsche Schlange, verrücktes Huhn, blöden Ochsen, schlauen Fuchs oder als feigen Hund bezeichnen, folgen wir Annahmen der Physiognomiker des 18. Jahrhunderts, die die Ähnlichkeit tierischer und menschlicher Züge untersuchten und von hier aus – stark vereinfacht – »natürliche Neigungen« abzuleiten versuchten.

Tiere werden häufig von Psychologen und Psychotherapeuten genutzt, um in Supervisions- und Selbsterfahrungsgruppen auf spielerische Weise zu einer Persönlichkeitsbeschreibung zu kommen. Der Abgleich des Tieres, das man von sich macht, mit den Tieren, die andere Gruppenteilneh-

---

[1] Schon die Darstellung allein garantiert die Übertragung von Kräften.

mer machen, führt zu überraschenden Einsichten in den eigenen Charakter wie auch in die Dynamik und Hierarchie eines Teams. In der qualitativen Marktforschung werden Verbraucher gebeten, zu miteinander konkurrierenden Marken oder Herstellern Tiere zu projizieren. Aus den so gewonnenen inneren Bildern und den zu ihnen gegebenen Zuschreibungen bekommt man wertvolles Material, um den Grad der Durchsetzungsfähigkeit von Marken abschätzen zu können.

Psychotherapeuten, die mit Hypnose arbeiten, nutzen in der Trancearbeit bei Übergewichtigen wilde Tiere, mit denen der Klient sich stark identifiziert wie Panther oder Wolf. Suggestion: »Wenn die Tiere der freien Wildbahn genug haben, hören sie/Sie(!) auf zu essen.« Im Gegenzug wird ein überzüchtetes Haustier, das der Klient stark ablehnt wie z. B. ein Mops, ausgewählt. Suggestion: »Dagegen so ein Mops, der dick und fett in seinem Körbchen liegt, der frisst sogar Dinge, die ihm gar nicht gut tun.«

Im katathymen Bilderleben, einer hypnoiden Tagtraum-Technik, die in der Psychotherapie von Kindern und Jugendlichen eingesetzt wird, wird dem Klienten vorausgesagt, er werde auf einer imaginierten Wiese eine Kuh (als Stellvertreter für eine Mutterfigur) oder einen Elefanten (als Stellvertreter für eine Vaterfigur oder eine Autoritätsperson wie Lehrer, Chef) sehen. Aus den verschiedenen Formen des Ausweichens (Verstecken, Fliehen) oder Annäherns (Streicheln, Füttern) an die Tierfigur kann der Therapeut wichtige Aufschlüsse gewinnen. Man kann den Klienten auch die gesamte Familienkonstellation, z. B. über Zeichnungen, auf der Ebene von Tieren »bildern« lassen. Hier geben Größe und Art der Tiere interessante Hinweise.

Die Kinder werden in der Trance auch ermuntert, zu sagen, ob vom Waldrand her Tiere auf die Wiese kommen. Indem der Therapeut vorsichtig versucht, eine Aussöhnung mit einem als feindlich empfundenen Tier, z. B. einem Tiger, einem Krokodil, einem Bären, einem Wolf, herbeizuführen, kann sich schon nach einer Sitzung die emotionale Situation des Kindes bessern. Es zeigt Hoffnung, wirkt gelockert und in der Stimmung aufgehellt, fühlt sich bereichert oder empfindet eine Vergrößerung seiner Möglichkeiten.

Ein Beispiel von der Behandlung eines 7-jährigen Jungen: »Michael litt unter starken Ängsten und war stark aggressiv gehemmt. Seine Spielfähigkeit war erheblich beeinträchtigt. Die Inhalte des katathymen Bilderlebens waren sehr karg und ließen auf wenig Initiative schließen. Auf der Wiese regnet es (Zeichen einer depressiven Verstimmung). Schließlich wurde Michael von einem Wolf bedroht, der ihn fressen wollte. Schon schleckte er ihm die Füße ab. Michael flüchtete auf einen nahe stehenden Apfelbaum. Auf meinen Rat hin fütterte er nun das Tier im Sinne des Regieprinzips vom Nähren und Versöhnen. Der Wolf ging daraufhin zufrieden davon. Als Michael dann nach einiger Zeit zum Ausgangspunkt auf der Wiese zurückkehrte, schien die Sonne. ›Das Gras ist jetzt ganz anders, grün.‹«

Psychotherapeuten sind häufig mit Träumen ihrer Klienten konfrontiert, in denen Schlangen vorkommen. Psychoanalytiker deuten die Schlange als Sexualsymbol: Frauen haben Angst vor der Aggressivität des Penis, Männer sehen sich durch das Verschlungenwerden in der Vagina bedroht. »Die Lösung, welche zur Integration der Schlange (= als Symbol der Angst vor der Sexualität, W.B.) führt«, schreibt der Lehranalytiker Willy H. Fischle, »besteht in der Bewusstseinserweiterung. Wir kennen dieses Vorgehen in der Individuation eines Menschen im Beispiel der Assimilation des Schattens. Hier werden im Verlauf einer Analyse Teile der Persönlichkeit, welche bis dahin als minderwertig oder nicht erwünscht verdrängt und damit nicht einbezogen waren, durch Annehmen zu funktionsfähigen Kräften umstrukturiert, sodass sie diesem Menschen als Zuwachs zur Verfügung stehen.«

In ähnlicher Weise rufen indianische Heiler das Bild des Raben auf, um verdrängte Seiten der Persönlichkeit bewusst und akzeptabel zu machen. Im Ritual lässt der Heiler den Raben sprechen: »Streife mein Gewand aus Dunkelheit über deinen Kopf wie die Haube einer Kobra. ... Meine Dunkelheit kennt keine Verneinung. Erlaube deinen Ängsten nacheinander aufzusteigen. Jede Furcht ist ein verbannter Freund, der deine Hand braucht. Fühle, wie die Umarmung deines Freundes deine Einsamkeit verschluckt und umhüllt. Gehöre zur Dunkelheit, wie ich zu ihr gehöre. ... Stürze dich in diese Nacht, wie du dich in einen warmen See stürzt, in dem es kein Licht gibt, und enthülle deine Blöße. ... Der volle Kreis deiner Seele wird alles Leben umfassen, dann wirst du keine Öde mehr kennen.«

Das Tier in uns

Der Sportpsychologe und Dozent des Psychologischen Fachbereichs der Universität in Frankfurt/Main Paul Tholey erzählte mir einmal, was den Anstoß dazu gegeben hatte, dass er sich fortan engagiert mit dem Gebiet des Klarträumens beschäftigte. In einem immer wiederkehrenden Alptraum war er von einem Tiger bedroht worden, sodass er jede Nacht schweißgebadet aufwachte. In einem Buch von Carlos Castaneda las er zufällig, dass man üben könne, im Traum seine Hände bewusst wahrzunehmen. »Ich probierte deshalb von nun an, in meinem Traum ebenso bewusst anwesend zu sein, um eingreifen zu können. Als der Tiger wieder drohend vor mir stand, fragte ich ihn, wer er sei und was er von mir wolle. Zu meiner Überraschung verwandelte er sich in einen Elefanten, der mich bedrohte. Wiederum fragte ich, wer er sei und was er wolle. Die Verwandlungen in immer neue, bedrohliche Tiere gingen noch eine Zeitlang weiter. Ich ließ mich aber nicht einschüchtern und fragte jedes Tier stets aufs Neue, wer es sei und was es wolle. Schließlich stand mein, schon vor Jahren verstorbener Vater, recht verlegen, vor mir und sagte › Hallo Junge, entschuldige, aber ich hätte da noch etwas zu klären, was mir einfach keine Ruhe lässt ...‹.«

Die amerikanischen Bewusstseinsforscher Robert Masters und Jean Houston entwickelten Anfang der Siebzigerjahre eine Technik für Fantasiereisen, indem sie die Tranceinduktionen des berühmten Arztes und Klinischen Psychologen Milton H. Erickson für den alltäglichen Gebrauch in Gruppen abwandelten. In einer dieser Reisen geht es um die Vorstellung, ein Tier zu sein. Der Moderator leitet für die Teilnehmer der Gruppe eine Trance ein und vertieft sie dann: »Geh tiefer und du merkst, dass du Elemente eines evolutionären Zyklus in dir trägst, die weit hinter dein eigenes Leben zurückreichen, hinter menschliches Leben überhaupt, in eine vormenschliche Zeit von Tieren, Reptilien und anderen nicht-menschlichen Lebensformen, von denen alle Menschen, auch du, abstammen. ... Und bald wirst du in der Zeit zurückgehen, weit hinter dein gegenwärtiges Leben zurück, entlang der evolutionären Kette, bis du in dir ein Element des Tierbewusstseins spürst, ein Bewusstsein, das wiederbelebt werden kann und das jetzt wiederbelebt wird. Fühle es jetzt, fühle, wie es jetzt geschieht, und dieses Tier, das du zu erleben beginnst, war für einen deiner Vorfahren ein Totemtier, ein Tier, das sie deutlich als einen Aspekt ihrer selbst erkannten und das er, oder vielleicht auch sie, jederzeit werden konnte, und zwar durch Metamorphose, indem er das Bewusstsein dieses Tieres, das in ihm ruht, und zwar seit Anbeginn der Existenz dieses Körpers dort ruhte, wiedererweckte. ... Und du gehst weiter zurück, rückwärts in der Zeit, du gehst jetzt bereits zurück, gehst weiter hinter dein eigenes Leben zurück, gehst Hunderte von Jahren zurück, gehst sehr schnell zurück und tiefer, bis dieses Tier, was immer es auch sei, zunehmend und unausweichbar in deinen Wahrnehmungen zu dominieren beginnt. Es sammelt Kraft, indem es jetzt wiedergeboren wird, und nimmt den Körper in Beschlag, der deiner war an diesem Ort und zu dieser Zeit. ... Fühle es deutlich, wie du so stark verändert wirst, wie dein Bewusstsein einer Transformation unterzogen wird und dein derzeitiger Körper von dem Tierbewusstsein als der Körper des Tieres begriffen wird, das jetzt erwacht, wie aus einem langen tiefen Schlaf.«

Nach einiger Zeit holt der Leiter die Teilnehmer wieder in ihren normalen Körper- und Geisteszustand zurück. Ihre Technik leiten Masters/ Houston aus Tiermetamorphose-Ritualen ab, die seit grauen Vorzeiten von vielen Menschen in der ganzen Welt durchgeführt wurden und bis heute, z. B. in schamanistischen Workshops und in Ritualen, Verwendung finden.

Geschrieben in Erinnerung an den Klartraumforscher Paul Tholey und an die indianischen Lehrer Sun Bear (Ojibwa) und Brave Buffalo (Lakota).

Literatur

H.M. Bache/M. Peters (Hrsg.), Die tierischen Verführer – Auf Safari durch den Dschungel der Werbung, Berlin 1992

Jurgis Baltrusitis, Imaginäre Realitäten. Fiktion und Illusion als produktive Kraft. Tierphysiognomische Bilder im Stein, Waldarchitektur, Steingärten, Köln 1984

Gertrud Benker, Eule und Mensch – Die Nachtgeister und ihre Symbolik, Freiburg 1993

Mircea Eliade, Von Zalmoxis zu Dschingis-Khan, Köln 1982

Christian F. Feest, Kulturen der nordamerikanischen Indianer, Köln 2000

Rudolf Geiger, Märchenkunde, Stuttgart 1982

Wilhelm Hehlmann, Geschichte der Psychologie, Stuttgart 1967

H. Leuner/G. Horn/E. Klessmann, Katathymes Bilderleben mit Kindern und Jugendlichen, München 1977

R. Masters/J. Houston, Phantasiereisen. Zu neuen Stufen des Bewusstseins: Ein Führer durch unsere inneren Räume, München 1984

Werner Müller, Die Religionen der Waldindianer Nordamerikas, Berlin 1956

Ottfried Neubecker, Wappen, ihr Ursprung, Sinn und Wert, Frankfurt/Main 1977

D. Revenstorf/B. Peter (Hrsg.), Hypnose in Psychotherapie, Psychosomatik und Medizin, Berlin 2001

Brigitte Romankiewicz, Der Geist der Erde im Christentum, Stuttgart 2002, 2. Auflage

Franz J. Röll, Mythen und Symbole in populären Medien, Frankfurt/Main 1998

H. Schadewaldt, Der Medizinmann bei den Naturvölkern, Stuttgart 1968

Sun Bear, Leben mit der Kraft, München 1988

Colin F. Taylor, Wapa'ha – Die Plains-Federhaube, Wyer 1996

Paul Tholey/Kaleb Utecht, Schöpferisch träumen, München 1989

Hinweis

Die folgenden, in den Einzelartikeln immer wieder begegnenden Zeichen haben die Bedeutung:

* = nachzuschlagen im Glossar am Ende des Buches

→ = Ergänzendes unter dem betreffenden Stichwort

Aal

Selbst noch im Kochtopf zucken und schlängeln sie. Das Mittelalter zählte sie zu den Schlangen. Jedenfalls scheinen diese Fische, ähnlich den Reptilien, zu den ältesten Tieren der Erde zu gehören. Für die Eingeborenen von Australien und der Südsee leben die Seelen ihrer ältesten Ahnen häufig in den Aalen weiter.

Seit Beginn des 20. Jahrhunderts wissen wir, dass die Sargassosee im Atlantischen Ozean die zentrale Wiege und den zentralen Friedhof der Flussaale beherbergt, vermutlich in einer Tiefe von 2000 bis 3000 Metern. Von dort wandern sie während ihrer Larvenzeit zu Millionen quer über den Atlantik zu den Küsten Europas sowie Nordafrikas und kämpfen sich »gegen den Strom« die Flüsse hinauf. Nach einem fünf- bis siebenjährigen Aufenthalt treibt es sie gemeinsam wieder in die See vor den Westindischen Inseln zurück.

Obwohl man den Aal – als Schlange – mancherorts für giftig hielt, verfütterte man ihn lebendig an Nutztiere, um deren Population zu steigern. Der Volksmund Chinas nutzt »Aal« als eine seiner zahllosen Bezeichnungen für Penis. »Gelber Aal« bezeichnet einen Homosexuellen. Auch in unseren Breiten stand dieser Fisch wohl in Beziehung zur geschlechtlichen Liebe und Fruchtbarkeit. Heutzutage verbinden wir mehr Glitschigkeit mit ihm, selbst in Form schlüpfriger Gespräche. Menschen, die sich mit großer Geschmeidigkeit vor jeder Festlegung hüten, die Grenzen zwischen Lüge und Wahrheit spielerisch meistern und mit verlogenen Schmeicheleien operieren, nennen wir »aalglatt«.

Der Aal, in der äußersten Tiefe geboren, bleibt nachtaktiv. Er fürchtet das Licht des Tages und flüchtet panikartig, trifft ihn im Dunkeln ein Lichtstrahl. Aale verbinden den Ozean mit Flüssen, Salz- und Süßwasser und leben offensichtlich in einem Wasserkreislauf der Erde, der uns noch weitgehend unbekannt geblieben ist. So bot der schwarze Aal ein Sinnbild für die natureigene Intelligenz und Weisheit, die sich im Menschen aus der Dunkelheit des Unbewussten herausschlängelt. Sie vermag weit auseinander liegende Gedankenmuster zu verbinden und unternimmt jede Anstrengung, um an die Oberfläche unseres Bewusstseins zu gelangen. Einer chinesischen Flutsage nach soll Hsiang-liu, der als Minister des mythischen Kaisers Kung-kung die Sintflut hervorrief, ein Aal gewesen sein.

Wer einen weißen Aal fängt, erhalte die Gabe der Weissagung, behaupten norddeutsche Sagen. Wer ihn dann auch verzehrt, verstehe die Sprache der Vögel – eine alte Metapher für den Zustand eines höheren Bewusstseins, das mit seiner ursprünglichen Natur wieder vereint ist. Die Indianer der Westküste fanden im Seeaal ein Relikt der ursprünglichen Schöpfung. Forschungsergebnisse des 20. Jahrhunderts füllten diese alte Symbolik.

Grundbedeutungen

Unergründlichkeit natureigener Weisheit und Wege; die mitunter seltsamen Schöpfungen aus dem Urgrund und aus unserem Unbewussten

Adler

Der Adler als »Herr des Menschen« erscheine ihm wie eine ungeheure Schwärze, die sich ins Unendliche erstreckt und durch die ein Blitz zuckt, erzählt der Yaqui-Indianer Don Juan dem Anthropologen Castaneda.

Die Majestät des göttlichen Wortes. Adlerlesepult im Dom zu Hildesheim

Dieser Adler sei Inbegriff aller Schönheit und allen grausamen Schreckens. Er ernähre sich von der Lebensflamme, die von allem ausstrahlt, was ist, und ziehe diese lebendige Kraft wie ein Magnet zu dem Zeitpunkt an, wenn sie beginnt zu verlöschen (Corvalán 1987: 48,52). Zu diesem Lebensatem, dem alles verschlingenden Einen, kehrt ein jedes zurück, was in die Manifestation ging. Der Adler nimmt und gibt, ist zugleich Ursache der »angewandten Kräfte der Schöpfung«, die nach Vereinigung und Fortpflanzung streben. In uns selbst wird er aktiv, alte Muster im persönlichen Bewusstsein aufzulösen. Ein Adler fraß von der unsterblichen Leber des Prometheus. Was er aber bei Tag verzehrte, wuchs nachts wieder nach. Adler war auch der erste vom

Schöpfer geschaffene Schamane, überliefern die sibirischen Buryaten, aber die Menschen verstanden diesen nicht.

Mit seiner enormen Flügelspannweite und der Fähigkeit, sich mit bewundernswerter Kraft und Ausdauer in die höchsten Höhen aufzuschwingen und dabei mit scharfem Blick alles unter sich zu erfassen, bot sich der Adler als angemessener Begleiter für den Herrn des Himmels an, für die Allmacht des göttlichen Geistes. Kelten hielten Adler und →Lachs/Salm für die ältesten Tiere, ausgestattet mit sämtlichem Wissen über Vergangenheit und Zukunft. Adler flogen den Sonnengöttern voran und repräsentierten meist den Zenit, die *Sonne im Höchststand, im Norden Europas den Mittwinter. Am Tag der Wintersonnenwende erhielt der junge König in Irland, als Geist des Jahres und Sakralkönig, eine Krone und Adlerschwingen. Das neue Leben erwacht in Gestalt eines Adlers, hieß es, er nahe als rauschender Sturm, vor allem als *Nordwind. Adler trugen im Schnabel die Waffen der Blitz- und Donnergötter, die für Feuer (*Elemente) und Fruchtbarkeit sorgten.

Auf dem obersten Zweig des germanischen Weltenbaumes sitzend, wachte der »vielwissende« Adler als Schutzherr der höchsten Ordnung über Midgard, die Welt der Menschen. Von hier aus beobachtete er die Machenschaften des →Drachen an der Wurzel des Baumes. Im Kampf zwischen Adler und →Schlange oder Drache prallen die Gegensätze Licht und Finsternis, Leben und Tod, Verstand und Gefühl, usw. aufeinander, die Pole des Seins. Das mexikanische Staatswappen zeigt den aztekischen Adler, der eine Schlange in seinen Krallen hält. Bei den Hethitern hielt der Adler einen *Mond→hasen fest im Griff, Symbol des zyklischen Charakters aller Natur. Der Adler auf einer Säule kündet vom sol invictus (unbesiegte Sonne), der als immer wieder anbrechender Tag alle Finsternis vertreibt. Vishnu, Gott der obersten hinduistischen Schöpfungsdreiheit und »Durcheilender des Sonnenlaufes«, ritt auf dem adlerartigen Sturmvogel Garuda und schleuderte das feurige Sonnenrad gegen alle seine Widersacher.

Der *Physiologus berichtete, im Alter würden die Schwingen des Adlers schwer, die Augen trübe. Dann suche er eine Quelle reinen Wassers. Vorher fliege er empor in den Strahlenkranz der Sonne, verbrenne seine alten Fittiche und werfe ab »die Düsternis der Augen«. Hernach lasse er sich zur Quelle hernieder, tauche dreimal hinein, erneuere sich und werde wieder jung. So sollten auch wir den alten Menschen Adam abstreifen, uns der Sonne der Gerechtigkeit zuwenden und im Wasser der Buße eintauchen. Und wie der Adler in die Sonne blicke, ohne geblendet zu werden, so vermöge das Christusprinzip in uns die Herrlichkeit Gottes zu erblicken; wie der Adler seine Jungen der Sonne entgegentrage, so trage dieser Christus die Seelen zu Gott; wie der Vogel tauche, um Fische aus dem Meer zu holen, so rette Christus die Seelen aus dem trüben Wasser des Bewusstseins (1960:13 f.).

Hinter diesem letzten Vergleich stand die Auffassung der so genannten Jugendprobe. Der Adler schicke seine Jungen zur Sonne und lasse sie in das gleißende Licht blicken, erzählte man. Diejenigen, die das Sonnenlicht nicht ertrügen, würden verworfen und damit, wie beim Jüngsten Gericht, als Verdammte »aus dem Nest geworfen«. Wer das Licht aber ertrage, werde erneuert. Unser Streben, geistiges Bemühen und unsere Sehnsucht führten zur Auferstehung, Himmelfahrt und Neugeburt. Der Adler hatte die Stärke und Macht der Liebe Gottes angenommen (Ladner 1996:119 f.). Wie ein Adler, der sein Nest bewacht und über seine Jungen hinschwebt, so breitet der Herr seine Flügel aus und nimmt sein Volk auf, »trägt es auf seinen Fittichen fort«, kündet das 5. Buch Moses (32,11). Bei den nordamerikanischen Indianern brachte der Adler als Mittler und Offenbarer des Großen Geistes den Frieden in der Natur, den Frieden menschlicher Unschuld, den Frieden des Ursprungs (Müller 1970:325).

Die Tiere des so genannten Tetramorph – →Stier, →Löwe, →Schlange, Adler – bezeichneten ursprünglich die vier Phasen des babylonischen Kalenderjahres. In der Zuordnung der vier Evangelisten vertrat der Adler Johannes und das *Element Luft, die Herrschaft des Intellekts und des höchsten Geistes. Lesepulte an der Evangelienseite des Altars in christlichen Kirchen konnten Adlergestalt annehmen. Die Cherobim der israelitischen Bundeslade trugen Adlerköpfe.

Nach dem römischen Schriftsteller Lukian soll beim Tode Alexanders des Großen – wie beim Tod des *Herakles – ein Adler aufgeflogen sein, was man als ihre Aufnahme in den Himmel deutete. Seitdem wollten die römischen Kaiser, dass auch bei der Verbrennung ihrer Leichname – erstmals am Scheiterhaufen des Augustus – unbedingt ein Adler auffliege und ihre Aufnahme unter die Unsterblichen sichtbar machte. Dabei musste aber nun etwas nachgeholfen werden. Der Adler stieg zum Symbol kaiserlicher

Macht und Würde auf, für den größten Sieg und Ruhm, die Apotheose. Persische Prinzen ließen sich in der Antike ihre Nasen adlerartig krümmen, um das Signum grenzenloser Herrschaftsfähigkeit bereits im Leben und so früh wie möglich vor sich her zu tragen.

Als Sinnbild alles Edlen, des höchsten Zieles und innersten Kerns der menschlichen Seele kennzeichnete der Adler unsere unbezähmbare Sehnsucht nach den entferntesten Lichträumen, nach dem höchsten Bewusstsein, um uns von der Knechtschaft irdischer Begrenzungen zu befreien. Astrologische Psychologie setzt den Adler mit unserem Streben in Verbindung, das seine Wurzeln in unterbewussten Wünschen hat. Hier wird er dann Symbol für das *Element Wasser, steht mit den Kräften der Fortpflanzung aller lebendiger Organismen in Beziehung und gilt als erlöste Form des →Skorpions.

Adler mit Jungen als unser zum Licht aufsteigender Geist

Alchimisten sahen im aufsteigenden Adler (synonym mit →Phönix, →Geier, →Rabe) den befreiten Teil der *prima materia, den »sublimierten« aus der Materie aufsteigenden Geist. Als Sublimat bezeichneten sie die nach einem Übergang eines Stoffes in den anderen zurückerhaltene feste Substanz. Traten Adler und →Schwan zusammen auf, flog der sublimierte Geist mit der strahlend weißen Seele zum Himmel auf. Ein gekrönter Adler und →Löwe stehen sich als das flüchtige und das dichtere Prinzip der *Sonne gegenüber, *Mercurius und *Sulphur. Als flüchtiges Prinzip beschrieb der Adler das Moment der Intuition und Ahnung, die Schnelligkeit der Wahrnehmung – die geflügelten Möglichkeiten des wachen Geistes (→Vögel). Trägt im Streit mit dem Löwen der Adler den Sieg davon, könnte der Geist oder Intellekt über die unveredelten Wünsche triumphieren.

Im Doppeladler verwies die Alchimie auf die Doppelnatur des Mercurius: männlich-weiblich, *Sonne- und *Mondprinzip. Doppelköpfige Adler werden als doppelte Macht gedeutet, weltliche und geistige, menschliche und göttliche Herrschaft miteinander vereinigt – so im Wappen des Kaiserreichs Österreich. Der Bundesadler Deutschlands soll ursprünglich vom Stauferkaiser Friedrich II. dem Deutschorden zur Schaffung eines christlichen Ordensstaates in Preußen verliehen worden sein (Kantorowicz 1927). In spätmittelalterlichen Allegorien und Emblemen kann der Vogel für Geometrie stehen, für Gerechtigkeit, Besonnenheit, für ein aktives wie kontemplatives Leben. Athene, Göttin des Mondes und der Weisheit, erschien dem irrfahrenden Odysseus auf dem Meer (*Element: Wasser) als Seeadler.

Ein Adler auf einem Felsen im Meer heroisierte in China den Helden, der alleine kämpft. Adler gehörten zu den Kriegsgöttern, zu Kampf und Sieg. Wie der Blitz von Zeus oder Jupiter schießt dieser kühne Räuber auf seine Beute nieder. Im Buch Hiob (39,27–30) kann auch die Strafe Gottes durch fremde Heere wie ein Adler auf sein Opfer herabstoßen. Mit dem Adler als Feldzeichen eroberten römische Militärs immer neue Gebiete und erhoben Anspruch auf die Weltherrschaft. Unter den *Christlichen Lastern vertrat der Adler Hochmut und Unmäßigkeit.

Grundbedeutungen

höchste Herrschaft durch höchste (Ein-)Sicht; Grenzlosigkeit, Freiheit des Geistes und Freiheit der in der Physis gefangenen Seele

Rupert Shaldrake fand in der Gestalt des Adlers »das königliche, zur Höhe strebende, schnell dahinfahrende Wesen, das scharfsinnig, wach, beweglich, erfindungsreich auf kraftspendende Nahrung aus ist, das zugleich ungehindert und unverwandt und in immer erneuerter kraftvoller Anspannung der Sehkräfte auf den uneingeschränkten, lichtreichen Strahl schaut, der aus der Sonne des Gottesprinzips hervorbricht« (Fox/Sheldrake 1998:118). Als mystischer Vogel →Greif weiß Adler um alles Rätselhafte des Daseins, frisst jedoch alle, die sich ihm unvorbereitet nähern. Adlerfedern trug man gegen Vergesslichkeit dieser und anderer Geheimnisse. Heute gibt es kaum noch Adler, und immer mehr Menschen leiden unter der Geißel Alzheimer.

Affe

Ungeachtet darwinistischer Anschauungen stellen afrikanische Mythen Affen häufig als Nachkommen wilder Menschen vor, die allerdings nicht immer mit Adam verwandt gewesen sein sollen. Wie kaum ein anderes Tier zeigt der Affe unverhohlen alle seine Gefühlsregungen. Dabei gelingen ihm mimische Ausdrucksvariablen, die ihn zu einem ausgelassenen Spaßmacher stempeln. Die Spielfreudigkeit entspricht seinen regen, wachen Sinnen und der ausgesprochenen Neugier. Solche Spiellaune vermag aber plötzlich jedes Maß verlieren, in ungezügelte Frechheit bis hin zu leidenschaftlichem Gewaltausbruch überzugehen. Als tierischer Begleiter, der größte Ähnlichkeit mit dem Verhalten des Menschen aufweist, bot er ein anschauliches Bild für frühe Stufen des Bewusstseins.

In dem chinesischen Schelmenroman *Die Reise nach dem Westen* begleitet der Affe Sun Wu-k'ung den buddhistischen Pilger Hsüan-tsang auf seiner Reise nach Indien. Dabei rettet er den Pilger aus vielen gefährlichen Situationen und verhindert manches Unheil. Gleichzeitig beschert er ihm aber mit seinem Temperament und durch allerlei mutwillig unberechenbaren Schabernack einige Schwierigkeiten. Unsere Instinktnatur kann Probleme aus dem Weg räumen, aber erst recht solche heraufbeschwören. Der Buddhismus sah im Affen eines der »Drei Geistlosen Geschöpfe« des Urbeginns, stets gefräßig und habgierig. Die drei mystischen Affen mit verbundenen Augen und Ohren und zugebundenem Mund vermögen die Wahrheit weder zu sehen, noch zu hören oder auszusprechen.

Größere Menschenaffen zeigen schon deutlichere Züge von Intelligenz, geben sich entschieden würdevoller und nachdenklicher. Wissenschaftler vermuten, dass der Affe, seitdem er aufrecht gehen und die Greifhand vielfältiger nutzen konnte, Zeit gewann, um seine Sinne ansatzweise auf Dinge jenseits nackter Existenz und Aufzucht zu richten. Die Fingerkuppen aufrecht gehender Affen besitzen äußerste Empfindsamkeit. Für die Azteken versinnbildlichte der Affe auch den Tastsinn.

Thot, Stellvertreter des ägyptischen Sonnengottes Re und zu Beginn der Schöpfung durch die Macht des »Wortes« erzeugt, hatte sich nach anderen Vorstellungen selbst geschaffen und war am Anfang der Welt als Prinzip auf einer Lotosblume erschienen. Als Pavian notierte Thot die Urteile des Totengerichts über die individuelle Seele (Seelenpersönlichkeit) und sorgte dafür, dass jedes Herz alle Möglichkeiten erhielt, sich zu rechtfertigen. Als Weisheit des *Mondes verzeichnete der »göttliche Schreiber« sämtliche Ereignisse der Entwicklung auf und archivierte sie (kollektives Gedächtnis). Später setzte man ihn mit Hermes und *Merkur gleich, den Seelengeleitern und Götterboten. C.G. Jung fand, der Gibbon als Anthropoide eigne sich, jenen Teil der Psyche auszudrücken, der ins Untermenschliche hinabreiche. Thot als Pavian aber charakterisiere aufgrund seiner Gottesverwandtschaft jenen Teil des Unterbewusstseins, der das übliche Niveau des Bewusstseins übersteige (1984:162). Thot in Gestalt des Pavians oder Kynokephalos (→Hunds-Affe) kann auch Hermes Tetra- oder Trismegistos vertreten, eine der höchsten geistigen Intelligenzen abendländischer Mysterienschulen. Ein Pavian mit erhobenen Händen kennzeichnete im alten Ägypten die Qualität der Morgendämmerung, das frühe Auftauchen der Weisheit des Lichtes.

Selbstporträt eines Baumeisters mit Affe im Dom zu Worms (12. Jh.)

So charakterisiert der Affe zugleich die neuen und mitunter etwas stürmisch aufbrechenden Impulse aus unserem Inneren. Für die indianischen Maya trug der Gott des Nordsterns (Dreh- und Angelpunkt des Firmaments) den Kopf eines Affen. Hanuman, der hinduistische Affengott, war der Sohn des ungestümen Windhauchs Vayu, des göttlichen Atems und der Geburt allen Lebens (*Norden). Unter den vier Söhnen des *Horus musste Hapi in Gestalt des Affen bei frisch Verstorbenen die Lunge bewachen.

Christliche Kunst unterstellte dem lebhaften und zugleich wachsamen Bewohner der Bäume ungenierte Zurschaustellung aller Begehren: solch unziemliche und gefährliche *Christliche Laster wie Unbeständigkeit, Geiz, Neid, Eitelkeit, Luxus, Wohlleben, Abgötterei, Hinterlist und Verschlagenheit. Seine natürliche Schamlosigkeit mahnte an die Sünde der Lüsternheit und Frivolität. »Der Affe der Welt« generalisierte das zu überwindende niedere Menschentum, ein Affe in Ketten dokumentierte die überwundene Sünde, die gewonnene Herrschaft über unser Triebleben.

Affen, die Nüsse (vorschnell) fortwerfen, sollen auf Vertreter der Menschheit deuten, die nie zum Kern des Sinns einer religiös-spirituellen Lehre vordringen. Baumeister der Gotik schufen in den kaum zugänglichen Dach- und Turmteilen der Bauwerke gern satirische Formen des Affen, um bestimmte Vertreter des Klerus oder die Geistlichkeit allgemein zu karikieren. Einige Baumeister portraitierten sich auch selbst als oder mit Affe. Dahinter könnte sich Selbstironie verbergen, neben dem »Großen Baumeister« (Gott) als Architekt großer Gebäude wohl kaum bestehen zu können. Affenartige Nachahmungslust vermag immer nur eine schlechte Imitation zu erzeugen. Ein geflügeltes Wort sprach auch vom *Teufel als »Affe Gottes«. Vom Alten Fritz, dem König von Preußen, ist überliefert, er habe einst gesagt, in das Wappen Preußens, ein schwarzer Adler, gehöre eher ein Affe. Denn sein kleines, armes Land sei keine militärische Großmacht, es ahme nur eine nach.

Mittelalterliche Alchimie fand im Affen eines der Symbole für *Mercurius. Diese geheime feurige Wandlungssubstanz der Schöpfung führe uns vom tiefsten zum höchsten Punkt des Bewusstseins (Jung 1984:ebd.). Ehe das Licht der Erkenntnis (*Sulphur) den Wert neuer Ideen zu klären vermag, sind wir vorübergehend wieder ursprünglichen, rohen und ungehemmten Antrieben ausgesetzt. Scheinbar fallen wir in eine Phase des-schon-hinter-sich-Gelassenen zurück, in die so verächtlich angeprangerte tierische Form ungezügelter Instinkte und Triebe, »in die Hand des *Teufels«.

Die Kraft der Transformation lässt uns aber diese regenerativen Energien durch neu gewonnenes Verständnis unseren Errungenschaften als Bereicherung hinzufügen. Der Affe als »große Wandlungssubstanz« spiegelt damit zugleich die Gesetze des rotierenden Kosmos im Unbewussten. Alte indische Texte beschreiben unsere Gedanken während der Mediation als eine Herde wilder Affen, die in allen Richtungen kreuz und quer durch den Ur*wald geistert. Im Epos *Ramayana* gelingt es dem Kulturbringer Rama nur mithilfe des Affengottes Hanuman, einem freundlichen Wohltäter, den Dämonen Ravana zu besiegen, Herr der Unterwelt und Gegner des Lichts.

Grundbedeutung

Tastsinn und Nachahmungstrieb; ungehemmte Instinkte und Triebe; neue, sich wild gebärdende Impulse und dahinjagende Gedanken

Ameise

Nach Hildegard von Bingen entstünden Ameisen aus der Feuchtigkeit, die von Gewürzen austräte. So macht der Volksglaube Sinn, der Geruch von Ameisen stärke die Gedächtniskraft. Lebende Ameisen im Geldbeutel sollten daselbst für eine Akkumulation der Münzen sorgen. Wissenschaftler werteten die Bedeutung dieser Nützlinge weiter auf. Ihre weitläufigen Burgen auf der Erde entstehen nach intelligenter Planung. In ganzen Heerzügen ziehen sie von dort aus in die nähere Umgebung und unterhalten recht gute Beziehungen zu einigen Blumen. Sie suchen aber nicht nur nach Nektar. Ceres, der griechischen Göttin des Ackerbaus und Erdmutter, folgten Ameisen und sammelten Getreide. Eine ebenso wichtige ökologische Rolle spielen Ameisen als »Durchlüfter« und »Zerkrümler« der Erde. Der Hinduismus fand in ihnen mehr den Ausdruck der Vergänglichkeit allen Seins. Mythen und Märchen stellen Ameisen oft als verwandelte Riesen (Naturkräfte) vor.

Chinesen wiesen der Ameise, dem »aufrechten Insekt«, Ordentlichkeit, Tugend, Gehorsam und Vaterlandsliebe zu, aber ebenso Eigennutz. Makler werden in China oft als »Ameisen« verunglimpft, vermutlich wegen deren unermüdlichen Einsatzes mit ausgeprägtem Sinn für den persönlichen Vorteil. Achill, größter der griechischen Helden im Kampf um Troja, herrschte über das umtriebige Volk der Myrmidonen (= Ameisen). Allgemein dienten Ameisen seit der Antike als Beispiel für unermüdlichen Fleiß, Unterordnung, Aufopferung an eine Gemeinschaft. Solche Kollektivfähigkeiten finden sich noch stärker bei ihrer Verwandten, der →Biene, ausgeprägt. Christliche Kirchenväter wie Augustinus priesen die Ameise wegen ihrer Klugheit, emsigen Strebsamkeit und hoben sie als Vorbild für christliche Glaubens- und Lebenspraxis hervor.

»Gehe hin zur Ameise, du Fauler!« Das habe schon König Salomo in seinen Sprüchen (6,6) gesagt, betont der *Physiologus. Dann nennt er drei Eigenarten: Jede der Ameisen trage gewöhnlich ihr eigenes Weizenkorn im Munde. Auch wir sollten uns das Nötige selbst suchen, ohne es von anderen zu erbetteln oder mit Gewalt zu nehmen. Zum zweiten verwahrten diese Tiere den Weizen – ein Symbol für den »rechten Glauben an Christus« – in der Erde, teilten dabei das Korn in zwei Hälften, damit ihm die

Winterfeuchtigkeit nicht so zusetze, es zu keimen beginne und damit un-
genießbar werde. So stelle sich jeder die Worte der Heiligen Schrift so weit
entfernt von seinem Geiste, damit er nicht an den Buchstaben kleben bleibe, welche die Wahrheit der Worte zu verfaulen
drohen. Und wie die Ameisen die Gerste als Vieh-
futter verschmähen und sich nur dem Weizen
widmen, so solle jeder in seiner Lebensführung die
(gehaltlosere) Speise für das Vieh meiden und sich
dem Symbol Weizen zuwenden (1960:21).

Grundbedeutungen

Aufopferung und Hingabe an eine
Gemeinschaft; Reichtum und Harmonie durch Arbeit an überindivi-
duellen Zielen

Amsel / Schwarzdrossel

Bindet man Federn aus dem rechten Flügel einer Amsel mit einem noch
ungebrauchten Faden zusammen und hängt sie ins Schlafzimmer, vermag
niemand im Hause zu schlafen, behauptete Albertus Magnus (Gattiker
1989:73). An Schlaf ist zumindest im Frühjahr nicht zu denken, leben Amseln auf dem Grundstück. Die ersten warmen Tage nach dem Winter taufte
der Volksmund »Amseltage«.

Als die Amsel noch mehr im *Wald lebte, schrieb man ihr Zurückgezogenheit und einen Hang für einsames Leben zu. Die Hebräer nannten sie
chamsa, die Verborgene. Kelten kennzeichneten mit ihr das *Element
Luft. Amseln leisteten Kontemplierenden und Eremiten Gesellschaft. Ihr
pechschwarz-glitzerndes Gefieder mahnte zugleich an Vergänglichkeit und
*Tod. Dem Mönchsvater Benedikt erschien in der Einsamkeit der *Teufel
als Amsel. Aufgrund dieser beliebten Legende vertrat der Vogel das Prinzip
(geistiger) Dunkelheit als Raum und Phase der Versuchung.

Ihre ausgiebige Balz mag auf manchen ansteckend gewirkt haben. Oder
war es ihr wohlklingender, äußerst melodischer und durchaus lockender
Gesang, der die Amsel zum Symbol der Verlockung des Fleisches machte?
Neben einer verdächtigen Moral sagt man ihr Frechheit nach, Ver-
schmitztheit, Schlauheit und Hinterlist. Amselfleisch sollte wiederum alle
Melancholie vertreiben. In Deutschland werden tüchtige Zecher Bieram-
seln oder Alkoholdrosseln genannt, vor allem, wenn sie in diesem Zustand
zur Sangeslust neigen. Wenn echte Drosseln uns im zeitigen Frühjahr mit

ihrem Gesang verzaubern, heben sie die Stimmung, verbreiten gute Laune und lassen Glücksgefühle aufkommen.

Amseln zählten zu den »Vögeln der Rhiannon«, eine keltische Ausdrucksform der Großen Mutter in Gestalt einer göttlichen Stute (→Pferd). Diese Rhiannonvögel, Vorboten von Glück, Liebe und anderer jenseitiger Freuden, saßen auf dem »ewigen Baum« mitten im irdischen Paradies, dessen Äste ins Jenseitsreich wuchsen. Ihr Singen betörte die Menschen und lockte sie in die *Anderswelt. Bei einem Festmahl zwischen den Welten sangen sie für Bran (→Krähe), den keltischen Saturn (Gestalter und Auflöser der Form) und Gott der Zyklen und Zeit. Bran und seine Anhänger hörten ihnen zu und verloren jedes Zeitgefühl.

Grundbedeutungen

die Dunkelheit der Versuchungen und Ängste; das Wiedererwachen der Lebenslust, neuer und rettender Impulse

---

Antilope / Gazelle

Die frühen Könige Zentralafrikas, deren Regierungszeit an den Kalenderzyklus gebunden war, trugen Antilopenmasken, wenn sie zum Ende der Erntezeit getötet und geopfert wurden. In den Höhlen von Domboshawa in Südrhodesien zeigt ein »Buschmann«-Gemälde den *Tod eines solchen Königs. Während er, eng verschnürt, mit ausgebreiteten Armen und einem angehobenen Knie stirbt, ejakuliert er, und sein Same scheint einen Getreidehaufen hervorzubringen (Ranke-Graves 1981:255).

Unter den rinderartigen Antilopen gibt es so stattliche Exemplare, dass sie zum Sinnbild für Stärke und gefährliche Wildheit wurden. Schnelle Gazellen und Antilopen begleiteten die Mutter- und *Mondgöttinnen, kennzeichneten die drängenden Wachstumskräfte und den unaufhaltsamen Wechsel des Vegetationskreislaufs. Sie konnten Sturmgöttern Gestalt verleihen, die den fruchtbaren Regen mit sich führten. Anuket, Herrin des nach Ägypten einströmenden Oberen Nils, ehrte man in Gestalt einer Gazelle. Satis, Gattin des altägyptischen Schöpfergottes Chnum und Spenderin des *Elements Wasser, trug geschweifte Antilopenhörner. Im alten Sumer verkörperte eine Antilope selbst Apsu, das unruhige unterirdische Urmeer, von dem alle Schöpfung ausging.

Shiva, hinduistischer Schöpfer, Allerhalter und Zerstörer, vergnügte sich gern mit Antilopen. *Osiris als ägyptischer Vegetationsgott und sein Sohn *Horus versicherten mit ihren Antilopenattributen, dass sie im Kampf gegen *Seth letztendlich Sieger blieben, da zum Ende der unfruchtbaren Jahreszeit sich überall bald wieder neues Wachstum regt. Aus den Hörnern von Antilopenbullen fertigten die alten Phönizier laut Herodot die geschwungenen Bögen der Lyra, mit der sie *Herakles Melkarth huldigten. Auch Melkarth musste als Vegetationsgott jährlich in die Unterwelt absteigen, ehe er als neues Wachstum wieder nach oben drängte. Die siebenseitige Lyra (Leier) spielte und vertonte die dem Universum zugrunde liegende Harmonie von Zyklus und Zahl.

Nordafrikaner preisen vor allem die Dorkasgazelle mit ihrem zierlichen Gang und fast schwerelosem Lauf als Inbegriff anmutiger Schönheit. Gazellen folgten Diana und Artemis, den Jägerinnen der Nacht und der jagenden Gedanken des Unterbewusstseins (→Reh). Der *Physiologus sagte von der Gazelle, sie liebe die hohen Berge und überschaue von oben alles mit scharfem Auge. Dies sei ein »Siegel der Weisheit Gottes«. Die Berge nämlich seien den Propheten gleichzusetzen, und über sie erkenne der Herr all unsere Werke und alle Arglist (1960:61 f.). Von dem Mystiker Ibn Arabi hat sich das berühmte Bild überliefert: »Mein Herz – eine Weide für Gazellen.« Frühe Fabeln lassen das Tier vor Liebe, Sehnsucht und Verlangen nach einem höheren Ziel verbrennen. So kann Christliche Kunst in der von einem Raubtier verfolgten Gazel-

Grundbedeutungen

Garantie und Harmonie der Gesetze zyklischer Erneuerung

le auf die vor heftigen Leidenschaften fliehende Seele deuten. Im hinduistischen Tierkreis vertreten Antilope oder Gazelle den →Steinbock. Antilopen, von den Arabern auch Wildochsen genannt, lieferten eines der irdischen Vorbilder für das rettende und erlösende →Einhorn.

Der hinduistische Mondgott Soma ließ seinen Wagen von Antilopen ziehen. Soma war auch das *Wasser des Lebens, das geheimnisvolle Getränk, das den Göttern Unsterblichkeit verlieh, weil es sie mit der Ordnung in der sichtbaren und unsichtbaren Natur vertraut machte.

Bär

Im Sternbild »Nördlicher Scheffel« (Großer Bär) vermuteten die alten Chinesen Sitz und Füllhorn ihrer obersten Gottheit, des Shang-ti und der Himmelskönigin T'ein-hou. Von dort strömte die starke Potenz für alles Wachstum. Bei Finnen und Lappen war der Große Bär der große Seelenaufnehmer Wäinämöinen, der nie am Himmel untergeht, der ewige, nie alternde Greis von Anbeginn, dessen heilige Siebenzahl die Zeit aufteilte. Von ihm kamen alle Seelen, und zu ihm mussten sie alle zurück.

Die frühen zirkumpolaren Völker des Nordens ehrten schon in der Jungsteinzeit im Bären die gewaltige *Lebenskraft, die Macht der Natur. Als Geist aller Vegetation besaß er die Stärke und Intelligenz, sich gegen die Härte langer, dunkler Winter zu behaupten. Die gleiche Kraft aber, die den Menschen Existenzgrundlage bot, zeigte sich andererseits selbst als todbringender Dämon. »Meister Petz« und »Großväterchen« scheinen alte scheue Tabunamen zu sein. Prähistorische Höhlenzeichnungen präsentieren den Bären als Vertreter von Nacht, *Anderswelt und als Totemtier. Dabei muss den frühen Jägervölkern auch die Menschenähnlichkeit vor allem eines enthäuteten Bären Sorgen bereitet haben. Handelte es sich etwa um verwandelte Menschen, um unsere Brüder, wie die Indianer erklärten? Bei den Ainu, den Ureinwohnern Japans, war der Bär Kulturheros und spiritueller Bote, zwar Freund und nächster Verwandter des Menschen und trotzdem ein Gott. Die Jagd auf ihn wurde zur Kulthandlung, bei der sich der Gott selbst hingab. Mit feierlicher Ansprache schickten sie seine Seele zurück, damit er bei den himmlischen Geistern um Nachsicht und künftiges Wohlwollen bitte.

Der Bär verfällt in einen tiefen Winterschlaf. Kurz davor schwängert das Männchen die Bärin. Doch der Same vereinigt sich nicht gleich mit der Eizelle. Monatelang schwimmt er getrennt, aber wohlbehalten im Uterus. Erst gegen Ende des Winterschlafes dringt er zur Eizelle vor und leitet die Zellteilung ein. Wenn die Bärin im Frühling erwacht und aus ihrer Höhle heraustritt, trägt sie neues Leben im Leib. Dieser Vorgang spiegelt den vegetativen Kreislauf, die Mondzyklen und wurde in Initiationen und Riten der »Überfahrt« nachgespielt. Bärenmasken und Bärenvermummung gehören noch heute auch bei uns zu vielen Frühlingsumzügen.

Die Göttin Artio hat gerade aus ihrem Korb voller Früchte einen Bären gefüttert.

Die Bärin, die ihre Jungen liebevoll großzieht, wird das älteste Symbol einer durchaus ethischen Seite von Mütterlichkeit sein. Artio, keltische Göttin der unbestellten, bewaldeten Erde und zugleich aller schwangeren und stillenden Mütter, galt als die Bärin schlechthin. Von mutigen und kraftvollen Helden berichteten Mythen, sie seien im *Wald von einer Bärin großgezogen und mit Bärenmilch gesäugt worden.

Anfangs scheint der Bär allein dem *Mond zugeordnet worden zu sein. Die Mondgöttin Artemis, ursprünglich selbst als Bärin verehrt, verlangte völlige Keuschheit (→Maultier) von ihren Begleiterinnen. Als der Sonnengott Zeus als Bär eine von ihnen, Kallisto (= die Schönste), verführte, verwandelte sie diese aus Strafe in eine Bärin und jagte ihre →Hunde auf sie. Kallisto wäre von diesen zu Tode gehetzt worden, hätte sie Zeus nicht eilig in den Himmel erhoben und zwischen die Sterne gesetzt. Nordamerikanische Indianer fanden in den Bewegungen aller Sterne eine Jagd auf die Fruchtbarkeit des Großen Bären. Im altschwedischen Tempel von Uppsala thronte Thor, Herr über Donner und das *Element Feuer, über Wind und den fruchtbaren Regen, und hielt sieben Sterne in der Hand, den Großen Bären. Aphrodite, Göttin der Liebe und Fruchtbarkeit, folgten »schweifwedelnd« graue →Wölfe, schnelle →Leoparden und grimmige Bären.

Das Wilde und Kraftstrotzende aller Urnatur lebte im »Bärenhäuter« und Berserker der Germanen weiter, vermutlich eine kultische Form ekstatischer Kriegerbünde. Sie wurden Ausdruck für das verschlingende Moment der vorwärts drängenden Natur, ihrer Zyklen und der Zeit. In chinesischen Fassungen des Märchens vom Rotkäppchen übernimmt der Bär die Rolle des bösen →Wolfes. Sieben Jahre lang muss im Märchen »Der Bärenhäuter« ein Mann im Dienst des *Teufels als Bär leben, bis er erlöst ist. Als Winterschläfer konnte der Bär auch den letzten menschlichen Lebenszyklus vorstellen, das Greisenalter, die Vorstufe zu Tod und Auferstehung.

In der Bibel diente er als Metapher für Zorn. Gott selbst konnte im Bild einer »verwaisten Bärin« erscheinen, die über sein treuloses Volk herfiel (Hosea 13,8). Grausam sollte der Bär sein, habsüchtig, und unter den *Christlichen Lastern vertrat er Wollust, Unkeuschheit, kurz: ein Bild des *Teufels. In diesem Sinne werden die Kämpfe zwischen Mensch und Bär sowie Verfolgungen durch ihn in Darstellungen der Romanik gedeutet. Davids Kampf mit dem Bären lasse sich mit der Versuchung Jesu durch den Teufel vergleichen: »Christus in der Vorhölle« (Sachs u.a. o.J:51). In der Alchimie repräsentierte der Bär den Zustand der »Schwärze« der *prima materia, den Beginn des Großen Werkes (der Vervollkommnung des Menschen), wobei die Bestandteile der Urinstinkte freigelegt und auf ihre Nützlichkeit hin für unsere Vollständigkeit untersucht werden. Nehmen wir sie dabei nicht an die Zügel, geraten wir leicht in die Rolle des Verfolgten. Gezähmte Tanzbären gehören noch heute zum Arsenal von Akrobatengruppen. Klöstern blieb im Mittelalter untersagt, Bären zu halten.

Der Römer Plinius hatte behauptet, die Bärin gebäre mäusekleine, unförmig ungestalte Junge und belecke sie, bis sie Glieder gewännen. Darauf fußend, kehrte das Christentum im Bärensymbol seine umwandelnde, erneuernde und »wahre gestaltgebende« Macht gegenüber dem Heidentum heraus. Manche Menschen sind nicht »sauber geleckt«. So konnte der Bär vom alten Attribut des Propheten Elias später zu dem von Maria als jungfräuliche Gottesmutter werden. Würde, Tapferkeit und Stärke vertrat das Tier in China, Japaner schrieben ihm Wohlwollen und Loyalität zu. Bären mit halbmondförmigem weißen Kragen am Hals galten als besondere Botschafter von Kwan-Yin, Göttin des Mondes, der Weisheit und Nächstenliebe. Wie der Bär mit scharfkralligen Tatzen nach seiner Nahrung gräbt, gräbt auch unser Unterbewusstsein neue, verborgene Aspekte in uns aus. Die Griechen verliehen den Bär als Attribut Euphemia, Amme der Musen.

In der Psychologie kann er Sinnbild für die Regeln unseres Gefühlslebens werden, das, wie alle Emotionen, in Zyklen schlummert und aufersteht. Mal ist der Bär hellwach und unbezähmbar angriffslustig, mal wieder zieht er sich stoisch zurück, liegt wie tot. Doch erneuert er nur seine Energien. Er stellt sich wütend auf seine Hintertatzen, um sein Refugium zu verteidigen, gibt sich aber auch großmütig, zutraulich und einfühlsam weise. Wo Seelenstärke gefordert ist, tritt die Seele in Gestalt des Bären auf (Estés 1993:383 f.). Doch bleibt er stets unberechenbar, widersprüchlich, menschenscheu und einzelgängerisch. Ein Haar vom Kragen des Bären, im Märchen eine kostbare Errungenschaft, steht auch für den Mut, sich an ein gefährlich emotionales Tier herangewagt und damit eine äußerst schwierige und gewagte Aufgabe gelöst zu haben.

Eine moderne indianische Astrologie weist den Menschen, die zwischen dem 23. August und 22. September im Zeichen des Bären geboren werden, Beharrlichkeit, Standfestigkeit, Gerechtigkeit und ein großes Organisationstalent zu. Fallen sie aber aus ihrem Zustand der Ausgeglichenheit heraus, werden sie brummig eigenbrötlerisch und können wütend wie ein gereizter Bär gegen ihre Mitmenschen vorgehen (Sun Bear & Wabun 1981:153 ff.). In indianischen Fabeln hat der Bär aufgrund von Fairness, Strenge und gutem Management den Vorsitz in den Tierversammlungen, ebenso bei zeitgenössischen totemistischen Clans, deren Charakter solche Fabeln gern widerspiegeln.

Die vielen Rollen des Bären – Vaterfigur, fürsorgliche Mutter, Vorfahre, behaart brummiger Verwandter, Verführer, mutiger Kämpfer, Tier und Mensch zugleich – vereinigen sich vielleicht im beliebten Teddybären. Selbst heftige Bärenwut gewann aufbauende Züge. In einer Mythe der sibirischen Tschuktschen forderte der Eisbär einen tapferen Jäger zum Zweikampf auf. Die entfesselte Kraft des Tieres veränderte schließlich die Natur. Das Land zerbarst, gab dem (*Element) Wasser den Weg frei und es entstand die Be(ä)ringstraße (Coppin 1989:52).

Grundbedeutungen

Ausdruck der unkultivierten ursprünglichen Natur; ihre aggressive Stärke und mütterliche Qualitäten im Kreislauf von Geburt, Leben und Auferstehung

Basilisk /Amphisbaena

Basilisk in einem Stich des 17. Jh.

Legt ungehörigerweise ein →Hahn von 7, 9, 14 oder 20 Jahren ein Ei und dies in den Misthaufen, soll diese »widernatürliche Schöpfung« →Schlangen oder →Kröten anziehen. Brüten sie das dotterlose, aber dafür außen gelbe oder bunte Ei aus, entschlüpfte ein seltsames Fabeltier: mit Hahnenkörper und -füßen, Drachenflügeln, Adlerschnabel und Eidechsenschwanz, der Basilisk. Die ältesten Überlieferungen erwähnen nur ein Mischwesen von →Hahn und →Drache oder →Schlange. Doch mit der Zeit entwarfen die Berichterstatter immer abenteuerlichere Beschreibungen. Oft trägt es ein goldenes Krönlein auf dem Kopf, denn es herrscht als König über alle Schlangen wie Reptilien und hütet große Schätze. Sie sind bei ihm sicher aufgehoben, denn er kann jeden das Fürchten lehren. Sein giftiger Atem lässt das Gras verdorren und Steine zerspringen. Endete der Schwanz in einem weiteren Kopf, so sprach man von einer Amphisbaena.

Die größte Gefahr aber geht von seinem starren Basiliskenblick aus. Entweder kippe man gleich tot um oder verfalle in eine Starre und könne sich nicht mehr von der Stelle bewegen. Das Christentum sah in diesem Schlangenkönig eine der machtvollsten Erscheinungsformen des *Teufels oder *Antichristen. Wie der Basilisk vergifteten und verdarben Ketzer und falsche Prediger die Menschheit. In Psalm 91,13 heißt es: »Über Aspis (Schlange) und Basilisk wirst du hinwegschreiten, den Löwen und Drachen zertreten ...«. So erscheinen diese vier Symbole zu Füßen des triumphierenden Christus. In diesem Sinne präsentieren romanische Plastiken den Basilisken. Er könnte aber auch die Quintessenz der *Elemente und Kalenderzyklen repräsentieren. Unter den *Christlichen Lastern vertrat der Basilisk häufig die Wollust (luxuria). Sein Gift soll die gegen Ende des 15. Jahrhundert ausbrechende Syphilis ausgelöst haben, mutmaßte der Volksglaube.

Mittelalterliche Alchimie fand im Basilisk ein Bild für Inhalte und Stadien des *Mercurius. Diese feurige Wandlungssubstanz der Schöpfung verspritzt das schreckliche Gift ständig neuer Entfaltungsideen, das selbst stärkstes Beharrungsvermögen zersetzt. Es bedarf schon eines besonders scharfen Blickes, um in der Welt des steten Wandels zwischen äußerer Erscheinung und dem, wie sie wirklich ist, klar zu unterscheiden. Die Wahrheit zu erkennen heißt, nicht alles in gut und schlecht, schwarz und weiß zu trennen, sondern die Ausdrucksmöglichkeiten von Vollständigkeit zu erfassen. Die Amphisbaena vermag in beide Richtungen zu sehen, nach innen und außen, oben und unten, nach vorn und hinten.

Für eine gefahrlose Begegnung nähere man sich diesem Wesen mit einem Spiegel. Sieht der Basilisk seinen eigenen Blick und seine Hässlichkeit, zerplatzt er auf der Stelle. Man kann aber auch die ganze Angelegenheit vor ein ordentliches Gericht bringen. Im Jahre 1474 verurteilte der Rat von Basel einen elfjährigen Hahn zum Tode, der ein Basiliskenei gelegt haben sollte. Am 4. August des Jahres wurde er öffentlich enthauptet, ins Feuer geworfen und auch das Ei feierlich verbrannt (Bächtold-Stäubli 1927:I,936).

Grundbedeutungen

das schreckliche Antlitz unseres falschen Bildes von der Natur aller Dinge; unser falsches Bild vom Wert des steten Wandels

Biber

Um ihr Refugium abzusichern und sich in einem relativ gleich bleibenden Wasserspiegel wohl zu fühlen, legen diese genialen Ingenieure Dämme, Schleusen und Kanäle an. Dabei vermag eine Biberkolonie in einer Nacht mühelos etliche Dutzend Bäume zu fällen. Die Äste und Knüppel werden so geschickt verkantet, dass der Wasserdruck sie immer tiefer in den Boden rammt. Unermüdlich beobachtet der Biber seine Bauten, bessert sie aus und verstärkt sie. So bot er ein Sinnbild für Fleiß und Arbeitseifer, Klugheit, Wachsamkeit und Friedfertigkeit. Für nordamerikanische Indianer setzt er geradezu Maßstäbe an Geschick, Kreativität, Originalität, für die Ästhetik von Wasserlandschaften (*Elemente). In einem modernen indianischen Tierkreis vertritt der Biber die Zeit vom 20. April bis 20. Mai. Bibergeborene zeigten Ausdauer, Zuverlässigkeit und Stabilität, Schweigsamkeit und überhaupt Zurückhaltung der Gefühle. Sie veränderten – wie ihr Namensgeber – behutsam aber konstant ihre Umwelt durch Eingreifen, bis es sich darin gut leben lasse (Sun Bear & Wabun 1981:91 ff.).

Bereits in der Antike setzte eine gnadenlose Verfolgung des Tieres ein, um das so genannte Bibergeil zu gewinnen. Diese wachsähnliche Masse von starkem Geruch und bitterem Geschmack kursierte als wahres Allheilmittel und unwiderstehliches Aphrodisiakum. Man vermutete das Bibergeil in den Hoden des Tieres. Antike Naturkunde behauptete, der Biber verstümmele sich selbst bei Verfolgung, da er wisse, auf was der Mensch giere. Der *Physiologus riet: Wie der Biber sich die Geschlechtsteile abbeiße und dem Jäger hinwerfe, so solle der Mensch alles Unreine abstreifen und dem Verfolger opfern, damit ihn der *Teufel nicht weiter bedrohe (1960:36 f.). Daher verband das frühe Christentum mit dem Biber Keuschheit und Askese.

Die griechischen Dioskuren Castor und Pollux, Zwillingssöhne des Göttervaters Zeus und der Leda (→Schwan), personifizierten im Tierkreis die Zwillinge. Als Hauptgegensätze des Universums vertreten sie Aktivität und Passivität, Anziehung und Abstoßung, Verstand und Gefühl, usw. Castor (= Biber), der »Rossebändiger«, übernimmt wie unser Oberbewusstsein die Funktion des Ordnens und der Überprüfung durch den Intellekt. Auf diese Weise regulieren wir die Flut der Gedanken durch Vernunft. Mittelalterliche Ratsherren demonstrierten mit Biberpelzen und –hüten ihren Anspruch auf Sicherung von Recht und Ordnung, aber auch die Fruchtbarkeit ihrer Amtsführung – für sich selbst und alle anderen. Indianer hatten beobachtet, dass Biberbauten stets über mehrere Ausgänge verfügen. Sie fanden darin den nützlichen Hinweis, sich zur Problemlösung besser gleich mehrere Optionen offen zu halten.

Grundbedeutungen

unermüdlich kreative Veränderung der Umwelt hin zu Stabiliät und Ästhetik; Reichtum durch Ordnung und gezielten Einsatz der schöpferischen Kräfte

Biene

Die Biene soll als einziges Wesen in unveränderter Form aus dem Paradies übrig geblieben sein und noch nach dessen Gesetzen leben, kündet die Sage. Tugenden wie Fleiß, Geschäftigkeit mit unbeirrbarer Zielgerichtetheit und ausgesprochenes Organisationstalent in einem als mustergültig angesehenen Staatswesen verhalfen diesem Insekt zu Respekt und hohem

Ansehen. Der römische Philosoph Seneca sah in ihrem Gemeinwesen einen Ausdruck der wahren Monarchie, für ihn die höchste Ordnung menschlicher Gesellschaft. Bienen sammelten den Nektar, das mystisch ambrosische Getränk der alten indoarischen Götter, und produzierten den Honig, die Weisheit des Himmels. Im mythischen goldenen Zeitalter tropfte dieser himmlische Honig nur so von den Bäumen herunter.

»Bit«, die reduzierte Form der Glyphe Biene, war das erste schriftliche Symbol des alten Ägypten. Der Königstitulatur der frühen Dynastien Unterägyptens wurde der Beiname »Fürst Biene« vorangestellt, um von der zeitlosen Ursprünglichkeit ihrer Herrschaft zu künden. Nach einer seiner zahllosen Geburtslegenden erblickte der Sonnengott Zeus in einer Bienenhöhle das Licht der Welt, und die Bienen nährten ihn. Vishnu, hinduistischer Schöpfer und Zerstörer aller Erscheinungen, der »Durcheilende des Sonnenlaufes«, erschien zu Beginn als Biene auf einer Lotusblüte.

Bienen (melissae) hießen die Priesterinnen der Großen Mutter und die männlichen Diener der griechischen Mysterienkulte. »Schloss der Biene« tauften die Ägypter den Haupttempel von Neith (→Lamia), ihrer ältesten Göttin. Ein ganzer Schwarm von Drohnen folgte Aphrodite, Göttin der Schönheit und Liebe. Ranke Graves vermutet hinter der antiken Bezeichnung »Mutter- oder Königinbiene« für die Große Göttin die Tötung des Heiligen Königs, der sich mit ihr symbolisch paarte, den sie aber nach einer zyklisch festgelegten Zeit wie eine Drohne tötete. Bienen als Symbol deuteten somit auf frühe matriarchale Gesellschaften (1960:I,60 f.). Das Stechen der Insekten erschien aber im Allgemeinen wie ein männlicher Zeugungsakt. Im Mithraskult verkörperte eine Biene die Seele, die der ewig fließenden *Lebenskraft des →Stieres entsprang. Ein Bienenkorb auf antiken Grabmälern richtet die Hoffnung auf die Unsterblichkeit der Seele. Die Spartaner konservierten die Leichen ihrer Könige gleich in Honig.

Pan und Priapus, zeugungswilde Vegetationsgötter, züchte-

Amor in Bedrängnis

ten und schützten die Bienen. So umschwirrten die Insekten den indischen Liebesgott Kama wie seine römisch-griechischen Kollegen Amor und Eros. In chinesischen Märchen kann die Biene einem Mann bei der Auswahl schöner Frauen assistieren. »Die Biene rufen, den →Schmetterling herbeiführen« umschreibt dann den außerehelichen Beischlaf. Sie konnte auch Strafinstrument werden, wenn sich Hinwendung und Leidenschaft auf ungeeignete Objekte richteten. Amor selbst wurde von Bienen gestochen und verfolgt, nachdem er sich in Psyche (→Schmetterling), eine menschliche Schönheit, verliebt hatte.

Noch im Christentum galt die Biene als »priesterliches Tier« schlechthin. Man glaubte, die Biene schlafe nicht, und verwies auf ihre stete Wachsamkeit und ihren Eifer, Ausdruck von Klugheit und Basis für ein »rechtes Leben«. Weil sie alles Unreine meide und nur vom Duft der Blüten lebe, steht sie für Sauberkeit und Reinheit im Bestreben. »Flotte Bienen« verbreiten zumindest durch ihre attraktive äußere Erscheinung Glanz und Anmut.

Christliche Theologie fand in der aufopfernden Unterordnung und harmonischen Einheit der Bienen auch ein Vorbild für das geistige Leben monastischer Gemeinschaften. Der Kirchenlehrer Ambrosius verglich die Kirche mit einem Bienenkorb und den Christen mit einer dem Stock stets treuen und fleißig arbeitenden Biene, die den »bösen Rauch der Hoffart und Schmeichelei« hasse. Und Clemens von Alexandria: »Die Biene saugt an den Blüten einer ganzen Wiese, um daraus doch nur einen einzigen Honig zu machen« (Heinz-Mohr 1988:51). In Unkenntnis ihrer Fortpflanzung hielt man Bienen für geschlechtslos. So enthält die alte Fassung des Ostergesangs (Exultet) das berühmte Bienenlob: »O wahrhaft selige Biene, wunderbare! Ihr Geschlecht wird nicht vom Männlichen verletzt, nicht von der Brut gestört, ihre Unversehrtheit nicht von Kindern weggenommen! So hat auch die heilige Maria als Jungfrau empfangen, als Jungfrau geboren, und Jungfrau ist sie geblieben« (Lurker 1973:56).

Ibn al-Athir fasste für islamische Gläubige die ganze Weisheit der Biene zusammen. Sie »nützen den Fruchtblüten, tun Nützliches, arbeiten bei Tage, verzehren nichts, was andere gesammelt haben, verabscheuen Schmutz und üble Gerüche und gehorchen ihrem Herrscher; sie hassen die Dunkelheit der Indiskretion, die Wolken des Zweifels, den Sturm der Revolte, den Schleier des Verbotenen, das Wasser des Überflusses, das Feuer der Lust« (zitiert nach Cooper 1986:25).

Weissagende Bienen als Boten der Weisheit des *Mondes begleiteten Hermes-*Merkur. Eine Biene konnte auf seinem Heroldsstab thronen. Der indische Mondgott Soma war »die Biene«, Soma selbst das Getränk, das als *Wasser des Lebens Weisheit und Intuition verlieh. Bienen sollen Apoll zu Delphi einen Orakeltempel aus Wachs und Federn errichtet haben, die dortige Orakelpriesterin trug den Beinamen »Delphische Biene«.

Bienen und ihr Honig beschrieben auch den »Kuss der Musen«, der Kreativität und Beredsamkeit verlieh. Großen Rhetorikern wie z.B. Bernhard von Clairvaux (1090–1153) sagte man nach, die Worte seien ihnen wie »Honig von den Lippen« geflossen. Bernhard selbst sah in diesem Insekt einen Ausdruck für den Heiligen Geist und damit für das Gottesreich, dessen Ordnung, den Honig (Christus), wir in unsere Welt bringen müssen« (Heinz-Mohr 1988: ebd.). Der römische Dichter Vergil nannte die Biene »den Atem des Lebens«, die Kelten sprachen von der »geheimen Weisheit, die aus einer anderen Welt kommt«. Im zweiten Initiationsgrad des Mithraskultes, dem Grad des Nymphus (Bienenpuppe), verlobte sich der Myste mit Mithras, mit dem erhellenden und erleuchtenden Prinzip der *Sonne.

Dummling, der jüngste von drei Brüdern, wird in Grimms Märchen »Die Bienenkönigin« neuer König, weil ihm bei den dazu notwendigen Prüfungen →Ameise (*Element Erde), →Ente (Wasser) und die Bienenkönigin (Luft) helfen. Letztere setzt sich auf seinen Mund, der gerade Honig gekostet hatte. Augenblicklich löst er die schwierigste Aufgabe, nämlich die »rechte« Tochter des alten Königs als Braut zu erkennen.

Grundbedeutungen

Fleiß, aufopfernde Unterordnung in die Gemeinschaft; Produktion des Honigs als Speise des Göttlichen; Weisheit und Intelligenz aus höchsten Sphären

Blutegel

Der zu den Ringelwürmern gehörige Blutegel sei aus Pferde- oder Frauenhaaren entstanden, die lange im Wasser lagen, glaubten die Menschen im Mittelalter. Er dringe bis ins menschliche Gehirn und verursache Geistesstörungen. Ein Vorbild für solchen Aberglauben könnte der Leberegel (Fasciola hepatica) gespielt haben. Dieser Saugwurm und Innenparasit er-

zeugt in der Leber vieler Haustiere die gefährliche und oft tödliche Leber-
fäule, früher Egelseuche genannt.

Am Kopf wie am Hinterleib des Blutegels befinden sich Saugscheiben.
Diese setzt er wie Schröpfköpfe auf. Dann pumpt er seinen dehnbaren Mit-
teldarm so voll, dass der bis zum drei- bis vierfachen seines Gewichtes anschwellen kann. Von Blutegeln träumen soll auf Kapitalakkumulation hindeuten, weiß der Volksmund. Das könnte zumindest auf Personen und In-
stitutionen zutreffen, die sich wie Blutegel verhal-
ten. Die Unersättlichkeit, Gier und Erbarmungslo-
sigkeit des echten Blutsaugers lieferte bereits in der
Antike den Stoff für einige Fabeltiere, vor allem die
→Lamia.

In der indianischen Symbolik vertrat der Blutegel
den heimtückischen Feigling, Prahler und Lüstling,
das Auszehrende des Winters wie überhaupt das
Kraftraubende der irdischen Verhältnisse. Der anonyme und etwas bittere
Autor der alttestamentlichen Sprüche des Salomo wurde da konkreter und
zog einen Vergleich zu gewissen Frauen (Sprüche 30,15): »Blutegel hat
zwei Töchter: Bring her, bring her!«

Grundbedeutungen

Unersättlichkeit und Erbarmungs-
losigkeit; das Kräftezehrende und
Aussaugende irdischer Gegebenheiten

Brachvogel (siehe unter Schnepfe)
Buchfink (siehe unter Finken)

Büffel / Bison

Nach dem Mythos der Sioux und anderer Indianerstämme leben wir in der
vierten Weltperiode. Der »Büffel des Westens« (Stier) hatte diese mit seinen vier Beinen hervorgebracht, die Anfang und Ende der Äonen umfassen. Am Ende jeder Periode verlor er ein Bein. Nun steht er auf dem letzten. Wenn eines Tages der Mond rot und die Sonne blau leuchtet, werden
die Wasser des Anfangs die Erde wieder überschwemmen, und mit dieser
Sintflut hebt ein neuer Zeitkreis an (Müller 1970:213).

Für die aus dem Norden her die amerikanischen Plains besiedelnden Indianerstämme ersetzte bald der Bison oder Büffel den →Hirsch als Jagdtier.

Durga kämpft mit dem mächtigen Büffeldämon Mahisha

Der Büffel bot Nahrung im Überfluss und wurde zum Symbol der kosmischen Harmonie: des Einklangs der vier *Elemente, vier Richtungen und vier Weltzeitalter. Büffelfeste spielten die Geburt der Welt nach. Man verklärte ihn als Kulturbringer, der Indianern den Anbau von Mais, Kürbis, Bohne und anderen Feldfrüchten beigebracht hatte. Als Garant ihrer Existenz repräsentierte er die *Sonne und Sommerzeit. Die nördlichen Stämme ordneten ihn dem Herbst zu, der Zeit der großen Büffeljagden. In ihrer Brunstzeit versammelten sich die Bisonherden zu Zehntausenden. Übernatürliche Macht, Stärke, innere Stoß- und Durchsetzungskraft, – mit dem Büffel schien unwiderstehlich und in all seinem Reichtum das *Element Erde selbst auf die Bildfläche zu stürmen. Als eine Erscheinungsform der Mutter Erde unterstanden ihm alle Geburtsvorgänge und alles fruchtbare Werden. Wie eine Mutter versorgte er die Indianer mit dem Notwendigen zum Überleben: Nahrung, Kleidung, Unterkunft (Zelt aus Fellen), usw. Als Vegetationsgeist vermittelte der Büffel den ganzen Kreislauf der Natur: Wachstum, Tod und Auferstehung.

In Indien tötete die Höchste Göttin mit einem Dreizack den Büffeldä-
monen Mahisha und zwang seine vitale Energie in die Formen des Vegetationszyklus. Lao-tse ritt einen Büffel oder →Ochsen, hatte damit den Wandel der Natur wie die animalischen Kräfte im Menschen unter Kontrolle.

Manchmal steht der Büffel anstelle des →Ochsen in den »zehn Bildern vom Büffelhüten«, in denen der Büffel als *prima materia zu Beginn völlig schwarz und im Laufe des Zähmungsprozesses allmählich immer heller dargestellt wird, bis er auf dem zehn-ten Bild gar nicht mehr auftaucht. Lao-tse ritt ebenso auf einem grünen Büffel, als er China ver-lassen haben soll und im Westen verschwand.

Grundbedeutungen

Wachstums- und Durchsetzungs-
drang der Vegetationszyklen;
Stärke, Fülle und Reichtum im
Einklang der harmonischen Ordnung aller *Elemente

Chamäleon

Gott habe das Chamäleon erst geschaffen, nachdem die Menschen schon die Erde bevölkerten, damit es ihnen mit gutem Beispiel vorangehe, behauptet eine afrikanische Fabel (Knappert 1995:79 f.). Wie kaum eine andere Tierfamilie vermochte sich das Chamäleon auf die Zyklen seiner Bezugswelt von Bäumen und Büschen einzustellen. Dabei laufen alle seine Bewegungen im Zeitlupentempo ab, als müsse jeder Schritt gründlich bedacht werden, und so behutsam, als wollte es jeden Fehler ausschließen. Im Zululand heißt das Tier »Herr Langsam«, auf Afrikaans »Geh vorsichtig zu Werke«. Es wird mit einer guten Nachricht verbunden und in trockenen Gebieten als Regenbringer geehrt, Garant für Wachstum und Fruchtbarkeit.

»Ich bin glücklich und stolz, wie immer Eure Meinung zu teilen«, Grandville (1842)

Die Verschiedenheit von Licht-, Feuchtigkeits- und Farbreizen regen beim Chamäleon stark die Farbstoffzellenpigmente der Körperoberfläche an. Auf diese Weise vermag sich die Hautfarbe der ständig veränderten Natur des Lebensraumes anzupassen. Ein solches Phänomen verknüpfte man mit dem *Mond und seinen Zyklen, die im steten Wechsel von Dunkel und Licht, *Tod und Auferstehung, damit auch von Unsterblichkeit künden. Wer diese Ordnung durchschaut, besitzt zugleich die Weisheit, sie für den Fortschritt zu nutzen. Auf Swahili heißt es beschwörend: »Verändere dich, Chamäleon, die Welt dreht sich im Kreis!« (Knappert 1995:ebd.). Das Christentum sah in dieser Echse mehr den Ausbund an Arglist des *Teufels, vielerlei Gestalt annehmen zu können und sich in jeder Situation anders zu präsentieren.

Aufgrund seiner Flexibilität wird das Chamäleon dem Luftprinzip (*Elemente) zugeordnet. Anpassungsfähigkeit kann einen Menschen vor vielen

Problemen bewahren und ihm das Leben sehr er-
leichtern. Es birgt allerdings auch die Gefahr, das
Fähnchen nach jedem Wind zu drehen und zum
»Windhund« oder Heuchler zu werden.

Chimäre

Dieses Feuer speiende Monster bestehe aus Kopf, Mähne und Beinen eines
→Löwen, dem Körper einer →Ziege mit dem Schwanz eines →Drachens
oder einer Schlange, überlieferte der Dichter Homer. Für Ranke-Graves
(1955:I,230) weist die mitunter auch dreiköpfige Chimaira auf die Dreiheit
des Kalenderjahres der kleinasiatischen Karier: Löwe für den Frühling, Ziege für den Sommer und Schlange für den Winter.

Chimaira war die Tochter des Typhos, in der griechischen Mythologie
ein zerstörerischer Sturmgott aus der Unterwelt des Tartarus, aus dem universellen Unterbewusstsein. Ihre Mutter Echidne, halb Frau, halb
→Schlange, könnte ein Bild für die Schlangen- und Erneuerungskräfte des
Winters und des *Todes gewesen sein. Im Ursprungsland dieses Fabeltie-
res, Lykien, hütete Chimaira einst das Feuer der Erde (*Elemente), bevor
sie später mit stürmischen Bedrohungen auf Land und See, mit dämonischen Gefahren in unserer Psyche in Zusammenhang gebracht wurde. Vergil behauptete, die Chimäre, eine Schwester des Kerberos (→Hund), hause
am Eingang zur Unterwelt.

Wer die Welt der Erscheinungen erfasst, erkennt hinter ihren täuschen-
den Fassaden die Gesetze von Ursache und Folgewirkung. Im Gegensatz
dazu stehen Aberglaube, törichte und »haltlose« Vorstellungen. Halten diese einen Menschen wie in einem Netz gefangen, sprechen wir von Hirnge-
spinsten oder Chimären: Gedankenkonstrukten, die sich nicht mit der
Wirklichkeit vertragen.

Der mythische Held Bellerophon (= Der im Glanz Erscheinende),
Ausdruck unserer klaren und auf Wahrheit fußenden Sicht der Welt, tötete Chimaira, auf →Pegasus reitend. Er flog auf seinem Zauberpferd über

sie, durchbohrte sie mit seinen Pfeilen und warf einen Bleiklumpen in ihr Maul, den er an der Spitze seines Speeres befestigt hatte. Der feurige Atem des Ungeheuers ließ das Blei schmelzen. Es tropfte in ihre Kehle hinab und verbrannte ihre Eingeweide. Blei, das Metall des Saturn (Binder und Auflöser der Form), bezeichnet das unedle Metall der Dummheit und Unverständnis. Wenn es schmilzt, zerstiebt ein falsches Bild. Angst, Missverständnisse und Illusionen können sich auflösen.

Grundbedeutungen

unhaltbare Vorstellungen als Grundlage unserer Sicht der Dinge

Coyote / Steppenwolf

Sobald er denke, er hätte seine Arbeit getan, verschwinde der Schöpfer und Urheber der Welt häufig. So erklärten indianische Mythen die zyklischen Phasen von Aktivität und Passivität im Universum. Der Schöpfer lege die Grundlagen und überlasse es anderen, das Werk zu vollenden. Und das sind nicht immer die Talentiertesten. Steppenwolf, der die Aufgabe hatte, die Sterne am Himmel zu ordnen, stolperte und ließ sie fallen. Anstatt in der harmonischen Form eines geometrischen Musters erstrahlen die Gestirne nun in der uns bekannten eher wuseligen Anordnung (Bramly 1977:75 f.).

Der Coyote lebt nur im Westen Nordamerikas. Für die Indianer spielte er den komischen Helden ihrer Frühzeit. Seine Schelmengeschichten gelten als ihre ältesten Überlieferungen. Coyote, der ewig hungrige, ewig lüsterne und ewig ruhelose Kulturbringer, der liebenswürdige Trottel und abgefeimte Schuft vertrat die deutlichste Ausprägung des göttlichen Schelms und *Tricksters. Er behauptete, das älteste irdische Wesen zu sein, schuf alle Gesetze, um sie im nächsten Augenblick selber zu brechen. Häufig tappte er in seine eigene Falle, selbst in den Tod, um sich dann wieder unversehrt daraus zu befreien. Die Azteken verstanden Coyote als Erscheinungsform des Quetzalcoatl, Gott der Weisheit und Intelligenz. Durch Tollkühnheit und eine Neigung, das Unmögliche zu wagen, wurde er in den Sechzigern und Siebzigern des 20. Jahrhundert als anarchistischer Held zum Symbol indianischen Selbstbewusstseins und Widerstands (Kaiser 1993:5).

C.G. Jung sah in der Figur des *Tricksters und göttlichen Schelms Bezüge zum alchimistischen *Mercurius, der tierisch-göttlichen Doppelfigur mit Zügen des Erlösers, und zum dämonischen Aspekt Jahwes im Alten Testament. Sie spiegelten die Gegentendenzen unseres Unbewussten, nicht unähnlich einer zweiten Persönlichkeit als Schatten (→Drachen). Eine solche »Verlorenheit im Heillosen« könne die unvermeidliche Integration des Schattens erzeugen und damit die notwendige Einsicht, dass er nur der ausgeblendete Teil der Vollkommenheit aller Erscheinungen ist. Damit befreiten wir diese Kraft aus ihrem Schelmendasein, d.h. aus der Unbewusstheit, und sie werde zum Licht- und Heilbringer (Jung u.a. 1954:185 ff., 206 f.).

Grundbedeutungen

Begleiter der Seelen auf dem Weg aus der irdischen Welt heraus ins Jenseits; das oft unergründlich widersprüchliche Wesen der Natur und des Unbewussten

Tiere wie →Hyäne und Steppenwolf, die Leichen und Aas fressen, befreiten die Seele aus ihrer Hülle, begleiteten oder sorgten für ihren Weg ins Jenseits, dachte man. Das verschlingende Untier bewachte gewöhnlich zugleich die Pforte zum Jenseits (→Kerberos). Als verschlingendes Moment der Natur gehört es zum Wesen des *Todes als Transformator.

Dachs

Der »Geldsack« der als äußerst sparsam verschrieenen schottischen Hochlandbewohner wird traditionell aus Haut des Dachskopfes hergestellt. Dies gewinnt durchaus eine ironische Note, hängen doch keltische Sagen dem Dachs Züge größter Unnachgiebigkeit an. Hinter solchem Leumund steckt wohl die Beobachtung, dass dieses Tier seine Angelegenheiten mit bemerkenswertem Mut und unbeirrbarer Hartnäckigkeit verfolgt.

Der etwas dickliche und nur scheinbar behäbige Dachs gehört zur Familie der →Marder. Vermutlich war es zunächst seine wunderlich schwarz-weiße Gesichtsmaske mit langen Streifen über den Augen, die ihn vielerorts zu einem magischen Wesen stempelte. Dabei ist er ausgesprochen »diesseitsbezogen«, ein Allesfresser. Für diesen Verwandten des Vielfraßes gibt es kaum etwas, was ihn kulinarisch nicht reizen würde. Die Symbolik springt denn auch nicht gerade zartfühlend mit ihm um. Christliche Ikonografie präsentierte ihn als Reittier der personifizierten Habsucht und des Geizes.

Laut märkischen Sagen folgte der Dachs der germanischen Mutter- und Mondgöttin Frau Holle oder Frau Harke. Dreibeinig und einäugig zog er mit in der Wilden Jagd, dem lärmenden Begleitheer für die Verstorbenen zu ihrem künftigen Refugium. Solche scheinbar unvollständige Erscheinung weist auf die Einheit des Ursprünglichen und die Dreiheit als Zyklus des *Mondes. Als ausgesprochenes Spezifikum wurde er zum Bild übernatürlicher Kräfte, einer Fata Morgana oder von Irrlichtern, die uns täuschen und necken; im übertragenen Sinne von Unfug und Ausgelassenheit, von wilden, ungestümen Energien unserer ursprünglichen Natur. Tatsächlich bleiben die Dachsjungen noch recht lange verspielt. In unseren Breiten sprechen wir – oft unabhängig vom Alter der Person – von einem »jungen« oder »frechen Dachs«, wenn Unerfahrenheit und Unbeholfenheit zu allerlei stürmischen und unüberlegten Handlungen führen. Der Dachs Tanuki, japanischer Held vieler Fabeln und eine Art Widerpart zum chinesischen →Fuchs, erscheint gern als dickbäuchiger Abt oder als zerlumpter Bettelmönch, der primär an sein leibliches Wohlergehen denkt und sich dafür zu allerlei kecken Taten hinreißen lässt. Wegen der Lautgleichheit im Chinesischen von Dachs (huan) und »sich freuen« bedeuten Dachs und →Elster, zusammen dargestellt, »eine große Freude erleben«.

Für nordamerikanische Indianer vertritt der Dachs die Weisheit der Natur samt ihrer energetischen Phänomene. Die Hopi glauben an seine besonderen Kenntnisse über Pflanzen und Bäume. Sie ehren ihn als Wetterpropheten und ordnen ihn der Fichte zu, nach ihren Lehren der Baum mit der größten magnetischen Kraft.

Grundbedeutungen

niedere Formen des Bewusstseins; überraschende energiegeladene Manifestationen und Irrlichter in der äußeren Natur und unserer Psyche

Der Naturkundler Alfred Neckam wusste im 12. Jahrhundert von dieser kreativ tätigen Weisheit der Natur ganz Ungewöhnliches zu berichten. Für die Neuanlage eines Dachsbaues lege sich ein altes männliches Tier auf den Rücken und strecke die Beine nach oben. Die anderen bedeckten seinen Bauch mit der ausgegrabenen Erde und trügen diese dann heraus, indem sie an den vier Beinen zupackten (Bächtold-Stäubli 1929–30:II,130).

Delphin / Tümmler

Im Jahre 1961 füllten Delphine plötzlich die Schlagzeilen der Weltpresse. Der Biophysiker John C. Lilly hatte prophezeit, kurz vor dem Ziel zu stehen, Meeressäugern die menschliche Sprache beizubringen. Sein von der NASA gesponsertes Delphinarium auf den Virgin Islands wurde zum Wallfahrtszentrum, Lilly weltberühmt und verdiente sich eine goldene Nase. Andere Wissenschaftler entlarvten das Projekt als Wunschdenken. Bis heute sprechen Delphine weder amerikanisch, noch englisch – aber delphinisch, eine höchst variable und komplexe Lautsprache.

Bereits antike Schriftsteller berichteten euphorisch von der Menschenfreundlichkeit dieser Walfamilie. Delphine trugen Menschen, vor allem Jünglinge, auf ihrem Rücken zum Ufer, um sie vor dem Ertrinken zu retten. Hinter diesen Erzählungen, auch wenn sie im Einzelfall stimmen mögen, steckt eine weit verbreitete Metapher: Der Gott der Seelenwallungen *Dionysos (als Melikertes) ritt auf einem Delphin wie Apoll, das höhere Prinzip der *Sonne (als Taras oder Arion). Eros, die Leidenschaft als Antriebskraft,

PISCE SVPER CVRVO VECTVS CANTABAT ARION

Arion als Apoll »reitet« die Macht des Elements Wasser

hielt auf seinem Tümmler einen Tintenfisch in der Hand. Thetis, Mutter aller Meeresnymphen, flog in voller Fahrt auf diesen Tieren über die Wellen. Delphine präsentieren die Macht des Meeres (*Elemente: Wasser) und deren Beherrschung. Man setzte sie als Quellgenien mit dem Mutterschoss des Kosmos gleich, mit seinem unerschöpflichen Potenzial an Wachstum, Erneuerung und der urmütterlichen Kraft der Liebe. Die berühmte Statue der Demeter (Mutter Erde) zu Phijalia in Arkadien hielt in der einen Hand einen Tümmler, in der anderen eine schwarze →Taube (Orakelbote). Schnelligkeit, Eleganz der Bewegung und Verspieltheit dieser Tiere wurden sprichwörtlich.

Am Fuße des griechischen Parnass verunsicherten einst gleich zwei →Drachen die Gegend: Typhos und seine Gattin Echidna oder Delphyne (delphos = Mutterschoß, Gebärmutter), die große Gegenspielerin der *Sonne. Der Sonnengott Apoll soll aber selbst die Gestalt dieses drachenartigen Delphins angenommen haben, als er den dortigen Tempel eroberte. Damit übernahm Apoll eine Orakelstätte, in der durch die Priesterin Pythia (→Schlange) bis dahin nur die dunklen Erdkräfte der Natur (*Elemente: Erde) gesprochen hatten, und nannte sie Delphi. Von nun an beherrschte das Licht der Sonne dieses Orakel, womit der Delphin zugleich eine Ausdrucksform höherer Erkenntnis annahm.

Aus der Haut eines Tümmlers soll die Hülle der jüdischen Bundeslade bestanden haben, welche die heiligsten Gesetze aufbewahrte. Das Palladion, Heilssymbol für die Rettung der menschlichen Zukunft, das der Held Äneas mithilfe der Götter aus dem brennenden Troja nach Italien rettete, war aus dem Schulterblatt eines Tümmlers geschnitzt.

Im alten Griechenland führte der Delphin die Seelen ins Jenseits, in die Gefilde des Elysiums, bei den Kelten zur Insel der *Anderswelt im Meer. Auch das Christentum fand in diesen Tieren ein Sinnbild für die Rettung der Seelen, die über das Wasser des *Todes in eine neue Zukunft geführt werden. Abbildungen von Delphinen auf Gräbern und Sarkophagen beschwören Heil und Sicherheit auf der metaphysischen Ebene. Ein Delphin in Verbindung mit Anker soll die von Christus geführte Kirche darstellen, die Arche der Erlösung und Wiedergeburt. Ein von einem Anker oder Dreizack durchbohrter Delphin bezeichne diese Christuskraft in ihrer menschlichen Ausdrucksform des Jesus am Kreuze. In Heiligenlegenden kann mancher Protagonist mithilfe dieses Tieres den Versuchungen des Fleisches entkommen.

Der *Physiologus erzählt von einem Tier im Meere mit langen Flügeln, das Delphin oder Säge genannt werde. Wenn es ein Schiff mit Segeln und Takelwerk sehe, wolle es dieses nachahmen, erhebe seine Flügel und segele im Wettstreit mit dem Schiff. Habe es aber dann drei oder vier Meilen zurückgelegt, werde es müde, ziehe die Flügel ein, und die Wogen trügen es an die alte Stelle zurück. So sei diese Säge ein Gleichnis für diejenigen, die sich um die Bürgerschaft im Gottesstaate bemühen und gute Werke üben, dann jedoch umkehren und in ihre alte Wirklichkeit zurücksinken (1960:58 f.).

In der abendländischen Mystik gehört der Delphin zu den Symbolen für den Karfunkel – gleichgesetzt mit der Rose, der allmählichen Entfaltung unseres Bewusstseins durch Veredlung unserer Wunschnatur, des Erwachens der »wahren Menschlichkeit« und ihrer »wahren Sprache«. Mit der Zeit ging die Symbolik des Delphins aber im umfassenderen und moderneren der →Fische auf.

Aktuelle Forschungen zu Delphinen und ihrer Unterart, den Tümmlern, untermauern nicht nur die antiken Vorstellungen, sondern weisen weitere wunderlicher Phänomene nach. Das Kommunikationsvermögen von Delphinen und Tümmlern übersteige alles, was man Tieren bislang zugeschrieben hatte. Mit einer eigenen und recht musikalischen Sprache in Form von Ultraschallwellen könnten sie sich über enorme Reichweiten verständigen und dabei recht komplizierte Sachverhalte mitteilen. Ihr Gehirn ähnele in Struktur, Form und Wirkungsreichtum dem des Menschen. Gegenüber dem Menschen nehmen sie auch eine verblüffend offene, freundliche und friedfertige Haltung ein. Fischen, vor allem den Haien, zeigen sie ihre andere Seite: kämpferisch und grausam. Jedenfalls verlockte das Tier nun zu fantastischen Spekulationen: Zieht es den Delphin mehr zu den Menschen, weil er früher stärker mit ihm verwandt war? Oder hat er uns etwas Wichtiges mitzuteilen, wie Mythen beim Gesang der →Wale bereits in der Antike mutmaßten?

Unter Schirmherrschaft der UNESCO untersuchten in den Fünfzigerjahren internationale Wissenschaftler das Phänomen der Vogel- oder »Pfeifsprache«, mit der sich noch wenige Menschen in Spanien, auf den Kanarischen Inseln und in Kleinasien untereinander verständigen. Im Abschlussbericht ihres Colloquiums (1959) heißt es: Man vermute eine ursprünglich viel stärkere Verbreitung des Pfeifens als Kommunikation und Sprache. »Sowohl der Gesang der Vögel wie die akustischen Signale der Delphine und die menschlichen Pfeiftöne sind wahrscheinlich auseinander entwickelte Zweige einer sehr alten gemeinsamen Wurzel, einer Art von primitivem Esperanto« (Gebelein 1996:92).

Distelfink (siehe unter Finken)

Drache / Lindwurm

Ein widernatürliches Monstrum, feuerrot mit sieben Köpfen und zehn Hörnern, tritt in der *Geheimen Offenbarung* des Johannes als Widersacher gegen die göttliche Schöpfung auf. Doch diese »alte Schlange, die den Namen Teufel und Satan trägt« (→Steinbock), ward aus dem Himmel herabgestürzt und, damit er die Völker nicht mehr verführe, in den Abgrund geworfen, auf tausend Jahre gefesselt. Noch ein letztes Mal losgelassen, verbannte man ihn schließlich für immer im Feuer- oder Schwefelsee (12,3–20,10).

Überall auf der Welt konstruierten Völker einander verblüffend ähnliche

Drachenmythen. Da ihre »Untiere« in allen *Elementen zugleich leben konnten, hatten sie wohl kaum direkte Vorbilder in der Tierwelt. Oft mit der →Schlange austauschbar, kennzeichnete der Drache die Ambivalenz der ursprünglichen und ungezähmten Natur, den Rhythmus sichtbarer und unsichtbarer kosmischer Strömungen, der Jahreszeiten und des *Mondes. »Drachenschwanz« und »Drachenkopf« bezeichnen noch heute die Endpunkte der Mondekliptik. Der Orient betonte dabei mehr das Prinzip einer gütig wohltätigen himmlischen Macht. In China übertrug sich dieses Symbol seit der Han-Zeit (206 v.–220 n.Chr.) zugleich auf den Kaiser als Sohn des Himmels und, eine Stufe darunter, auf die weisesten und edelsten Menschen. Geflügelte Drachen boten ein Bild für die Manifestation der Leben spendenden Wasser (*Elemente) und des Lebensatems (Geist). Haoma, iranischer Herr aller Heilpflanzen und Heilkräfte, nahm Gestalt des Drachen an. Der Okzident rückte im Bild des Drachens mehr das Chtonische und Destruktive in den Vordergrund, Dürre und Winter, das scheinbar Böse in der Natur.

Einem der ältesten Vorläufer begegnen wir in Tiamat, dem sumerischen Ungeheuer der tiefen Wasser. Sie verkörperte die gestaltlose, im Dunkel liegende mütterliche Urmaterie. In der undifferenzierten Ureinheit vor jeder Schöpfung enthielt sie alles Zukünftige schon als Idee, aber noch unmanifestiert. Symbolisch stellte sich dieser urweibliche Drache dem gestaltenden und ordnenden Geist entgegen, dem zeugenden Vater und Schöpfergott (Lurker 1990:179). Der Sonnengott Marduk ließ aber die Kräfte seines Geistes in ihn eindringen, und diese zerrissen Tiamat. Aus ihrem Körper entstanden Himmel und Erde.

Als Sohn von *Sonne und *Mond wurde der alles verschlingende Drache andererseits beschrieben, als ältestes Wesen, rastlos nach Entfaltung drängend, aber selbst immer wieder von der furchtbaren Großen Mutter zurückgeholt und eingesogen. In solchem Verschlungenwerden (→Krokodil, →Wal, →Wolf), dem symbolischen Abstieg in das Reich des Todes, »offenbart sich das Unbekannte, Unverstandene, Ungeheuerliche in dieser Welt, die Urmacht, die den Menschen bedroht und die letztlich doch zur Ohnmacht verurteilt ist« (Lurker 1990:233). Der Drache, Ausgeburt der Finsternis, verschluckt das Licht und muss es wieder freigeben. Das Licht der *Sonne überwindet jede Nacht, jede Zeit der Kälte des Winters und den *Tod. So kennzeichnete ein Drache den ägyptischen Vegetationsgott *Osiris in seiner Eigenschaft als Herrscher des Totenreiches. Als der keltische Zauberer Merlin einst den roten und den weißen Drachen befreite, vermochten die Urgegensätze die Vitalität des Landes Britannien neu zu beleben. Dieser Kampf zwischen Ordnung und Chaos findet zugleich zwischen höherer und niederer Natur des Menschen statt, zwischen Ober- und Unterbewusstsein. Im Judentum kann ein Drache denjenigen bezeichnen, der in der (geistigen) Wüste lebt.

Drache und →Hund wachen an der Grenze zur Welt dieser Finsternis und des scheinbar Feindseligen. Diese Welt muss erobert werden, um die dort verborgenen Schätze Weisheit, Wahrheit und Liebe zu erringen. In dieser düsteren Höhle des Unbewussten behütet der Drache eine edle Jungfrau. Sie, unsere Anima und Führerin zu höherem Bewusstsein, wird zumeist daran gehindert, ihrer Aufgabe nachzukommen. Anima sei jene innere Komponente der Psyche, die für jede wahre schöpferische Tat unverzichtbar bleibt. Im Traum kann die Rettung der Anima auch Befreiung von dem verschlingenden Aspekt einer überstarken Bindung an die Mutter bedeuten. Der Held im Drachenkampf vermag nun erwachsen zu werden (Jung u.a.1985:119 ff.).

C.G. Jung sah im Kampf mit dem Drachen einen Befreiungskampf des »Ich« mit dem Schatten, den verborgenen, unterdrückten und unvorteilhaften (sündhaften) Aspekten unserer Persönlichkeit. Unser dunkler Schatten umfasse aber auch Instinkte und schöpferische Impulse, auf die wir nicht verzichten können. Das sich entwickelnde Bewusstsein sei symbolisch die Heldengestalt, »durch welche das hervorbrechende Ich die Trägheit des Unbewussten überwindet und den reifen Menschen von der Sehnsucht befreit, in den glückseligen Zustand seiner Kindheit zurückzukehren, in eine Welt, die von der Mutter beherrscht wird.« Ein Sieg über den Drachen oder die Erlösung aus seiner Macht bedeute das archetypische Thema vom Triumph des Ich über die Assimilierung der »rückläufigen Neigungen« und destruktiven Kräfte, die Bezwingung und Assimilierung des Schattens (Jung u.a. 1985:ebd.). Es bedeutet ebenso den Sieg über unsere Widerstände gegen alles Neue, Fremde und gegen jede Art von Wandlung und Transformation, der unausweichlichen Voraussetzung für Glück, Weisheit und Erlösung.

Mittelalterliche Alchimie beschrieb im Drachenmotiv das Flüchtige des Quecksilbers *Mercurius. Ein geflügelter Drache symbolisiere das kurzfristige Erlebnis, die Vision des laborierenden und theoretisierenden Alchimisten, die rettende Idee, die rasch (mit dem Speer des Willens) fixiert werden muss. Als der gefährliche Aspekt der *prima materia, verschlinge der Drache sich selbst, sterbe und finde seine Auferstehung (Jung 1984:335).

In China kennzeichneten Drache und →Schlange uneingeschränkte, höchste geistige Macht, übernatürliche Weisheit und Stärke. Der Drachengeist unaufhörlicher Veränderung im Kosmos war und bleibt Motor der Rhythmen und Zyklen in der Natur, der Kraft der Transformation. Das Wundertier vermochte sich so klein zu machen wie eine Seidenraupe und so groß, dass es den ganzen Raum zwischen Himmel und Erde erfüllte. Nach Belieben wurde es sichtbar oder unsichtbar. Als »Himmelshirsch« und *Sonne verlieh der Drache Licht und Leben. Im vegetativen Wachstum dachte man sich den Drachen am zweiten Tag des zweiten chinesischen Monats aus der Tiefe der Erde aufsteigend zum Himmel, von wo er den ersten Donnerkeil im Jahr schleuderte, einen Blitz einschlagen ließ und ersten Regen hervorrief. Damit wurde das Nicht-Manifeste zum Manifesten – zur Schöpfung, Form und Materie. In Nordchina bestellten die Bauern jetzt ihre Felder.

Kosmologische Welterklärungsmodelle unterschieden vier Drachenformen: Lung, der Azurdrache oder Kaiser, lebte im Himmel und war der Lebensgeist. Er besaß fünf Klauen, verkörperte Osten, Sonnenaufgang, Frühling und Lust auf Leben, den Gegner vom Weißen →Tiger (po-hu), Herrscher über den Westen, über *Tod und Zerstörung.

Der gemeine Drache Mang hatte vier Klauen und bedeutete zeitliche Macht. Eine frühe Form des Drachens mit drei Klauen übernahmen später die Japaner als Bild für Mikado, die kaiserliche und spirituelle Macht Japans. Li, der hornlose Drache, hauste im Meer, beherrschte die Wasser der Tiefen und bezeichnete den Gelehrten. Chiao lebte in den Bergen oder auf dem Lande und vertrat den Staatsmann (Cooper 1986:35 f.).

Zwei gegenüber oder Rücken an Rücken liegende und miteinander streitende Drachen repräsentieren die yin-yang-Kräfte des Dualismus, alle einander entgegenstehenden und einander ergänzenden Kräfte der geistigen und irdischen Mächte. Meist stehen zwischen ihnen *Sonne oder *Mond. Jagen sie einander nach dem Schwanz, zeigen sie im Bild des Ouroborus die sich ewig selbst belebenden und wieder zerstörenden Kräfte, die Lehre vom Werden und Vergehen. Drache und →Phönix verweisen auf die notwendige Vereinigung von Himmel und Erde, Kaiser und Kaiserin. In der göttlichen Einheit sind alle Gegensätze aufgehoben: die Wechselwirkung zwischen Mikrokosmos und Makrokosmos, die Rhythmen von Geburt und *Tod, Involution und Evolution, Aktivität und Ruhe, etc. Taoistische Philosophie erhob den Drachen selbst zur Perle, die alle Wünsche erfüllt, die Perle der Vollkommenheit, Erleuchtung, Weisheit und geistigen Essenz des Universums, des Augenblicks der unmittelbaren Erleuchtung.

Der biblische Drache lag als Urmeer vor jeder Schöpfung, und über ihm schwebte der Geist Gottes (Genesis 1,2). Frühe Exegeten setzten den Drachen mit »der alten Schlange« des Paradieses gleich, einseitig als Macht des Bösen interpretiert. Dieser *Teufel und Versucher versteckte sich hinter geistiger Finsternis, Heidentum und Ketzerei; seine dämonischen Versuchungen bedrohten und verfolgten die Menschen. Sie unterlagen oder widerstanden. Ein Drache mit verknotetem Schweif sollte das gefesselte Böse darstellen, da man glaubte, wie beim →Skorpion sei die Macht im Schwanz verankert. Erzengel Michael und der heilige Georg als Drachenbezwinger sorgten für den Sieg der *Sonne über die Finsternis, der christlichen Botschaft über das Heidentum. Unter dem Kreuz, zu Füßen der Madonna oder eines Heiligen bedeutet der Drache den Sieg über die Erbsünde. Ab dem 15. Jahrhundert interpretierte man den apokalyptischen Drachen der *Geheimen Offenbarung* als Ungeheuer der »sieben Todsünden«. Die verführende Ausstrahlung der Materie und ihrer Formen, vor allem der Drache Sexus, muss im harten Kampf mit dem scharfen Schwert (der Unterscheidung) besiegt werden.

Grundbedeutungen

Macht und Kraft des unaufhörlichen Flusses der *Lebenskraft; die zu überwindenden Widerstände gegen diesen unser ganzes Leben begleitenden und formenden Fluss; die Gegensätze als Motor aller Veränderungsprozesse

Wenn wir die Potenziale des Drachen zu integrieren wissen und damit seine Gefahr bannen, steht er uns immer als *Element Feuer oder als Schwefel (*Sulphur) zur Verfügung. Der Alchimist Zosmimos riet: Errichte einen Tempel aus (blei)weißem Stein, der keinen Anfang und kein Ende hat, nimm ein Schwert in deine Hände, suche den Eingang und du wirst einen Drachen am Eingang wachend finden. Ergreife ihn, opfere ihn, »gehe hinein, und du wirst dort die gesuchte Sache finden ...« (Gebelein 1991:223), alles, was du je gesucht hast.

Drossel (siehe unter Amsel)

Eber / Keiler

In der alten irischen Satire *Proceedings of the Grand Bardic Academy* besitzt der königliche Schweinehirt Marvan (= See→rabe), hinter dem sich der Sohn der Saugöttin und Großen Mutter Cerridwen (→Schwein) verbirgt, seinen größten Schatz in einem magischen weißen Eber. Die herrschende Bardenkaste verblasst vor Neid. Sie setzt alles daran, Marvan zu überzeugen, sich von diesem Eber freizumachen, ihn zu schlachten. Es gelingt. Schnell bereut aber Marvan seine Tat. War dieser Eber doch sein »Ross, Musiker und Botschafter« gleichzeitig. Voller Rachegefühle fordert er seine Widersacher zu einem »Wettstreit geistiger Einfälle« heraus. Diesen Wettstreit gewinnt er und weist die Barden in die Schranken peinlichen Schweigens. Der Oberbarde muss ihn zum »größten Propheten des Himmels und der Erde« erklären – auch ohne den Keiler.

Bereits unter den Funden frühester Menschheitskulturen begegnen uns Idole des Ebers. Bei den Kelten repräsentierte er die göttlich-magischen Mächte im Rad der Vegetationszyklen. Der einäugige Eber war der Sturmgott persönlich, die Wetterwolke, die alles vor sich her treibende Kraft der sich ändernden Jahreszeit, unwiderstehlich stark, schnell und gefährlich. Die Wilde Jagd, lärmender und Entsetzen verbreitender Zug der Seelen Verstorbener zu ihrem neuen Aufenthaltsort, preschte wie ein Eber durch die Luft. Sie charakterisierte zugleich die unaufhaltsame Bewegung der Gegensätze von *Tod und Wiedergeburt, von neuem Leben aus der Asche der Zerstörung. Twrch Trwyth, der Große Eber, versetzte einst mit seinen sieben Ferkeln das alte Irland und Britannien in Angst und Schrecken. Ursprünglich herrschte er als König über das Land. Doch dann verdammten ihn seine Sünden zur Metamorphose in einen Wildeber. Twrch Trwyth bewahrte die kostbarsten Schätze Irlands, nach denen die Gralsritter suchten.

Im Hinduismus wühlte Varaha, die dritte Inkarnation von Vishnu, des Schöpfers und Zerstörers aller Erscheinungen, in Gestalt eines Ebers den Boden des Urwassers (*Elemente) auf. Auf diese Weise befreite er die Erdgöttin Prithiri und löste fruchtbares Wachstum aus. Vom wühlenden Eber habe der Mensch das Pflügen gelernt. Mit der alles befruchtenden Energie des Ebers verknüpfte sich der Reichtum des *Waldes, im übertragenen Sinne der unserer Seele. Als Ausdruck des Motors der *Lebenskraft wurde er im alten Europa dem menschlichen Kopfbereich zugeordnet. Der Eberkopf selbst versinnbildlichte das Lebensprinzip, dessen Sitz man im Haupt vermutete, bewahrte Gesundheit und vor Gefahr. Schon eine zufällige Begegnung mit dem Tier konnte Überfluss und Glück im kommenden Jahr bedeuten, im übertragenen Sinne die sprühende Inspiration der Dichtkunst und Einsicht in die göttlichen Vorgänge.

Die Wucht des rammenden Sturmtieres bot zugleich ein Vorbild für männliche Stärke und Führung. Alle indoarischen Völker, die den Eber in ihren Wäldern kannten, ehrten ihn in sakraler Überzeichnung kriegerischer Leistungen und männlicher Potenz. Die schiere physische Kraft, sein Mut wie seine Standhaftigkeit und die blinde Wut seines Angriffs waren bestens geeignet, die Wertevorstellung der Kriegerkaste zu verkörpern, ja, die heilige Raserei des Kriegsgottes selbst. So stellten sich die Krieger unter den übernatürlichen Schutz dieser Kraft und zeigten oft genug entsetzten Gegnern und Zeitgenossen, dass dabei alle Identifizierungsschranken fallen konnten; dass sie sich in wirkliche Eber verwandelten. Helmzier und Kriegstrompeten zierten Eberköpfe, die Mannschaft kämpfte in Keil(er)-formation. Viele Adelsfamilien, Burgen, Städte und Orte in Nord- und Mitteleuropa führen den Eber noch im Namen.

Ungezügelte Energien verursachen zumeist Angst. Das Christentum verband mit dem Eber die Machenschaften alter Kulte, die Triebkräfte des *Teufels: Brutalität, unbeherrschten Zorn und ungezügelte Sinneslust. Antike Malereien plakatierten mit dem wilden Tier den Inbegriff des scheinbar Bösen, die Zerstörung herrschender Strukturen: die Vernichtung all dessen, was die Menschheit mühsam aufgebaut und sich erworben hat. Ein Eber, der den Weinstock des Herrn verwüstet, das fruchtbare Gedeihen von Bewusstwerdung und »wahrer Erkenntnis«, vertrat für Juden den Feind Israels (Volk Gottes), für Christen den *Teufel, der Kirche oder christliche Seelen verführen wolle. Keltische Mythen berichteten von Menschen, die aufgrund dunkler Lebensführung die Gestalt eines Ebers angenommen hatten. Noch in mittelalterlichen Legenden suchen »Eber« häufig bei Eremiten und Heiligen Schutz vor ihren Jägern. Aber auch Druiden nannten sich wohl selbst »Eber«, wenn sie als Einsiedler zurückgezogen in den Wäldern lebten oder später leben mussten.

Keine Jagd erforderte so viel Mut wie die auf den blindwütigen, unerschrockenen Wildeber. Könige und Helden demonstrierten ihre Führungseignung, wenn sie die größten und gefährlichsten Exemplare erlegten. Und so mancher blieb in diesem Kampf »auf der Strecke«. Kaiser Karl der Große soll an einer Eberverwundung gestorben sein, behauptet die Legende. Viele Vegetationsgötter wurden von einem mythischen Eber angegriffen, im Hochsommer (als *Seth oder Apoll), im Herbst zur Zeit der Ernte. Der Eber greift als permanent vorwärts drängende Energie auf dem Zenit einer Entwicklung an. Damit läutet er zugleich den Beginn allen Absterbens ein. Im psychologischen Sinne gilt sein Angriff dem Zustand geistiger Dürre, in dem nichts Fruchtbares mehr gedeihen kann: dem Zustand alter, verwelkender und unbrauchbar gewordener Muster und Strukturen.

Andererseits verdeutlicht der Eber als Energie des Mars nicht nur das Aggressiv-Zerstörerische, sondern auch die mächtigen Potenzen frei werdender Kräfte nach dem Absterben überholter Ansichten und Lebensmuster. Diese zum Ausbruch drängenden Antriebskräfte vermögen uns aus Schwierigkeiten und festgefahrenem Denken herauszureißen, wenn wir sie in vernünftige Kanäle lenken und einspeisen. In Fabeln wühlen Eber die Schätze aus der Erde hervor und führen Liebende zueinander. So avanciert der Eber zum Götterboten, Verwandler und Heilsbringer. Als Christus- und Erlösungssymbol finden wir ihn auf romanischen Darstellungen des ewigen Schöpfungsvorgangs.

Germanen opferten einen Eber zum Julfest, zur Wintersonnenwende, und schworen den Göttern über den Borsten des heiligen Tieres die ruhmvollsten Taten für das neu beginnende Jahr. Ihr Lichtgott Freyr, Garant fruchtbringender Witterungen, ritt auf dem Eber Gullinborsti (= goldborstig). Dessen Glanz erhellte die Nacht, um den »rechten Weg« zu finden. Auf Gullinborsti vermochte der Gott Luft und Meer (*Elemente) schneller zu durcheilen als mit jedem Ross (→Pferd). Freyrs Schwester Freya, Göttin ehelicher Fruchtbarkeit, ewiger Jugend und des frühlingshaften Neubeginns, stand ihm nicht nach. Sie raste auf Hildisvini einher, einem riesigen, goldenen Kampfeber.

Im Märchen vom tapferen Schneiderlein, zieht dieses in die Welt, weil ihm sein Leben in Armut und ohne weitere Anforderungen nicht mehr reicht. Er will ein Held werden. Mit List, Schneid und unter Ausnutzung aller seiner Ressourcen gelingt es ihm. Sogar das halbe Königreich und die Hochzeit mit der einzigen Tochter des Königs (das Höhere Bewusstsein) gewinnt er, nachdem er zwei Riesen getötet (zwei starke, aber chaotische Kräfte aus dem Unbewussten unter Kontrolle gebracht), ein →Einhorn gezähmt und zuletzt den wilden Eber in einer Kapelle gefangen genommen hat.

Albrecht Dürer ersetzte in einem Stich über die Geburt des Messias →Ochs und →Esel an der Krippe durch Eber und →Löwe.

Grundbedeutungen

Stärke und Aggression; Potenz der Schöpfung; der alles vor sich hertreibende Entfaltungsdrang der *Lebenskraft; die unwiderstehlich eruptiv strömenden Energien aus dem Unbewussten

Eichelhäher

König Herodes soll er den Aufenthaltsort von Maria verraten haben und Judas den von Jesus, behaupten französische und katalanische Legenden. Er besitzt keinen guten Leumund. Volksmund sagte diesem →Rabenvogel äußere wie moralische Minderwertigkeit nach, ein Bote schlechter Nachrichten, von Unglück und Missgeschick zu sein.

Nähert sich ein ungebetener Besucher, beginnt der »Wächter des Waldes« mit einer schrillen Schimpfkanonade und warnt damit alle Tiere. Zu seinen Eigenarten gehört es, Früchte von Buchen, Eicheln und Haseln für schlechtere Zeiten tief im Waldboden einzugraben. Kommen diese Zeiten, finde der »Unglückshäher« nur die wenigsten wieder, verzeichneten ältere Lehrbücher. Aktuelle Forschung preist hingegen gerade seine erstaunliche Gedächtnisleistung beim Wiederauffinden solcher Wintervorräte. Oft liegen sie weit entfernt und gut versteckt. Selbst Schnee hindert ihn nicht, seine Eichellager in der Erde zu orten. Nordamerikanische Indianer verehrten ihn als klugen Lehrer, Führer auf dem richtigen Weg und erhoben ihn zum Schutzgeist bei Initiationsriten.

Eichelhäher verlassen ungern die Deckung der Bäume und fliegen gewandt, sicher und schnell durch dichtes Geäst. In der Haute Bretagne hieß es, dass ein Häherweibchen unter seinen sieben bis acht Bewerbern nur dem das »Ja-Wort« gebe, der sie im Fluge zuerst einhole. Schnelligkeit, Lebhaftigkeit und umtriebige Unruhe wies man dem Vogel zu, selbst

Wahnsinn und Epilepsie. Man habe gesehen, wie er sich selbst an Astgabeln erhängt habe (Gessner 1557: 12b,13b).

Oder sollte es sich hier gar nicht um Selbstmord handeln? Die Chinook und andere indianischen Stämme des Westens lieben den boshaften Blue Jay, den blauen Eichelhäher, einen rastlosen Prahlhans, Ränkeschmied, Unruhestifter und *Trickster (→Coyote). Als Clown unter den göttlichen Wesen steckt er ständig in komisch gefährlichen Abenteuern und selbst verursachten Schwierigkeiten, wenn er nicht anderen gerade solche bereitet. Sein älterer Bruder, →Rotkehlchen, warnt ihn oft wegen seines schlechten Benehmens und seiner angeberischen Ausdrucksweise. »Das kann doch nicht immer gut gehen ...!«

Grundbedeutungen

Umtriebigkeit und Unruhe; Gedankenflug und ungeordnete Arbeit unseres Unterbewusstseins

Eichhörnchen

Am germanischen *Lebensbaum Yggdrasil, Achse und Ordnungsgerüst des Kosmos, fegt das Eichhorn Ratatösk (=Nage- oder Rattenzahn) hinauf und hinunter. Es schürt ewigen Streit zwischen dem →Adler in der Krone und der →Schlange Nidhöggr (= vernichtender Hacker) an der Wurzel. Dies brachte Ratatösk den Ruf der Bosheit und des Unglücksboten ein. Volksmedizin verordnete Eichhörnchenzutaten bei Fallsucht. In seinen unverhofften Sprüngen und der unglaublichen Geschwindigkeit, mit der das Tier Stämme hinaufklettert, fand man ein Abbild des züngelnden Blitzes. Nordisch-germanische Mythologie wies das Eichhörnchen Loki zu, *Trickster und Gott des zerstörenden und impulsierenden Feuers; ebenso dem rotbärtigen Thor, Gott der erneuernden und fruchtbaren Kraft des Feuers (*Elemente). In christlicher Ikonografie kann es für den Weinstock stehen, ein Symbol ungehinderten Fließens der *Lebenskraft in Verbindung mit »wahrer Erkenntnis«.

Die wie flinke Äffchen durch das Gezweig turnenden Baumhörnchen plündern gern Vogelnester und vergreifen sich an Küken. In ihrer oft überdimensionierten Vorratshaltung für den Winter, als Sammelleidenschaft ausgelegt, fand das Christentum einen Ausdruck von Geiz und Gier; in ihrer Feuerfarbe, hastigen Behändigkeit und Unrast ein Bild für den *Teufel. Im Alpenbereich leben schwarze Exemplare, die eine solche Sicht noch unterstrichen hätten. Der Franziskaner David von Augsburg (ca. 1200–1272) beschrieb das Verhalten dieser Tiere, wenn sie die bittere Rinde der Nüsse durchzubeißen versuchen, um

Der Versuch zum »süßen Kern« vorzudringen

zum süßen Kern zu gelangen. So müsse auch jeder Leser heiliger Schriften und Betrachter heiliger Bilder oder Skulpturen zum Kern des Sinns vordringen. In diesem Sinne kann es an Bet- oder Chorgestühlen auftauchen.

In der Alchimie gehörte dieses Feuertier in den Bereich *Sulphur, den dynamischen, verzehrenden, positiven und befruchtenden Aspekt der *Lebenskraft. Ihm werden unsere Gefühle zugeordnet, Leidenschaft und Verlangen, die jede Handlung anspornen.

Grundbedeutungen

das Prinzip des *Elements Feuer in seiner ganzen Ambivalenz von fruchtbarer Erneuerung und Zerstörungskraft; Gier nach Anhäufung

Eidechse

Nach dem Schöpfungsbericht der Völker auf Samoa erhielt Eidechse als Sohn des höchsten Gottes und des Regenbogens göttliche Weisung, den Menschen Trost und Hilfe zu spenden. »Er« unterwies die Erdenbewohner in Landwirtschaft und Fischfang, bewachte als Schutzgeist Haus und Herd und spielte den Boten zwischen Gott und den Menschen. In sehr trockenen Kulturen wird die Eidechse als Kulturbringer zum Regenspender und Garant des fruchtbaren Wachstums, so auch Tarrotarro, der mythische Held der Aborigines. »!arob« (= Der um Regen bittet), *Trickster der afrikanischen Hottentotten, kämpft in dieser Eigenschaft als Kraft des *Mondes gegen die zerstörerische *Sonne.

Alle göttlichen Boten und Botschaften (erneuernde Ideen und Intuitionen) besitzen ambivalenten Charakter. Stammen sie aus unserem Urgrund, dringen sie meist als Rohmaterial an die Oberfläche des Bewusstseins. Dort müssen sie erst mit dem Licht der Vernunft als nützliche Werkzeuge erkannt und dann folgerichtig eingesetzt werden. Der Zoroastrismus sah in der Eidechse ein Merkmal Ahrimans, der geistigen Finsternis. Das christliche Mittelalter hielt Eidechsen für ein Produkt »fleischlicher Verbindung« von Hexen mit dem *Teufel. In Frankreich glaubte man, diese Tiere entständen durch verpestete Luft, die auch als Folge kollektiver Emotionen entstehen kann. Eine Eidechse saß auf der Hand von Sabazius, der phrygischen Variante des *Dionysos, Gott der Vegetation und des Seelenrausches. Andererseits verehrte man diese Tiere als Schutzgeister für Vieh und Mensch, als hilfreiche Warner und Hüter vor der →Schlange.

Ägyptische und griechische Symbolik erhob die Eidechse zum Prinzip göttlicher Weisheit und zum Vermittler des Glücks. Sie gehörte als Attribut zu Hermes / *Merkur, dem Boten zwischen Gott und der Schöpfung. Zigeuner assoziierten mit der Eidechse Zerbrechlichkeit und brachten sie mit dem weissagefähigen Kristall in Verbindung. Ein alter Volksglaube im Kanton Bern entlarvte Eidechsen als Spione der Götter. Sie kundschafteten alles aus, wofür hinterher vom Menschen Rechenschaft gefordert wurde. In Peru leben Eidechsen fast ausschließlich vom Samen eines Akazienbaumes, einem engen Verwandten des Hallizinogens Anadenanthera colubrina. Die medizinischen Eigenschaften des Samen werden mit Heilen und Heil verbunden und von der Eidechse repräsentiert.

Schuppenechsen lieben und suchen das Sonnenlicht, das sie auch recht flink und beweglich werden lässt, während sie in der Kälte erstarren. Der lange Winterschlaf und die regelmäßige Häutung des Tieres legten den Vergleich mit *Tod und Auferstehung nahe. Nach antiker Vorstellung habe die Eidechse keine Zunge und lebe vom Tau. So wurde sie ein Symbol des Schweigens.

Eidechsen kennzeichneten in der Antike zugleich das Verlangen nach Eingehen ins jenseitige Licht und den Wunsch, in diesem und mit diesem Licht (der Erkenntnis) den alten Körper abzustreifen, den alten Menschen. Der Sonnengott Apoll war deshalb in seinem Aspekt »sauroktónos« der Eidechsentöter. *Herakles wehrte sich im Verlauf seiner zwölf Taten, die den Sonnenheros auf die Ebene der Götter hoben, erfolgreich gegen Sauros (= Eidechse), einen »Straßenräuber«. In christlichen Kirchen finden wir die Eidechse oft als künstlerische Ausgestaltung von Kerzenleuchtern, Treppengeländern und Kanzelelementen, die »Sehnsucht nach dem Licht« verdeutlichen sollen.

Alte Tierbücher übernahmen noch die Ausführungen des *Physiologus und berichteten: Wenn die Eidechse im Alter erblinde, strecke sie den Kopf gen Osten aus der Erde oder einer Mauerritze, blicke beharrlich in die aufgehende Sonne und werde so wieder sehend. Genau so solle der Mensch, der noch »sein altes Kleid« trage, sich zu Christus bekehren, der die aufgehende Sonne und die Gerechtigkeit ist, rät der Physiologus. Dann werden sich die Augen des Herzens öffnen und alle Finsternis aus uns vertreiben (1960:7 f.).

In der Alchimie charakterisiert die Echse – wie der ihr verwandte →Salamander – den Geist des *Mercurius. Wird sie dabei weiblich dargestellt, weise sie auf den Aspekt dieser Wandlungssubstanz, der mit dem in der menschlichen Natur inkarnierten Bewusstsein (der »Sohn« genannt) eine Verbindung (coniunctio) eingeht, um schöpferisch tätig zu werden (Jung 1984:521 f.).

Bereits Aristoteles wusste von der großen Regenerationskraft des Tieres. Von dieser erzählte man sich fantastische Geschichten. Reiße man der Eidechse den Schwanz aus, so führe der sofort ein Eigenleben. Tatsächlich wächst der Schwanz wieder

Grundbedeutungen

Heil und Heilung durch Streben nach »höherem Licht« der Erkenntnis und Entwicklung; Erneuerung aus sich selbst heraus

nach – ein Sinnbild für die Zeugung aus sich selbst, der Einheit in der göttlichen Natur. Selbst wenn Eidechsen gespalten werden, behauptete der römische Sophist und Tierkundler Aelian, so fügten sich beide Teile sofort wieder ineinander, wachsen zusammen – und das Tier führe seine Lebensweise wie zuvor (Keller 1913:II,274).

Einhorn / Ch'i-lin

Über das sagenhafte Einhorn kursierten erstaunlich viele, selbst naturkundliche Nachrichten. Allerdings konnten sich die Kenner über seine Gestalt nicht ganz einig werden: war es nun eine Art Wild→esel, →Pferd, →Antilope, →Ziegenbock, →Nashorn oder Narwal? Auf jeden Fall trug es ein langes, spitzes und gewundenes Horn in der Mitte der Stirn. Als eine der frühesten Quellen wusste Ktesias, Leibarzt des persischen Königs Artaxerxes II. Memnon (404–359 v.Chr.), von der Existenz eines weißen, eselsähnlichen Pferdes mit purpurnem Kopf, blauen Augen und heilkräftigem Horn. Bis ins 17. Jahrhundert schienen Europäer und Asiaten von seiner physischen Existenz überzeugt.

Betonten die einen, wie friedfertig und sanft es sei, erklärten andere dieses Wesen zum äußerst starken, furchtbar streitlustigen und wilden Dämon. Erst zur Brunftzeit wandele es sein heftiges Wesen. Seine Stimme klinge laut und misstönend, es liebe die Einsamkeit, sterbe in Gefangenschaft, hasse alles Männliche und sei nur von reinen Jungfrauen einzufangen. Der *Physiologus verbreitete dazu die Einzelheiten: »Man legt ihm eine reine Jungfrau, schön ausstaffiert, in den Weg. Und da springt das Tier in den Schoß der Jungfrau, und sie hat Macht über es, und es folgt ihr, und sie bringt es ins Schloss zum König.« Er verglich dies mit Jesus Christus, der als »Horn unseres Vaters« auferweckt wurde und einging in den Leib der ewigen und jungfräulichen Gottesmutter. »Das Wort ward Fleisch und wohnet unter uns« (1960:35 f.). Nicolaus Caussinus, ein Polyhistor aus dem 17. Jahrhundert, sah in diesem Bild mehr den zornigen und rachsüchtigen Gott des Alten Testamentes, der sich im Schoße der Jungfrau besänftigt habe, »von der Liebe gefangen genommen« (Jung 1984:502). Alchimisten verglichen das Einhorn im Schoß der Jungfrau mit dem Grünen →Löwen, der animalischen Natur, bevor sie gereift und gereinigt ist.

Die vom Römer Plinius überlieferte Ausstattung des Einhorns lässt auf Symbole für das Sonnenjahr mit fünf Jahreszeiten schließen. In weiten Teilen der Alten Welt betrugen diese je 72 Tage, zu denen am Ende fünf einzelne Tage hinzugezählt wurden. Sie begannen als Einhornjahr mit Hirschkopf, gefolgt von Pferdekörper, Elefantenfüßen und Löwenschwanz des Fabelwesens. Sein Horn kennzeichnete die Zeit des Hochsommers, wo die

Sonne im Zenit stand (Ranke-Graves 1981:491 f.). Diese Einteilung umfasste eine räumliche Ordnung: vier Weltengegenden mit ihrem Zentrum, und eine zeitliche. Zusammen spiegelten sie die höchste Weisheit im Universum, Basis und Garantie für gedeihliches Wachstum.

Biblische Texte, die eher vom gehörnten Wild→büffel sprechen, der wohl nur durch einen Übersetzungsfehler einhörnig wurde, beschreiben mit ihm die gewaltige Macht Gottes, die sich im Guten wie im Bösen offenbaren kann. Mit dem Horn des →Rhinozeros »stößt er die Völker nieder, die Enden der Erde insgesamt« (Deuterenomium 33,17). Im Psalm 22,22 fleht der Gerechte zum Herrn: »Dem Löwendrachen entreiße mich, errette mich vor den Hörnern der Einhörner!« Auf frühmittelalterlichen Darstellungen kniet das Einhorn vor dem Kreuz Christi, so wie es früher auf assyrischen Friesen kniend der *Sonne huldigte. Mit seinem Horn, Sinnbild königlicher Rechtsprechung, vernichtet es die Schuldigen.

Einhorn und Jungfrau wurden zum beliebten Bildthema bei der Darstellung der Pieta. Ebenso häufig finden wir die Verknüpfung von Fanglegende und »Verkündigung Mariens«, im Thema »Einhornjagd im hortus conclusus«. Der Verkündigungsengel Gabriel verfolgt mit vier oder drei →Hunden als Ausdruck der *Christlichen Tugenden Barmherzigkeit, Rechtschaffenheit, Gerechtigkeit und Friedfertigkeit (oder aber den drei theologischen Tugenden: Glaube, Hoffnung, Liebe) das Einhorn. Es flüchtet zu Maria in den umzäunten Garten (hortus conclusus) der »unbefleckten Empfängnis«. In manchen Versionen nimmt sich das Tier dabei erstaunliche Vertraulichkeiten heraus. Außerhalb der kirchlichen Kunst führten solche erotischen Aspekte der Legende zur Minnesymbolik. Das Konzil von Trient 1545/63 verbot alle solche Darstellungen. In der Profankunst des Mittelalters sank die Bedeutung der Thematik bald oft zur Ächtung von »Weibermacht und Weiberlist« herab. Hierbei rutschte das Einhorn in die Nähe der unreinen Liebe. Nur noch selten zog es den Wagen der Keuschheit (→Maultier).

Mittelalterliche Alchimie charakterisierte mit dem Einhorn *Mercurius als stetige Erneuerung des Lebensgeistes aus ihrer Urquelle, dem dunklen gefährlichen Chaos des Urwassers (*Elemente). Ein solcher mercurialischer Lebensgeist in seinem wilden, ungebändigten, penetrierenden männlichen Aspekt, ungeheuer wandelbar, vielgestaltig und mit starkem Zerstörungspotenzial, braucht eine weibliche passive Seite der Aufnahme, die Jungfrau

(Jung 1984:499). Die *Tabula Smaragdina*, ein verschlüsselter antiker Text und »Hermes Trismegistos« (*Merkur) zugeschrieben, spricht bei Mercurius vom »Sohn«. Dieser steige mit ungeheurer Kraft in die physische Ebene und durchdringe alles Feste. »Jungfrau« ist astrologisch auch das Zeichen für Erde (*Elemente). Ähnlich bei →Löwe, →Drache und →Schlange muss dieses Wilde und scheinbar Böse gebändigt, d.h. von uns unter Kontrolle gebracht und instrumentiert werden. Als monströses Fabeltier enthält das Einhorn die innere Gegensätzlichkeit, die erst als Werkzeug der Vernunft die Fähigkeit gewinnt, alles Unreife und Unvollkommene zur Reife und Vollkommenheit zu führen. Alchimistische Symbolik zeigte diesen scheinbaren Gegensatz mit dem Androgyn oder Hermaphroditen auf.

Zusammen mit dem →Hirsch steht das Einhorn als weibliche Seele dem männlichen Geist gegenüber. Neben dem solaren männlichen →Löwen präsentiert es die lunare Weiblichkeit (*Mond). In diesem Falle verbinden sich mit dem Einhorn, das alles Männliche scheue, Unschuld, Reinheit, Jungfräulichkeit. Gelegentlich bewachen zwei Einhörner die beiden Seiten des *Lebensbaumes und verkörpern dann alle Gegensätze in sich.

Das Einhorn wurde häufig mit dem weißen Ch'i-lin Chinas gleichgesetzt, der allerdings auch zwei oder drei Hörner aufweisen kann und mehr die Bedeutung des →Hirsches annahm. Das Ch'i-lin repräsentierte die Essenz der fünf Elemente und das Ergebnis erfüllter Lebensführung: Großmut, Weisheit, Glück und Langlebigkeit, ruhmvolle und reiche Nachkommenschaft – den Segen harmonischer Vereinigung von yin und yang, dem weiblichen und männlichen Prinzip der Schöpfung. Wer solche Tugenden lebt, »reitet auf dem Ch'i-lin« und vermag zu größtem Ruhm aufzusteigen.

Das Ch'i-lin selbst sollte nur unter einer guten Regierung erscheinen oder wenn es im Land einen Heiligen gebe. In einer der Geschichten der *Chiayü*, der »Schulgespräche« des Konfuzius, bricht der Meister in Tränen aus, als er einen merkwürdigen Hirsch mit gebrochenem Vorderbein betrachtete. Nach dem Grund seiner Tränen gefragt, antwortete Konfuzius: »Ch'i-lin erscheinen, wenn der Fürst weise und einsichtig ist; treten sie aber auf, wenn es nicht an dem ist, bedeuten sie Unheil. Deswegen bin ich so betrübt« (Eberhard 1983:69 f.).

Das Prinzip des Einen Horns führt uns als mercuriales Instrument wieder hin zur ursprünglichen Einheit als endgültige Erlösung. Mystische

Das Einhorn als Erlöser im Gestrüpp der Unvollkommenheit

Symbolik sah im Einhorn das »Einssein mit dem Vater«, die Befreiung des Geistes aus dem Sarg des *Osiris; die Auferstehung des göttlichen Funken in uns zur Apotheose des Menschseins: Auflösung und Beherrschung aller Gegensätze, das symbolische Königtum auf Erden mit aller Macht und Herrlichkeit durch die Verbindung mit dem Höchsten göttlichen Bewusstsein.

Grundbedeutungen

Antriebskraft der Naturkreisläufe; die Programmierung zur Evolution, zur Rückkehr in göttliche Einheit und Vollkommenheit

Das Altertum hatte das Horn unlösbar mit der Mondsichel verbunden. So rückte das Einhorn in die Nähe der reinen und reinigenden Weisheit jungfräulicher Göttinnen des *Mondes. Sein Horn wurde zum Karfunkel, der alle mit ihm bestrichenen Wunden heile, sein Herz zur Wunderarznei, das Fabeltier selbst zum Markenzeichen der Apotheken.

Philostratus behauptet in seiner *Vita Apollonii* (III, Kap. 2): An demselben Tag, an dem man aus einem Einhornbecher trinke, werde man nicht wieder krank, noch empfinde man die Schmerzen einer Wunde; man könne durchs Feuer gehen und auch das stärkste Gift schade einem nicht.

Eisvogel

Mitten auf dem offenen Meer niste der Eisvogel, glaubten die Menschen in der Antike. Sobald er sich auf seinem Nest niederlasse, schwiegen alle Stürme und beruhigten sich die Wellen. Während der »halkyonischen Tage«, genau in der Wintermitte, besuche der Vogel sein Nest um zu brüten. In diesen sieben – zumindest auf dem Mittelmeer – meist klaren, windstillen Tagen, die der Wintersonnenwende vorausgehen, und den sieben, die ihr folgen, fällt auch das Weihnachtsfest. Das Christentum fand hierin einen Vergleich mit der Mutter des Herrn, die ebenfalls während dieser Tage in Bethlehem niederkam. Bis heute hat sich das Sinnbild des Eisvogels für ruhige und Schönwettertage auf dem Meer seit der Antike gehalten.

Eisvögel bauen aber keine Nester und schon gar nicht auf offener See, sondern bohren in der Uferwand lang gezogene Nisthöhlen. Ursprünglich stammt dieser Tauchvogel wohl aus den Tropen, wie sein meergrün und blauschimmerndes Gefieder noch ahnen lässt. Seine leuchtenden Farben, die im Sonnenlicht wie Edelsteine glitzern, boten manchen Vergleich mit prächtigen Gewändern. Da er nach mittelalterlicher Naturauffassung alljährlich sein Federkleid erneuere, wurde er gleichzeitig Sinnbild für Auferstehung.

Stundenlang sitzt der Eisvogel geduldig am Wasser und lauert auf Beute. Hat er einen Fisch gesichtet, stößt er zielsicher im Sturzflug herab. Schönheit, Würde, vornehme Zurückhaltung sagt man ihm nach und Schnelligkeit im geeigneten Augenblick.

Nach einer griechischen Legende stürzte sich Alkyone (= Halkyone: Königin, die [Stürme, das Böse] abwehrt) aus Schmerz über den Tod ihres Gatten Keyx (Seemöwe), den Sohn der Morgenröte, ins Meer (*Element: Wasser). Keyx war bei einem Schiffbruch ums Leben gekommen. Ein mitleidiger Gott verwandelte darauf beide in Eisvögel. Alkyone, Tochter des Aiolos, des Hüters der Winde, scheint ursprünglich ein Aspekt der *Mondgöttin gewesen zu sein, zuständig für den Schutz vor Sturm, Gewitter und Riffen auf dem Meer. Seit ihrem Tod soll die etwas eigentümliche Stimme des Eisvogels Leiden, Unglück und *Tod ankündigen. In den so genannten Zwölfern oder Raunächten, den zwölf Tagen vom 25. Dezember bis Dreikönig, herrscht auf dem Wasser unseres Unbewussten alles andere als Windstille. Kräfte, die auf Änderung, Licht und damit auf Zeugung drängen, können uns sehr aufwühlen. Halkyone sollte sie beruhigen.

Der römische Naturkundler Plinius behauptete, der Eisvogel lasse sich nur beim Untergang des Siebengestirns, am kürzesten Tag des Jahres und an den Sonnenwendtagen sehen, (Ranke-Graves 1981:45 f.). Das stimmt zwar nicht, bringt den Vogel nur einmal mehr in den Zusammenhang mit den Perioden und Zyklen der Natur. Eine andere Alkyone, Tochter des Atlas, war nach griechischer Mythologie Königin der Seefahrt und Anführerin der Plejaden. Der Aufstieg der Plejaden im Mai bedeutete in der Antike den Beginn des navigatorischen Jahres, ihr Untergang im November dessen Ende.

Grundbedeutungen

Beruhigung des Meeres und der Wasser des Unterbewusstseins; Zeugung und Auferstehung zur Wintersonnenwende; innere und äußere Schönheit

---

Elefant

Der zukünftige Buddha wanderte als »Weißer Elefant« über die goldenen Hügel, so eine Geburtsmythe des bedeutenden Lehrers. Nicht weit davon ließ er sich herab und nahte sich seiner Mutter von *Norden. In seinem silbernen Rüssel hielt er eine weiße Lotusblüte. Bevor er das goldene Haus betrat, stieß er einen weithin hallenden Schrei aus. Nachdem er sich dreimal vor der Lagerstatt seiner Mutter verbeugt hatte, berührte er zart ihre rechte Seite und schien in ihre Mutterhöhle einzuziehen (König 1981:86).

Schon der Königin Maya, Göttin der illusionären irdischen Wirklichkeit, war einst der wie die »Allmilch« weiße Elefant Airavata als Bote und Diener des Himmels erschienen, um die Geburt des königlichen Weltenherrschers Buddha anzukündigen. Ursprünglich mit dem *Element Wasser als mütterliche Lebensflüssigkeit des Kosmos verbunden, wurde dieser Urelefant später männlich und solar, ein kosmischer Ausdruck von Mitleid, Liebe und Güte. Vedische Schriften priesen mit den Elefanten den Glanz des Königtums. Einst müssen Besitz und Reiten dieser Tiere allein dem König vorbehalten gewesen sein. Der Buddhismus setzte später den Meditationsbuddha Akshobya, Verkörperung von Einsicht, Würde, Urteilskraft und Verständnis, ebenfalls auf einen Elefanten. Jedem Bodhisattva (völlig Erleuchteten) diente somit das edle Tier als Vehikel.

Shiva, hinduistischer Gott des Anfangens und Gelingens, Schöpfer, Störer und Erhalter des Universums, reitet auf Ganesha, seinem elefantenköpfigen dickbäuchigen Sohn, zugleich Anführer seines Gefolges. Ganesha, Herr aller Hindernisse, stürmt durch die Widrigkeiten wie ein Elefant durch den Dschungel und bricht einen Pfad für die Gläubigen (Zimmer 1984:204). Die Inder kürten ihn zum Schutzherrn der Wissenschaften, Schriften und Ausbildung, der heiligen Weisheit, rühmten sein außerordentlich gutes Gedächtnis und seine Klugheit. Sie wiesen ihm solche Elefantentugenden zu wie Souveränität, unbesiegbare Kraft, Energie, Festigkeit und Treue. Im übertragenen Sinne bot er das Bild für üppig fruchtbare Vegetation und eheliches Glück. Acht (Wolken-)Elefanten trügen die Welt, heißt es in hinduistischen Mythen.

Plinius, ein römischer Naturkundler, behauptete, der Elefant sei ein frommes Tier. Es bete *Sonne und Sterne an, läutere sich bei Neumond, reinige sich dabei im Fluss und flehe den Himmel an. Sein mittelalterlicher Nachfolger Konrad Megenberg griff solche Theorien auf und ergänzte: Elefanten richteten sich nach dem Stand der Gestirne, seien in der Ehe treu, fürchteten den Rotwein sowie den Geruch von →Mäusen und kämpften ständig gegen →Drachen (1861:110 f.).

Römische Kunst verwies mit dem Dickhäuter auf Langlebigkeit, Unsterblichkeit, auf den Sieg über den *Tod.

Der *Physiologus übernahm die aus der Antike stammenden fantastischen Vorstellungen über Geburt und Fortpflanzung dieses Tieres: Da es keinerlei körperliche Begierden kenne, müsse ein Elefantenpaar von der nahe dem Paradies »im Morgenland« wachsenden Mandragorapflanze fressen, ein Nachtschattengewächs mit halluzinogener Wirkung. Sie erhitze das Paar so, dass eine Vereinigung möglich werde. Zur Geburt begebe sich das Weibchen in einen See. Das Neugeborene treibe dann auf dem Wasser und sauge sieben Tage

Ganesha, Herr aller Hindernisse und Widrigkeiten

an der Mutter. Nur einen Feind kenne der Elefant: den →Drachen oder die →Schlange. Greife dieser Feind im Wasser an, stampfe das bewachende Männchen ihn zu Tode. So werde ein Elefantenpaar zum Sinnbild von Adam und Eva, die nicht vorher an Sexualität dachten, ehe sie, von der Schlange verführt, vom Baum der Erkenntnis aßen (1960:63 ff.). Der Einfluss dieser weit verbreiteten Schrift versetzte den Elefanten in die Motivwelt von Paradies und *Lebensbaum. Als turmtragendes Lasttier oder selbst als »elfenbeinerner Turm« zog der frigide Riese in die Mariensymbolik ein. Unter den *Christlichen Tugenden vertrat er Besonnenheit (temperantia) und Keuschheit (castitas).

In den Wüstengebieten Afrikas finden diese Tiere während ihrer langen Wanderungen dank ihres phänomenalen Gedächtnisses immer zu den Wasserlöchern und Nahrungsplätzen. So tauchen sie in Legenden oft als souveräne, weise Führer auf, die den besten Weg kennen und Kommendes verheißen. Auf die sprichwörtlich ungeheure Kraft und Standhaftigkeit des Tieres deutet seine Funktion als Säulenträger großer Kirchengewölbe. Zwölf Elefanten vertreten zwölf Propheten des Alten Testaments als weissagende Stützen unserer Beziehung zum Höchsten Bewusstsein, zu Gott. Ein einziges großes Exemplar als Fundamentträger versinnbildliche »das Gesetz«. Unter den alten vier Erdteilen kann er Asien oder Afrika verkörpern, unter den *Elementen die Erde.

In Afrika übernahm der Elefant das väterliche Prinzip im Universum. Fabeln lassen ihn als weisen, unvoreingenommen Häuptling die Streitigkeiten der Tiere des *Waldes schlichten. Edelmut prägen ihn, Freundlichkeit, Mitleid selbst für niederträchtige Wesen; Enttäuschungen steckt er einfach weg.

Andererseits können die irdischen Verhältnisse auch andere Elefanten hervorbringen: mit einer ausgesprochen kompakten und fast undurchdringlichen Haut, aus Schwerfälligkeit, Sturheit und Unsensibilität zusammengesetzt – Elefantenlastern. Deshalb halte man solche Dickhäuter von allen Porzellanläden fern!

> **Grundbedeutungen**
>
> Kraft, Standhaftigkeit und Durchsetzungsvermögen; Gedächtniskraft, Klugheit und Besonnenheit als geistiges Fundament; weise und solide Lebensführung

Elster

Egal aus welcher Richtung sie sich näherten, ob sie quer oder geradeaus flogen, allein oder in krächzenden Scharen – eine Begegnung mit der Elster barg immer düstere Vorzeichen, zumindest Scherereien. Bereits in der Antike gehörte sie zu den Vögeln, aus deren Verhalten Auguren ihre »Orakelweisheiten« zogen. Durch Elstern gewonnene Vorhersagen trafen aber nur höchst selten ein. So heftet ihnen das Etikett boshafter Irreführung an. Ein unehrlicher Zeitgenosse »lügt wie eine Elster«.

Der germanische Kulturkreis hatte sie Hel geweiht, Göttin der Unterwelt und des *Todes. Nisten Elstern in der Nähe von Singvögeln, rauben sie oft genug deren Eier, töten rigoros dabei den gesamten Nachwuchs und gefährden ernstlich die Population. Verfolgung, Raub und Tod assoziierte diese Rabenart. Auf jeden Fall droht mit Erscheinen von Elstern Veränderung, die – zumindest bei starken Widerständen – meist mit Verdruss einher geht. Hexen sollen gern Elsterngestalt genutzt haben, wenn sie in der Walpurgisnacht umtriebig und unruhestiftend umherflogen, und neben der so beliebten Ofen- oder Heugabel ritten sie wohl gern auf wippenden Elsternschwänzen.

Das Christentum fand in diesen Vögeln ein Sinnbild müßiger Zerstreuung, Verschwendung und Eitelkeit als Laster des teuflischen Widersachers. Franzosen sagten von jemandem, der in religiösen Ansichten wankelmütig seine Ansichten wechselte: »Er hat alle Flecken wie eine Elster.« Aus der Beobachtung des Artverhaltens der Elstern schloss man, nicht ganz zu Unrecht, auf Schwatzhaftigkeit, Zudringlichkeit, Zänkerei und Streitsucht. Man kann frech, lästig, borniert und unverschämt sein wie eine Elster. Leichtsinnige und leichtfertige Mädchen mit geziertem Gang und wiegenden Hüften »elstern«. Ungekämmte Haare scheinen dem Elsternnest vergleichbar, das wiederum einem unordentlichen Reisighaufen ähnelt. In diesem Wirrwarr versteckt die »diebische Elster« gern glänzende Gegenstände. In manchen Märchen führt die Elster als Abgesandter des Bösen Kinder vom Weg zu ihrem Vater ab in eine Welt voller Gefahren und Bedrängnisse.

Im Gegensatz dazu steht, dass eine Elster, die sich auf einem nahen Baum niederlässt und »den Schnabel hält«, gute Nachrichten bedeute, die Ankunft von Gästen und eheliches Glück. So auch in China, wo der Vogel selbst kreischend so gut wie ausschließlich als Omen der Freude angesehen wird. Damit zeigt der Vogel, dass Gegensätze zusammengehören und ein übergeordnetes Prinzip vervollständigen.

Das *Buch der Gottheiten und anderer Seltsamkeiten* aus dem vierten bis fünften Jahrhundert berichtet vom Elsternspiegel: »Ehedem, wenn Mann und Frau voneinander Abschied nahmen, zerbrachen sie einen Spiegel und jeder nahm eine Hälfte an sich. Wenn sich nun eine Frau mit anderen Männern einließ, dann verwandelte sich ihre Hälfte des Spiegels in eine Elster und flog zu ihrem Mann hin. Dass man später auf der Rückseite der Spiegel Elsterfiguren eingoss, hat in dieser Tatsache seine Begründung« (Eberhard 1983:74).

Grundbedeutungen

Veränderung und Bewegung im Leben, als Glück oder Ungemach

Ente / Erpel

Bei der allen Kindern bekannten Familie Duck in Entenhausen treffen wir auf viele symbolische Zuschreibungen ihrer Gattung: Onkel Dagobert hat es durch List und Durchsetzungsvermögen zu großem Reichtum gebracht. Sein Bruder Donald, oberflächlich und geschwätzig, kommt dagegen auf keinen grünen Zweig. Dessen Kinder Tick, Trick und Track lassen aber durch Treuherzigkeit und ausgeprägten Familiensinn Hoffnung auf eine bessere Zukunft keimen. Sehr viel mehr Kreativität weisen die nahen Verwandten der Sippe →Gans auf.

Weibliche Enten, im Gegensatz zu den in allen Farben prunkenden Erpeln geradezu unscheinbar, gehörten von alters her zu den Attributen der Großen Mütter und *Mondgöttinnen. Eine Darstellung der keltischen Sequana, Muttergöttin und Verkörperung der Seine, bzw. der Quelle des Flusses, zeigt sie auf einer Barke, deren Bug in einem sehr naturalistischen Entenkopf ausläuft. Die Ente trägt eine Kugel im Schnabel. Im Märchen taucht eine Ente oft nach einem goldenen Apfel oder Ball und holt ihn zur Oberfläche. Dahinter werden Rudimente einer frühen Kultlegende vermutet, die sich nicht in Einzelheiten überliefert habe. Fischt sie damit im *Element Wasser nach Licht und holt symbolisch die *Sonne an die Oberfläche?

Enten, die neben dem Wasser und der Erde auch den Luftraum für sich erobert haben, vermittelten zwischen diesen *Elementen, mitunter sogar in der Badewanne. Sie tauchten als Jenseitsvögel auf, Seelenbegleiter und Wandlungsaspekte. In Grimms Märchen »Drei Männlein im *Walde« nimmt das Unsterbliche, die Seele, Entengestalt an. Auf einem etruskischen Bildnis reitet ein Held, offensichtlich nach positivem Abschluss eines Labyrinthsrituals oder einer Initiation, mit hochgehaltenem Entenbanner davon. Warnen sie an Kirchenportalen nur vor ungehörigem Schnattern und karikieren Schwatzhaftigkeit?

Enten bieten ein Bild biederen Familienlebens. Oft leben sie paarweise zusammen, wechseln den Partner auch nicht und hüten sorgfältig ihre junge Brut. Chinesen und Japaner finden denn auch andere Verhältnisse und Symbole in Entenhausen: Glück und Treue in der Ehe, Freude und Schönheit. Ente und Erpel stellen zusammen die Vereinigung von Liebenden dar, gegenseitige Fürsorge und Rücksichtnahme. Gleichzeitig aber besitzt Ente den gleichen Laut (ya) wie »Homosexueller«, zumindest im Osten Chinas, weiter nördlich den gleichen Laut wie »männliches Glied«. Mandarinentenvereinigung ist eine der traditionellen dreißig Beischlafpositionen. Der Buddhismus sieht in ya etwas, was eher unterdrückt werden sollte. Auf Taiwan existiert eine Art Geheimbund, die »Enten-Ei-Religion«. Ihre Anhänger sollen sich von Enteneiern ernähren und streng vegetarisch leben. Taiwan hat die Ausübung ihres Kults als »unmoralisch« erklärt und ihn verboten.

Im bekannten Märchen von Hans Christian Andersen »Das hässliche Entlein« hat die Entenmama ein unansehnliches Küken ausgebrütet, das völlig aus der Art geschlagen zu sein scheint. Von Geburt an unter ständigen Demütigungen und Ausgestoßensein leidend, erreicht ihr Dasein irgendwann die Schmerzgrenze, und es verlässt die Familie. Von Ort zu Ort ziehend, auf der Suche nach einem Platz, wo es sich heimisch fühlen kann, durchlebt es eine Art Fegefeuer, aus dem es gestärkt und geläutert hervorgeht. Am Ende seiner Reise wird es von →Schwänen auf einem See magisch angezogen und respektvoll willkommen geheißen. Sie ist »zu Hause« angekommen. Im Wasser erblickt sie dann ihr Spiegelbild: Sie trägt ein stattlich weißes Schwanengefieder, das sich während der Jahre ihres Exils herausbildete.

Psychologen sehen hier auch das Thema vom »Fremdling im eigenen Haus« bearbeitet, Sinnbild der Wildnatur, die selbst unter den ungünstigsten Umständen instinktiv für ihr Überleben sorgt; das unangepasste Kind, das sich traditionellen Rollen und Vorstellungen verweigert und nach einer mühevollen Suche zu sich selbst und »zu seinesgleichen« findet. Denn es hat aus seinen eigenen Quellen geschöpft und seiner eigenen Führung vertraut. Zugleich präsentiert uns das Märchen einen lösungsorientierten Ansatz für den scheinbar unvereinbaren Gegensatz von Schönheit und Hässlichkeit (Estés 1993:174 ff.).

Grundbedeutungen

fruchtbare Verbindung zwischen den *Elementen Wasser, Luft und Erde; Wandlungsaspekt der Seele; Gegensatz Hässlichkeit und Schönheit

Erlenzeisig (siehe unter Finken)

Esel

Esel zogen den Himmelswagen des mächtigen hinduistischen Dämonen Ravana, als er Sita entführte, die junge Braut des Lichtprinzips Rama. 72 Tage musste die ägyptische *Isis ihr Kind *Horus vor dem Zorn des eselsohrigen *Seth verbergen, jenes Fünftel im Jahr, das astronomisch vom Hundsstern Sirius und den ihn begleitenden Esel-Sternbildern regiert wurde. Während der Hundstage erreichte die Sonne ihren Zenit und verglühte den Boden. Störrische Esel boten ein geeignetes Bild für Seths Herrschaft, die Zeit der Kräfte des Widerstands gegen die Vegetation. Eselsköpfige Dämonen bewachten die Tore zur Unterwelt. Ägyptens Könige der Frühzeit trugen ein eselsohriges Szepter als Zeichen ihrer Herrschaft über Leben und *Tod.

Sein markerschütterndes und langandauerndes Röhren erinnert an einen Urschrei, seine beachtliche Potenz gleicht göttlicher Schöpferkraft. Die Griechen heiligten den Wildesel *Dionysos, Vegetationsgeist und Gott des Seelenrausches. Sie verbanden ihn mit Kronos / Saturn, dem Aspekt der *Lebenskraft, der uns scheinbar stark an das *Element Erde bindet. Ihnen galt der Esel als träge, aber lüstern, voller blinder Leidenschaft und grob ungeschlachter Sinnlichkeit. Bei den Mittwintersaturnalien im südlichen Europa lebten die maskierten Teilnehmer solche Regungen in frivoler Pantomime und wohl auch in natura aus. Aus dem eselsohrigen Gegenspieler von Sonne und Licht, der in dieser Nacht symbolisch von seinem Rivalen getötet wurde, könnte der in einigen Gegenden Europas gebräuchliche Weihnachtsnarr entstanden sein und damit die häufige Beziehung von Narr und Esel; ebenso die Figur des »Knecht Rupprecht«. Sein Begleiter »und Herr« St. Nikolaus kam oft mit einem Esel zu den Kindern.

Das Christentum degradierte den edlen und klugen asinus (lat. = Esel, aber auch Einfaltspinsel) zum Ausbund von Geiz und Genusssucht, von Dummheit, Ignoranz und geistiger Trägheit. Mittelalterliche Rechtsprechung kannte für »unehrenhafte Vergehen« die Strafe des »Eselreitens« unter dem bösem Gespött Schaulustiger. Eselsohren sollten Ketzer und Lüstlinge charakterisieren. Heutzutage entlarven sie den schlampigen Umgang mit Büchern und Papier überhaupt. In der Symbolik der Lebensalter stand der Esel für den Greis und seine Altersstarrheit. Unter den *Christlichen Tugen-

den aber vertrat der meist gutmütige Lasten-
träger Beharrlichkeit, Geduld, Gehorsam,
Demut und Enthaltsamkeit. Der *Physiologus behauptete, Wildesel bissen ihren männlichen Nachkommen kastrierend die Hoden
ab. So sei die Idee des Eunuchen entstanden.
Doch allein die freiwillige Enthaltsamkeit aus
Weisheit sei löblich. Nur sie schaffe andere
und reichere Fruchtbarkeit (1960:17 f.).

Das Bildmotiv des messelesenden oder
lautespielenden Esels an Kirchen und Kathedralen wird meist als Prinzip der Umkehrung
verstanden, als Ausdruck der mittelalterlich
christlichen Eselfeste, die alles Heilige und
Religiöse der Lächerlichkeit preisgaben. Demonstriert es nur pralle Lebensfreude und
Hinwendung zum Weltlichen als Warnung
für den Christen? Oder karikiert es die verlorene Liebesmüh, einem (dummen) Esel das
Lautespiel beizubringen? Zum musizieren-

*Jesus auf einem »Palmsonntagsesel«,
Franziskanerkirche Berchtesgaden*

den Esel fand sich ein Vorgängerbild mit einer Leier im alten Mesopota-
mien. Dieser Esel weist eher auf das Wissen um die Harmonie zyklischer
Gesetzmäßigkeit, der natürlichen Ordnung der Gegensätze und deren spielerischer Beherrschung. Im antiken Mythos vom Greis Oknos bleibt dessen
Arbeit offenkundig völlig vergeblich, weil eine Eselin (auflösende weibliche Naturkraft) immer wieder sein beim Flechten entstehendes Seil (schaffende, formende Naturkraft) auffrisst (Lurker 1990:43). Die sprechende
und widerspenstige Eselin des Wahrsagers Bileam begreift mehr von Gottes
Willen als ihr verblendeter Halter (Numeri 22,23–25).

Alchimisten beschrieben mit dem Bild eines dreibeinigen Esels das dreiköpfige Ungeheuer von *Mercurius, *Sal und *Sulphur, dessen Zusammenarbeit alle Schöpfung vorantreibt. Im germanischen Norden Europas
verbarg sich Odin / Wodan als unaufhaltsamer Lauf der *Sonnenkraft
durch die Jahreszeiten hinter dem Symbol des Esels. Das antike Gerücht
der Eselsverehrung im Tempel von Jerusalem, das Spottkruzifix auf dem
Palatin im antiken Rom und die Eselzuordnung zum Tetagrammaton

JHVH und zum *Demiurgen Ildabaoth deuten für C.G. Jung (1972:523) ebenfalls in diese Richtung. Hier begegnen sich in der Symbolik Wildesel und →Einhorn. Im Märchen »Tischlein deck dich ...« speit und »scheißt« ein Esel Golddukaten.

→Ochse und Esel an der Krippe (→Krebs) bei der Geburt Jesu sollen auf die Weissagung Jesaias (1,3) zurückgehen: »Seinen Eigentümer erkennt ein Ochse, ein Esel die Krippe seines Herrn; Israel aber hat keine Erkenntnis ...«. Isidor von Sevilla sah im Ochsen das Judentum, im Esel die Heiden. Der Ochse konnte das Opfertier, mit Hinweis auf den Kreuzestod Jesu, der Esel das Lasttier mit Hinweis auf die Übernahme der Sündenlast durch Jesus vertreten (Lurker 1973:102). Im alten hebräischen Kalender repräsentierte der Ochse aber auch den Winter (Zeit des Pflügens), der Esel den Sommer.

In einem Misthaufen fand der alttestamentliche Simson einen Eselskinnbacken, und mit dieser Waffe erschlug er tausend Philister (Richter 15,15). In psychologischer Deutung wird der Esel hier zum Sinnbild der »Eröffnung tieferer Einsichten«, des Sieges über innere Blockaden und Widerstreite. Christus als Erlöserkraft kann auferstehen. In der jüdischen Überlieferung ritten Könige, Propheten und Richter auf Eseln und demonstrierten damit ihre Herrschaft über alle Widerstände, die Herrschaft des Geistes über den Körper (Esel). Der Benjaminiter Saul wurde zum ersten König der hebräischen Stämme gewählt, als er sich gerade auf die Suche nach verlorenen Eselinnen begeben hatte. In manchen Märchen verbirgt der Held seine Qualitäten und Prädestination als geeigneter Gatte für die Königstochter unter einer Eselshaut.

G r u n d b e d e u t u n g e n

die Gegensätze Fruchtbarkeit und Unfruchtbarkeit, Beweglichkeit und Starrheit; unser Erfahrungsweg vom Dunkel zum Licht, von der Narrheit zur Erkenntnis

Erfahrung, ob bitter oder genüsslich, ist und bleibt Grundlage jeder tieferen Erkenntnis. Mitunter spielt der Esel in Sagen den Schatzhüter des Teufels. Im Roman *Der goldene Esel* des römischen Dichters Apuleius hat sich der neugierige Lucius auf den erotischen Hexenkult Thessaliens eingelassen. Durch ein Verwechseln der korrekten Zaubersalbe verwandelt er sich in einen Esel mit Menschenverstand. Damit taumelt er durch eine Reihe komisch hintergründiger Episoden, bei der Geheimnisse antiker Mysterien enthüllt werden. Zum Schluss frisst der Esel Rosen (die veredelte Wunschnatur) und wird wieder Mensch.

Eule / Kauz

Die Eule als Vorbotin allen Unglücks und Ruferin der Seelen gehört zum Gemeingut der Menschheit. Sie konnte das Dunkle, Unwirtliche und Erstarrende des Winters repräsentieren, die Sommersonnenwende hieß regional »Tag der Eule«. Es bedeutete weder etwas Gutes, wenn man sie tagsüber sah, noch wenn man nachts von ihr träumte. In Indien galt sie als so Unheil verkündend, dass jede Hütte gleich niedergerissen wurde, auf die sich eine Eule gesetzt hatte (Gattiker 1989:337).

»Was nutzt dir die Brille, wenn du etwas nicht sehen willst!«

In den Mondnächten des November schreien sie am lautesten. Aufgrund dieser schauerlichen Rufe fand die Eule Platz im Seelengeleitzug der Wilden Jagd, wo sie als Vorauskommando den Titel »Tutursel« trug. Ihr ungeselliges Leben, ihre scheinbaren Klagen in der Dunkelheit und ihre Lichtscheu muteten unheimlich und geradezu beängstigend an. Eulen jagen nachts, wenn ihre Opfer am unvorbereitetsten sind, und sie sollen diese mit hypnotisierendem Blick verzaubern. List, Raffinesse und Gemeinheit sagte man ihnen nach.

Der lautlose Flug, der Aasgeruch ihrer Nester, das Hinunterwürgen der noch lebenden und vor Schreck gelähmten Beute und ihre alles Dunkel durchdringenden leuchtend großen Augen prädestinierten sie, Botin des schrecklichen Aspektes der Großen Mutter zu werden: der Todesgöttin. Unter den drei Parzen, den Schicksalsgöttinnen, spann die erste den Lebensfaden der Menschen, die zweite bemaß ihn, die dritte – mit Eulenkopf – schnitt ihn ab. Lilith, die erste Frau Adams, war ursprünglich eine hebräische Eulengöttin, Herrin der Nacht, des *Todes und der Passivität. In Märchen und Fabeln darf eine Eule gelegentlich den Richter spielen.

Die Große Mutter als Herrin des *Mondes verwahrte auch alle Aufzeichnungen über die Welt und ihre Seelen, hütete die ursprüngliche Weisheit und die Gesetze der Natur. Athene, griechische Göttin der Weisheit und Wissenschaften, und ihre römische Variante Minerva übertrugen Eulen und

Käuzen die Leitung ihrer nächtlichen Geschäfte. Antiker Naturbetrachtung erschienen die Eulen ernst, nachdenklich, und ihre in der Nacht alles sehenden Augen sollten selbst die Dunkelheit des Nichtwissens durchdringen.

Striges, der wissenschaftliche Name für Eulenvögel, hängt mit dem italienischen strega (= Hexe) zusammen. Eulen charakterisierten alle Erscheinungen der Unterweltskräfte, jede Art von Unwetter und Zerstörung. Trotzdem befalle sie Melancholie und Trauer, und sie hausen deswegen an düster verlassenen Orten und Ruinen, dort, wo »Katzen und Eulen einander gute Nacht sagen«. Da sie sich bei Gefahr in diese Einsamkeit zurückzögen, boten sie ein Vorbild an Besonnenheit und Vernunft. Ihre Behausung würden sie ohnehin nur zur Nahrungsaufnahme verlassen, was sie in die Nähe von Eremitentum und meditativem Leben rückte. Mönche und Klausner verbrachten ihre Zeit mit eifrigem Studium, dachte man, und so soll die Eule Mutter des Exlibris geworden sein. In Anlehnung an die Antike erhoben gelehrte Zirkel und philosophische Bruderschaften des 18. und 19. Jahrhunderts den Vogel zum Sinnbild der Gelehrsamkeit. Doch Eulen mit einer Brille auf der Nase können auch Scheinklugheit karikieren. Für Juden signalisierte der Vogel innere und äußere Blindheit.

Ihr Leumund lässt wirklich zu wünschen übrig. Hochmütig sollen sie sein, stolz, böse und krankhaft geizig. Da sie am Tage ein eher unbeholfenes Verhalten an den Tag legen, hielt man sie sogar für dumm. Mit »Eule« diffamieren Franzosen kleine, hässliche Menschen und still furchtsame Duckmäuser. Unzugängliche, mürrisch widerborstige Zeitgenossen stempeln wir zum verschrobenen Kauz. Was aber dem einen hässlich dünkt, findet ein anderer schön. »Was dem einen sien Uhl (Eule), ist dem anderen sien Nachtigall«. Und wer »Eulen nach Athen trägt«, tut etwas so Überflüssiges wie das Meer mit Wasser zu bereichern.

»Nachteulen« machen die Nacht zum Tag und steigen erst in der Frühe zu Bette. Der *Physiologus berichtet, auch der Kauz liebe die Nacht mehr als den Tag. So liebe uns auch der Herr, die wir in der Finsternis sitzen, und noch nicht die Sünde kennen. Er liebe sie mehr als das Volk Gottes (Israel), die das Gebot kennen und sich trotzdem nicht daran halten. So spreche David im Psalm: »Ich bin gleich wie ein Käuzchen in den verstörten Stätten« (1960:11 f.).

Die *Concordantia Caritatis*, die so genannte Armenbibel von 1351–58, verglich die tagblinde Eule, die von anderen Vögeln angegriffen werde, mit

Lilith, Adams erste Frau, eine alte hebräische Eulengöttin

Jesus, dem Christus, der die Dornenkrönung erdulden musste und den die Juden vor den römischen Statthalter Pontius Pilatus schleppten. Eulen konnten aber ebenso Unglauben und »geistige Finsternis« der Juden anprangern, alle Abkehr von Licht und Wahrheit und damit das Netz der Versuchung. Christliche Ikonografie brachte den Vogel mit dem Sündenfall in Verbindung und mit der Ankündigung des Jüngsten Gerichts. Er vermittelte aber ebenso Hoffnung auf die Unsterblichkeit der Seele. Unter den *Christlichen Lastern vertrat er Wollust und Trägheit. Eulen bei Einsiedlern sollen auf Einöde deuten, auf Dunkelheit als Ort der Versuchung, Eulenkapitelle in romanischen Kirchen auf das Dämonische. Oder werden hier nicht doch die Aspekte der Weisheit dargestellt: Erinnerung, kontemplatives Erfassen und »höchste Erkenntnis« in Krisensituationen, in der »Dunklen Nacht« der Seele? Für indianische Völker repräsentierte die Eule auch Ahnungsvermögen und hellsichtige Weisheit. Moderne Deutungen verweisen beim Eulentraum auf eine mögliche besondere Wachsamkeit im Unterbewusstsein gegenüber einem Problem, das vom Oberbewusstsein unterschätzt oder vernachlässigt werde (Coppin 1989:89 f.).

Grundbedeutungen

Dunkelheit und Gefahren in der Nachtseite des Lebens, der *Tod; Weisheit und Torheit; Wachsamkeit gegenüber den wahren Problemen

Falke / Merlin

Eine im keltischen Kulturkreis weit verbreitete Sage von einem Wettstreit berichtet davon, wie der Falke des griechischen Helden Achill, »das älteste Tier im Universum«, Adlermutter überlistet. Es geht um eine Antwort auf die Frage: Wer erinnert sich an die kälteste Winternacht? Falke veranlasst die Adlerfrau zu einer nutzlosen Erkundungsreise, bei der sie alle Tiere befragt. Als sie zurückkehrt, hat der Falke inzwischen ihre schutzlosen Jungen aufgefressen. Die »kälteste Nacht« kann im mediterranen Klima auch zu den Hundstagen hereinbrechen, wenn die Gluthitze alles Leben tötet.

Der ägyptische Falkengott *Horus scheint das älteste bekannte Symbol der *Sonne zu sein und ursprünglich eine Kalender-, Fetisch- oder totemistische Gottheit bezeichnet zu haben, Herrscher der heißesten Sommermonate. Bei der vierfachen Tageseinteilung repräsentierte er die gnadenlos sengende und zerstörerische Mittagssonne im Zenit. Falken fliegen sehr hoch am Himmel und konnten nach dem Glauben der Antike zusammen mit →Adler ohne zu blinzeln der Sonne direkt ins Auge blicken. Es hieß, die Sonne sei das rechte Auge des Horus. Eine Tempelinschrift für den Kindpharao Tut-anch-amun: »Mein Vater ist die Sonne, meine Mutter ist der *Mond« zeigt ihn als Horusfalken. Das starre Auge des Falken sollte ausgesprochen weitsichtig sein und scharf erfassen können.

Bereits zu Beginn der 1. Dynastie hatten die Ägypter Horus zum Kriegsgott und »Führer zum Sieg« erhoben. War doch der Allsehende, Sohn von *Isis und *Osiris, im Kampf gegen *Seth, das Prinzip des Widerstands, Sieger geblieben. Er hatte sich dazu in eine dreieckige Speerspitze verwandelt, die am anderen Ende in einen Stab mit Falkenkopf auslief. Jeder Pharao trug später den Titel »Lebender Horus«. Die Abrichtung des Falken zur Beizjagd reicht ebenfalls bis in die Antike zurück. Dabei erwies sich der ungeheuer schnelle Vogel (mehr als 100 km/h) als ausgesprochen draufgängerisch. Er tötet mit dem Krummschnabel, den er seinem Opfer in den Halswirbel schlägt. »Falkenzahn« nennen wir jeden hakenförmig gebogenen Zahn. Indianern bot der Falke ein Bild für Tapferkeit und unaufhaltsamen Mut, Chinesen verwiesen mit ihm auf die zerstörende Kraft des Krieges. Noch heute sprechen wir in der Politik von Falken und →Tauben.

Zur Zeit des Zenits erreicht die Sonne auch ihr stärkstes Licht und ihre höchste Ausstrahlung. So begleitete der Vogel Schöpfer- und Sonnen-, aber auch Muttergottheiten. Kelten verehrten Falke wie →Adler als Urmanifestation, im Gegensatz zum wollüstigen →Hasen als Ausdruck reiner, unbefleckt keuscher (→Maultier) göttlicher Zeugung. Kirke (= Falken-

Der ägyptische Pharao Chefren (ca. 2558–2532 v.Chr.) als »lebender Horus«

weibchen), zauberische Tochter der *Hekate, verwandelte in Homers *Odyssee* die lüsternen Mannen des Odysseus gnadenlos in →Schweine. Die höchste Ausstrahlung des Prinzips *Sonne erleben wir im »göttlich-kosmischen Geist«, in der Intuition und Inspiration. »Schneller Bote des Apoll« nannten die Griechen den Falken. Gayatri, die vergöttlichte Poesie Indiens, Gattin des Brahma und zugleich Hymne zu Ehren der aufgehenden Sonne, brachte als Falke das Soma vom Himmel. Dieses Getränk verlieh den Göttern Unsterblichkeit, da es sie mit den Gesetzen ihrer eigenen Natur vertraut machte.

Andererseits kann der Jagdvogel den sich erhebenden Seelenteil vorstellen. In Grimms Märchen »Der blaue Vogel« findet ein junger König nur als →Habicht oder Jagdfalke Zugang zu der geliebten Prinzessin, deren böse Stiefmutter sie in einen Turm eingesperrt hat. In einer Bearbeitung des Märchenstoffes von der »Schlafenden Schönen« entdeckt der Falke des Königssohnes als erster die schlafende Prinzessin, das höhere Bewusstsein. Als Tagesraubvogel und oft identisch mit der Symbolik von

→Adler steht der Falke für Streben, Sieg, Macht, Adel, königliche Würde und den Aufstieg auf allen Ebenen der menschlichen Persönlichkeit. Sein erhabener Flug bietet ein Bild der Freiheit, folglich der Hoffnung für alle, die in moralischer oder geistiger Knechtschaft leben.

Im Mittelalter diente der Vogel als Sinnbild anspruchsvoll höfischer Lebenskunst und ersetzte in der Minnedichtung oft den anonymen Helden, Liebhaber oder die Geliebte. Im »Falkenlied« (in: *Minnesangs Frühling:* 8,33 f.) des Kürenbergers fliegt der geliebte Falke »im sin gevidere mit golde wol bewant« einfach »in anderiu lant«, das heißt vermutlich: schnöde zu einem anderen Liebhaber. Das Christentum fand im Falken denn auch weniger Licht als vielmehr geistige Dunkelheit als Raum und Herd der Versuchung und Sünde. Unter den *Christlichen Lastern konnte er weltliches Leben und Gefräßigkeit repräsentieren.

Grundbedeutungen

das höchste Licht und die größte Wirkung der *Sonne; Wachstum oder Dürre, Erleuchtung oder geistige Verdorrtheit

Fasan / Truthahn

Nach einer okkulten Legende sollen die Argonauten den Fasan von ihrer Fahrt nach Kolchis am Schwarzen Meer mit nach Griechenland gebracht haben. Bei dieser mythischen Expedition und Initiationsreise suchten 50 Helden das Goldene Vließ (→Widder) und schafften es nach Griechenland. Dieses Vließ barg u.a. die geheime lebenserneuernde Kraft der *Sonne und das Geheimnis der zyklischen Ordnung im Universum.

Im keltischen Kalender vertrat der Fasan den Monat, der am Tag nach der Wintersonnenwende, am 24. Dezember, begann und am 21. Januar endete. Fasane und andere Hühnervögel gehörten denn auch in vielen Kulturen zum Weihnachts- oder Neujahrsessen, das aus einem ursprünglichen Opfer entstand. Der Vogel mit dem bunten oder goldenen Gefieder sollte den Neuanfang der Sonne im Kampf gegen die Dunkelheit und Starre des Winters beschwören. Antike Ikonografie und mittelalterliche Buchmalerei fanden im Fasan ein Vorbild für die Farbausstattung des mythischen →Phönix.

In China, wo der Fasan eine große Rolle in der Symbolik spielt, vertrat er folgerichtig Licht, Wohlstand, Glück und Schönheit, in Japan Schutz,

Mutterliebe und Tugend. Goldfasane als Insignien kennzeichneten eine Kaiserin, als Abzeichen den chinesischen Zivilbeamten. Schrien Fasane aber nicht zu Anfang des 12. Monats, sollte eine große Flut kommen. Ließ er sich auch in der Mitte des 12. Monats nicht hören, wurden die Frauen unsittlich und verführten die Männer, hieß es. Die Kräfte der Erneuerung aktivieren mannigfaltige Gefühle. Fasanengeister, als schöne Frauen verkleidet, verführten in dieser Zeit so manchen braven Kerl. Im ersten Monat des Winters sollte sich der Vogel nach einigen alten Texten in eine →Auster verwandeln; andere Texte behaupten, in eine →Schlange. In einem alten Brettspiel kämpft die Figur des Fasans mit dem Gegenspieler →Eule, dem Vogel der Nacht.

Erst zu Anfang des 16. Jahrhunderts gelangte der Truthahn oder Puter aus Mexiko nach Spanien und von dort in die anderen Länder Europas. Den Schwanz hoch aufgerichtet und ausgebreitet, den Kopf zurückgeworfen und aufgeblasen tritt er, laut kollernd und zumeist bis in die letzte Schwanzspitze erzitternd, jedem Eindringling entgegen oder versucht auf diese Weise, den Hennen zu imponieren. Bei Menschen gelingt dies weniger. Man hält ihn für ebenso hochmütig und stolz wie einfältig und dumm. Dabei bewacht er in einigen Sagen kostbare Schätze, sogar eine goldene Wiege.

Auf dem amerikanischen Kontinent repräsentierte der Truthahn den Kreislauf der Natur von Geburt über Absterben, *Tod und Wiedergeburt. Da er wie alle Hühnervögel vor aufziehendem Wetter unruhig wird und donnernd mit den Flügen schlägt, ehrte man ihn als Herold der Fruchtbarkeit des Regens und Gewitters, aber auch der damit verbundenen Gefahren. Er wurde Symbol für Großzügigkeit und Geben. Die Tolteken verzehrten den »mit Juwelen besetzten (heiligen) Vogel« zu ihren Jahresfesten und als Opferspeise bei Danksagungen für die Gaben der Natur. Eine besonders wichtige Rolle spielten Truthähne im Rahmen der Feierlichkeiten zur Wintersonnenwende.

Nicht nur landwirtschaftliche Kulturen hängen existenziell von der Kenntnis und genauen Beobachtung der Naturzyklen ab. Auch unsere Psyche unterliegt mehreren dieser Zyklen von Aktivität und Passivität. Im Gleichklang mit solchen Rhythmen können wir jeden Schwung ausnutzen, den ganzen Reichtum und die Fülle des Lebens »einfahren«. Andererseits sollten wir testen, ob es wirklich sinnvoll und so ergiebig ist, in Phasen absteigender Kurven etwas Neues zu beginnen, das unseren ganzen Einsatz erfordert. Im Märchen »Die Putenmagd« muss die dritte und verstoßene Tochter des Königs an einem anderen Hof die Truthähne hüten. Da sie sich dort in den Sohn und Prinzen verliebt hat, erscheint sie unerkannt auf drei aufeinander folgenden Bällen im himmelsfarbenen, im Mond- und im strahlenden Sonnen-Kleid. Wenn sie den Saal betritt, erstirbt jedes Gespräch – eine solche Pracht verbreitet sie.

> **Grundbedeutungen**
>
> die Harmonie jeder zyklischen Ordnung; Wachstumskräfte und Chancen in jedem Neubeginn

Finken

> Vom Gesange lust'ger Finken / durch das Fenster aufgeweckt,
> Lasse ich den Schleier sinken,/ der mir meine Seele deckt.
>
> *Clemens von Brentano: Finkenlied*

Die erfrischende und lebensfrohe Art der Finkenvögel wirkte auf die Menschen wohl immer wie ein Strahl wärmender *Sonne. Sie schienen alles Unheil hinwegzuzwitschern und man glaubte, sie würden auch verschiedene menschliche Leiden auf sich ziehen, mit denen sie leichter fertig würden. In ihrer Heiterkeit und Unbekümmertheit gingen und flogen sie aber allzu leicht den Vogelfängern »auf den Leim«. Als einem der beliebtesten Singvögel stellten Fänger besonders dem Buchfinken nach, der von Liebhabern auch gezüchtet und zum Wettbewerb im Gesang («Finkenschlag«) ausgebildet wurde. Ihre Unvorsichtigkeit legte man als Einfalt aus. Der Gimpel oder Goldfink, den man zugleich mit einer verstärkten Neigung zu Geiz und Geld verband – wohl ein Nachhall seines im Volksmund geläufigeren Namens Dompfaff –, musste für solche Redensarten herhalten wie »blöder Gimpel«, wenn man jemanden als dumm beschimpfte, »Gimpelfang«, wenn sich ein betrügerisches Geschäft anbahnte, und »Gimpel rupfen«, wenn man schlichte Gemüter finanziell wie »eine Gans ausnehmen« wollte. Mit Grünfink oder Grünschnabel bezeichnen wir junge, unerfahrene oder auch vorlaute Menschen, die noch »grün hinter den Ohren« und damit unreif sind und sich leicht übervorteilen lassen. Der lebhafte und ausgesprochen heiter wirkende Erlenzeisig musste vergnügungssüchtigen Menschen die Bezeichnung »lustiger Zeisig« leihen, leichtsinnigen und zu starkem Alkoholgenuss neigenden Zeitgenossen die Bezeichnung »lockerer Zeisig«.

Die Farbenpracht des zierlichen Stieglitz' oder Distelfinken brachte besonders bunt Uniformierten die Ehre, Stieglitz genannt zu werden, so früher beispielsweise den französischen Polizisten. Der Volksglaube schreibt dem Vogel bei der Beobachtung seines Artverhaltens auch Ritterlichkeit und Hilfsbereitschaft zu.

Weil er sich von Distelsamen ernährt, soll christliche Kunst eine Verknüpfung mit der Dornenkrönung Jesu konstruiert haben. So begegnet uns dieser Fink auf Madonnenbildern von Raffael, Dürer, Corregio, Conegliano, Mazzolino, u.a. Er soll das Christuskind versinnbildlichen, die junge Erlösungskraft inmitten oder trotz dorniger und vertrockneter Verhältnisse. Gelegentlich sitzt der Vogel direkt auf der Hand des Jesuskindes.

Grundbedeutungen

Unbekümmertheit des Herzens; Einfalt oder Seelenstärke

Fische

Manu, der indische Stammvater der Menschheit, zog einen Fisch auf, der immer größer wurde, sodass er ihn während der Sintflut zu sicherem Gestade zog. Der Fisch schwamm zu ihm hinauf, Manu band das Seil seines Schiffes an dessen Horn (→Einhorn) und auf diese Weise gelangte er rasch bis jenseits des nördlichen Gebirges (Jung 1984:516 f.). Dieser Fisch war eine Inkarnation Vishnus, der Manifestation des Sonnenlaufs und des Erhalters der göttlichen Ordnung.

Fische gehören zu den fruchtbarsten Kreaturen überhaupt. Alle Völker verbinden sie mit Wachstum und Fortpflanzung, der Macht des *Elements Wasser als Ursprung allen Lebens, dessen Erhaltung und Verbreitung. Fische wurden als totemistischer Sippenahn ebenso verehrt wie als genius loci. Die oberpfälzische Stadt Cham soll auf dem Schwanz eines Riesenfisches erbaut worden sein. Mutter- und Mondgöttinnen, Schöpfergottheiten und Heilsbringer trugen obligatorisch ihr Fischabzeichen. Ea / Enki, fischgestaltiger Gott der Tiefen in Sumer, verlieh neues Leben und hütete die Schicksalstafeln der Welt. Im ersten Jahr nach der Schöpfung trat nach babylonischer Legende Oannes, Gott der Weisheit, in Fischgestalt an Land, brachte den Menschen die Kenntnis der Feldbestellung und führte sie in die Wissenschaften ein. Der Fischkopfschmuck der Priester von Ea / Enki und Oannes soll sich in der Mitra christlicher Bischöfe wiederfinden.

Das alte Ägypten sah in den Fischen zwar das kreative Prinzip verkörpert, den Reichtum des Leben spendenden Nils, aber auch das Unreine, Irrationale und Leidenschaftliche, Zuordnungen für *Seth, den scheinbaren Feind aller Ordnung. Ein Nil→karpfen habe den Phallus des zerstückelten *Osiris aufgefressen. Der Genuss von Fisch stand für Priester und Könige unter strengem Tabu, ein Relikt höchster vorzeitlicher Verehrung. Vom Nilbarsch hieß es, er brüte seine Jungen im Maul aus und hole sie auch später noch dorthin in Sicherheit. Darin fand man einen Vergleich für den Zyklus der *Sonne, die sich nach dem täglichen Untergang am frühen Morgen wieder erhob.

Die Form des Fisches lieferte Bezüge zum Phallus, was den frühen Liebeszauber inspirierte. Ein Goldfisch konnte in China Gold im Überfluss und familiäre Fruchtbarkeit bedeuten, aber auch den jungen Geliebten einer Witwe oder das »Freudenmädchen«, das einen Mann aushält. Reichtum und Fisch haben die gleich lautende Bezeichnung und schon die älteste chinesische Literatur wies auf den Zusammenhang von reichem Fischvorkommen und guter Ernte. Wurde das Sternbild Fische am Firmament sichtbar, war die Zeit von Wolken und Regen vorbei und für den Kaiser die Zeit fruchtbarer Sexualität verpasst (Eberhard 1983:85). Fische boten ein Bild für Regeneration und damit Harmonie, aber auch allgemein für die Masse der Untertanen. Schwammen aber Fische in Scharen flussaufwärts, drohten mit diesem Omen der »Auflehnung gegen die Ordnung« bevorstehende Unruhen im Volk. Ein einzelner Fisch deutet auf einen allein lebenden Menschen oder Junggesellen, ein Fischpaar auf die Freuden und Fruchtbarkeit von Vereinigung und Ehe – ein beliebtes Hochzeitsgeschenk. Auch in unseren Breiten tischte man bei Hochzeiten früher gerne Fisch auf, der die Schwangerschaft fördern sollte.

Bereits im Mysterienkult der altsyrischen und später fast im ganzen Römischen Reich verehrten Muttergöttin Atargatis trafen sich die Anhänger zu heiligen Fischmahlzeiten, die eng mit der Symbolik von *Tod, Transformation und Auferstehung zusammenhingen. Fischgerichte und -opfer ehrten die Götter der Unterwelt, die Göttinnen des *Mondes, der Liebe und der Geburten. Ihnen zu Ehren legte man heilige Fischteiche an. Ihr Tag war der Freitag, der Freya- und Venustag. Auch in überwiegend katholischen Gegenden gehörte es sich, freitags und in der Fastenzeit Fisch zu essen. Es mindere im Gegensatz zum Fleischgenuss unziemlich sinnliche Begierden, glaubte man. Neujahrs-→Karpfen und Neujahrsfisch sollten gezielt Wachstum und neue Fruchtbarkeit im Frühjahr beschwören.

Im Judentum nährten himmlische Fische die Seligen im Paradies. Die jüdische Bundeslade war mit Häuten von Meerestieren bezogen. Fische bezeichneten zugleich religiöse Eiferer und Gläubige in ihrem wahren Element, den Wassern der Thora. In einer Vision des Propheten Ezechiel (47,9–12) beleben Fische das wunderbare Wasser, das dem Tempel entquillt und das Paradies wässert, indem die Bäume nie ihr Laub abwerfen und ewige Früchte tragen.

Aristoteles hatte die Eingeschlechtlichkeit der Fische bezeugt, und man glaubte noch lange, der Fisch zeuge sich selbst. In höchster Bedeutung erinnerte er an die jungfräulichen Geburten der großen Heilsbringer, Avatare und Erlöser, an die Keuschheit (→Maultier) und Reinheit der Schöpferkraft. Fischgottheiten und Meeresgötter, die auf Fischen oder →Delphinen reiten, werden als Sinnbild für die unbegrenzten Möglichkeiten der *Lebenskraft angesehen, für Unabhängigkeit durch stete Veränderung und Umwandlung.

Im Christentum, wo das Symbol des Fisches heftig umstritten bleibt und immer neu diskutiert wird, gilt es als geistige Nahrung und Sinnbild für das eucharistische Mahl. Jesus verteilte Brot und Fisch als »nie ausgehende Speise des Vaters« (Markus 6,35–44). Sieben Fische deuten auf die Einflüsse der alten Planeten, zwei Fische auf den ausgleichenden Gegensatz von Fülle und Mangel. Weil Jesus vier Fischer zu seinen Aposteln machte und sie Menschenfischer nannte, wurde der Fischer zum Täufer, der Fisch zum Täufling, die Gläubigen zu den Fischen. Jesus Christus als der größte Menschenfischer und zugleich »göttlicher Fisch« repräsentierte das unsterbliche Prinzip, das in jedem von uns gegenwärtig ist und zum Wachstum gebracht werden soll: den göttlichen »Seelenfunken«. Während wir nach Weisheit und Intuition angeln, fischt das Selbst nach unserem wahren Verständnis.

Das Akronstichon des griechischen Wortes ichthys für Fisch setzt sich aus den Anfangsbuchstaben von iesous christos theou hyios soter (Jesus Christus, Gottes Sohn, Erlöser) zusammen. Es diente als Erlösungssymbol, als Sinnbild des geistigen Lebens, das durch die Tiefen von Sterblichkeit und irdischer Befleckung hindurchgegangen war und zur Auferstehung strebte. Im Fisch liege der »Buchstabensinn« des Gotteswortes, die »natürliche Wahrheit im Allgemeinen«, fand der schwedische Mystiker Swedenborg (*Apokalypsis Explicata*, 654).

Tertullian, ein Kirchenlehrer aus dem zweiten Jahrhundert, veranschaulichte im Bild des Fisches die Taufgnade: »Wir aber werden nach der Ähnlichkeit unseres Ichthys Jesus Christus im Wasser geboren, und nur durch das Verharren im Wasser finden wir Heil« (Lurker 1990:103). Die frühen Christen nutzten den Fisch als erstes Symbol ihrer Gemeinschaft und heimliches Erkennungszeichen, später oft zusammen mit einem Anker abgebildet. Gleichzeitig rückte in dem Jahrhundert, in dem Jesus seine Lehre verkündete, der Frühlingspunkt des Zodiak in ein neues Sternbild, in das der Fische.

Im Tierkreiszeichen Fische (21. Februar – 21. März) schmelzen Eis und Schnee, die Sonne gewinnt an Kraft zurück. Die Astrologie ordnet diesem Zeichen die Auflösung alter Denk- und Verhaltensmuster der äußeren Persönlichkeit zu, Nächstenliebe aus höherer Erkenntnis und größte Verantwortlichkeit. Wen dieses Licht zu verzehren droht, weiche oft aus in Zaudern oder Schauspielerei. Unter den zwölf Taten des *Herakleszyklus fing der Sonnenheros die rote →Rinder-Herde des urweltlichen, dreiköpfigen Riesen Geryon (unsere Emotionen und Begehren) ein, verschonte den Hirten und →Kentaur Eurytion (unsere Doppelnatur der tierischen Instinkte und des Denkens), tötete aber den bewachenden zweiköpfigen Hund Orthos, Bruder des →Kerberos, die Gegensatznatur unseres Bewusstseins (Czogalla o.J.:36). Diese Heraklestat wird oft dem Zeichen Fische zugeordnet. Ein Fisch auf dem Fußabdruck Buddhas signalisiere die Freiheit von allen Beschränkungen, Souveränität gegenüber Wünschen und Neigungen.

Am Himmel zeichnet das Sternbild Fische ein Dreieck. Ein nach Norden gerichteter Fisch sei das Symbol für die Suche nach den ewigen Mysterien, der waagerechte repräsentiere den durchschnittlichen Menschen. Beide sind durch ein Band von Sternen miteinander verbunden. Mittendrin steht Andromeda, die gefesselte Frau als gezähmte Materie, und ihr Vater Cepheus, der Geist oder Vateraspekt (Bailey 1988:221).

Für C.G. Jung bedeutet der Fisch das Zeichen der Unbewusstheit wie im Schlafe oder *Tode, wenn unser Wach- und Oberbewusstsein ausgeschaltet ist. In diesem Zustand der Reinheit und Ursprünglichkeit liegen wir wieder im Mutterschoß unserer höheren Natur oder, wie es die Alchimie formuliere: Fische bringen uns den lapis, den Stein der Weisen, das Ziel des Großen Werkes, die Vervollkommnung des Menschen. Der warte als Königssohn wie entseelt in der dunklen Tiefe des Wassers auf seine rechte Nutzung (1984: 158;371).

Grundbedeutungen

Reichtum des Wassers (*Elemente); ständiges Fließen der *Lebenskraft und ihre Gestaltung in immer geeignetere Formen; Rückkehr zur göttlichen Urnatur durch Auflösung der alten Persönlichkeit, Erlösung

Angeln wir in einer Meditation mit klarer Fragestellung im Unterbewusstsein nach der höheren Wahrheit, locken wir die scheuen Fische »Intuitionen und Inspirationen«. Beißen sie an, gründen sie die Basis neuer junger Ideen. In meiner Schulzeit mussten wir noch den Zungenbrecher üben: »Fischers Fritz fischt frische Fische, frische Fische fischt Fischers Fritz.« Oft ziehen wir aber nur einen alten Schuh aus dem Wasser. Fische bringen uns im Märchen gelegentlich die im Wasser verloren gegangenen Ringe zurück, Symbol der notwendigen Wiedervereinigung mit unserer Urnatur.

Ertrunkene Menschen wurden in chinesischer Überlieferung oft zu Fischen, die sich gern in Menschengestalt tarnten, um Menschenfrauen zu heiraten. Da sie aber täglich baden mussten und wollten, entlarvten sie sich damit schnell als Wasserdämonen (Eberhard 1983:85 f.).

Fledermaus

Sie fallen schlafende Menschen an, vor allem Kinder, um ihnen gierig das Blut auszusaugen, glaubten die Menschen im Mittelalter. Spanische Konquistadoren untermauerten diese Vorstellung mit Gräuelberichten dämonischer Vampire aus Mittel- und Südamerika. Dort schlitzen tatsächlich einige Riesenfledermäuse Blutgefäße anderer Tiere an, um daran zu schlecken. Unter solchem Verdacht steht aber auch unsere heimische Art der »Hufeisennasen«. In der religiös-spirituellen Symbolik wurde Blut ein Ausdruck unserer Persönlichkeit. Die Gier nach der Kraft dieses »fließenden Lebens« gehörte gemäß christlicher Vorstellung zu den Gepflogenheiten Satans. Damit trug die Fledermaus unweigerlich den Stempel: Inkarnation des *Teufels, »Vogel der Herrschaft der Finsternis«. Fledermäuse gehörten zu den Requisiten von schwarzer Magie und Hexenkunst, Satan selbst streifte sich gern Fledermausflügel über. Teu-felspakte mussten, wenn nicht mit eigenem, mindestens mit Fledermausblut unterzeichnet werden. Heute haben Batman oder Kollegen oft den Teufel ersetzt, ihr Fledermaushabit blieb.

Als Tier der Dämmerung und Nacht ver-mochte sich die Fledermaus mit über tausend Arten auf der ganzen Welt zu verbreiten. Und überall regte sie die Fantasien der Menschen an. Für die Zigeuner bedeutete sie Hellsich-tigkeit, denn sie kann sich in finstersten Grot-ten zurechtfinden. Angeblich blind und taub stand sie für die Sicht hinter den Erscheinun-gen. In Afrika sagte man der Fledermaus ambi-valent Unklarheit und Scharfsinn nach, der Buddhismus verband sie mit »erschwertem Verstehen«. Heute wissen wir, dass Fleder-mäuse durch ihre Nase Ultraschallsignale aus-stoßen und sich über eine Dauertonpeilung außerordentlich gut orientieren.

Der Schlaf der Vernunft erzeugt Ungeheuer, Francisco Goya

Bereits das Alte Testament hatte Fledermäuse als unrein eingestuft, das Judentum sie in die Nähe von Götzendienst gebracht. Als Zwitter aus →Vogel und →Ratte oder →Maus mussten Fledermäuse für diabolische Doppelzüngigkeit und Heuchelei herhalten, für List, Neid, üble Nachrede, Gehässigkeit und Rache – alles was sich nicht offen zeigte –, aber auch Weisheit. Christlicher Symbolik diente dieses Zwitterhafte sowie die Nähe zum Bereich des Dunklen und dem Ursprung der Schöpfung als Mittel, das Judentum darzustellen und vordergründig zu diskreditieren. Die Fleder-maus, die mit dem Kopf nach unten schläft, war zugleich Feind jeder Ord-nung, ein Attribut des *Antichristen, dessen Erscheinen das nahe Weltende verhieß und die Vernichtung des Christentums. Antike Deutungen erklär-ten ein nächtliches Traumerlebnis mit Fledermäusen als Ankündigung von Verlust, Sturm auf dem Meere oder Überfall durch Wegelagerer (Bächtold-Stäubli 1929–30:II,1590).

Die Lautgleichheit (fu) für Glück und Fledermaus bietet dagegen in China ein aktuelles Wortspiel für innere und äußere Zufriedenheit. Ein Fledermauspaar bedeutet gute Wünsche und ist ein Attribut von Shou-hsing, dem Gott der Langlebigkeit. Eine Gruppe von fünf Fleder-mäusen repräsentiert die fünf guten Gaben: Gesundheit, Reichtum, hohes Alter, Frieden durch Rechtschaffenheit und ein Ende in Glück.

Esoterische Psychologie sieht in der Fledermaus als Attribut des *Teu-fels unsere getrübte Sichtweise aus Unwissenheit und Illusionen, die Art, wie die Dinge uns erscheinen, aber in Wirklichkeit nicht sind. Das Chaos unserer Welt, eingeteilt in gut und böse, dunkel und hell, usw., zumeist eine anstrengende Häufung unvereinbarer Gegensätze, existiert in Wirk-lichkeit nur in unserem äußeren Bewusstsein. Außerhalb dessen gehören alle Gegensätze und Erscheinungen zur Vollständigkeit der Welt und der Bandbreite von Gestaltungen kosmischer Entfaltung (Case 1992:143 ff.).

Fledermäuse halten sich in Ruinen und an einsamen Orten auf. In der Kunst können sie die Melancholie ausdrücken. Als Bewohner dunkler Höhlen (Eingänge ins Jenseits) und damit als Schwellentier, dienten sie als Boten zwischen den Welten. So spielen sie auch die symbolischen Vermitt-ler zwischen Unter- und Wachbewusstsein, die erst in ihrer harmonischen Zusammenarbeit Weisheit und Vernunft gebären. Diese Doppel-wesenheit prädestinierte sie für die Alchimisten als Symbol der Androgynität, das sie gerne *Mercuri-us verliehen: der rastlosen Wandlungs- und Erlö-sungssubstanz der Schöpfung, als Verbindung von *Sonne und *Mond dargestellt; flüchtig deshalb, weil sie unser Bewusstsein durch Intuition erreicht

Grundbedeutungen

das Chaos und vordergründig Böse; der Hang, uns durch vor-schnelles Urteil, Illusion und Un-wissenheit von Ärger und Angst aussaugen zu lassen

(→Vogel). Die Japaner verbanden mit Fledermäusen unheilvolle Ruhelo-sigkeit und das Chaos aller Urkräfte.

Den ohnehin düsteren Nimbus verstärkte die Filmindustrie durch Zwangsanleihen von Fledermausattributen für diverse Draculagestalten. Tatsächlich scheinen Fledermäuse in einigen Regionen Friedhöfe aufzusuchen, so in slawischen Gebieten, wo sich auch der Vampirglaube unlösbar an sie heftete. In Südafrika gelten Fledermäuse als Geister von Verstorbenen, die sich nicht mit ihrem Zustand abfinden wollen, in Europa als Geister unglücklicher und büßender Seelen. Ins Feuer geworfen, outen Fledermäuse sich denn auch selbst, in dem sie fürchterlich schimpfen und fluchen, wie man in Katalonien wusste.

Fliege / Mücke

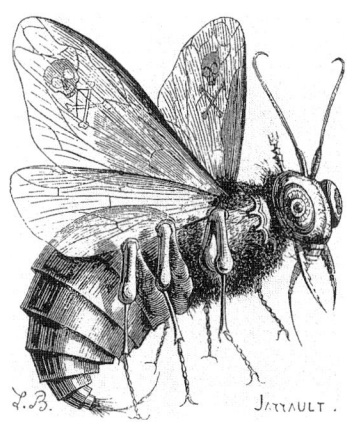

Belzebub als Fliege, hier einmal ungetarnt

Genforscher gerieten in Erstaunen: Die Gene von Mücke und Mensch unterscheiden sich so gut wie nicht. Da mag es wundern, wenn beide Spezies noch so relativ gut auseinanderzuhalten sind. Dechtire, eine keltische Muttergöttin, wurde umgehend mit Cúchulainn (vergleichbar dem *Horus) schwanger, als sie eine Eintagsfliege verschluckte. Da Eintagsfliegen in Irland im Laufe des Mai ausschlüpfen, repräsentierten sie den Mai und Frühling im Kalenderzyklus.

Zu den Fliegenartigen, so die korrekte zoologische Bezeichnung, gehören auch Schnaken oder Stechmücken, recht unangenehme Blutsauger, darunter die berüchtigte Gattung Anopheles als Überträger von Malaria, Gelbfieber, Gehirnentzündungen und u.a.m. Doch nicht alle Mücken stechen, und nicht alle Fliegen bleiben so harmlos wie unsere Stubenbrummer. Man denke nur an Bremsen und Stallfliegen, zu denen in Afrika die berüchtigte Tsetsefliege zählt. Die Schmeißfliege musste ihren Namen für hartnäckige Schmarotzer hergeben. Lästig fallen uns alle Vertreter dieser Insekten. Im alten Ägypten galten sie auch pauschal als ein Ausdruck von Unverschämtheit.

Während sie in Fernost als rastlos umherschweifende Seelen angesehen werden konnten, wurden sie weiter westlich zumeist mit bösen Göttern und mit Verderben assoziiert. In der altpersischen Religion schlich sich Ahriman, das Böse (der Widerstand gegen jede Entwicklung, der *Tod), gemäß der *Zendavesta* als Fliege in die Schöpfung ein. Aus der phönizischen Religion stammte das Prinzip Beelzebub, der Herr der Fliegen, und bewirkte Zerstörung, Fäulnis und Verwesung. Dämonen, heidnische Götter und *Teufel flohen während der Exorzismen als schwarze Fliegen. Als Mücken sollten sie beim Gähnen in den Mund fliegen und den Körper besetzen. Diese Art von Insekten versuchten denn auch beherzte Menschen auf ewig in einer Flasche zu bannen.

Christliche Lehren verbanden die Fliege mit Sünde, falschem Glauben und Ketzerei. Zusammen mit dem →Stieglitz dargestellt, soll sie auf innere und äußere Krankheit hinweisen. Der Stieglitz sorge dann für Rettung ob solcher Depositionierungen. Da alles Aas und Leichengeruch diese Insekten anzieht, brachte man sie früh mit Seuchen, Pestilenz und Verderben in Zusammenhang. Eine Vision ungeheurer Fliegenschwärme deutete der Prophet Jesaia als Vorbote feindlicher Heere, die in Israel einfallen sollten –

Grundbedeutungen

das scheinbar Böse, das zum falschen Zeitpunkt auftaucht, äußerst lästig wird oder Schlimmeres anrichtet

mit allen schrecklichen Folgen. Auf einem Stich des Matthäus Merian zum Endgericht tauchen die herandrängenden Schrecken als übergroße Stechmücken auf. Andererseits berichten die Heiligenlegenden des Jakob von Nisibis, des Narcissus und der Rosa von Lima, wie Mückenschwärme als erfreuliche Wunder im Dienste Gottes stehen. Aber das Böse ist ohnehin eine Erscheinung, die von unserer einseitigen Sicht lebt. In der Fabel »Von der Kutsche und der Fliege« gelingt es dem Insekt, sechs völlig ermüdete Pferde so zu stechen, dass diese eine schwere Kutsche wieder anziehen und recht flott über einen steilen Berg bewegen können. Im Koran (Sure 2,26) heißt es: »Gott schämt sich nicht, eine Mücke als Beispiel [Symbol oder Metapher] zu verwenden.« Und wir schämen uns nicht, Kleingeld als Mücken zu bezeichnen.

Floh

Der Floh lebe vom Staube und Schmutz wie die →Schlange im Paradies, bemerkte der Theologe Isidor von Sevilla (um 560–636). Zumindest hängen Auftauchen und Verbreitung des Blutsaugers mit Unreinlichkeit zusammen. So findet er sich im Fell oder auf der Haut fast aller Säuger. Seine Larven ernähren sich in unseren Wohnungen von organischen Abfallstoffen in den Dielenritzen wie in dunklen, schmutzigen Ecken.

Flöhe wie ihr Stich nehmen prinzipiell den Sinn des Belanglosen und Nebensächlichen an. Doch selbst kleinste Ursachen können zur Quelle werden für sich immer weiter multiplizierende Folgen. Die Fabel »Läuschen und Flöhchen« beschreibt eine Kettenreaktion, nachdem sich eine →Laus beim Bierbrauen in der Eierschale verbrannt hat. Weil einer dem anderen helfen will, fließt irgendwann so viel Wasser, dass ein ganzer Haushalt ertrinkt. Bekommt ein Mensch »einen Floh ins Ohr gesetzt« oder setzt ihn sich selber dort ein, vermag dies zu wachsender Beunruhigung bis hin zu Wahnsinn führen.

Der Name des Insekts führt sich auf »das Fliehende oder das Geflohene« zurück. Tatsächlich besitzt es ein großes Talent, vor allen Nachstellungen und Fallen im rechten Augenblick zu flüchten. In der Fabel »Ameise und Floh« findet der Floh alles banal, was die Ameise fertig bringt, und wertet es hemmungslos ab. Als die Ameise ihn aber schließlich entnervt auffordert, es ihr doch einmal nachzutun und besser zu machen, schiebt Floh einen wichtigen Termin vor und verabschiedet sich eiligst. In E.T.A. Hoffmanns Einweihungsgeschichte *Meister Floh* erscheint dieser Meister plötzlich, als er den Suchenden auf dem Pfade dafür bereit hält. Genauso plötzlich ist Meister Floh auch wieder verschwunden, als er glaubt, der Schüler habe nach der Meisterprüfung alle Verantwortung künftig selbst und allein zu tragen.

Grundbedeutungen

unwichtige oder kurzlebige Angelegenheiten

Forelle (siehe unter Lachs)

Frosch

Die reichlich undurchschaubare Vermehrung der Froschlurche regte schon früh die Fantasie der Menschen an. Regnete es Frösche, wie bei den Plagen Ägyptens im Alten Testament? Oder stieg ihr Same mit dem Tau vom Himmel herunter, wie die Chinesen lange glaubten? Kündigte er den Regen nur an oder brachte er ihn gar selbst? Auf jeden Fall schien das Problem in größere Zusammenhänge eingetaucht. In landwirtschaftlichen Kulturen vor allem trockener Regionen entstanden scheue Kulte um den Frosch.

*Die Leutchen im Walde – ein Leben im Überfluss.
Ida Bohatta (1934)*

Im Gegensatz zum beliebteren Laubfrosch hält sich der Echte Frosch zumeist in Teich und Sumpf auf, in den schlammigen Tiefen des Wassers. Dort brodelt es nur so von Leben, von Produktivität und Vermehrung. Frösche und →Kröten, in der Symbolik oft austauschbar, kennzeichneten Liebes- und Fruchtbarkeitsgöttinnen. Der klumpige Laich der Wasserfrösche enthält durchschnittlich 10 000 Eier, aus denen sich die Larven entwickeln. Es dauert einige Wochen, dann verwandeln sich diese in Frösche.

In vielen Kulturen vertrat der Große Frosch, der zugleich das Universum tragen konnte, die undifferenzierte »Erste Materie« aus dem *Element Wasser, das Chaos vor jeder Schöpfung. Die Sumerer ehrten im Frosch einen Boten Tiamats, des Ungeheuers der Tiefe, der gestaltlosen, in der Dunkelheit liegenden mütterlichen Urmaterie, die alles Zukünftige in sich enthielt. Nach de Vries führe sein Name zum germanischen Frühlingsgott Fro. Wie dieser alle Jahre verjüngt aufsteige, erscheine auch der Frosch aus der Wassertiefe und laiche. So veranschaulichte sein zyklisches Auftauchen und Wiederverschwinden im Jahresverlauf Geburt, Wachsen, *Tod und Auferstehung – Aspekte aller *Mond- und Muttergöttinnen. Im erweiterten Sinne bot er ein Sinnbild für die erneuernden Kräfte der Natur, für Metamorphose, reiche Nachkommenschaft, Überfluss, für Stärke in der Schwachheit. Die ägyptische Hieroglyphe Frosch deutete zugleich auf den noch nicht völlig ausgeformten Menschen. Die Firma Erdal-Schuhcreme mahnt mit dem Frosch an den möglicherweise fehlenden Glanz des Schuhwerks. »Sei doch kein Frosch!« spornen wir Zaudernde an.

In der Apokalypseschau der *Geheimen Offenbarung* spricht Johannes vom Großen →Drachen (16,13), »Großen Tier« und »falschen Propheten«, von deren Mäulern »unreine Geister ausgingen«, dämonenartig wie Frösche. Daher verbanden christliche Kirchenväter Froschplagen mit dem Anbruch des Jüngsten Gerichts. Mit den laut und ausdauernd quakenden Tieren assoziierten sie lärmende Geschwätzigkeit und Festhalten an weltlichen Genüssen, Zuschreibungen für Häretiker, aber auch für profane Dichter. Solche gäben zwar vor, im reinen Wasser zu leben, steckten aber im tiefen Schlamm. Unter den *Christlichen Lastern präsentierten Echte Frösche Unkeuschheit, Hochmut und Geiz.

Der *Physiologus unterschied korrekt zwischen Land- und Wasserfrosch. Der Laubfrosch, der große Hitze ertragen könne und bei Regen sterbe, sei das Bild des wahren Gläubigen, der »den Brand der Versuchungen« überstehe. Der Wasserfrosch, der keine *Sonne ertragen könne und sofort wieder im Wasser untertauche, sei mit den Kindern der Welt zu vergleichen. Packe diese auch nur ein wenig von der Wärme der Versuchung und Begierde, hielten sie nicht stand und tauchten wieder hinein »in die Geilheit der Sinnenwollust« (1960:42).

Fortpflanzungs- und Laichverhalten der Frösche begründeten diesen Ruf, Dämonen der Wollust zu sein, die Menschen und Tiere krank machten. Aufgrund einer häufigen Verwechslung mit den Krötenfröschen hielt man sie oft auch für giftig. In manchen Gegenden mussten die armen Geschöpfe deswegen grausamste Misshandlungen ertragen. Hirschberg (1988:150) vermutet hierin Relikte des einst weit verbreiteten Motivs vom Sündenbock (→Ziege). Das hinderte die Peiniger nicht, hinterher aus den toten Tieren einen angeblich höchst wirksamen Fruchtbarkeits- und Liebeszauber zu fertigen.

In Verbindung mit dem Urwasser konnte sich in Froschgestalt ein um alle Abgründe und alles Künftige wissender Brunnengeist verbergen. Froschköpfige Geister der Wassertiefe, der germanische Mimir oder der aztekische Mam, personifizierten die im Unterbewusstsein archivierten kollektiven Erfahrungen, die dem *Mond zugeordnet sind. Bei den Chinesen charakterisierte der Frosch im Brunnen aber einen Menschen mit eher beschränktem Horizont und Verstand. Im weltweit bekannten Märchenmotiv vom Froschkönig lauert Frosch bereits auf der Kante des Brunnens. Als der spielenden Prinzessin ihre Kugel in diesen Brunnen plumpst, bietet der Frosch an, sie wieder heraufzuholen. Als Entgelt verlangt er allerdings verwegene Vertraulichkeiten bis hin zum Schlaf im gemeinsamen Bett. Manfred Lurker fand im Bild der verlorenen Kugel den Verlust der unschuldig paradiesischen Kindheit. Der Frosch, der sich später als fescher Prinz entpuppt, ermögliche dem Mädchen das Aufbrechen des Eros und die Wandlung zur reifen Frau (1990:49).

Grundbedeutungen

Fruchtbarkeit aus dem *Element Wasser; die *Lebenskraft in ihrer ursprünglichen Ausdrucksform, die alles enthält, das aber noch der Entwicklung bedarf

Der Ruf der Weisheit des Tieres reduzierte sich mit der Zeit auf den Laubfrosch als Barometerspielzeug. Wetterkundige und allem Wetter Trotzende bezeichnen wir als »Wetterfrösche«. Der recht weit verbreitete Glaube an den Frosch als Wetterprophet, Regen- und Fruchtbarkeitsbringer stempelte ihn bei den sibirischen Jakuten zum Stammvater aller Schamanen.

Von seiner geheimnisvollen und zwielichtigen Aura künden noch Märchen und Fabeln, wo der Frosch nicht immer das ist, was er scheint – oder erscheinen will. In der Fabel von Wilhelm Busch »→Fink und Frosch« versucht ein Laubfrosch den Singvogel im Gesang und dann im Flug zu kopieren. Diese Hybris endet mit einer tödlichen Bauchlandung.

«Wenn einer, der mit Mühe kaum, geklettert ist auf einen Baum, schon meint, dass er ein Vogel wär', so irrt sich der.«

Fuchs

Der Fuchs kann sehr lange leben und sich im Alter verwandeln, heißt es in China: mit fünfzig Jahren in eine Frau, mit hundert Jahren in ein junges Mädchen; mit tausend wird er zum »Himmlischen Fuchs«. Das soll ihm allerdings weniger häufig gelingen. Sehr viel öfter erscheint er nächtens als bildschöne Maid, die wohl ziemlich rasch zur Sache kommen will. Sie hat es vor allem auf Gelehrte und solche abgesehen, die zu dieser Zeit noch über den Büchern hocken. Kein jüngerer Fuchs aber übertreffe an Sinnlichkeit den tausendjährigen mit den neun Schwänzen.

Im alten Peking muss es viele solcher Füchse gegeben haben. Sie lebten – wie Naturgeister bei uns – sichtbar oder unsichtbar in den Häusern der Menschen, und man stellte ihnen Nahrung zurecht. Es gab sogar einen städtischen Fuchsbeamten. Als Thema unzähliger Romane zeigen die Fuchsgeister auch, dass unser Gegner und vermeintlicher Feind selten woanders zu suchen ist als direkt bei uns. Während es solche Füchse in Südostasien mehr nach Verbindung mit menschlicher *Lebenskraft drängte, fällt der mitteleuropäisch irdische Zweig gern in die Hühnerställe ein. Dreist und frech tritt Fuchs hier auf, mutig, wo er es sich erlauben kann; kommt es hart auf hart, weiß er sich feige zu verdrücken. Jäger berichten oft voller Hochachtung von seinen Streichen und unerwarteten Aktionen.

Chinesen und Japaner wiesen dem wendigen Heuchler die Macht der Transformation zu, mit ihrer ganzen Bandbreite hin zum Guten und Bösen. In ihren Ländern grassierte bei hysterischen Frauen sogar die Fuchsbesessenheit mit starker Tendenz zu allem, was fruchtbar macht. Der thrakische Vegetations- und Rauschgott *Dionysos trug die Beinamen Bassareus (= der mit dem Fuchsfell Bekleidete) und Lyaios (= der Löser).

Wie die *Trickster →Coyote und →Rabe trat auch Fuchs bei den Indianern Nord- und Südamerikas als Heil- und Kulturbringer auf, als hilfsbereiter Geist oder obszöner Schelm. Im Ursprungsmythos der Chippewa rief und sang er das Licht aus dem Tipi des Alten Häuptlings und brachte es in die irdische Welt. In Skandinavien wurde der Fuchs als Wetter- und Vegetationsgeist mit »aurea borealis« gleichgesetzt, dem Nordlicht (*Norden). Dort galt er zugleich als Seelengeleittier mit dem Wissen um die Zukunft. Bereits die nordische Bronzezeit versetzte ihn als Wächter an die Schwelle von Ober- und Unterwelt. Der germanische Feuergeist (*Elemente) Loki erschien gern in roter Fuchsgestalt. Göttervater Odin und Herr des Tierkreises beanspruchte Lokis Hilfe meist dann, wenn der himmlische Karren nur noch mit größter Kreativität aus dem Dreck gezogen werden konnte. Und manches an Lokis Vorgehensweisen blieb im höchsten Maße anrüchig.

Wo »der Rote« sich aber in Szene setzt, begleitet ihn Doppeldeutigkeit und Zwielichtigkeit. Schon sumerische Mythen hoben die füchsische Verschlagenheit und List hervor. Er versprach gegen Belohnung, die verloren gegangene Muttergöttin wieder herbeizuschaffen, wusste er doch bestens über die Zyklen der Natur Bescheid. Die schwäbische Urschel, eine Variante von Frau Holle und Ausdruck der Großen Mutter, reiste gelegentlich selbst im Fuchskostüm. Fabeln der Antike bescheinigten Reineke Fuchs sich auf allerlei Ränke und Schliche zu verstehen. Sie beschrieben ihn als durchtriebenen Gauner, mit allen Wassern gewaschen, stets auf seinen Vorteil bedacht und jedes Hintertürchen nutzend. Im niederdeutschen Märchen »Reinke des Vos« von 1498 obsiegt der fintenreiche Schlauberger über alle Tiere und wird am Ende sogar Reichskanzler.

An der Südküste von Peru, in Pachacamac, befand sich früher das »Delphi« Südamerikas. Hier verehrte man den gleichnamigen Gott Pachacamac als Herrn der Erde, Herrn über Leben und *Tod. Eine goldene Füchsin beantwortete alle an ihn gerichteten Orakelfragen. Mit solch symbolhafter Anbindung an die natureigene Intelligenz balancierte das Orakel trittsicher auf dem dünnen Seil von Gut und Böse, Licht und Finsternis. Magische Füchse dienten Schamanen und Grenzgängern als »Reittier« zwischen den Welten.

Christliche Symbolik fand in solchem Fintenreichtum nur eine niedrige Gesinnung – Machenschaften des *Teufels als Versucher. Betrügerei, Hinterlist, Habsucht, Wollust und Verhaftetsein im Irdischen sagte man ihm nach. Sich tot zu stellen, um seine Beute in die Falle zu locken, offenbare die Falschheit und Kriegslist Satans, so der *Physiologus. Füchse und →Schakale, oft synonym für Ketzer, Häretiker und falsche Propheten, würden den blühenden Weinberg (des Glaubens) verwüsten (1960:26). Liest er in romanischen Darstellungen die Messe oder im Mönchsgewand →Gänsen und Hühnern (→Henne) aus einem Messbuch vor, um sie anschließend zu überfallen, stelle der Fuchs das Böse und »Infernalische« vor. Andererseits tritt der Fuchs schon in altägyptischen Fabeln als Hüter von →Gänsen auf und spielt gelegentlich auf einem Musikinstrument, Sinnbild einer eigenen Harmonie des Universums.

Grundbedeutungen

Kreativität und Fruchtbarkeit des animalischen oder Unter-Bewusstseins, seine Zwielichtigkeit und – im Rohzustand – Morallosigkeit

Die Psychologie findet im Fuchs einen Ausdruck des tierhaften Instinktes unserer Urnatur, der immer dann wirksam wird, wo unser Wach- oder Oberbewusstsein an seine Grenzen stößt. Seine Klugheit und sein geheimes Wissen diente in ältester Zeit als totemistischer Schutzgeist der Sippe, als magische Kraft der Ahnen. Heute würden wir diese magische Kraft als angereicherte Erfahrung des kollektiven Bewusstseins begreifen. Sie hilft uns nicht nur im Gelehrtenstübchen, sondern auch, den Alltag zu meistern.

Eine orientalische Fabel berichtet: Der Fuchs betrachtete bei Sonnenaufgang seinen Schatten und sprach: »Heute Mittag will ich ein Kamel verschlingen.« Den ganzen Morgen suchte er nach Kamelen. Am Mittag betrachtete er wieder seinen Schatten und sprach: »Eine Maus müsste auch genügen!«

Gans / Ganter

Wie der →Schwan wechselt die Gans die *Elemente, lässt sich nach Lust und Gefallen auf den irdischen Gewässern nieder oder erhebt sich in luftige Höhen. So gleicht sie dem göttlichen Wesenskern, »der trotz seiner Ein-körperung und seines Wohnsitzes im Individuum doch für immer von den Geschehnissen individuellen Lebens frei bleibt und von ihnen nicht be-kümmert wird« (Zimmer 1984:57).

Ihre Heimat wurde allenthalben »jenseits des *Nordwindes« vermutet. Tatsächlich ziehen manche Wildgansarten jährlich von ihren Nistplätzen hoch im Norden Europas, Asiens oder Amerikas weit nach Süden und wieder zurück. Ihr Zug findet sich in einer losen V- oder Keil-Formation zusammen. Dabei wechseln sich die Tiere an der Spitze in perfekter Or-ganisation ab – ein Abbild himmlischer und kosmischer Ordnung. Die Keilformation (→Kranich) könnte auch als lateinische Eins angesehen werden, Zahl der göttlichen Einheit, Ausgangspunkt und Ziel des Men-schen. Im Hinduismus ritt Brahma, der aus sich selbst heraus Seiende und Schaffende, die Wildgans oder den Ganter Hamsa und demonstrierte da-mit souveräne Freiheit von allen Bindungen und »fleckenlose Geistigkeit« als Herrschaft über die Materie. Das Freiwerden von den Fesseln der Wiedergeburt ehrte man mit dem Rang »des höchsten Ganters« (parama-hamsa).

In der ägyptischen Kosmogonie von Hermopolis vertrat die Nilgans den Weltenschöpfer und hatte das kosmische Urei auf dem Urhügel abgelegt. Daraus entschlüpfte die *Sonne Re, das Licht, das die Welt erschaffen soll-te. Die himmlische Gans brach dann freudig als erste das Schweigen der Welt, was ihr die durchaus ehrenvolle Bezeichnung »Große Schnatterin« einbrachte. Wenn die Wildgänse in Schönheit und Präzision aufbrechen, stimmen sie dabei am Himmel ihren unverwechselbar klagenden Ton an, der einen tiefen Eindruck hinterlässt. Hinduisten wollten im Gesang der »unsterblichen Wildgans« die Melodie von Gottes ein- und aushauchen-dem Lebensatem vernehmen. Der Aderlass Tausender Offiziere und Solda-ten Irlands, die sich für die Kriege auf dem Europäischen Kontingent ver-dingten, ging als »Flug der Wildgänse« in die Geschichte ein.

Andererseits sagte der Volksmund: »Der ... stirbt nicht, der fliegt mit den Wildgänsen!« Die Martinsgans zum 11. November und die damit verbundenen Bräuche (Reiten, Schlagen und Stechen einer vor *Todesangst schreienden Gans oder eines →Hahns) trugen noch viele Züge vorchristlicher Ernteriten. Der Vegetationsgeist musste erjagt, getötet und verzehrt werden, damit er – im ewigen Kreislauf – neugeboren werden konnte. Eine Tiroler Sage vom Zug der Seelen Verstorbener zu ihrem künftigen Aufenthaltsort berichtet: Als letztes folgten der Wilden Jagd in der Martinsnacht zwei leere Schuhe (Bereitschaft zur Zeugung und Befruchtung) und eine »daherwackelnde krumme Gans«.

Römer und Griechen hielten in den Heiligtümern der Mutter- und Liebesgöttinnen heilige Gänse. Gänse weihten sie den Kriegsgöttern Mars / Ares und ebenso Priapus, Geist des ungehemmten Zeugungsdranges der Natur. Das äußerst fruchtbare Familienleben der Tiere sorgte bei Haltern und Züchtern für Wohlstand und Existenzsicherheit.

Dabei legen weibliche wie männliche Gänse eine ausgesprochen fürsorgliche Elternliebe an den Tag, die als lebendiger Ausdruck göttlicher Freude und Hingabe an seine Schöpfung verstanden wurde. Chinesen und Japanern brachte der »himmlischen Vogel« gute Nachrichten, vermittelte Licht und Inspiration. Mit der Gans verbanden sie den pünktlichen Wechsel der Jahreszeiten – da handelte sie sich in letzter Zeit sicherlich Sympathieverluste ein! –, Stetigkeit und damit Sicherheit. Nie verpassten Gänse den rechten Zeitpunkt. Stetigkeit und Solidität vermögen auch Eheglück zu garantieren. Gans und Ganter gehörten zu den obligatorischen Verlobungsgeschenken. Die Gans als wachsame »gute Hausfrau« schmückte auch antike Grabskulpturen im Mittelmeerbereich. Ziehende Wildgänse boten ein Symbol für Trennung.

Märchen berichten von der »goldenen Gans« und der Gans als Hüterin von Schätzen, die sich um die Erkenntnisse der zyklischen Gesetze in der Natur ranken. Im Märchen »Die Gänsemagd« muss die edle Prinzessin durch Verleumdung die Hüterolle mit ihrer »bösen« Magd tauschen, die sich an ihre Stelle setzt. Am Königshof aber erkennen König und Prinz bald die edlere Persönlichkeit aus beiden heraus. Die Prinzessin wird nun auf den Thron gehoben, der ihr zusteht. Die Magd muss wieder in das Dienstbotendasein zurückkehren – und Gänse hüten. Wer diese Gesetze vorteilhaft nutzen will, muss sie zunächst hüten, dass heißt, durch genaues Beobachten studieren und verstehen lernen.

Brahmas Reittier Hamsa repräsentierte zugleich Gelehrsamkeit und Beredsamkeit. Die Beredsamkeit der Gänse muss im Laufe des Mittelalters,
ähnlich allen Tieren, die stimmgewaltig und ausgiebig Laute von sich geben,
in unseren Breiten einen negativen Sinngehalt an-
genommen haben. Der Vogel wurde zur »dummen
Gans«, ausufernde Kommunikation vor allem von
Frauen zum Gänsegeschnatter, zum inhaltlosen
Geschwätz. Psychologisch moralisierende Darstellungen hoben mit dem unterhaltsamen Vogel aber
die Weisheit des Alters und den Wert der Überlieferung hervor. Die scheinbar »dumme Gans« liefer-
te den Gänsekiel, den Ahn unserer Schreibwerkzeuge. Und noch heute setzen wir in unserem Schriftkult »Gänsefüßchen« an den Beginn und das Ende
wörtlicher Rede und rahmen damit Zitate oder »Wichtiges« ein.

En Ibsens Drama »Die Wildente« weist die in einer Bodenkammer
(Dachstübchen) eingesperrte verkrüppelte (→Rebhuhn) →Ente auf die höhere Natur der Protagonisten.

Grundbedeutungen

Souveränität im Bereich der *Elemente Wasser und Luft; Freiheit
von allen Bindungen; der göttliche
Atem, das Wesen des Göttlichen
in uns

Gazelle (siehe unter Antilope)

Geier / Kondor

»Da, wo Aas liegt, sammeln sich Geier«, weiß der Volksmund. Er spielt damit zugleich auf Menschen an, die von dunklem Gebaren, zwielichtigen
Verhältnissen oder von Ohnmacht und Hilflosigkeit gierig angezogen werden. »Unter Geiern« befinden wir uns gelegentlich, wenn wir in die Fänge
gnadenloser Vermieter, Banker oder Finanzämter geraten. Der Kirchenvater Hieronymus behauptete, Geier wittern Leichen selbst jenseits des Meeres. Dem Talmud zufolge erblickten sie sogar von Babylon aus ein Aas in
Palästina ...

Noch heute zollen die Völker der Wüstengebiete und Subtropen diesem »Wüstenpolizisten« hohe und zugleich scheue Verehrung. Diese Aas-
und Leichenfresser hinterlassen keine Fleischkrümel und knacken noch die
Knochen. Da sie auch nicht vor menschlichen und tierischen Exkrementen

Halt machen, bewahren sie weite Landschaften vor Verpestung. Hunderte dieser Vögel folgten oft dem Tross marschierender Armeen. Als ständige Begleiter der Heerzüge und ihrer Kämpfe verliehen Geier den Kriegsgöttern selbst ihre Gestalt. Aberglaube unterstellte diesen Greifvögeln deswegen auch ein prophetisches Wissen über den Ausgang der Schlachten.

Die Glyphe »Geier« der ägyptischen Mut, Urmutter und Himmelskönigin, bedeutete höchste Herrschaft, Schutz allen Lebens und Mitleid. Ähnlich dem →Pelikan sollte der Vogel seine Jungen mit größter mütterlicher Liebe unter seinen weiten Schwingen hüten. Im Hebräischen verbindet sich der Begriff für Geier ebenfalls mit dem Mutterschoß, mit dauerhaft und unbegrenzt mütterlicher Sorge, Obhut, Erbarmen und Mitgefühl. Will man altägyptischen Tierfabeln glauben, gäbe es nur weibliche Exemplare dieser Vögel, die vom Süd- oder Ostwind befruchtet würden. Der *Physiologus berichtete, das Weibchen des Geiers fliege auf diese Weise geschwängert nach Indien und hole dort den »Gebärstein«. Er sähe aus wie eine Nuss und berge darin noch einen zweiten. Darauf setze es sich und gebäre ohne Pein. So sollten auch wir uns auf dem Eckstein niederlassen, der jedes Gebäude zusammenhalte. Denn dieser »Stein des Heiligen Geistes« sei ohne menschlicher Hände Werk geschaffen (1960:32 f.). Für Origines und andere christliche Kirchenväter erinnerte eine solche Befruchtung an die Jungfräulichkeit der Gottesmutter Maria.

Neben der mütterlichen und solcher geradezu kosmischen Liebe repräsentierten Geier andererseits das Prinzip der Gefräßigkeit und Zerstörung, von *Tod als dem »Großem Verwandler«. Das hypnotisierende Auge dieses Vogels, tiefschwarz mit einer weißen Umrandung, wachte eindrucksvoll in ägyptischen Grabkammern. In der Antike sprach man dabei von der Reise oder Rückkehr zur Großen Mutter und gleichzeitig von dem Abschied von ihr. Nechbet, die Geier- und Schutzgöttin der Pharaonen, trug ihren Herrscherstab als Zeichen ewiger Ordnung. Zusammen mit Mut beschützte sie Neugeborene wie Tote und ernährte sie. Geier waren ebenso Attribut von *Osiris als Herrscher über das Totenreich.

Perser und Osmanen ehrten den Geier als edelsten aller Raubvögel. Behauptete die älteste Naturgeschichte doch, er nehme kein lebendes Tier zur Nahrung. Er jage auch nicht selbst, sondern suche nur die Gebeine bereits verstorbener Lebewesen. Bis zum heutigen Tag hat sich bei den Parsen im Iran der Brauch erhalten, die Leichname der Verstorbenen auf den so genannten »Türmen des Schweigens« den Vögeln des Himmels preiszugeben. Geier sind Stammgäste parsischer Beerdigungsriten. »Hol dich der Geier« flucht mancher Verärgerte, obwohl die Vögel der Großen Mutter bei uns so gut wie ausgestorben sind – und er meint es hoffentlich nicht ernst!

Mittelalterliche Alchimie nutzte Geier, →Adler, →Rabe und →Phönix fast austauschbar für die von ihren physischen Ketten befreite Seele. Diese Tiere charakterisieren unser großes Wandlungspotenzial, das uns durch den ständigen Prozess der Reinigung, der Entfernung falscher Ansichten und Illusionen innerhalb unserer Lebensführung, zu höchsten Bewusstseinsformen aufschwingen lässt. Auf einigen christlichen Marienbildern fliegt ein Geier nach Osten, in den Bereich der aufgehenden *Sonne, in den Bereich allen Neubeginns. In Griechenland trug er auf seinen Schwingen den *Titan Kronos / Saturn (→Krähe). Saturn, so sagt die Astrologie, vermöge uns an alles zu binden, was wir geschaffen und erzeugt haben, selbst an hinderliche Gewohnheiten. Er liefere aber zugleich die Energie zur Überwindung: die Transformation unserer Erdgebundenheit in »vollkommen« bewusstes und verantwortungsvolles Handeln.

Der Große Kondor lebt nur in den Anden, gehört im weitesten Sinne zur Familie der →Geier und übernimmt auch dessen Symbolik, vor allem als Erscheinung des Todes. Tod blieb für die Andenbewohner untrennbar verbunden mit Fruchtbarkeit und Sexualität. Natur gebiert alles, Natur verschlingt alles wieder und wandelt durch Auflösung um. Die gleiche Kraft, die auf Tod und Auflösung hinausläuft, führt zur Neugeburt und Fortpflanzung. So begleitete der Kondor als Symbol die Landwirtschaft in ihrem ganzen Kreislauf und versinnbildlichte im übertragenen Sinne auch den Bauernstand schlechthin.

Für ihr großes Yawar-Fest fangen die Inkanachfahren in Peru einen lebendigen Kondor. Beim Fest binden sie den Vogel auf einen →Stier, den er symbolisch besiegen soll, und treiben beide durch das Dorf und die Felder. Nach dem Ritual schmücken sie den Kondor mit Blumen und lassen ihn wieder frei. Er soll zu den Göttern zurückkehren und um eine gute Ernte bitten. Dieses Fest möchte zugleich den Untergang spanischer Fremdherrschaft (Stier) nachvollziehen und die Unsterblichkeit der indianischen Kultur (Kondor) beschwören.

Grundbedeutungen

Tod als Transformator und Grundlage von Neugeburt; Überwindung aller irdischen Gebundenheit

Gämse

Bereits die Antike bewunderte Klugheit, scharfe Sinne, Gemeinschaftsgefühl und das scheinbar hervorragend organisierte Wachsystem der Gämsen. Der römische Naturkundler Plinius sprach ihnen sogar große Kenntnisse von Heilkräutern zu, die sie in schwierigen Zeiten zu nutzen wüssten. Als äußerst trittsichere und gewandte Kletterer überqueren sie in traumwandlerischer Sicherheit die schmalsten Grate und steigen selbst in glatteste Wände und Kamine, in denen ihnen höchstens geübte Alpinisten mit Hilfsmittel zu folgen wagen. Herz und Herzblut der Gämse sollten denn auch gegen Schwindel helfen, versicherte die Volksmedizin.

Da sie ihren Lebensraum in der weitgehend unberührten Natur fanden, stellten Sagen und Legenden eine Nähe mit dem Ursprung der Schöpfung

*Von der Einsamkeit
erhabener Höhen*

her. Die Schwierigkeit ihrer Jagd verstärkte den Gämsenmythos, vor allem als es noch keine Schusswaffen gab und manches Nachsteigen mit dem Tod endete. Wie in Schillers *Alpenjäger* traten Zwerge, Wildleute und Berggeister gern als rigorose Beschützer der Gämsen auf, sogar die Drei Saligen, die Schicksalsgöttinnen der Alpenregion.

Als Ursprungstiere deuten Gämsen auf den dunklen und vordergründig gefährlichen Bereich des Unbewussten. Ihre Wachsamkeit und Scheu lässt sich mit der ständigen Bereitschaft des Unterbewusstseins vergleichen, auf alle Einflüsse umgehend zu reagieren, aber nie lange an einem Gedanken zu verweilen (→Reh). Ihre Heimat in den unwegsamen und kargen Regionen der Berge erinnert an das Ziel unseres geistigen Weges: der Aufstieg zur steilen, eisigen und abweisend wirkenden »Höhe der abstrakten Wahrheit«, wie mystische Schriften es gelegentlich beschreiben. Gämsen bieten auch ein Bild für die Einsamkeit der Höhen, da nicht viele den Drang verspüren, bis hierhin vorzudringen. Ist der mühevolle Weg doch gepflastert mit der ständigen Überprüfung und Auflösung alter und unbrauchbar gewordener Ansichten. Weiße Gämsen verkünden den *Tod, zumindest die begleitenden Schwierigkeiten des Loslassens.

In Sage und Märchen weisen Gämsen, wie alle Tiere der Großen Mutter, oft dämonischen Charakter auf. Sie leihen Hexen und verwünschten Mädchen (Weisheit, die nicht gleich als solche erkannt wird) ihre Gestalt. Der *Teufel sitzt bisweilen in Gamsgestalt Versammlungen der Hexen vor. Er soll es auch gewesen sein, der sie erschaffen und ihnen einen Bart über den After gesetzt habe: das Zeichen für ehrwürdiges Alter und Souveränität, aber boshafterweise an einer Stelle, wo niemand es so recht ernst nimmt.

Grundbedeutungen

Einsamkeit der Gipfel; der scheinbar abweisende, windige und kalte Bereich der abstrakten Wahrheit

Gimpel, Goldfink oder **Dompfaff** (siehe unter Finken)

Greif

Riesige Greife prangten als königlich göttliche Vögel und Hüter der Tempel auf assyrischen Reliefs, thronten auf altindischen Balustraden und beherrschten als Eckfiguren griechische Tempelgiebel. Die ältesten Darstellungen mit dem Kopf eines →Adlers, Körper eines →Löwen, zwei mächtigen Flügeln und vier Füßen stammen vielleicht aus Persien. Oft geht die Symbolik in die der →Sphinx über. Die Hebräer fanden in diesem Fabeltier ein passendes Bild für Persien und das magische Wissen seiner Priester.

In Persien hüteten Greife das heilige Feuer (*Elemente), den *Lebensbaum und das *Wasser des Lebens – obligatorische Bestandteile aller Paradiesvorstellungen. Greife kennzeichneten Macht, Kraft und Reichtum der *Sonne, der lebendigen, schöpferischen Intelligenz des Universums, aber ebenso die Weisheit des *Mondes. Der heraldische Greif unterstrich Herrschaftsanspruch. Ein Löwe mit Schwingen und Klauen des Greifgeiers (→Geier) deutet auf das Sonnenprinzip als Beherrscher der *Elemente Erde und Luft. Auf Greife stützte sich der Thron Jahwes im Tempel zu Jerusalem, Greife wachten über dem Thron des Minos im kretischen Knossos.

Ein Greif erscheint Liebespaar. Wirkteppich aus der Schweiz (um 1430)

Ihr durchdringender, starrer Blick signalisierte Wachsamkeit und Scharfsinn. Sie hüteten die Grenze zwischen Diesseits und Jenseits. Im Hebräischen heißt Greif »kerub«, zugleich Bezeichnung für Engel und Kräfte aus der Hierarchie der Cherubim. Cherubim bewachten die jüdische Bundeslade, Greife das hyperboräische Gold (= Kraft der Sonne) in der Urheimat des Menschen. Als Wächtermotiv an Portalen und Säulen demonstrierte der Greif göttliche Macht, an Gräbern kündete er Auferstehung und Himmelfahrt. Im Märchen droht er jeden zu verschlingen, der sich ihm »unangepasst« (unvorbereitet, unreif) nähert. In Grimms Fassung vom »Vogel Greif« reicht aber schon der Besitz einer Feder aus seinem »Sterz«, um alles in der Welt herbeizuzaubern.

Wenn in der romanischen Kunst ein Greif den →Basilisken besiegt, sei auf die mit der Taufe verliehene übernatürliche Kraft zum Sieg über Versuchungen und Dämonen angespielt (Heinz-Mohr 1988:120 f.). Wie überhaupt seine Kämpfe mit →Löwe, →Schlange und anderen Höllentieren als

Sieg des Christentums über das Heidentum verstanden werden, als Sieg der höheren Lehre gegenüber einer niederen. Oder wird hier das Thema Überwindung der irdischen Widerstände aufgegriffen, wenn wir das Paradies betreten wollen, den Bereich des höheren Bewusstseins? Auf manchen Darstellungen romanischer Kirchen verschlingt oder überwältigt der Greif den Menschen. Unter den *Christlichen Tugenden konnte er Demut, Kampfkraft und Wachsein vertreten. Wenn er unter den *Christlichen Lastern Hoffart und Habgier übernehmen muss, beruht dies vielleicht darauf, dass er in antiken Sagen nicht nur das Gold der *Sonne hütete, sondern auch hortete.

Im *Hortus Deliciarum*, einer Handschrift des 12. Jahrhundert aus dem elsässischen Kloster Odilienberg, personifiziert der Greif allein das *Element Luft. Diesem sind unsere intellektuellen Fähigkeiten zugeordnet, unsere Ideen und Intuitionen. Wenn diese mit Vernunft das Leben beherrschen, lassen sich paradiesische Zustände schaffen. Die etruskisch-römische Minerva, Schutzgöttin der Handwerker, Künstler, Ärzte, Dichter und Lehrer, züchtete zahme Greife. Arbeiten äußeres und inneres Bewusstsein aber gegeneinander oder aneinander vorbei, entstehen Illusionen und unhaltbare Vorurteile. Im Märchen taucht der Greif sowohl als böser Dämon und menschenfressendes Untier auf wie als Retter und Helfer für in Not Geratene. Auf seinem Rücken finden wir mit »traumhafter« Schnelligkeit und Sicherheit »nach Hause« zurück.

Die wohl bekannteste solcher Luftreisen schildert der *Alexanderroman* aus dem dritten nachchristlichen Jahrhundert. Demnach kam Alexander der Große bei der Eroberung Asiens ans Rote Meer und sah einen hohen Berg. Das brachte ihn auf die Idee, den Himmel zu erkunden. So ließ er von einem Werkmeister einen Wagen wie einen Eisenkorb bauen und schirrte zwei kräftige Greife ein. Denen hielt er ständig Speere mit gebratenen aber unerreichbaren Leckerbissen vor die Schnäbel. Da hoben ihn die Greifen zum Himmel empor, bis eine göttliche Kraft Einhalt gebot und die Vögel wieder hinabstieß.

Grundbedeutungen

Reichtum von *Sonne, *Mond, Ober- und Unterbewusstsein und den vier *Elementen, wenn sie Hand in Hand arbeiten

Dantes Traum im 29. Gesang des Purgatorio (*Göttliche Komödie*) beschreibt einen solchen von Greifen gezogenen Triumphwagen. Die Interpretationen dazu reichen von Papst und Kirche, durch Christus gelenkt; die menschliche Natur Jesu im Geschirr seiner göttlichen; oder Ober- und Unterbewusstsein als Triebkräfte unseres zentralen Selbst.

Goldregenpfeifer (siehe unter Kiebitz)

Gottesanbeterin (siehe unter Heuschrecke)

Grille / Heimchen

Hausgrillen oder Heimchen lieben die Wärme der menschlichen Behausungen. Nachts verraten sie sich durch ihre Konzerte, die einem durchaus den Schlaf rauben können. Wie alle Springschrecken sind sie begnadete oder berüchtigte »Streicher«. Mit dem rechten Flügel streichen sie über die »Schrillader« des linken Flügels und erzeugen so ein mehr oder minder melodisches Zirpen.

In unseren Breiten galten Heimchen als Symbol des heimischen Herdes, doch ebenso als Erscheinungsform des spiritus familiaris, des Hausgeistes und Freundes der Familie. Frau Holle, die vorchristliche Muttergöttin, führte ein Heer von klagenden, zirpenden Heimchen an, Seelen ungetaufter Kinder. Auf germanischen Vorstellungen könnte ebenso noch beruhen, dass Ahnenseelen als zirpende Heimchen im Haus ihre lebenden Angehörigen ins Jenseits rufen würden. Ein letzter Ausklang dieses Glaubens mag darin bestehen, dass man vielerorts Grillen nur ja kein Leid zufügen durfte.

Bereits früh wollte man in Grillen Erscheinungen eines Krankheitsdämons erkennen. Er machte

Grille und Ameise: »Gesungen habt Ihr?
Ei der Daus! ....«

sich als ruhelos »umherschwirrende Gedanken« im Kopf bemerkbar, besonders in der Neigung zu Schwermut und Realitätsferne. Der Ausdruck »Grillen im Kopf«, ein Synonym für Flausen, kritisiert Sorglosigkeit und Unbeständigkeit, unbeschwerte Lust und Neugier am Dasein. Die berühmte Fabel »Die Grille und die Ameise« moralisiert den Hang, vor Notwendigkeiten die Augen zu verschließen. Im Winter bettelt eine Grille vor der →Ameise um Nahrung. Sie hätte nichts mehr im Haus, gar nichts. Was habe sie denn während des Sommers getan, in der Zeit, in der man vernünftigerweise die Nahrung einbringt?, fragt die Ameise streng. »Ich war fröhlich und habe mich am Singen ergötzt«, erklärt die Grille. Das Ende dieser Geschichte kann verschiedene Wendungen annehmen. Bei La Fontaine spöttelt die Ameise: »Gesungen habt Ihr? Ei der Daus! Wohlan, so tanzet jetzt!« Und die Hilfe wird ihr verweigert. Marie de France lässt Gnade walten; aber, so fordert die Ameise: »Dann sing' für mich!«

In China charakterisieren Grillen die Freuden des Sommers. Kinder schüttelten sie von den Bäumen und trainierten sie für Grillenkämpfe. Dieser Brauch, bereits seit dem achten Jahrhundert bekannt, findet sich vereinzelt noch heute auf Märkten in Mittel- oder Südchina. Dabei zeigen Grillen ihren hier sprichwörtlichen Mut und Kampfgeist.

Der Maulwurfsgrille oder Werre wurde von alters her nachgesagt, sie führe Verwirrung, Verwicklung, Zwietracht und kriegerische Auseinandersetzung »im Gepäck«. Ihr Biss sei giftig und wirke auf Dauer tödlich. Auf alles, was mit ihr in Berührung komme, falle ein negativer Zauber, der aber mit Sonnenaufgang weichen müsse. Die gefräßige Ackergrille kann Bauern sogar zur Plage

Grundbedeutungen

Verwirrung und sorglose Unbeständigkeit; unausgegorene Ideen und Pläne

werden. Ihr Erscheinen rückte in die Nähe eines Strafgerichts Gottes. So spricht das Alte Testament in Psalm 78,46: »Der erzürnte Gott gab die Ernte der Ägypter den Ackergrillen preis, ihren Ertrag dem Schwarm der →Heuschrecken.«

Grünfink, Grünschnabel (siehe unter Finken)

Habicht / Sperber

»Lasst uns gehen, nähern wir uns Dendera, dem geliebten Aufenthalt von Hathor (→Kuh), denn hier ist sie, die davonfliegt, Sperber mit menschlichem Kopf, vor ihren Gleichartigen, um sich in ihre Barke zu setzen, um ihren Tempel am ersten Tag des Jahres zu erhellen und sich mit den Strahlen ihres Vaters (der *Sonne) am Horizont zu vereinigen«, rät ein Text aus dem ägyptischen Tempel von Dendera.

Zu den irdischen Verwandten der indianischen Donnervögel zählten fast alle Habichtarten. Die Donnervögel hausten nach den Vorstellungen der Sioux in einem Zedernwald am Westende der Welt. Als Mächte des Himmels und Ausdruck der *Elemente brachten sie Licht, das Feuer des Blitzes und herrschten über den fruchtbaren Regen. Oft galt der erste Gewitterdonner als Erwachen der Leben spendenden Kräfte nach dem Winterschlaf und damit als tönender Beginn des neuen Jahres. Im germanischen Weltenbaum Yggdrasil, Achse und Ordnungsgerüst des Kosmos, saß in der Krone →Adler und zwischen seinen Augen als Wetterregent der Habicht Wedrfölni (= der von Wind und Wetter Verfärbte).

Der Habicht vermag als hervorragender Flieger Luftböen so auszunutzen, dass er quasi auf ihnen reitet. Obwohl er in großer Höhe kreist, erkennt er so gut wie alles auf der Erde und erfasst jede Bewegung. Er setzt erst zum Sturzflug auf seine Beute an, wenn er die Situation gründlich ausgekundschaftet hat. Besonnenheit und Voraussicht werden ihm zu Recht nachgesagt. Eine moderne indianische Astrologie ordnet den Donnervogel dem *Element Feuer zu. Donnervogelmenschen steckten voller feuriger Energie, neuer und innovativer Ideen, zeigten Fähigkeiten zu schneller Entscheidung und damit Führungsqualitäten. Andererseits neigten sie zu Selbstdarstellung, Ungeduld, Hyperaktivität und könnten rasch ausbrennen (Sun Bear & Wabun 1981:270 ff.).

In älterer Zeit war der Habicht der eigentliche Jagdvogel von Adel und Geistlichkeit. Als Vogel des *Todes kann er dem Wilden Heer voranfliegen, dem lärmenden Zug der Seelen von Verstorbenen vom Westen aus zu ihrem neuen Aufenthaltsort. Der Physiologus* spricht: Wenn alle Tauben auf einmal fliegen, wage der Habicht nicht einer von ihnen nahe zu kommen, »wegen des zusammenklingenden Schwirrens ihrer Flügel«. Schert aber eine aus und verliert die Gruppe, schlägt er sie leicht. So sei es auch mit denjenigen, die in der Gemeinde das »wohltönende Lied im Zusammenklang« verlassen und allein herumirren. Wie leicht würden sie eine Beute des Widersachers (1960:54)!

Die *Lebenskraft gebärdet sich bei jedem Wieder- oder Neuanfang oft so initiierend wie zerstörerisch, in uns wie außerhalb von uns. Alle Antriebskräfte unterstehen astrologisch dem Planeten Mars. So ziehen Donnervögel denn auch den indianischen Kriegsgöttern voran.

Als der erste Aeroplan über der Odjibwa-Reservation Red Lake in Minnesota erschien, waren die Indianer sogleich ohne viele Erklärungen im Bilde: »Das fliegende Monstrum konnte nur ein Donnervogel sein, jenes mythische Tier, dessen Auge Blitze schossen und dessen Flügelschläge den Donner hervorriefen. Eilig rannten alle zum See hinunter, um Tabak zu opfern« (Müller 1956:44).

Grundbedeutungen

Wind und Wetter als Spender neuen Lebens; innovative Energien und Ideen als Ausgangspunkt jeder neuen Phase unserer Existenz

Hahn

»Wachet also, denn ihr wisst nicht, wann der Herr des Hauses kommt, ob abends oder um Mitternacht oder beim Hahnenschrei oder frühmorgens,« rät uns der Evangelist Markus (13,35).
Der Hahn soll mit der Bronzezeit aus dem Iran zu uns gekommen sein. Dort verkündete er den frühen Morgen und den Lichtgott Ahura Mazda, dessen Aufgehen die Mächte der Dunkelheit vertrieb. In dieser Eigenschaft des zuverlässigen Wächters an der Grenze zwischen Nacht und Tag eroberte der Hahn die Welt. So krähte er auch im Augenblick der Geburt des griechischen Gottes Apoll, als das göttliche Licht der *Sonne hervorbrach und alles vergoldete. Der »Herold des Tages« verkörpert die aktive Seite des Lebens und weckt uns zum täglichen Neuanfang. Die Römer weihten ihn der Göttin der Morgenröte, Aurora, und der Schutzherrin allen Handwerks, Minerva; aber ebenso Aesculap, Gott des Heilens, in dessen Heiligtümern Kranke nach einem Heilschlaf genesen wollten. In Japan gehört ein

Karikatur zu den Kontrahenten des Dreißigjährigen Krieges

Hahn auf die Trommeln, mit denen die Gläubigen in die Shintotempel gerufen werden.

Auf dem Hühnerhof demonstriert der »stolze Hahn« den Macho, der mit seinem Fortpflanzungsdrang nicht knausert und eifersüchtig die Konkurrenz attackiert. Als ungalanten Grobian präsentiert ihn die Fabel, dabei durchaus mit einer gewissen Schläue und sehr von sich überzeugt. Unter den *Christlichen Lastern konnte er Wollust und Unkeuschheit (luxuria) vertreten. »Gockel« nennen wir einen Mann, der sich gern selbst darstellt und seine Sinnlichkeit herauskehrt. Zum »Hahnrei« macht die Frau ihren Mann, wenn sie die scheinbar natürliche »Hackordnung« durchbricht und ihm Hörner (→Hirsch) aufsetzt. Als Ausdruck von Fruchtbarkeit betonte der Hahn Lebensdrang und schöpferische Potenz. In China kennzeichnete er, mit einer Krone auf dem Kopf, den Geist literarischer Bildung; mit Sporen nahm er aggressiven Charakter an. Gleiche Laute verbinden »krähender Hahn« mit Verdienste und Ruhm. Auch

Hahnenkamm und Beamter besitzen den gleichen Laut (kuan), was zu mannigfaltigen Redewendungen reizt.

Mit großem Mut und erstaunlicher Aggressivität verteidigt ein Hahn seine Herrschaft. Seine sprichwörtliche Kampfbereitschaft, seit alters her in »Hahnenkämpfen« zur Schau gestellt, machte ihn zum Attribut der Kriegsgötter. Die chinesische Astrologie ordnete den Hahn dem Monat Oktober zu, in dem traditionell die Kriegsvorbereitungen getroffen wurden. Die gallischen Kelten erhoben den Hahn zu ihrem Wappenvogel, das heutige Frankreich hat dies beibehalten. Böse Zungen behaupten, den Namen Gallier (gallus = lat.: Hahn) hätten die Römer erfunden. Ihnen seien gewisse Ähnlichkeiten zwischen dem Streithahn, der seinen roten Kamm schwellen lässt, und dem Gehabe keltischer Krieger aufgefallen. In der Heraldik kann der Hahn soldatischen Mut, Ruhm, aber ebenso religiösen Eifer vorstellen.

Der Hahn begleitete auch *Merkur, Galliens beliebtesten Gott und Bote zwischen Diesseits und Jenseits. In der gnostischen Symbolik deutet der Hahn mit einer Getreideähre im Schnabel auf innere Wachsamkeit, die alle Fülle hervorbringt. Der Hahn »Güldenkamm« weckt in »Der Seherin Gedicht« der altnordischen *Edda*-Dichtung (Vers 34 f.) die Helden von Walhall zur Endschlacht. Sein Krähen kündigt die Götterdämmerung an, die endgültige Neugeburt. Doch die setzt *Tod voraus. In Gestalt des feuerroten oder schwarzroten Hahnes erschien die Todesgöttin, das Vergehende und sich Wandelnde (Transformierende), und der *Teufel. Trug der eine Hahnenfeder am Hut, ließ er sich damit seine dubiosen Pakte unterschreiben, die immer mit dem Tod endeten.

Der von den Römern als Monatsgott personifizierte Januarius hatte einen Hahn bei sich, versprach er doch nach der Wintersonnenwende das Wiedererwachen der Natur. Hähne folgten der griechischen Vegetationsgöttin Persephone, die ein Drittel des Jahres in der Unterwelt verbrachte, um dann wieder zu ihrer Mutter, der Erdgöttin, zurückzukehren. Der Talmud erhob den Hahn zum Symbol der Erlösungsgewissheit für das Volk Israel. Im Christentum begrüßt der Hahn als treuer Wächter das Erwachen des Christus in uns, die *Sonne der Erleuchtung im Osten. Wie der Hahn den Morgen kündigt, so wecke der Herr unsere Seele aus dem *Todesschlaf und vertreibe alle geistige Dunkelheit.

Bereits in der romanischen Zeit tauchte der Hahn auf den Kirchtürmen auf. Er sollte als Wetterfahne zunächst vor allem Unheil schützen, Blitz und

Hagelschlag abwehren. Zugleich signalisierte er Wachsamkeit, um in allen Richtungen nach den Mächten des Bösen Ausschau zu halten, die sich in vielerlei Gefahren manifestieren konnten. Vielleicht handelte es sich ursprünglich um ein Relikt vorchristlicher Fruchtbarkeitszauberei. Ein vergoldeter Hahn wache in der Dunkelheit am höchsten Punkt, wenn die Glocken schweigen. Er fordere das Gotteslob am Morgen und mahne an die Pflichten des Predigers; er stehe für die Seelen der Gerechten, die auf den Tagesanbruch warten, und in Verbindung mit der Passion Jesu bedeute er Auferstehung (Sachs u.a. o.J.:160). In der Geschichte von Petrus, der Jesus dreimal verleugnete, mahne das dreimalige Krähen eines Hahnes, das unmittelbar darauf erfolgte, an die Schwäche, Reue und Buße des Menschen.

Kämpfende Hähne in der romanischen Bilderwelt sollen Christen kennzeichnen, die nach Erlösung streben. Andererseits gäben solche Kämpfe Zorn, Streitsucht und Aggression unter den Menschen wieder.

Grundbedeutungen

Wachsamkeit für jeden Neuanfang, der sich in und außerhalb von uns entwickelt; Ankündigung der tätigen Phase und eines neuen Lichts

Oder reiben hier nur die vielfältigen Manifestationen ewig schöpferischer Potenz aneinander? In China konnte ein Hahn auf die Plejaden verweisen, ein Symbol der Seele, um die sich das Rad des Lebens mit all seinen Veränderungen dreht. Kämpfen Hahn und →Schildkröte (ital.: tartaruga) miteinander, spiegeln sie die Gegensätze von lichtem Himmel und dunklen Tartarus, Leben und Tod, Aktivität und Passivität. Christliche Ikonografie ordnete solche Szenen auch unter das Thema Gerichtssymbolik (→Ziege). Die germanischen Völker fanden im Hahn ein Sinnbild der Rechtsordnung. Noch das späte Mittelalter berechnete mit »Zinshühnern« Schuld und Schuldbegleichung.

Der rote Hahn wird fast überall mit Feuer in Verbindung gebracht, mit der zerstörerischen Glut der *Sonne. »Den roten Hahn aufsetzen« nahm die Bedeutung von Brandschatzung an. Die marodierenden Ungarn wichen bei ihrem Einfall in das schweizerische St. Gallen scheu vor dem Kloster zurück, als sie auf dessen Giebel bereits den roten Hahn thronen sahen. Für sie war es die mächtige Ortsgottheit, die an dieser Stelle selbst über das Feuer gebot (Bächtold-Stäubli 1930–31:III,1330).

Hase

Eine Häsin lebte mit Mörser und Stößel im *Mond und mixte das Elixier der Unsterblichkeit, hieß es in China. Sie hütete die wilden Tiere (Triebkräfte der Natur) und war symbolische Gattin des Kaisers, des Vertreters göttlicher Herrschaft auf Erden. Schon früh muss der Hase mit dem ursprünglich dreigeteilten Kalenderjahr in Zusammenhang gebracht worden sein, mit der Dreiheit von Saat, Wachstum und Ernte, von Geburt, Leben und *Tod. Als ewiger Begleiter der Mutter- und Mondgöttin verwies er zugleich auf die Perioden weiblicher Menstruation.

Der ägyptische Sonnengott Ra konnte in seiner Eigenschaft der Morgendämmerung, der Eröffnung und des Neuanfangs die Gestalt des Hasen annehmen. In der Gottheit Un oder Uno (= Hase; auch: aufspringen, sich öffnen, sein) offenbarte sich das »Auferstandene«, das sich später auf *Osiris bezog (Erler 1963:3). Griechen und Römer ordneten das flinke und überaus sexualbetonte Tier Venus / Aphrodite zu, Göttin der Liebe und Fruchtbarkeit, und Eros, der Leidenschaft. Frau Holle, eine germanische Mondgöttin, hütete die Wachstumskräfte in einem Feld voller Hasen. Hasen sollen Deckname für die Asen gewesen sein, das nordische Göttergeschlecht. Als heiliges Tier des Frühlings vermittelt er die Hoffnung auf die schöpferische Potenz zu Beginn jedes Vegetationszyklus – im Osterei. Vielleicht liegen die ältesten Ursprünge der Verbindung von Hase und Ei im Urei auf dem Ben-Ben-Stein im ägyptischen Hermopolis (→Phönix). Es spaltete sich, und *Horus, Sohn des Osiris, mit dem Ehrennamen »Der Hase« entschlüpfte (Erler ebd.). Albrecht Dürer malte die Heilige Familie mit drei Hasen.

Nicht selten paaren sich Hasen ohne Scheu auf offenem Feld. Eine Pfote des sinnlichen Tieres in der Hose des Mannes steigerte wohl sein Durchhaltevermögen, wenn er im Bett gefordert wurde. Andererseits sollte die Pfote als Amulett vor dem Militärdienst bewahren. Vielleicht verspottete man deswegen Furchtsame als »Hasenfuß«. Im März, der Rammelzeit, verlieren Hasenmännchen oft vollends die Contenance. Die Bezeichnung »verrückter Märzhase« für menschliche Männchen kann zugleich Perversität umschreiben. Abergläubische Vorstellungen suchten die Hasenscharte, eine angeborene Spaltung der Oberlippe, mit Übertretungen von Tabus

Hasenfenster im Dom zu Paderborn

während der Schwangerschaft seitens der Mutter zu erklären. Unter den *Christlichen Lastern vertrat der Hase die Unkeuschheit (luxuria). Ein weißer Hase zu Füßen der Jungfrau Maria zeige allerdings Überwindung und Absterben solch sinnlicher Begierden an.

Caillech, die irische Muttergöttin in ihrem zerstörerischen Aspekt von Winter und *Tod, tauchte gern als Häsin auf. Bei vielen Völkern saß in der Dunkelheit des *Nordens »Weißer Hase«, der für den Schnee und die eisigen Winde sorgte. In Träumen kann ein weißer Hase unsere Kälte, Frigidität und Verhärtung andeuten. In diesem Bereich des scheinbaren Widerstands gegen alle Schöpfung geriet das Tier in die Nähe des *Teufels. Islamische Dschinns und Ghûls ritten auf Hasen. Hasen begleiteten Artemis / Diana, die Jägerinnen der Nacht und des Unterbewusstseins (→Reh).

Seine kluge Vorsicht brachte ihm den Ruf der Feigheit und des »Angsthasen« ein. Der *Physiologus aber riet, wie die Hasen in die Felsen und Berge zu fliehen, würden wir von teuflischen Jägern verfolgt. Denn schon David habe gesagt: »Ich hebe meine Augen auf zu den Bergen, woher mir Hilfe kommen wird« (1960:75 f.). Im Bild des gejagten und wehrlosen Hasen zeichnete christliche Ikonografie leidgeprüfte Opfer, die ihr Vertrauen in Christus setzten. Verzehrt der Hase, wie in einigen frühchristlichen Baptisterien, Weintrauben, soll er das Sakrament der Taufe darstellen oder den Genuss des »ewigen Lebens« nach einer tugendhaften Lebensführung.

Hasen auf antiken Grabmälern legen nahe, dass er dort die »flüchtige Zeit« und Vergänglichkeit anzeigte; aber zugleich den Übergang von der Auflösung alter Form zum Wiedererwachen. Christliche Prediger verglichen seinen flinken Lauf und den berühmten Haken mit unserem Hang, den eigenen Lastern nachzulaufen; oder, in positiver Bedeutung, hakenschlagend auf das Heil in Christus hin zu streben. Ein Fries am Dom zu Königslutter zeigt den Hasen als Opfer und gleichzeitig Jäger. Wird hier das Gute oder das Böse verfolgt? Oder jagen sich nur Leben, Blühen und Verwelken als Kreislauf, wo Jäger und Gejagte je nach Position austauschbar werden? Einst hatte Buddha den Hasen zum Mond gebracht. Als Buddha einmal hungrig war, bot sich der Hase als Nahrungsopfer an und sprang ins Feuer. Seither gilt er im Buddhismus als Symbol der totalen Selbstaufopferung, als Opfer des Lebens durch den *Tod.

Der *Mond hütet als Schatzhaus der Weisheit alle kollektiven Erfahrungen. So diente der Hase als Bote der Götter und Helfer von Hermes / *Merkur. »Meister Lampe«, das freundliche Kosewort für Hase, soll über »Meister Lamprecht« vom Althochdeutschen lantberath stammen, was Bote, Briefträger oder »landberühmt« bedeute (Bächtold-Stäubli 1930–31: III,1504). Seine in der Darstellung häufig überzeichneten Ohren stehen für Wachsamkeit und Hören. Wenn wir mit »großen Ohren« nach innen horchen, vernehmen wir gelegentlich das Raunen der »wahren inneren Stimme«. Deren Botschaft lässt uns jede Schwierigkeit in einem neuen, tieferen und rettenden Licht erscheinen und wird so Basis für vernünftiges und damit fruchtbares Handeln.

Eine herausragende Rolle spielte »Hase« im indianischen Mythos. Manabozho (= Großer Hase oder Großes Licht), Vaterfigur und Wächter über die Natur, trat als *demiurgischer Weltenschöpfer auf. Als Hase »Manitou« lebte er mit seiner Großmutter im *Mond, gebot über die Winde und alle »fruchtbringenden Wasser«. Er stürzte vom Himmel und wurde zum Ahnherrn der Indianer. Im Gegensatz zu seinen *Trickstervorfahren errettete er die Welt als eine Art *Herakles, der die Urzeit beendete. Er beruhigte die *Titanen, weil er die niedere Natur des Menschen verwandelte (Müller

1969:229). In der Metamorphose vom Schelm zum schöpferischen Menschen repräsentiert er den kreativen Geist, der mit Überlistung unserer dumpfen animalischen Kräfte zu ihrem Herrscher und Lenker aufsteigt. Er personifiziert das erleuchtende Licht und bringt das Heil, die neuen Werte, mit denen wir zum Meister unseres Schicksals werden.

Als die Indianer das Christentum kennen lernten, vermischte sich Manabozho oft mit Christus. Es gab aber auch Widerstand gegen solche Missionierung. Man habe Christus überhaupt nicht nötig: es gebe doch HASE.

Grundbedeutungen

Lauf der Zeit; Verjüngung und ständige Erneuerung des Lebens durch zyklisches Wachsen, Sterben und Auferstehen; »Licht in der Finsternis« durch höchste Wachsamkeit auf die Botschaften eines kreativen Geistes aus dem höheren Bewusstsein

---

Hecht

Einst soll er aus den Wunden des Vegetationsgottes *Osiris entstanden sein, als der von seinem Widersacher und Bruder *Seth getötet wurde, hieß es im alten Ägypten. Der Nilhecht genoss nur regionale Verehrung, zählte aber zu den ältesten Schöpfungsprinzipien. Der Himmelskönigin und Muttergöttin Hathor zugeordnet, trug er Sonnenscheibe und →Kuhgehörn auf dem Kopf, Embleme der zyklischen Fruchtbarkeit.

Ein weit verbreiteter Volksglaube in Mitteleuropa wusste, dass der Kopf des Fisches die Leidenswerkzeuge von Jesus Christus enthalte und gelegentlich sogar deutlich herausbilde: Kreuz, Lanze und Hammer. Aber Nägel, Leiter, Schwamm, Geißel und einiges andere waren ebenfalls im Gespräch. Daher galt der Hechtkopf als ausgesprochen wunderträchtig. Der *Teufel mochte sich bei all seiner Vorliebe für tierischen Habitus nie in Hechtgestalt sehen lassen. Diese Werkzeuge charakterisierten auch die herben Bedingungen einer Welt und eines Bewusstseins, das sich vom Verstehen der göttlichen Gesetze abgewandt hatte und damit Unordnung, Unfrieden und Leid erzeugte.

Märchen und Fabeln preisen oft ein besonderes Exemplar von Hecht und verbinden ihn mit dem Ringmotiv (→Fische). Es spielt auf den Kreis als vollendeten Zyklus an, auf das Unsterbliche als geheimer Motor ewiger

Erneuerung. Ein Ring wird scheinbar für immer ins Wasser (*Elemente) geworfen, taucht im Magen eines gefangenen Hechtes wieder auf, der als Speise auf der festlichen Tafel landet. Kaiser Friedrich II. soll einem Hecht einen goldenen Reif umgelegt und in den Rhein ausgesetzt haben. Der Reif trug die Inschrift: »Jener berühmte Fisch existiert tatsächlich« (Panzer 1948: I,202 f.).

Als die Götter Loki und Odin einst mutwillig einen →Otter getötet hatten, hinter dem sich der zauberkundige Sohn eines Bauern verbarg, mussten sie sich nach germanischem Recht von der Schuld freikaufen. Der Vater verlangte u.a. den Ring Andwaranaut (etwa = Treue eines unendlichen Reichtums). Dieser gehörte dem Zwerg Andwari, der als Hecht im Wasser lebte. Der Ring sicherte das Auffinden eines unerschöpflichen Schatzes.

Hinter der Gestalt des Hechtes kann sich ebenso ein verwunschener Prinz oder ein alle Wünsche erfüllender Geist verbergen. Frauen bezeichnen das Prachtexemplar von Mann, den man sich aus mancherlei Gründen angeln sollte, als einen »tollen Hecht«.

Grundbedeutungen

Fruchtbarkeit und Reichtum zyklischer Erneuerung

Hering

Als der Barsch der Steinbutte mitteilte, der Hering sei zum König der →Fische erwählt worden, zog sie den Mund schief und sagte: »Wat, is der Hering ooch en Fisch?« Währenddessen krähte der →Hahn, und dem Steinbutt blieb der Mund schief stehen.

Ja, der Hering ist ein Fisch, wenn auch ein kleiner. Er streift vor allem durch die Küstenzonen der nördlichen Meere. Da er in großen Schwärmen auftritt und daher in großen Mengen gefischt werden kann, sicherte er den Bewohnern der Küste die Lebensgrundlage. Sie erhoben ihn zum Symbol für Glück, Fruchtbarkeit, Reichtum und in erweiterter Sinngebung Erlösung. Im Mythos der Indianer von der Nordwestküste bewohnte der Hering ein großes Haus am Grunde des Ozeans. Zum Wohle der Menschen hatte die Schöpfung ihn unsterblich gemacht und so wurde er immer wieder geboren.

Mit dem Ausbleiben der Schwärme aber drohte Armut und Verelendung. So empfanden Menschen, die vom Fisch lebten und leben mussten, eine solche Katastrophe als Verdammung, als Strafe Gottes. Manch einer verbindet Sprotten, Sardellen und Sardinen, die Hauptvertreter des Herings, mit Dosenfisch und hält den Verzehr für eine Zumutung, wenn nicht gar für eine Strafe Gottes.

Grundbedeutungen

das Gesetz von Armut und Reichtum, von Leere und Fülle als ausgleichende Ordnung in der Natur; Reibung der Gegensätze als Motor der Entwicklung

Da Katholiken freitags und in der Fastenzeit kein Fleisch essen sollten, setzte es sich oft durch, an diesem Tage Fisch aufzutischen. Für sie verband sich mit dem Hering die Zeit des Fastens. Im Saaletal war es früher Sitte, in dieser Zeit einen Hering an die Kirchentüre zu nageln – ein Zeichen der Mahnung oder des Frustes?

Hermelin (siehe unter Marder)

Heuschrecke / Gottesanbeterin

Millionen von Heuschrecken fielen über das Land der Ägypter her, nachdem der Pharao den Israeliten den Auszug verweigert hatte. Die mit dem Ostwind herangeführten Schwärme »bedeckten des ganzen Landes Oberfläche, und der Boden erlitt Schaden, denn sie fraßen alles Grünkraut des Feldes und alle Baumfrüchte, die der Hagel noch übrig gelassen hatte«, berichtet das Buch Exodus des Alten Testaments (10,15).

Unter den eher harmlosen Grashüpfern und Springschrecken sticht die Wanderheuschrecke heraus, deren Ansturm zu den gewaltigsten Naturkatastrophen gehört und die furchtbarsten Verheerungen anrichten kann. In riesigen Schwärmen, die wahrhaft die Sonne verdunkeln, knattern sie geräuschvoll über ganze Länder, stürzen prasselnd nieder und hinterlassen im wahrsten Sinne des Wortes nur noch Wüste. Dabei sind sie äußerst zäh, können sehr lange hungern und noch länger mit karger Nahrung auskommen. Selbst ihr abgetrennter Kopf vermag noch bis zu 20 Stunden mit den Kiefern schnappen, während der kopflose Rumpf stundenlang weiterhüpft, sogar noch zur Paarung schreitet. Unter den Sieben *Christlichen Lastern vertraten sie mitunter Verantwortungslosigkeit und Betrug.

Als Begleiterscheinung der Sommersonne verbanden Chinesen mit ihrem Auftauchen Glück und Überfluss, zahlreiche männliche Nachkommenschaft und das Verbreiten von Lebenstugenden. Mittelmeerische Kulturen fanden in der Heuschrecke mehr das zerstörerische Prinzip der Sonnenglut. Gefräßige Wanderheuschrecken fielen im Alten Testament als eine der »sieben Plagen« und als Gericht Gottes wie erbarmungslose Dämonen über die verderbte Welt her. In der *Geheimen Offenbarung* des Johannes öffnete die »fünfte Posaune« einen Abgrund, aus dem sie aufsteigen, um die Menschen fünf Monate lang zu quälen. Ihr Aussehen »glich Rossen, die zum Krieg gerüstet sind« und »das Rauschen ihrer Flügel war wie das Rasseln vieler Pferdegespanne«. Sie erhielten die Gewalt, die Menschen wie →Skorpione zu quälen (9,3–9). Diese Apokalypse wurde immer auch als Beschreibung des endgültigen Erwachens des Menschen verstanden, bei dem alle Widerstände in ihm noch einmal zu Hochform aufzulaufen versuchen.

Eine Heuschrecke in der linken Hand des Jesuskindes deute auf die Bekehrung vom falschen Glauben. Im Bunde mit Christus bekämpfe sie den →Basilisk als *Antichristen, den Widerstand Satans und der Heiden gegen den Heilsplan. Und wie alle Tiere, die sich mehrfach häuten, bot sie ein Sinnbild für die Auferstehung des neuen Menschen, des symbolischen Sohnes, so bei Albrecht Dürers »Madonna mit Heuschrecke«. Selbst Landstreicher und Landfahrer steckten sich gern ein bis drei getrocknete Heuschrecken an den Hut.

Die zoologisch zu den Fangschrecken zählende Gottesanbeterin ehrte der Volksmund mit den Bezeichnungen »Seher« und »Prophet«. In den Mythen südafrikanischer Völker spielte sie den Kulturbringer und trat als Schelm und *Trickster auf. Wenn sie auf dem Grashalm sitzt und ihre Vorderbeine zum Himmel erhebt, soll sie beten. Jedenfalls fand das Christentum darin ein Vorbild für Frömmigkeit und Andacht. Die Chinesen schrieben ihr Eigensinn und Begierde zu. Das passt vielleicht besser. Während der Paarung reißt das Fangschreckenweibchen dem Männchen oft genug den Kopf ab, was den Vorgang zunächst nicht weiter beeinträchtigt, aber wohl abkürzt und keinen Beziehungsstress zulässt.

Grundbedeutungen

grundlegende Zerstörungswut der Natur als Ausgangspunkt und Voraussetzung für gewaltige Umwälzungen

Hirsch

Nordamerikanische Indianer kennen in der Regel keinen absoluten Null-punkt eines Weltenbeginns. Alles bewegt sich unablässig von Neujahr im Frühling zum nächsten Neujahr – ein ewig neu anhebender Schöpfungsakt (Müller 1969:367). Dabei wandern die vier Winde als die vier Jahresviertel auf dem Weltenrand, vom Hirsch als »Herrn der Rota« gerufen. Die amerikanische Großform des Hirsches, Wapiti, konnte auch zur Erde (*Elemente, →Büffel) selbst werden, die alle Fruchtbarkeit anzog und in der Vegetation ausprägte, und zum Ausdruck der Plejaden (→Hahn).

Im ausgehenden Paläolithikum, oft »Hirschzeitalter« genannt, müssen Hirsch und Ren auf der nördlichen Erdhalbkugel die wichtigsten Jagd- und Kultobjekte gewesen sein. Die kräftigen, dabei durchaus anmutigen und ewig auf Wanderschaft befindlichen Tiere begleiteten alle frühen Muttergottheiten. Sie kennzeichneten die Kräfte der unkultivierten Natur, leiteten aber schon über vom Chtonisch-Erdhaften zum Solaren. Garbh Ogh, alterslose urzeitlich keltische Riesin und ein Aspekt der Dreifältigen Göttin, ließ ihren Wagen von Elchen ziehen und jagte mit einer Meute von 70 →Hunden (Tage älterer Jahreszeitzählung) das Wild der Berge. Hirsche zogen den Wagen der Zeit und des Weihnachtsmannes, der das neue Licht am Ende der längsten Nacht ankündigte.

Vermutlich fanden die neolithischen Menschen Parallelen zwischen dem Wachstum des Hirschgeweihs – Abwerfen, Abschaben des Basts, Neusprießen – und dem Rhythmus ihrer Feldbestellung. Es scheint, dass die eher u-förmigen Geweihformen, so beim Dam- oder Edelhirsch, ursprünglich mit dem *Mond in Verbindung gebracht wurden, während man strahlenförmige Formen später zur Sonnensymbolik erhob. Jetzt kündete der Hirsch von der durch die *Sonne erzeugten Neuschöpfung und Morgendämmerung, von ihrer unbesiegbaren Kraft als erlösender Überwinder und Beschützer. Der nordische Freyr, Gott des Wachstums und der Ernte, erschlug mit einem Hirschgeweih den Riesen Beli, einen Naturdämonen. Azteken führten den Hirsch (mazatl) als siebentes Zeichen ihres Kalenders, zwischen dem sechsten (miquiztli) *Tod und dem achten (tochtli), dem wollüstig nachwuchsintensiven →Kaninchen (Drab 1974: 16). Hirschgeweihe tauchten schon in steinzeitlichen Gräbern auf, oft am

Kopf der Verstorbenen befestigt, und sollten vermutlich neues Leben sichern.

Bereits steinzeitliche Höhlenzeichnungen brachten das Hirschgeweih in Zusammenhang mit dem Baum des Lebens. Vier Hirsche in der Krone der germanischen Weltesche, Dainn, Dwalinn, Duneyr und Durathor – vermutlich: gestorben, schlafend, schlummernd, erwachend –, gaben den vier Winden Namen. Wohl nagte der Hirsch Eikthyrnir (Eichdorn) in gefährlicher Weise an diesem *Lebensbaum, aber aus seinem Geweih tröpfelte der Tau, der die Erde wieder befruchtete. Cernunnos, keltischer Herr der Tiere (Vitalkräfte der Natur) und Jahreszeiten, Gott allen Reichtums, dessen weit geöffnetes Hirschgeweih sich zum Himmel öffnete, garantierte Fruchtbarkeit durch Erneuerung. Im chinesischen Buddhismus zählte der

Das lebendige Brot vom Himmel –
in zweierlei Gestalt

Hirsch zu den Drei Geistlosen (weil urzeitlichen) Geschöpfen und bezeichnete neben dem →Tiger für Zorn und →Affen für Gier die Liebestollheit, die für Fruchtbarkeit sorgt.

Christliche Ikonografie spielte im Kampf von Hirsch mit der →Schlange auf die Gegensätze Licht und Finsternis, Ordnung und Chaos an. Zertritt der Hirsch die Schlange am Boden, hat auch der Geist über die Materie gesiegt, hat der Christ das Böse (in sich) erfolgreich überwunden. Hostien trugen ein Hirschsymbol und verbanden sich mit der Botschaft des Christus: »Ich bin das lebendige Brot, das vom Himmel herabgekommen ist.« Manchmal kann auf die antike Vorstellung angespielt werden, der Hirsch ziehe mit seinem Atem giftige Schlangen aus der Erde und fresse sie auf, ohne Schaden zu nehmen, da er dazu das *Wasser des Lebens aus der Quelle trinke. Hatte doch der Physiologus* berichtet, dass der Hirsch erklärter Feind des →Drachen und der →Schlange sei. Fliehe der Drache vor dem Hirsch in die Spalten der Erde, speie der Hirsch frisches Quellwasser in diese Spalten. Damit treibe er den Drachen heraus und töte ihn. So vernichte auch unser Herr den Teufel durch das »himmlische Wasser« der göttlichen Heilslehren (1960:43 f.).

Trinken Hirsche Wasser (*Elemente) aus dem Lebens- oder Paradiesbrunnen, dessen Weisheit alle Leiden heilt, soll auf den Wunsch nach der Taufe angespielt sein, vielleicht direkt auf Psalm 42,2–3: »Wie der Hirsch über ausgetrockneten Wasserbächen lechzt, so verlangt meine Seele nach dir, Gott.« Der Hirsch warb für ein Leben in Reinheit, Frömmigkeit und religiöser Tugend. Zwei einander gegenüberstehende und an einer Weintraube knabbernde Hirsche werden als persönlicher und göttlicher Teil der Seele interpretiert, die in den Himmel eindringt und sich an der dortigen Fülle laben darf. Der Hirsch könne ebenso einen Mann symbolisieren, der im Vollbesitz seiner Kräfte den Versuchungen der Welt gegenübertritt und Disziplin üben muss (Heinz-Mohr 1988:135).

Der chinesische Begriff lu bedeutet sowohl Hirsch als Geldeinkünfte. So verknüpfte sich hier der Hirsch mit weltlichem Erfolg, Glück, einem hohen Rang, einem langen Leben. Als Himmlischer Hirsch brachte er jede Art von Reichtum, auch den der Erkenntnis vom Wert einer zu ordnenden Lebensführung. Hirsche und →Gazellen zu beiden Seiten vom »Rad der Lehre« erinnerten an Buddhas Predigt im Wildpark zu Sarnath, mit der er dieses Rad in Bewegung setzte. Chinesischer Buddhismus hob die Sanftmut und Güte des Tieres hervor und deutete unter diesem Symbol auf gelungene Meditation. In Japan wies das Bild Hirsch mit Ahorn auf die Aspekte kontemplativer Einsamkeit und Melancholie.

Keltische Mythen und Märchen lassen Irrende, Suchende oder Jäger oft auf einen Zauberhirsch als Seelenführer treffen. Er weist ihnen einen Weg zum Ziel, eine Furt oder lockt sie immer tiefer in den *Wald. Dort erleben sie unbekannte Wunder, werden zu Heilquellen, Schätzen oder Bergwerken geführt. Die mexikanischen Huichol-Indianer ehren den Hirsch als Kulturbringer und Vater des Halluzinogens Peyote. Ihre alljährliche Wallfahrt zur Peyoteernte heißt und trägt Züge einer »Hirschjagd«. Hirsche fressen diese Kakteen und machten den Menschen damit auf sie aufmerksam; ähnlich in Sibirien, wo »berauschte« Hirsche die Wirkung des Flie-

genpilzes demonstrierten. Der Hirsch, der das Tor zu solchem Erlebnis eröffnete, wurde zum obersten heiligen Wesen, zum Lehrmeister und Führer
in der visionären Geisterwelt (Andritzky 1989:60 f.). Meist führt ohnehin
der von diesem Zaubertier gewiesene Weg zur *Anderswelt, zum Jenseits
und *Tod als Transformator. Ein alter Rechtsbrauch verurteilte Wilddiebe
dazu, auf einen Hirsch angeschmiedet und dann in den Wald gejagt zu
werden (Bechtold-Stäubli 1930/31:IV,94).

Eine Begegnung der besonderen Art war es, wenn aus dem *Norden
eine Weiße →Hindin oder ein Weißer Hirsch auftauchten. Sie erschienen
als Mittler zwischen den Welten, überirdische Intelligenzen, Personifizie-
rungen ewiger Regenerationskraft in der sichtbaren und unsichtbaren Natur. Ein solches Treffen, visionär oder real, priesen die Menschen in der zirkumpolaren Region des Nordens als Akt von mystischer Anmut und
Schönheit. So übernahm gerade der Weiße Hirsch später Züge des Christus und Erlösers (→Einhorn). Hans Drab sieht in der Komplexheit der ma-
jetätischen Haltung des Tieres, seiner Beherrschtheit und andererseits Un-
gehemmtheit ein Bild für die »Ganzheit des Selbst« (1974:11).

Die Jagd und den Schuss auf den göttlichen Hirsch reichen weit in vorchristliche Zeiten zurück und erzählen zunächst vom Versuch, die Wachs-
tumszyklen der Natur zu nutzen, ihre Schnelllebigkeit zu fixieren. In der Alchimie kennzeichnete der fliehende Hirsch das flüchtige Quecksilber des
*Mercurius, das Davoneilen der Wandlungssubstanz in allen Schöpfungs-
prozessen. Artemis und Diana, Mondgöttinnen und zugleich Ausdruck unserer Gedanken (→Reh), fanden ihr größtes Vergnügen, mit Hirschen und
→Hindinnen über Berge und Flur zu jagen. Als der indische Gott Krishna
seine Sendung auf Erden erfüllt hatte, wurde er – im *Wald meditierend –
aufgrund seines Alters von einem Jäger für einen Hirsch gehalten und tödlich
getroffen. Jede Zeit, jede Wandlung, jede Idee treibt das Vorherige, das Alte
und Verbrauchte vor sich her und versetzt ihm gnadenlos den symbolischen
Todesstoß. Der persönliche Teil der Seele jagt als Hirsch nach größerem
Licht, während er selbst vom Hirsch des göttlichen Teils vorangetrieben
wird. Der Hirsch habe kein Herz, hatte der Dichter Aesop erzählt. Die
Schicksalsgöttin Nemesis versteckte sich gern hinter der Hirschmaske.

Eines Tages beobachtete Aktaion, Liebhaber der Artemis und vermutlich Frühjahrsgott, die Göttin beim (Erneuerungs-)Bad in der Quelle. Da
verwandelte sie ihn in einen Hirsch, und seine eigenen 50 Hunde (Tage)

hetzten ihn zu Tode. Daher stamme die Metapher, jemandem »Hörner aufzusetzen« – Erhebung und zugleich Verrat. Wer aber den Hirsch reitet oder seinen Wagen von ihm ziehen lässt, hat die Ordnung der Natur durchschaut und ihren Drang nach Veränderung im Griff.

Grundbedeutungen

Regenerationskraft der Vegetation und des Unterbewusstseins aus sich selbst heraus; die Jagd nach stetem Wandel und nach Vervollkommnung

Der unaufhörliche Kreislauf garantiert letztendlich ewiges Leben durch permanente Neugeburt. Der chinesische Gott Shou-hsien barg in seiner Gestalt als Weißer Hirsch das Geheimnis der Unsterblichkeit. Der Teufel soll sich der Sage nach als Bezahlung für seine in Anspruch genommenen Dienste manchmal mit einem Hirsch statt der verlangten Seele zufrieden gegeben haben. Die Ritter von Arthurs Tafelrunde trafen einst im *Wald auf einen Hirsch, auf dessen Stirn ein rotes Kreuz prangte und auf dessen Geweih brennende Kerzen flackerten. Auf seinem Rücken trug er ein gralsähnliches Gefäß.

Hirschkäfer (siehe unter Käfer)

Hornisse (siehe unter Wespe)

Huhn / Henne

Im Ersten Punischen Krieg hatten die Römer, wie immer vor einer Schlacht, im Feldlager das Hühnerorakel befragt. Fraßen die Tiere heute oder fraßen sie nicht? Voller Schrecken berichteten die Auguren dem Feldherrn und Konsul Claudius Pulcher, die Hühner weigerten sich zu fressen, die Seeschlacht gegen die Karthager sei in diesem Falle aussichtslos. »Dann sollen sie saufen«, spöttelte Pulcher und warf die heiligen Tiere ins Meer. Die Römer erlitten eine schmähliche Niederlage auf See.

Bereits das Altertum schrieb Verhalten und Gackern des Huhnes weissagenden Charakter zu. Fand man doch im Ei den Mutterschoß der Schöpfung, den verhüllten Ursprung allen Seins, das Lebensprinzip in seiner mythischen Ganzheit vor der Trennung in Gegensätze. Das Eier legende

Huhn wurde Ausdruck der Großen Mutter und Göttin des *Mondes, Herrscherin über alles Wissen, was jemals war, ist und sein wird. Manche Hennen legten direkt goldene Eier (→Hase, →Strauß). Bei einigen afrikanischen Stämmen führten und geleiteten in Initiationsriten für Frauen Hennen ihre Seelen.

Kelten und Griechen verehrten aber ursprünglich diesen Mutterschoß im roten Ei der Großen Meeres-→Schlange (*Element: Wasser). Die *Sonne brütete es aus, weswegen es eine scharlachrote Farbe annahm. Dabei musste man wohl zumeist etwas nachhelfen. Daher soll unser Osterbrauch mit gefärbten Eiern stammen. Später, als die mythischen Schlangen des Meeres sich den skeptischer werdenden Zeitgenossen immer seltener zeigten, habe man zu Hühnereiern greifen müssen (Ranke-Graves 1981:293 f.).

Die Bibel preist Voraussicht und mütterliche Fürsorge des Huhns. Im Matthäusevangelium klagt Jesus Christus als der »Gute Hirte« (23,37): »Jerusalem, Jerusalem ... wie oft wollte ich deine Kinder versammeln wie eine Henne ihre Küchlein unter ihre Flügel sammelt, du aber hast nicht gewollt.« Martin Luther erklärte im Zusammenhang mit dem hebräischen ruach (= Geist): »Fein wäre es, wenn es Gott hieße. Man könnte es dann so verstehen, dass Gott, die Kreatur, die er geschaffen, unter sich genommen habe, wie eine Henne ein Ei unter sich nimmt und das Hühnlein ausbrütet« (Forstner 1991:239). Unter den *Christlichen Tugenden vertritt die Henne wegen ihrer recht langen Brutzeit die Beharrlichkeit (perseverantia). Lässt sich hier ein Zusammenhang konstruieren, dass dem Huhn oft ein schwaches Gedächtnis nachgesagt wird (»dummes Huhn«)? Bei albernem und vorlauten Benehmen von Mädchen und jungen Frauen sprechen wir abfällig von »gackernden Hühnern«.

Hühner gehörten zum eleusinischen Kult der Demeter, der Mutter Erde. Wachstum und Vermehrung gehen gesetzmäßig in Verblühen und Absterben über. In Gestalt schwarzer Hennen konnten die Göttinnen des *Todes erscheinen, christliches Mittelalter sprach von Manifestationen des *Teufels als Widerstand gegen die Schöpfung. Schwarze Hühner sind bis heute unverzichtbarer Bestandteil von Opferkulten und Bannritualen. Da Gleiches mit Gleichem geheilt werden kann, soll Blut von schwarzen Hühnern das scheinbar Böse in seinem Ausdruck von Unfruchtbarkeit und Niedergang auch am wirksamsten vertreiben.

Bei manchen afrikanischen Länderspielen sollen Zauberer der heimischen Mannschaft vorher das Spielfeld verhext haben. Dann musste die gegnerische Mannschaft eiligst selbst einen Medizinmann auftreiben, der noch vor Anpfiff schwarze Hühner schlachtete und das Opferblut über das Stadion verspritzte. Solche Spiele endeten dann unentschieden.

Hummel (siehe unter Wespe)

Hund / Kerberos

Die Mongolen warfen die frischen Leichen ihrer Angehörigen Hunden und Raubvögeln zum Fraß vor, damit die Seelen der Abgeschiedenen von ihrer Hülle befreit und ins Jenseits geleitet würden. Nordgermanische Skalden bezeichneten das Leichen verzehrende Feuer mit »Hund« oder →»Wolf«. Ihr Gott Odin fütterte seine Wolfshunde Geri (= der Gierige) und Freki (= der Gefräßige) mit den Leichnamen gefallener Helden.

Der Hund begleitet den Menschen seit ca. 18–25 000 Jahren, und kaum eine Mythologie auf der Welt kommt ohne ihn aus. Man schätzte seine verlässlichen Dienstleistungen und war beeindruckt von seinem feinen Gehör, dem nichts entging, seiner Spürnase und seinem phänomenalen Orientierungssinn. Hunde hüteten die Herden vor allem Unheil. Im Bild folgten sie auch der Leben spendenden *Sonne und verjagten den →Keiler des Winters. Bei den nordamerikanischen Indianern konnte der Hund austauschbar mit →Coyote als *Trickster und Kulturbringer auftreten, als Donnertier, Regenbringer und mythischer Ahn. Er hatte das Geheimnis des Feuermachens (*Elemente) bewahrt und teilte es später den Frauen mit. Bei den Mayas verkörperte der fackeltragende Hund den zündenden Blitz. Feuer und Sexualkraft stehen in enger Beziehung. Hunde erschienen als Vegetationsgeist, im Schamanismus als Boten der ewig zeugungshungrigen *Waldgeister. Auch Mutter- und *Mondgöttinnen wurden als Hündinnen bezeichnet und dargestellt, wie sie Junge warfen.

Hund jagt und packt Eber, den Dämon des Winters. Jagdfries am Dom zu Königslutter

Homer nannte Hunde schamlos, weil sie öffentlich kopulieren. So prangerte das Alte Testament im unreinen Hund das Gemeine und Verächtliche an, seine wilden Begierden hatten Züge des *Teufels. Die *Geheime Offenbarung* stellte Hunde mit Götzendienern, Mördern und Lügnern auf eine Stufe (22,15). Das aus dem Griechischen stammende »kynisch«, aus dem später zynisch wurde, bedeutet hundsmäßig, unverschämt und schmeichlerisch, »auf den Hund gekommen«. Unter den *Christlichen Lastern vertrat der Hund Neid und Zorn. In der Ikonografie kann ein brauner, struppig hässlicher Hund Unglauben und Untreue herausstellen, ein feingliedrig weißer Hund Güte, Glauben, eheliche und andere Treue. Auf Darstellungen zur →Einhornlegende hält der Erzengel Gabriel als Jäger gelegentlich vier Hunde an der Leine: die vier *Christlichen Tugenden Aufrichtigkeit, Gerechtigkeit, Friede und Barmherzigkeit.

Hunde wiesen für Plutarch auf »das konservative, wachsame, philosophische Prinzip des Lebens«, für Buddhisten auf Gehorsam und Unterwerfung der Leidenschaften gegenüber der Lehre. Der Löwenhund (→Löwe) bewachte und verteidigte symbolisch diese Lehre. Hunde begleiteten den chinesischen Gott Erh-lang, der die Welt von bösen Dämonen reinigte. Bei den Yoruba in Nigeria dürfen Hunde als Vertreter von Eshu dessen Opfergaben fressen. Eshu, Aspekt der Prüfungen, die der höchste Gott auferlegt (der Schatten Gottes), rückte mit Aufkommen des Christentums in die Nähe Satans.

Als Bild des führenden wie warnenden Instinktes wacht der Hund an den Übergängen von Tag und Nacht, an der Schwelle zum Unbewussten. Er erinnert daran, dass die tierhaft instinktive Seite des Menschen nicht übersehen und vernachlässigt werden darf. Die dreiköpfige *Hekate jagte nächtens als »Hündin« oder →»Wölfin« umher, von wütendem Hundegebell begleitet. Als Mutter- und Mondgöttin personifizierte sie die Dreiheit von Wachsen, Blühen und Verwelken, die Triebkräfte und jagenden Rhythmen der Natur und des Unterbewusstseins. Der hinduistische Shiva, Schöpfer, Erhalter und Zerstörer, war »Herr der Hunde«. Hunde dienten als Bauopfer und sollten für die zyklische Fruchtbarkeit sorgen, wenn man sie unter der Schwelle von Ställen oder unter Obstbäumen vergrub. Der Hundsstern Sirius begleitete mit »alles sehender Wachsamkeit« den Jäger Orion (→Skorpion). In Ägypten begann mit Aufgang des Sirius die Herrschaft des *Seth, der heißesten Tage im Jahr, in der die Natur verdorrte und abstarb. Gleichzeitig setzten die Nilüberschwemmungen ein. Seth und Sirius, die großen Verschlinger, bahnten mit ihrem Zerstörungswerk zugleich neues Wachstum an. Riesige schwarze Hundedämonen mit feurigen Augen hüten in Sagen oft große Schätze und das Geheimnis des *Todes.

Kerberos, der »Höllenhund«, wachte kampfbereit vor den Toren zum griechischen Hades. Ursprünglich fünfzigköpfig (50 Tage der größten Dürre), wurde er später meist mit drei Köpfen (die alte Dreiteilung des Mondjahres) beschrieben, die je eine →Schlange trugen. Als letzte seiner zwölf Taten (→Steinbock) sollte der griechische Sonnenheld *Herakles diesen Hund an die Oberfläche zerren. Cúchulainn, eine Art keltischer Herakles oder ein *Horus, musste sieben Jahre lang selbst den »Hundedienst« versehen. In den altägyptischen Vorstellungen vom Herrscher der Unterwelt verschmolzen im hundsköpfigen schwarzen Anubis (→Schakal) die Vorstellungen vom Götterboten, Wächter und Seelengeleiter durch die Nacht des Todes. Er charakterisierte dabei das Wesen des *Todes selbst. Auferstehung und Neugeburt versprechen mittelalterliche Sarkophagplastiken, auf denen die Toten mit den Füßen auf dem Fundament ihres Hundes ruhen. Damit gab das Tier zugleich ein Sinnbild von unerschütterlicher Hingabe, Gefolgstreue und Tugend des Glaubens.

Hunden schrieb man große Selbstheilungskräfte zu. Hatte man doch beobachtet, wie der Hundespeichel selbst starke Blutungen rasch zum Stillstand brachte. Bronzene und steinerne Hundevotive fanden sich bei Heil- und Thermalquellen. Christliche Kirchenväter verglichen Hunde, die Wunden lecken, mit Predigern, die mit ihrer Zunge, der das Wort Gottes entströme, die Seelen der Gläubigen berührten und rührten (Lurker 1973:187). An der Nordseite romanischer und gotischer Kirchen dienen Hunde als Wasserspeier, Spender von regenerativer Hilfe aus der Urquelle (*Elemente: Wasser).

Psychologen entdeckten im Hund den Intellekt und denkenden Geist auf der persönlichen Ebene des Bewusstseins. Abgerichtet und auf Vernunft gebaut, ist dieser Hund ein treuer und wachsamer Begleiter. Sein gutes Gehör vernimmt die innere Botschaft, und ohne Umwege vermag er der Fährte zu folgen (Estés 1993:1247 f.). In einem altpersischen Gesetzbuch heißt es: »Allein durch den Verstand des Hundes besteht die Welt« (König 1981:186). In unterdrückter Form wird er böse. Der Hund braucht einen Herrn, und der muss ihn oft genug an die Leine nehmen, sonst verstrickt sich unser Verstand in die Maschen vordergründiger Erscheinungen. Wenn unser intellektu-

Grundbedeutungen

treuer Begleiter durch alle Lebensstufen des Menschen; Hüter an den Schwellen der Übergänge; innere Wachsamkeit und Fähigkeit, der richtigen Spur zu folgen

elles Bewusstsein durch falsches Denken verzerrt ist, bleibt es jedem wahren Fortschritt feindlich gesinnt. Dieser »böse Hund« des falschen Denkens beißt den Menschen ins Bein, stellt sich ihm in den Weg oder kämpft mit ihm. Wenn er sich verbeißt, ist er kaum noch abzuschütteln.

Hyäne

Wer schaudert nicht in Afrika, kommt die Rede auf die Hyänenmenschen, eine Art von Wer→wölfen. Sie jagen und vergewaltigen mit unbeschreiblicher Brutalität, gierig nach jeder Art von rohem, blutigen Fleisch. Südafrikanische Hyänenmänner hätten zwei Mundöffnungen: eine zum Reden und Überzeugen, und sie passe zum gut aussehenden Gesicht, das sich in jeder Gesellschaft sehen lassen könne; die andere Öffnung mit großem kräftigen Kiefer und wuchtigen Schneidezähnen könne Menschenknochen zermalmen. Sind diese Hyänen einmal nicht hungrig oder gierig, könnten sie sogar recht anziehend wirken (Knappert 1995:145). Menschliche Hyänen, die ihre ursprünglichen, vital animalischen Triebe noch nicht umgewandelt haben, leben sie so frei aus, wie ihre Gesellschaft es zulässt, und es gibt sie überall. Afrikanische Völker bringen Hyänen auch mit Ahnengeistern, Hexerei und schwarzer Magie in Verbindung.

Echte Hyänen jagen in Rudeln und haben keine Angst, in der Nacht auch einen Menschen anzugreifen, wenn er allein ist. Christliche Symbolik fand darin ein Sinnbild für den *Teufel, der sich von den Verdammten ernährt. Fälschlicherweise steht die Hyäne im Ruf, nicht selbst die Mühe auf sich zu nehmen, Beute zu machen, sondern sie anderen abzujagen. So sagte man ihnen Feigheit und Geiz nach.

Sie sei mannweiblich, wechsele das Geschlecht nach Belieben und müsse deswegen als »befleckt« gelten, wusste der *Physiologus. So solle der Mensch nicht zur Hyäne werden und seine »Unnatur« am Gleichgeschlechtlichen suchen (1960:37 f.). »Namenlos« und »unaussprechlich« nannte das Christentum solche Laster. Der angebliche Wechsel des Geschlechts wurde sogar mit Juden verglichen, die »bald Gott, bald den Götzen dienten«. So hing der Hyäne Unreinheit an, Unbeständigkeit und Instabilität. Als Tier der Nacht, der Abgründe des Unbewussten und des *Mondes charakterisierte sie die dunklen Aspekte der Großen Mutter Natur.

Eine Mythe der Gogo in Ostafrika berichtet: Als ein Vorfahre den Wunsch nach ewigem Leben äußerte, war die Hyäne dagegen. Sie bestand darauf, die Leichen fressen zu wollen. Seither müssen alle Menschen sterben. Bei den Dinka und Nuer schnitt die Hyäne das Seil durch, das früher Himmel und Erde verband, an dem die alten Menschen hinaufkletterten und verjüngt zurückkehrten (Lurker 1990:236).

Grundbedeutungen

die Instabilität animalischer Triebe und Instinkte; die von ihnen ausgehende Gefahr, Fremd- und Selbstzerstörung herbeizuführen; Schattenkräfte als Widerstand der Schöpfung; Tod als Transformator

Ibis

Nach der Kosmogonie des ägyptischen Hermopolis war es nicht der →Phönix, sondern der Ibis, der am Anfang der Welt das kosmische Ei auf dem Urhügel abgelegt hatte. Das Ei barg Ra, das Licht der *Sonne, das die Welt erschaffen sollte. Andere behaupten, das kosmische Ei habe das *Element Luft enthalten.

Die Ägypter verehrten den Vogel als eine Erscheinungsform von Thot, Gott allen Wissens und der Weisheit, Erfinder von Sprache, Schrift und Berechnung der Zeit, Schreiber der Götter und »Sekretär« des Ra. Thot und seine Entsprechungen, Hermes oder *Merkur, garantierten als Boten der Götter und Seelengeleiter eine Verbindung zwischen Ober- und Unterwelt, Ober- und Unterbewusstsein. Thot symbolisierte zugleich den göttlichen Atem und damit, nach christlicher Terminologie, den Heiligen Geist. Sein Ibiskopf deutete mit *Mondsichel und Mondscheibe auf das Wirken von Periodizität und Reflektion.

Ibisse, wegen ihres sanft sichelförmig gebogenen Schnabels heute meist Sichler genannt, gehören zu den Schreit- oder Stelzvögeln. In großen Kolonien schreiten diese geselligen Fischer sumpfige Niederungen und Flussufer ab, unablässig auf der Suche nach lebendiger Nahrung. So wurden ihnen Strebsamkeit zugeordnet und Ausdauer; und da sie recht früh beginnen der »neue Morgen des Tages« wie überhaupt Neubeginn. Dazu passt, dass der Ibis auch Reptilien vertilgt, die in der Symbolik Licht und *Sonne bekämpfen. Einen ganz anderen Eindruck gewann der *Physiologus vom »unreinen« Ibis: »Zu tauchen versteht er nicht, sondern sucht seine Nahrung am Rande der Flüsse und Seen, und vermag nicht hineinzugehen ins Tiefe, wo die reinen Fische schwimmen, sondern nur, wo die unreinen Fische sich aufhalten.« Von Sündern wie dem Ibis könne aber nichts anderes kommen als Sünde. So mögen wir wenigstens lernen, geistig zu tauchen, um zu des Reichtums Tiefe zu gelangen, zur Weisheit und Erkenntnis Gottes (1960:59 f.).

In unserer menschlichen Persönlichkeit kann das Oberbewusstsein zum ibisköpfigen Magier werden, das sich mittelst reicher Beute (→Fisch) aus dem Unterbewusstsein selbst transformieren kann.

Grundbedeutung

fischen nach geeigneter Nahrung; Neubeginn durch erfolgreiche Meditation

Ichneumon / Mungo

Findet der Ichneumon einen »wilden →Drachen«, salbt er sich mit Schlamm ein und bedeckt die Nüstern so lange mit seinem Schwanz, bis er den Drachen getötet habe, weiß der *Physiologus zu berichten. So habe auch unser Heiland Erdennatur angenommen und sich erniedrigt, bis er den »geistlichen Drachen« getötet hätte, den *Teufel (1960:39).

Wenn Familie Ichneumon einen Ausflug unternimmt, folgt ein Tier dem anderen dicht hintereinander auf den Fersen. Eine perfekte Tarnung, denn man meint eine dahingleitende Riesenschlange zu sehen. Treffen sie auf eine →Schlange, sträuben sie ihr Fell so stark, dass sie noch einmal so groß erscheinen. Dann beginnen sie einen wilden Tanz um das Reptil, der vermutlich eine hypnotische Wirkung auslösen soll. Die Ägypter ordneten diesen ausgesprochenen Schlangenjäger und Feinschmecker von Eiern des →Krokodils *Horus zu, Sohn von *Sonne und *Mond. Horus verwandelte sich in einen Ichneumon, um die Urschlange Apophis zu bekämpfen, die sich als Prinzip der Dunkelheit jeden Morgen der aufgehenden Sonne Ra in den Weg legte. Andererseits galt dieser Mungo unter dem Namen Sched als eine Inkarnation von Gott Atum, des Selbsterschaffenen. Atum, hervorgegangen aus den Urwassern des Nun, des Chaos und der Wasserwüste des Urbeginns, repräsentierte zugleich den ersten Gegensatz der Schöpfung nach dem Ursprung aus der uranfänglichen Einheit. Sched verwandelte sich selbst in eine Schlange, um angreifende Reptilien zu verschlingen.

Ichneumone zählten zu den wohlwollenden Kräften der Unterwelt. Vermutlich dienten sie als Ausdruck des natureigenen Regulativs, der Ordnungsstrukturen, die Instabilitäten wieder ins Gleichgewicht bringen. Auf ägyptischen Darstellungen trugen sie eine Sonnenscheibe mit der Uräusschlange auf der Stirn, Zeichen der Herrschaft über das universale Lebensprinzip als bewusste Energie, die alle existierenden Formen von innen heraus aufbaut; zugleich Zeichen der Herrschaft über die Kundalinikraft (→Schlange).

Im Märchenmotiv vom sich aufopfernden Diener («Der treue Johannes» u.a.) bewahrt dieser seinen Herrn und König vor Gefahren, die das Wach- oder Oberbewusstsein nicht erkennt. Der treue Helfer tritt auch als Ichneumon auf, der das Kind seiner Herrin, der Königin, vor einer angreifenden Schlange rettet. Als die Mutter den Diener mit blutendem Maul antrifft, verdächtigt sie ihn, ihr Kind gefressen zu haben. Erst, als sie ihn im Zorn erschlagen hat, begreift sie den verhängnisvollen Irrtum.

Grundbedeutungen

Regulativ der Natur und der Energien aus dem Unbewussten, die zyklisch mit ungeheurer Macht an die Oberfläche des Bewusstseins drängen

Igel

Verhältnismäßig leicht vermochte der zahme und recht anhängliche Igel die Zuneigung des Menschen zu erringen. Der nur scheinbar etwas Behäbige und recht unbekümmert Schniefende kann, was den Erfolg bei der Mäusejagd angeht, Katzen noch überbieten. Es gilt als Zeichen von Glück, Harmonie und Frieden, wird er auf dem Grundstück heimisch.

Fühlt der Igel sich jedoch bedroht, rollt er sich blitzschnell zu einer allseits von Stacheln starrenden Kugel zusammen. In dieser Verhaltensweise wollte man schnell entflammbare Aggressivität sehen und verband ihn mit Zorn. Unter den *Christlichen Lastern musste er gelegentlich für den Geiz herhalten, wie alle Tiere, die sich zumindest zeitweise Vorratslager anlegen. Für den *Physiologus war der Igel die Personifizierung der bösen Tat. Er klettere in die Rebstöcke der Weinberge, werfe die Beeren herab und wälze sich so lange darin, bis die Beeren an den Stacheln haften. So bringe er sie seinem Nachwuchs. Deshalb sollten wir am wahren geistigen Weinstock (die Wurzel Jesu als Erlöserkraft) festhalten, damit nicht der Igel, der böse Geist, auf unser Herz klettere und unseren unter Mühe gewonnenen inneren Reichtum wie eine kahl geerntete Stätte zurücklasse (1960:25 f.).

Der unermüdliche Jäger kleinerer Schlangen kann in der christlichen Ikonografie aber auch den Feind des Bösen und *Teufels darstellen, taucht er zusammen mit der Gottesmutter Maria im Garten auf. In den alten Kulturen verkörperte er mehr die Liebe und Fruchtbarkeit als tragendes und erhaltendes Prinzip im Universum und Ausdruck der Großen Mutter. Laut früher Naturkunde sollte der Igel eine vitale Zeugungskraft besitzen. Die Babylonier wiesen ihn Ischtar zu, Göttin der Liebe und des Geschlechtslebens, Herrscherin des Planeten Venus. Diesem wird die Neigung zugesprochen, das Verbindende zu suchen und Harmonie herzustellen.

In der esoterischen Psychologie deuten »Venustiere« auf Fruchtbarkeit und Reichtum unserer schöpferischen Vorstellungskraft. In der berühmten Fabel vom ungleichen Wettlauf zwischen Hase und Igel gewinnt der scheinbar Langsamere durch seinen Einfallsreichtum. Die für den Hasen nicht von ihm unterscheidbare Frau Igel hielt sich am Ziel versteckt und präsentierte sich im geeigneten Augenblick als Sieger.

Mecki, Held einer Kinderbücherserie und ab 1949 von der Zeitschrift *Hör zu* als Leitfigur vorgestellt, reiste als Tausendsassa durch die Welt. Überall führte es ihn zu Problemen, die er mit Charme, Raffinesse und gutem Einblick in die Natur der Beteiligten löste.

Grundbedeutungen

fruchtbare Kreativität und Fantasie; Harmoniebestreben

Iltis / Ratz

Der Iltis, ein enger Verwandter des →Wiesels und ebenso blutgierig, soll gut sehen, aber schlecht hören und links kürzere Beine haben als rechts, hieß es im Mittelalter. Solche körperlichen Mängel, die zum Hinken führen, gehören zur Ausstaffierung halbgöttlicher Wesen und unvollkommener Schöpfungsprinzipien (→Rebhuhn). Man sagte dem Iltis auch eine große Paarungsbereitschaft nach. Ansonsten gibt sich dieser nachtaktive Raubmarder eher bedächtiger und behäbiger als seine Verwandten und verschläft den ganzen Tag. Sein Schlaf ist tief und fest, fast bewusstlos, und auch manche Zeitgenossen werden bezichtigt »wie ein Ratz« zu schlafen. Andere sollen »stinken wie ein Iltis«. In Bedrängnis entleeren diese Tiere ihre Stinkdrüse, eine Art wirkungsvoller Geheimwaffe.

Volksmundliche Namen wie Elbtier und Elbkatze verweisen auf seinen unheimlichen Aspekt. Als Begleittier der »Wilden Jagd«, des lärmenden Begleitzuges der Verstorbenen zu ihrem neuen Refugium, vertrat er die rückholenden Kräfte der Natur, das Prinzip der Auflösung als Bedingung zur Transformation. Gegenüber →Wiesel und →Hermelin scheint seine Symbolik aber bis zur Unkenntlichkeit zu verschwimmen. Die Fabel reduziert ihn meist auf einen gierigen, trotz aller Raffinesse eher dümmlichen Fettwanst, der behäbig seine Tage verbringt, nur an sich denkt und dabei in die Jahre kommt.

Grundbedeutungen

der rückholende und auflösende Aspekt der Schöpfung in einer eher ruhigeren Erscheinungsform

Jaguar

Wenn Schamanen des altperuanischen Chavin-Kultes das Halluzinogen Ayahuasca einnahmen, konnte es sie zur Erlebniswelt des mystischen *Todes führen und zur Wiedergeburt als Kinder der Jaguar-Mutter, Herrin aller Vegetation. Sie spürten dann eine vitale Kraft in sich aufsteigen und brüllten wie Raubkatzen. Oft fühlten sie sich aber gleichzeitig von Jaguaren zerrissen und von riesigen →Schlangen erwürgt (Andritzky 1989: 126 ff.).

Der Jaguar lebt in ganz Mittel- und Südamerika. Er bevorzugt den Wald, liebt aber auch die Gewässer und zeichnet sich dort als gewandter Schwimmer und Jäger aus. An Stärke steht er kaum dem →Tiger nach. Azteken veranschaulichten mit seinem Bild die Mächte der Finsternis im Kampf mit dem solaren →Adler, ihre Vorläufer in Mexiko das Auftreten der Dämonen des *Waldes, die geballte Macht der Natur. Häufig löste der symbolisch aus dem Meer (*Element: Wasser) oder Brunnen aufsteigende Jaguar Wolkenbildung, Sturm und Gewitter aus, in deren Folge den fruchtbaren Regen. Ein Jaguar konnte ebenso Absterben und Unfruchtbarkeit bedeuten. Wie der Fenris→wolf verschlang er dann die belebende Kraft der *Sonne.

Auf die menschliche Psyche übertragen, vertritt dieses Raubtier unsere als chaotisch empfundenen Urkräfte, die feurigen Instinkte und Leidenschaften. Oft drängen sie mit geradezu beängstigender und zerstörerischer Gewalt aus dem Unbewussten heraus an die Oberfläche des Bewusstseins. Andererseits schlummert in diesen Kräften ein enormes Wandlungspotenzial. Als transformierende Kraft des Feuers (*Elemente) und Gewitters vermag der Jaguar für positive Veränderung oder Neuanfang sorgen. Wenn wir solche Gewalten kontrollieren und nicht zum Opfer ihrer elementaren Wildheit werden, stehen uns mächtige Diener zur Verfügung. Jaguarhilfsgeister gehörten zur wertvollsten Ausrüstung andiner Schamanen, dienten als wichtige Krafttiere von Heilern und Wahrsagern. In der Funktion des Spenders jeglicher Fruchtbarkeit begleitete ein Jaguar den Hoch- und Wettergott Viracocha, Heiland und Erlösungskraft der Andenbewohner.

In solcher Symbolbandbreite garantierte diese Großkatze das natürliche Gleichgewicht zwischen den *Elementen. Die Grundlage für das Gedeihen aller festen und geistigen Nahrung, für die Existenz auf der irdischen Welt, ruhte auf diesem Gleichgewicht. So tritt der Jaguar als Prinzip der Ordnung im Universum in die Nähe des »Sterns des Südens«. Die präkolumbische Welt Südamerikas feierte zum Hochstand dieses astronomischen Bezugspunktes überkulturell das Kreuzfest, das wohl mit einer besonderen Verehrung des Wettergeschehens einherging (Andritzky 1989.:96).

Grundbedeutungen

die transformierende Kraft des Feuers; Fruchtbarkeit durch das Gleichgewicht zwischen den *Elementen

Bei den Ureinwohnern Mittelamerikas erscheint Keme oder Qeme, Gott des *Todes und des Schattenreiches gern als Tänzer in Jaguargestalt. Der Vertreter kosmischer Gerechtigkeit wurde Gegenspieler aller Unterdrückung und fremder Kulturüberfrachtung und damit zum Hoffnungsträger für ein Überleben indianischer Kultur.

Käfer

Nach altüberliefertem und mitunter nur schwer deutbarem Brauchtum zu urteilen, müssen Käfer in unseren Breiten einst eine hohe Verehrung genossen haben. Im Märchen tauchen sie als verwunschene Prinzen oder Prinzessinnen auf, und meist verspricht ihr Erscheinen Glück und Gold. Somit dürften sie mit dem Aufgehen der *Sonne in Ver-

Der Hirschkäfer,
Symbol für jede Art von Wachstum

bindung gebracht worden sein, mit Wachstum, Fruchtbarkeit und dem Licht höherer Erkenntnis. Für die alten Ägypter müssen →Geier und Käfer die weibliche und männliche universelle Potenz verkörpert haben (Creuzer 1841:III,338). Da jeder Aspekt sich auch einzeln gegensätzlich zu äußern vermag, brachten Käfer als Krankheitsdämonen oder Plagen zugleich Verderben und Zerstörung. Der Totenkäfer, der seinen Namen zurecht erhielt, buddelt seiner Aasbeute zunächst ein Grab, schüttet es zu und genießt die Nahrung dann unter dem Erdboden. Als spiritus familiaris wurden Käfern noch im 19. Jahrhundert mancherorts Opfer dargebracht.

Vermutlich hatten die Germanen den Hirschkäfer Thor / Donar geweiht, dem Gott des Feuers (*Elemente) und Gewitters. So ziehe dieser Käfer den Blitz an, wenn er ins Haus gerate, oder entzünde einem direkt das Dach über dem Kopf, glaubten die Menschen im Mittelalter. Da aus der Fruchtbarkeit der Asche rasch neues Leben erzeugt wird, und zündende Blitze als Ideen ebenfalls reiche Früchte tragen können, sollte eine Begegnung mit dem Hirschkäfer Glück bringen, besonders in Angelegenheiten der Liebe, des Familiennachwuchses und des Nachschubs im Portemonnaie.

Ein offensichtlich in allen deutschsprachigen Gebieten bekannter und beliebter Kindervers liefert Hinweise auf eine recht altertümliche Verehrung des Maikäfers.

Maikäfer flieg,
Dein Vater ist im Krieg.
Mutter ist in Pommernland,
Pommernland ist abgebrannt.
Maikäfer flieg.

Es gibt unzählige Varianten, vor allem für »Pommernland«, das beliebig durch andere Landschaften ersetzt wurde. Lautete es ursprünglich »Engelland«, wie vermutet wird? Deutet es damit auf »Elbenland« und damit auf das Seelen- oder Schattenreich?

Die Larven des Maikäfers (Engerlinge) haben ihre Verwandlung zum Käfer erst im vierten Frühjahr abgeschlossen. Bis dahin leben sie unter der Erde und ernähren sich vorwiegend von Wurzeln. Als Frühlingsboten holten ihn die Menschen vielerorts feierlich aus dem Walde ein. Sein mitunter massenhaftes Auftreten als geradezu flächendeckender Schädling wirkte aber gleichzeitig bedrohlich und rückte ihn genauso oft in die Nähe des Herrn der christlichen Unterwelt, des *Teufels. Einem solchen Dämon gegenüber wussten sich die Bauern früher oft nur mit Beschwörungen und Bannungen zu erwehren. In Bern (1478 und 1505) versuchte man es mit einer öffentlichen Exkommunizierung. 1480 zitierte man die das Land verwüstenden Maikäfer und Engerlinge in Luzern vor das weltliche Gericht. Da sie nicht erschienen, wurden sie wegen Verstocktheit verurteilt (Bächtold-Stäubli 1932–33:IV,908 und V,1534).

Die rote Farbe und die Zahl der Punkte auf dem Rückenschild (sechs bis acht, aber häufig sieben) ließen den Marienkäfer als ein besonderes Wesen erscheinen. Auch wenn ihn die meisten Sagen als Diener der *Sonne vorstellen, als Bote (Engelchen) zur Urheimat, tauchte er zugleich als Erscheinungsform der Großen Göttin auf und war damit dem *Mond zugeordnet. Zahllose Volksbräuche und Käferlieder verlangten, den Käfer hochzuwerfen, wegzupusten und auffliegen zu lassen. Dabei beschwor man ihn, den Weg zum Himmel oder zum Paradies zu weisen. Als Bewohner himmlischer Gefilde, jenseits oder über dem himmlischen Born, wo sich auch die Seelen der Ungeborenen befinden, schaffte der Marienkäfer im Wett-

Grundbedeutungen

neues Leben aus der Erde im Frühjahr; belebendes Licht der *Sonne als fruchtbare Erkenntnis bewerb mit →Storch und →Schwan die Babys herbei. Allerdings ließ der sie eher lieblos durch den Rauchfang in das Bett der Mutter purzeln. In Finnland verband man den Käfer als »Rote Gertrud« mit der heiligen Gertrud, womit er zum Schutzpatron des Viehs aufstieg (Hako 1956:120 f.).

In zahlreichen Sagen vermischen sich Marienkäfer, Maikäfer und der zoologisch nicht genau zuzuordnende Goldkäfer. Auch er repräsentiert die positive Befruchtung durch das Licht der *Sonne. Er kann sich sogar selbst in Gold verwandeln. Jakob Grimm erwähnt in seiner Deutschen Mythologie (1875–78:243) eine »oberdeutsche« Sage, nach der Mädchen in einen wüsten Bergturm dringen, im Symbol der schwer zugängliche Ort für die Inspirationen aus dem höheren Bewusstsein. Im Turmgemach finden sie ein Bett, in dem es nur so von Goldkäfern wimmelt.

Zu **Käfer** siehe auch: →**Glühwürmchen / Leuchtkäfer,** →**Skarabäus / Mistkäfer**

Kamel

In der frühen arabischen Sprache gab es ca. 80 Bezeichnungen für Honig, 200 für →Schlange, 500 für →Löwe und 5 744 für das Kamel, wie Sprachforscher herausfanden. Schon diese irritierende Vielfalt verweist auf die zentrale Bedeutung des Tieres im Kulturbereich der Nomaden. Es begründet den ganzen Stolz seiner Besitzer und garantiert Lebensgrundlage, Ansehen oder gar Reichtum. Wenn es regnete, sprachen Araber davon, dass die himmlischen Kamele gemolken würden.

Das »Schiff der Wüste« wurde zum Symbol für Arabien und die Wüste selbst.

Es war einmal: Swedenborg verband das Kamel mit Erkenntnis und Wissen vom Wahren

Da es sich dieser lebensfeindlichen Landschaft hervorragend anpasste, schrieb man ihm Nüchternheit und Sparsamkeit zu, aber andererseits einen eher schwierigen und hochmütigen Charakter. Unter den *Christlichen Lastern konnte es Zorn und Trägheit vertreten, unter den *Christlichen Tugenden Barmherzigkeit und Mäßigung. Der Kirchenvater Augustinus pries Demut, Ausdauer und Geduld des Kamels und nannte es ein Vorbild für den im Leben geplagten und mit Lasten beladenen Christen. Mittelalterliche Symbolik verstand das Tier als Ausdruck der Gabe der Unterscheidung, da es keine Belastung annimmt, die seine Kräfte übersteigt; und des Gehorsams, da es auf Befehl niederkniet, um seine Bürde zu empfangen (Heinz-Mohr 1988:151). Den drei Weisen und Magiern aus dem Morgenlande, die nach Bethlehem zogen, verliehen Kamele ein würdevolles und königliches Auftreten. Chinesen hoben den Aspekt der Ausdauer hervor, fanden das Tier aber ansonsten sprichwörtlich faul. Auch die Fabel vermittelt ein ernüchterndes Bild. Ewig unzufrieden mit seinem Schicksal begehrt es das scheinbare Glück von anderen.

Kamele trugen Handelsware quer durch Afrika und Asien. So verbinden wir mit ihm Transport und Lastentragen, lange Strecken auf endlosen Karawanenwegen, Handel, Austausch und in dessen Folge Kommunikation und Wechselbeziehung. Emanuel Swedenborg, der schwedische Mystiker, verglich den Charakter des Tieres mit der Erkenntnis und dem Wissen des Wahren, »was dem natürlichen Menschen eigen ist« (*Apokalypsis Explicata*). Der Religionsstifter Zarathustra soll ein Kameltreiber gewesen sein und wird mitunter auch so dargestellt.

Esoterische Psychologie charakterisiert mit diesem Lasttier die Grundarbeit des Unterbewusstseins, das als Sitz des Erinnerungsvermögen (*Mond) ebenfalls die »Last unserer persönlichen Erfahrungen« mit sich schleppt. Es nutzt selbst die (gedanklich) entlegensten Assoziationen für neue Zusammensetzungen im Austausch mit unserem Wachbewusstsein. Und wie ein Kamel käut unser Unterbewusstsein während des Schlafes das wieder, was unsere Sinne tagsüber auf- und wahrgenommen haben. Eine besondere Spezialität kennen wir alle zur Genüge, nämlich wie ein »wild gewordenes Kamel« von einem Gedanken zum anderen zu springen, von einem Bild zum anderen, wie wir es im Zustand des leichten Träumens erleben (Case 1992:51 f.).

Geradezu unvergänglich bleibt wohl das Gleichnis Jesu in Bezug auf den Wert, irdische Schätze zu horten: »Wahrlich, ich sage euch: ... Es ist leichter, dass ein Kamel durch ein Nadelöhr gehe, denn dass ein Reicher ins Reich Gottes komme« (Matthäus 19, 23 f.).

Grundbedeutungen

Lastentragen und Verbindung; Ausdauer und Schnelligkeit der Arbeit des Unterbewusstseins selbst in der trockensten und verdorrtesten Seelenlandschaft

Kaninchen

In der nordamerikanischen Subarktis, bei den Völkern der Algonkin-Indianer, hatte der Heilbringer nananabozho (= etwa: Großes Licht im Osten oder: der Große Weiße) die Welt erschaffen. Er formte die flache Erde mit Berg und Tal, ordnete den Kalender, holte das Feuer, stahl den Tabak und tötete den Ur-Riesenfisch. In seinen Wortwurzeln mana und waban stecken auch die Bedeutung für →Hase und Kaninchen. Spätere Mythen degradierten ihn zum Hanswurst, der von einem Missgeschick ins andere stolpert (Müller 1956:202).

Sein naher Verwandter mänäbusch (= alberner Geselle) bei den Zentralalgonkin, ebenfalls ein Kaninchen- oder →Hasen -*Trickster, tritt erst mit dem zweiten Akt der Schöpfung auf, der Wirkung des Kulturbringers als Beginn der sichtbaren Welt. Jetzt lebt das Kaninchen zusammen mit →Hase bei der *Mond- und Erdgöttin. In seinen Zuständigkeitsbereich fallen die Fruchtbarkeit tragenden Wetter, Zeugungskraft und Gebärfreudigkeit, äußerlich in sinnliche Begierde verpackt. Die häufige Abbildung des unter einer Schüssel sitzenden Kaninchens verweise auf die magische Geburt der Dinge. Tragen Indianer bei rituellen Tänzen und Feiern Kaninchenfelle, so bedeute dies Demut und Fügsamkeit vor dem Großen Geist (Müller 1956:88 f.). Oder suchten sie damit Anteil an der vegetativen und geistigen Potenz von mänäbusch?

Auch bei den Germanen begleitete das Kaninchen die Mutter- und Mondgöttin, die als Frau Holle überlebte, in ihrem Ausdruck von neuem Leben im Frühling (→Widder). In diesem Sinne dürfen wir das Kaninchen verstehen, taucht es auf christlichen Marienbildern auf. Seine Fruchtbarkeit kann aber geradezu verheerende Ausmaße annehmen und dieses Tier zur

Landplage werden lassen. Liegt hier der Ursprung seiner frühen Tabuisierung als unheimlicher Bote des Unheils und Bösen?

Der Volksmund schreibt dem Tier ein schwaches Gedächtnis zu, aber ebenso oft unvorhersehbare Verhaltensweisen. In einer Fabel begegnet das Kaninchen dem →Fuchs. Als es naiv fragt, wer er sei, erklärt sich der Fuchs indigniert und droht, wenn er wolle, könne er das Kaninchen jetzt fressen. Aber anstatt nun fortzulaufen, verlangt das Kaninchen einen Beweis, sogar schriftlich, dass er überhaupt ein Fuchs sei. Der Fuchs lässt sich nun vom →Löwen ein Dokument darüber ausstellen, kehrt eilig zurück und beginnt mit der Verlesung.

Noch während er genussvoll den Nachweis vorliest, begreift das Kaninchen und verschwindet eiligst in einem Erdloch (Poppe 1990:168).

Grundbedeutungen

Kraft und Fruchtbarkeit neuen Lebens im Frühling in ihrem Aspekt unverhoffter und nicht immer erwünschter Nebenwirkungen

Karpfen

Im 13. Jahrhundert taufte ein Abt ein Spanferkel mit den Worten: »Ego te bapto carpam« – Ich taufe dich »Karpfen« (Gebelein 1996:195). Die Transsubstantiation, die Möglichkeit des Hinüberwechseln von einer Wesenhaftigkeit in eine andere durch die Taufe, war von der christlichen Kirche gerade auf dem vierten Laterankonzil 1215 zum Dogma erhoben worden. Der Abt dachte ausgesprochen deduktiv. Denn warum sollte ein Ritual, das aus Heiden Christen machte, nicht ebenso Fleisch in Fisch verwandeln können? Und vielleicht ging diese Nahrung dann nie aus.

In China hat Karpfen den gleichen Laut (li) wie »Vorteil« und prägt wesentlich den Sprachgebrauch im geschäftlichen Alltag. Man behauptete, der Karpfen überspringe auf seiner Wanderung stromaufwärts die Schnellen des oberen Gelben Flusses am so genannten »Drachentor«. Den Sinnbild liebenden Chinesen drängte sich dabei ein Vergleich mit Erfolg in Beruf und sozialer Karriere auf. Solche Aufstiege verlangen Disziplin und Ausdauer. So repräsentierte der Karpfen zugleich Mut und Beharrlichkeit im Kampf gegen auftretende Schwierigkeiten und schließlich – als Konsequenz – Erfolg und Ruhm. Ein japanischer Samurai trug diesen Fisch stolz als Abzeichen seines Standes. Der Karpfen zeigte die Schicksalsergebenheit des Ritters an und sollte größte Tapferkeit und Standfestigkeit signalisieren. Von einem in literarischen Prüfungen erfolgreichen Gelehrten sagte man in China, er sei ein »Karpfen, der die Drachenpforte« übersprungen habe (Eberhard 1983:152).

Am Portal des Doms zu Merseburg hängt ein Karpfen. Doch dürfte dieser weniger auf ein Drachentor als auf die göttliche Speise hinweisen, die uns hinter der Pforte wahrer christlicher Lebensführung erwartet. Manche nehmen solche Speise im Weihnachts- oder Neujahrskarpfen vorweg. Der Brauch fußt auf alten Vorstellungen vom Ende der Dunkelheit, die alle Hoffnung bot, dass sich nach der Wintersonnenwende neues Wachstum und neue Fruchtbarkeit als existenzielle Grundlage anbahnten. Eine ägyptische Mythe behauptete, den Phallus des zerstückelten Vegetationsgottes *Osiris habe ein Nilkarpfen aufgefressen, womit dieser Fisch die ewige Erneuerung der Natur und nie ausgehende Nahrung garantierte. Mitteleuropäische Sagen wissen von uralten Karpfen mit goldenen Ketten um den Hals, die Harmonie und Ordnung im Kreislauf der Natur repräsentiert. Hier geht die Symbolik dann in die von →Hecht und →Fische über.

Grundbedeutungen

das ewige Wachstum in der Natur, das zugleich der Höherentwicklung zustrebt

Katze / Kater

Nach einem frühen walisischen Gedicht versetzte die riesige Wildkatze Cath Palug, die Katzen-Demeter von der Insel Anglesa, das mythische Britannien in Angst und Schrecken. Sie war als harmloses, getupftes Junges aus dem Meer (*Element: Wasser) gefischt worden, erwies sich bald aber als eine Plage. Nachdem das ausgewachsene Monster drei mal sechzig Krieger (Winterzeit im alten Zweizeitenjahr) verspeist hatte, rief die bedrohte Bevölkerung König Artus (*Sonne) und seinen Gefährten Kai zu Hilfe.

Katzen jagen zumeist in der Nacht, schleichen unhörbar heran, wobei ihre recht variabel operierenden grünlichen Augen im Dunkeln leuchten. Katzen ernähren sich von Mäusen, fressen aber gelegentlich sogar ihre eige-

Bastet köpft als weiblicher Aspekt von Ra die Schlange Apophis

nen Jungen. Die Farbe ihres Felles kann von weiß ins Graue, ins Rötliche und Tiefschwarze übergehen, einfarbig bleiben, drei Farben oder Flecken wie ein Tiger annehmen. Nur selten gehen sie ein Risiko ein und immer mit größter Behutsamkeit zu Werke. Sie gelten als zäh und voller *Lebenskraft, was ihnen den Ruf von den »neun Leben einer Katze« einbrachte. Alle heutigen Arten sollen auf ihre wilde Form der nubischen Falbkatze zurückgehen. Von Nordafrika aus trat diese ihren Siegeszug über ganz Eurasien an und verdrängte in Südeuropa →Wiesel und →Iltis aus der Nähe des Menschen, die bis dahin wohl als katzenartige Haustiere gehalten wurden.

Die alten Ägypter bezeugten ihren Hauskatzen größte Zuneigung bis hin zu göttliche Verehrung und bewunderten deren Zeugungskraft, Eleganz und Gewandtheit. Viele der Tiere endeten mumifiziert auf dem in der Antike berühmten Katzenfriedhof von Bubastis. In dieser Deltastadt zentrierte sich der Bastetkult. Bastet, vertreten durch ein lebendes Prachtexemplar von schwarzer Katze, verkörperte die beschützende weibliche Kraft der männlichen *Sonne. Sie galt als zauberische Nothelferin und

Wohltäterin der Menschheit. Als Gattin des Sonnengottes Ra schnitt sie jeden Morgen der →Schlange Apophis den Kopf ab, womit das Licht über die Dunkelheit triumphierte. In späterer Zeit fiel mehr der häusliche Bereich der Frauen in Bastets Zuständigkeit. Jetzt übernahm die Katzengöttin Züge von Venus, Göttin der Liebe und Fruchtbarkeit, und der Großen Mutter in ihrem sorgenden Aspekt. Selbst bei versehentlicher Tötung einer Katze drohte die Todesstrafe durch Steinigung. Der Glaube, die Begegnung mit einer Katze, sogar mit einer schwarzen, bringe Glück, fußt sicherlich auf ägyptischen Überlieferungen. Katze und Frau gingen seit dieser Zeit eine dauerhafte Verbindung ein, wenn auch zumeist mehr der unheimlich dämonische Aspekt überdauerte.

Im alteuropäischen Norden assoziierte man mit dem unnachgiebigen Jäger den Winter, aber auch die Sturm- und Gewitterwolken. Noch heute sprechen wir davon, dass es Hunde und Katzen regnet. Die scharf und geduldig Beobachtende, der selbst in der Nacht nichts entgeht, bot zugleich ein Bild für den *Mond und seine Weisheit, für die zyklischen Momente des Lebens (Menstruation), für Wachstum, Absterben und *Tod. *Seth, der ägyptische Zerstörer aller Vegetation, konnte in Katzengestalt erscheinen.

Christlicher Glaube wähnte in der Katze einen Ausdruck geistiger Finsternis, des *Teufels selbst und seiner Laster der sinnlichen Begierde und Faulheit. So lag es nahe, vor allem in schwarzen Exemplaren enge Vertrauten von Hexen zu vermuten. Allen sichtlichen Nutzen der Katze, wozu auch eine angeblich herausragende Weissagungsfähigkeit gehörte, überlagerte die Vorstellung, hinter ihrer Maske lauere verborgen die Falschheit. Bis heute hielt sich der weit verbreitete Aberglaube, es drohe Unheil und Unglück, laufe jemandem eine schwarze Katze über den Weg. Katzenartiges Anschleichen wurde sprichwörtlich für alles Heimliche und Beängstigende, was auf »leisen Sohlen« naht. Auf Taiwan werden tote Katzen nicht begraben, sondern zur Abschreckung in Bäumen aufgehangen. Neben den unruhigen Kräften des Bösen – Gleiches soll das Gleiche vertreiben – spiegelten diese Tiere aber zugleich friedliche Ruhe, den Zustand der Trägheit und das Gesetz der Transformation.

Psychologen sehen in der Katze gern ein Bild spezifisch weiblichen Trieblebens, »putzt« sie sich doch gern und ausgiebig. Wir sprechen allerdings von »Katzenwäsche«, wenn Reinigungsprozeduren mit nur wenig fließendem Wasser auskommen. Weibliches Triebleben beinhaltet aber mehr alle gebärende und nährende Mütterlichkeit, oft gepaart mit starkem Drang nach Freiheit und Veränderung. Endlos kann sich eine Katze zutraulich streicheln lassen, um dann unverhofft in Beißen und Kratzen, in totale Unnahbarkeit über zu gehen. Katzen zogen das Gefährt von Freya, der germanischen Göttin der Liebe, Fruchtbarkeit und Geburtshilfe.

Im Märchen »Der arme Müllersbursch und das Kätzchen« will ein alter Müller seine Mühle einem seiner drei Knechte vermachen, und zwar demjenigen, der »das beste →Pferd« heimbringe. Hans, der jüngste der drei, wird von den anderen dabei in einer dunklen Höhle zurückgelassen. Er lernt ein Kätzchen kennen, bei dem er für sieben Jahre in Dienst tritt. Diesen Dienst verwandelt die Katze in eine schöne Königstochter, die Hans nun von aller Ärmlichkeit seines Daseins erlöst. Auch im Märchen vom »Gestiefelten Kater« oder vom »Meisterkater« hilft die aus der Dunkelheit ans Licht gebrachte Kraft mit intelligenten Schachzügen. Ein alter und scheinbar nichtsnutziger Kater macht seinen Besitzer, auch einen armen Müllersbursch, zum Nachfolger des Königs und wird dessen weiser Minister. Der Dichter Humbert Wolfe fand: »Gott jagt die Seele nicht auf flachen, glatten Pfoten wie ein Spürhund, sondern er fällt über sie her wie eine Katze ... er durchspringt den Himmel mit einem gewaltigen Sprung und reißt, beim Springen scheinend, die weißen Flügel der Wolken in prachtvolle Fetzen« (Howey 1997:290).

Doch das jagende Katzenprinzip (→Maus) kann zur Plage werden. Kleine Kinder hören gelegentlich noch am Abend die Drohung: wenn sie nicht bald einschliefen, hole sie während der Nacht »die Katz«. Alles Neue und Belebende wird in unserem Unterbewusstsein rasch Beute von festen Mustern. Nach dem Gesetz der Trägheit resultieren daraus gute wie schlechte Gewohnheiten, fruchtbare und verdorrende Sichtweisen. Caibre Cinn-Cait (= Katzenkopf) hieß der unrechtmäßige Herrscher aus der keltischen *Anderswelt. Während seiner Regierungszeit reifte nur ein einziges Korn an jeder Ähre und nur eine Eichel an jedem Eichbaum. Flüsse führten keinen Fisch, das Vieh gab keine Milch.

Grundbedeutungen

das Prinzip des *Mondes in seinem mütterlich nährenden und regenerierenden Prinzip; aber auch das rückholende und veränderliche, das sich »auf leisen Sohlen« nähert

Kentaur

Kopf, Arme und Brust waren die eines Menschen, Hinterleib und Füße die eines →Pferdes. Kentauren ernährten sich von rohem Fleisch, vergriffen sich lüstern an allen Frauen und Knaben, deren sie habhaft werden konnten, und sprengten gerne Hochzeitsfeierlichkeiten. Ixion (= Stärke des Mondes) und Nephele, ein regentragendes Wolkenbild der Himmelsgöttin Hera, hatten nach griechischer Mythologie den Bastard Kentaur gezeugt. Aus dessen Verbindung mit einer Stute ging das Geschlecht der Kentauren hervor.

Kentauren charakterisierten den zwischen Gut und Böse, zwischen seiner animalischen und geistigen Natur zerrissenen Menschen; die rohe, ungestüme Gewalt im Konflikt mit dem leitenden, richtungsweisenden Geist, der höheren Tugend und Urteilskraft. Zuweilen begleiteten Kentauren *Dionysos, Gott des Seelenrausches.

Das Christentum brandmarkte mit diesem Wesen heftige Sinneslust, Leidenschaften, rohe Gewalt und Brutalität. Unter den *Christlichen Lastern vertrat es oft superbia, den hochfahrenden Stolz. Ein Kentaur konnte den Ketzer plakatieren, den »zwiespältigen Häretiker«. Dann war er direkt

Kentaur im Konflikt mit der Konkurrenz. Mosaik aus dem 2. Jh.

eine Inkarnation des *Teufels, der mit Bogen und Pfeil – den glühenden Stacheln (Werkzeuge) des Bösen – Jagd auf Christus, Maria und die gläubige Seele (→Hirsch) machte.

Der Pfeile abschießende Kentaur wurde Symbol des Tierkreiszeichens Schütze (21. November bis 21. Dezember). Während dieser Zeit steuern wir auf der nördlichen Erdhalbkugel der längsten Nacht zu, Kälte und Dunkelheit drosseln alle Aktivitäten, in der sichtbaren Natur herrscht Grabesruhe. In der unsichtbaren Natur und unter der Erde ballt sich jedoch eine immer mehr anwachsende und sich verdichtende (→Bullen-)Kraft zusammen, die nur auf den Funken und feurigen Pfeil wartet, um zu erwachen (→Steinbock). Der Pfeil wird auch als drängender Wille zur Rückkehr nach dem Licht verstanden (Sterneder 1988: 300 ff.). Menschen des Altertums opferten oft in dieser Zeit der höchsten Gottheit →Pferde, um die Gefahr der Unfruchtbarkeit abzuwenden.

Schütze wird dem *Element Feuer zugeordnet; gelenkt und kontrolliert durch das Gesetz von Kreislauf und Umdrehung, von Jupiter, Planet des wirbelnden Ausdehnens. In dieser Zeit wird ein neues Feuer entfacht, der Glaube an die ewige Regenerationsfähigkeit der zyklischen Natur genährt. Im Wissen um die eigentlichen Abläufe hinter Bewegung und Ruhe liegt das Geheimnis von Heilung und zielgenauem Einsatz unserer Aktivität. Schützemenschen unterliegen oft einem Hang zur Philosophie, Religion und Veränderung, aber auch zur Triebhaftigkeit und Selbstüberschätzung, sagt die Astrologie.

Berühmtester der Kentauren (centauroi = die, die Bullen mit einem Speer durchbohren) war Chiron, den der griechische Gott Kronos / Saturn (Binder und Auflöser der Form) als Hengst mit Philyra (→ Wendehals), der Tochter des Okeanos (*Element: Wasser) zeugte. Der weise Chiron lebte in einer Höhle und unterrichtete Göttersöhne und Helden in der rechten Art zu jagen. Er wusste alles über Heilung und übergab dieses Wissen Asklepios, dem Gott der Heilkunst und Vater aller Mediziner.

Grundbedeutungen

Konflikt zwischen der instinktiven, animalischen und der vom Geist geleiteten Natur des Menschen; im Sternbild Schütze der keimende Lebenswille zur Rückkehr nach dem Licht; Jagd nach Veränderung

Kerberos (siehe unter Hund)

Kernbeißer (siehe unter Finken)

Kiebitz / Goldregenpfeifer

»Kiwitt, kiwitt«, klingt der Ruf des Kiebitz, womit sein Name unbestritten lautmalerischen Charakter angenommen hat. Früher wollte man ein unheimliches »Komm mit!« heraushören und erklärte ihn zum Totenvogel. Doch die Nähe zum *Tod scheint älteren Ursprungs. Bei den Kelten repräsentierte der Kiebitz Anfang und Ende der sieben Hundstage, vermutete Robert von Ranke-Graves (1981:326;339). Diese heißesten Tage im Jahr, an denen die zerstörerische Kraft der *Sonne ihren Zenit erreichte, sorgen zumindest in südlichen Ländern für den *Tod aller Fruchtbarkeit. Das Märchen »Von dem Machandelboom« deutet vielleicht noch auf einen solchen Zusammenhang. Die Schwester begräbt die Knochen ihres von der bösen Stiefmutter ermordeten Bruders unter einem Wacholderbaum. Dieser Machandelboom bewegt sich erfreut, Nebel steigt von ihm auf, darin ein Feuer, woraus sich ein Kiebitz in die Lüfte erhebt, die Seele des Jungen. Er fliegt von Haus zu Haus und singt ein Lied, das ähnlich in vielen Sprachen Europas gesungen wurde: »Mein Mutter, die mich schlacht, mein Vater, der mich aß, mein Schwester, die mein Gebein gesammelt – ich bin ein schöner Vogel.«

Der *Physiologus berichtete vom Goldregenpfeifer, dass sein Kot selbst »blödsichtige Augen« heile. Sei jemand krank, bringe man den Vogel zum Kranken. Wende der Regenpfeifer sein Gesicht vom Kranken ab, erkennen alle, dass der Tod vor der Türe stehe. Blickten Vogel und Kranker sich aber unverwandt in die Augen, öffne der Regenpfeifer alsbald mit seinem Schnabel den Mund des Menschen und sauge die Krankheit in sich hinein. Dann fliege er auf zur Sonne, wo die »Unkraft« verbrenne, womit der Kranke genese. So habe auch »der Herr« unsere Sünden aufgehoben, unsere geistigen Krankheiten zum Kreuz getragen und sie mit seinem Opfer aufgelöst (1960:8 f.).

Im Nildelta hielt sich dieser Zugvogel als Wintergast auf. Als »Rechit-Vogel« bot er die Vorlage für eine ägyptische Glyphe, welche die tolerierten Fremden, Zugereisten und »Gastarbeiter« bezeichnete. Ansonsten scheint dieser agile Vogel mit der geschickten Täuschung in Verbindung gebracht worden zu sein. Kiebitzweibchen wissen ihr Gelege auf offenem Feld gut zu tarnen und potenzielle Feinde durch allerlei geschickte und sogar recht kurzweilige Manöver davon abzulenken. Wenn *Isis ihr Kind *Horus vor *Seth verbergen wollte, der als zerstörendes Prinzip während der Hundstage zu Höchstform auflief, nahm sie die Hilfe dieses Vogels in Anspruch.

Bei den Auguren der Etrusker genoss der Kiebitz ein großes Ansehen, aus dessen ausgesprochener Flugakrobatik sie die Zukunft herauslasen. Der Koran bezeichnet den Kiebitz als »Bewahrer der Geheimnisse Salomons« und als intelligentesten unter dem Schwarm prophetischer Vögel, die den König begleiten. Seine Augen stehen extrem seitwärts, und er vermag rückwärts zu schauen, ohne den Kopf besonders verdrehen zu müssen. Vom »Kiebitzen« sprechen wir, wenn jemand dem anderen in die Karten schauen will. Der griechische Göttervater Zeus zeugte als Kiebitz mit der Schlangengöttin →Lamia Herophile, die Pythia am Orakel zu Delphi.

Grundbedeutungen

die Täuschung, das Fremde; Weisheit der Natur; Zerstörung und *Tod als Grundlage für Neuschöpfung

Wer im Frühjahr beim ersten Ruf des Kiebitzes kein Geld in der Tasche hat, wird auch das ganze Jahr über nichts »erübrigen«, orakelte der Volksmund im Oldenburgischen.

Kondor (siehe unter Geier)

Krähe / Rabe

Legenden und Mythen vieler Kulturen wissen noch, dass der Rabe einst weiß war. Doch als er das göttliche Feuer raubte, verbrannte er sich gründlich. Die Griechen erzählten, wie den weißen Raben, der Apoll von der Untreue seiner Geliebten Koronis berichtete, der ganze Zorn des Sonnengottes traf, sodass er schwarz wurde. Koronis (= Krähe), Aspekt der Weisheits- und Mondgöttin Athene, hatte, obschon von Apoll schwanger, Ischys (= Stärke, Gesundheit) zum Manne genommen, vermutlich Prinzip der natureigenen Heilkräfte, die wiederum dem *Mond und dem Unterbewusstsein zugeordnet werden. Koronis und Ischys zeugten den Heilgott Asklepius oder Aesculap.

Raben müssen einst die Gegensätze im vegetativen Jahreskreislauf, im Mond- wie im Sonnenkalender, charakterisiert haben, ihre Macht und Endlosigkeit. In China gab es zehn Sonnenraben, die so viel Hitze erzeugten, dass alles dem Untergang geweiht schien. Dann aber holte der Bogenschütze Hou I neun der sengenden Sonnen vom Himmel. So blieb jetzt noch ein Rabe am Himmel, aber der hat drei Beine: die Phasen Wachsen, Blühen und Verwelken. Im Märchen deuten die mit dem Raben verbundenen Farben weiß, rot, schwarz auf Geburt, Leben und *Tod. Schicksalsgöttinnen, ursprünglich Genien der Jahreszeiten, trugen oft Rabengesichter, zumindest Repräsentantinnen der Zeiten, die mit dem Absterben der Natur zu tun hatten. Kronos (corona = Rabe), alter Fruchtbarkeitsgott und Herrscher der alles verschlingenden Zeit im Jahresrhythmus, hielt eine Sichel in Form eines Krähenschnabels, mit der er die Zeit abschnitt.

Raben und Krähen hat man nie genau unterschieden. Ihr durch Mark und Bein dringendes Krächzen und die bei einigen Arten jettschwarze Farbe der Aasfresser sorgten für ihren von West bis Ost höchst schillernden Ruf. Piratenschiffe zogen vor einem Überfall ihr Rabenbanner auf. Raben wurden zum Ausdruck des scheinbaren Widersinns der Gegensätze im Leben, die aber nur die Ausgewogenheit in der Natur herstellen. Eine moderne indianische Astrologie schreibt »Rabengeborenen« zwischen dem 23. 9. und 23.10. in positiver Zuordnung inneres Gleichgewicht zu, Hilfsbereitschaft und Fähigkeiten zum Heilen. Gerieten sie aber ins Ungleichgewicht, verfielen sie Verwirrungen und Depressionen, agierten sehr egobezogen und destruktiv (Sun Bear & Wabun 1981:167 ff.).

Als Symbol der *Sonne brachte der Rabe das Feuer (*Elemente), die Erkenntnis, damit Wachstum und Heil, auf der anderen Seite das scheinbar Böse, die Nachtseite des Lebens: Destruktion und Zerstörung. Raben sammelten sich auf den Schlachtfeldern und unter dem Hochgericht (Galgenvögel). »Krähenstation« hieß der Höllensitz von Kronos in seiner Eigenschaft als *Seth. In Indien folgten Raben Varuna, Hüter kosmischer und sittlicher Ordnung, Herr des Westens und des *Todes. Noch heute gilt der Rabe im Volksaberglauben als Todkünder, zumindest als »Problemvogel«. Hans Huckebein, der Unglücksrabe, tritt in alle »Fettnäpfchen« und zieht jeden Ärger an. Als Boten des Unheils kennzeichneten Raben bereits im babylonischen Kalender den verdächtigen dreizehnten Schaltmonat. Die Dreizehn kündete vom Ende eines Zyklus', war aber gleichzeitig schon

Beginn des neuen. Orphisch griechische Kunst fügte dem Raben des Todes Pinienzapfen und Fackel zu, Licht und Leben, Symbole der Wiedergeburt in ein besseres Leben.

Indische Antike wies dem Vogel zehn schlechte Eigenschaften zu: Geschwätzigkeit, Bosheit, Lüge, Verrat und Betrug, Dieberei, Eitelkeit, Angeberei, Neid und Nachäffung. In einer einst berühmten Fabel des Äsop schmückt sich eine ehrgeizige Krähe mit den Federn des Pfaus, findet damit aber nirgendwo Anklang. Wer sich mit fremden Federn schmückt, wird mitunter noch »Krähe des Äsop« tituliert. Aktuelle Forschungen rechnen alle Rabenfamilien zu den intelligentesten Tieren, voller Kreativität, Flexibilität, höchster Organisationsfähigkeit, gepaart mit Mut und Angriffslust. Zigeuner ehren die hohe Loyalität dieser Vögel an ihre Gruppe. »Eine Krähe hackt der anderen kein Auge aus!«

Das Altertum pries die Krähen ob ihrer treuen Ehen. Der *Physiologus betonte: der Nachtrabe liebe die Finsternis wie Christus die Heiden. Anders die Krähe: wie sie sich nur einmal verbinde und nach dem Tode ihres Partners allein bleibe, so bliebe auch die Synagoge allein, nachdem sie den Herrn verraten habe (1960:40). Dahinter steckt der langlebige Vorwurf des Christentums, das Judentum habe den Messias nicht erkannt und stattdessen gekreuzigt. Wie der Rabe dem Aas oder toten Lebewesen, das er finde, zuerst die Augen aushacke, so blende der *Teufel die Sünder. Im Kontrast zur »unschuldigen« weißen →Taube, wurde das schwarze »Rabengesindel« zum Symbol der Sündhaftigkeit schlechthin, von Schamlosigkeit, Pietätlosigkeit und Unreinheit. Unter den *Christlichen Lastern mussten sie Geiz und Unmäßigkeit vertreten. Die Vorwürfe »Rabenmütter« und »Rabenkinder« entbehren aber jeder Grundlage im Artverhalten dieser Vögel.

Als Noah nach einer hebräischen Erzählung einen Raben aussandte, um den Stand der Sintflut zu prüfen, fand der Aas und kehrte nicht zurück. Darin wollte man ein Bild des ruhelos Umherwandernden sehen. Für den Kirchenvater Hilarius bot sich der Vergleich mit Menschen an, die sich den Eitelkeiten der irdischen Welt auslieferten, statt in die Arche der Kirche zurückzukehren, Bekehrung und Wandel zum Besseren »auf morgen« verschieben würden. Raben in der Nachbarschaft kennzeichneten die Dunkelheit als Raum der Versuchung und Sünde, aber ebenso Absage an die Welt. Raben versorgten Eremiten wie den heiligen Benedikt und Propheten Elias mit Speise und brachten die »Nahrung Gottes in der Einsamkeit«:

Weisheit und Licht. Solches »Rabenbrot« in der Einsamkeit wird auch mit Bewusstseinserweiterung durch den Fliegenpilz verbunden. Ein Rabe saß auf dem Baum der Erkenntnis, von dem Eva sich die Früchte pflückte. »Rabe« hieß in den Mithrasmysterien die erste Stufe der Initiation. Wer sie erreicht hatte, galt im eigenen Selbstverständnis als Diener der *Sonne.

Seit ältester Zeit standen Rabenvögel als Orakelverkünder in großen Ehren. Athene hatte sie zu ihren Lieblingsvögeln erklärt. Zwei Raben teilten Lug, eine Art keltischer *Merkur, alles Wissenswerte mit und versorgten sein reiches Füllhorn mit Nachschub. Dem germanischen Gott Odin / Wodan flogen zwei Raben voraus: der weiße Hugin (Denken) und der schwarze Munin (Gedächtnis). Immer wieder setzten sie sich auf seine Schulter und berichteten aus Vergangenheit, Gegenwart und Zukunft. Hugin wird mit unserem Wach- oder Oberbewusstsein, Munin mit dem Unterbewusstsein als Sitz unserer Erinnerung gleichgesetzt. Im Märchen bieten Raben Hilfe und Rat an – und verraten gleichzeitig. »Krähe bleibt Krähe«, weiß der Volksmund.

*Mercurius, das ganze Mittelalter hindurch rätselhafter Gegenstand naturphilosophischer Spekulation, bald ein »dienstbarer, hilfreicher Geist«, bald »flüchtiger Sklave oder →Hirsch«, war ein die Alchimisten zur Verzweiflung treibender, täuschender und neckender Kobold, dessen mannigfache Attribute *Teufel und Rabe mit ihm gemeinsam hatten (Jung 1984:87 f.). Im Bildzusammenhang mit Totenkopf und Grab deutete der Rabe auf das Schwarzwerden, nigredo, das Anfangsstadium als Eigenschaft der prima materia im Großen Werk, der Vervollkommnung des Menschen. Bei den indianischen Stämmen des Nordwestens übernahm »Rabe«, der »göttliche Schelm« der Wälder, die Rolle eines unseriösen Weltenschöpfers, Kulturbringers und *Tricksters (→Coyote): zwielichtig, boshaft, lüstern und unzuverlässig. Dieser Große Heilbringer hatte aber Kunde vom »Jenseits der Berge«.

Seit grauer Vorzeit werden im Tower von London zahme, aber freche und angriffslustige »Rabenbiester« gehalten und mit abergläubischer Verehrung verhätschelt. Der Überlieferung nach leben sie dort, wo Brans Haupt vergraben wurde. Bran (= Krähe), der keltische Saturn (Binder und Auflöser der Formen), hatte gebeten, ihm den Kopf abzuschlagen und diesen am Weißen Berg, wo heute der Tower steht, zu begraben, damit dieser als Bollwerk gegen die Invasoren diene. Sein Wunsch wurde erfüllt. Aber als Artus König wurde, ließ der den Kopf wieder ausgraben, da er diese Funktion mit eigener Kraft ausfüllen wollte. Er schaffte es aber nicht, die Invasoren abzuschütteln. Deswegen halten bis heute Raben als heilige Vögel Brans die Wacht. Nach einer Legende hänge die Sicherheit der britischen Krone, ja der Bestand ganz Britanniens von ihrem Fortbestand ab.

Kranich

Zu Beginn des Frühjahrs vollführen Kraniche während der Nacht einen würdevollen Spring- und Hüpftanz. Er endet mit Sonnenaufgang, wobei sie mit trompetenartigem Geschrei die Sonne begrüßen. Unter solchen Tönen brechen sie auch jedes Jahr vom Wendekreis des →Krebses bis zum Polarkreis auf und fliegen dabei in erstaunlicher Höhe. Die Griechen verglichen diesen Zug mit der jährlichen Reise ihres Sonnengottes Apoll zu der mythischen Inselwelt Hyperborea (= über dem Nordwind) im hohen *Norden. Ein außerplanmäßiges Erscheinen dieser Vögel galt als Omen für Krieg und Tod.

Theseus, Sohn des griechischen Meeresgottes Poseidon, habe auf der heiligen Insel Delos den Kranichtanz eingeführt, berichtete Plutarch, einen aus Kreta übernommenen Kult der Mutter- und Mondgöttin. Der Tanz kreiste spiralförmig – gegen den Sonnenlauf, also in Richtung *Tod – um einen gehörnten Altar. Im ganzen Mittelmeerraum scheint er als Labyrinth- oder Stiertanz (→Stier) weit in die Vergangenheit zurück zu reichen. Ranke-Graves (1981:390 ff.) vermutet seinen Ursprung in »Rebhuhntänzen« (→Wachtel). In diesem Spiraltanz sollte offensichtlich die ständige Tendenz des Universums nach Integration und Auflösung nachempfunden und nachgelebt werden. Am Ende oder im Mittelpunkt des Labyrinths befand sich das Spiralschloss, auch Troja genannt, Symbol für Tod und Transformation. Dorthin verzog sich die *Sonne nach ihrem zyklischen Untergang und kehrte glorreich von dort wieder zurück. Europäische Labyrinthe heißen auch »Trojaburgen«.

Fabel vom Wolf und Kranich nach Aesop, St. Zeno in Bad Reichenhall (derzeitige Deutung)

Kraniche charakterisierten in China die schützende Mütterlichkeit der Natur, Wachsamkeit, Gedeihen und als Folge im Weltlichen: hohe Anstellung und Glück. Dieser »Patriarch des gefiederten Geschlechts«, der »Ehrwürdige Herr Kranich« geleitete als Mittler zwischen Himmel und Erde auch die Seelen der Verstorbenen ins Westliche Paradies. Schneeweiße Kraniche bewohnten als heilige Vögel diese Insel der Seligen und kündeten von ewiger Weisheit und Unsterblichkeit an diesem Ort. Das Sterben taoistischer Priester nannte man yü-hua, »sich in einen gefiederten Kranich verwandeln«. »Knabe des weißen Kranichs« hieß eine dienende Gottheit, die im Palast der »jadenen Leere« auf dem Weltberg Kùn-lan lebte, eine Art chinesischer Olymp. Er überbrachte Botschaften und half besonders gern selbstlosen Helden. Mit dem Kreislauf von Leben und Tod sorgt die Natur für Gerechtigkeit und Ausgleich. In der Geschichte des griechischen Dichters Ibikus, dem Schiller in der Ballade *Die Kraniche des Ibykus* ein Denkmal setzte, bittet der von Räubern Überfallene und tödlich Verwundete vorbeiziehende Kraniche, das Gesetz zu vollziehen und seinen Tod zu rächen. Die Kraniche kreisen im Amphitheater von Korinth so lange über den dort sitzenden Mördern, bis jene sich durch ihre Ängste und Panik selbst verraten.

Im keltischen Volksglauben spielten Kraniche einst als geheime magische Wesen eine bedeutende Rolle. Als Vögel der Muttergöttin repräsentierten sie die dem *Mond angepassten drei Phasen des vegetativen Kreislaufs. Den dunklen Aspekt der Göttin finden wir vielleicht noch darin, wenn Franzosen heute mit »Kraniche« solche Frauen bezeichnen, die sie für böse, geizig oder töricht halten. Aber auch solche nennen sie Kraniche, die – ähnlich dem Schreitvogel, der ewig auf einem Bein stehend verharren kann – stundenlang an der Straße geduldig auf ihr Klientel warten. Dabei führen echte Kraniche ein solides Familienleben in strenger Monogamie. So traten sie im Christentum als Sinnbild für Liebe und Treue auf, für Wachsamkeit, Rechtschaffenheit, Güte und Ordnung im klösterlichen Leben – zugleich Ausdruck für die Anwesenheit Christi als innere Führung im Menschen.

Manannan mac Lir, keltischer Gott des Meeres (*Element: Wasser), trug die Schätze des Ozeans in einem Sack aus der Haut eines Kranichs. Manannans Schätze wurden nur bei Flut sichtbar und entsprachen denen, die von Twrch Trwyth (→Eber) bewacht wurden. Der Inhalt des Beutels blieb ein streng gehütetes Geheimnis. Schon jede Erwähnung unterlag einem Tabu. Andeutungen wiesen auf die alles spendende Matrix, das Füllhorn der Großen Mutter als Herrscherin des *Mondes, des Schatzhauses kollektiver Erfahrungen. Auch Perseus, Sohn des griechischen Göttervaters Zeus, besaß einen Beutel aus der Haut des Kranichs, dem heiligen Vogel von Athene, Göttin des Mondes, der vollkommenen Weisheit und Erinnerung. Dieser Kranichbeutel enthielt u.a. das »erste Alphabet«.

Der Zeitgenosse Ovids, Caius Julius Hygin, berichtet in seinen Fabeln (Fabel 277), dass *Merkur / Hermes das Alphabet erfunden habe, nachdem er den Flug der Kraniche beobachtet hatte, die im Flug Buchstaben formten. Bekanntlich fliegen die Kraniche in V- oder Winkelformation, und die ältesten Buchstaben aller frühen Alphabete, ob auf Tontafeln geritzt oder in eine Baumrinde gekerbt, waren eckig. In der okkulten Überlieferung deutet eine solche Beziehung zur Ursprache – auch »Engelsprache« oder »Henochisches Alphabet« genannt: die durch keinerlei falsche Vorstellungen und Ichbezogenheit gefärbte Verbindung mit dem höchsten Göttlichen. Dieses Überbewusstsein liebt

Grundbedeutungen

Vermittlung höchsten Wissens und der Sprache Gottes; die weise Ordnung in der Natur und im Kreislauf allen Lebens

es, eine Kommunikation über abstrakte Symbole zu führen. »Gott geometrisiert«, hieß es. Malerei und Dichtkunst versinnbildlichten im Kranich die Sehnsucht des Menschen, sich zu solchen Höhen des Bewusstseins aufzuschwingen.

Aber nicht für jeden soll diese Tür offen stehen. Midir, Gott und König der »Nicht«- und *Anderswelt, hauste auf Manannan mac Lirs Insel Man. Drei missgünstige und geizige Kraniche bewachten die Pforte seines Reiches. Ihre Aufgabe lag darin, alle Reisende und Suchende daran zu hindern einzudringen. Der erste sagte fortwährend »Tritt nicht ein!«, der zweite »Halt dich fern!« und der dritte »Geh vorbei«!

Krebs / Krabbe

In La Fontaines Fabel »Die Krebsin und ihre Tochter« klagt die Mutter: »O weh, wie du gehst! Kannst du nicht gradaus gehen?« – »Und du«, frug die Tochter, »hast du dich schon mal besehn?« Der Krebs bewegt sich im Rückwärtsgang vorwärts. Das Volk glaubte, er habe seine Augen hinten.

Im Bereich der nördlichen Erdhalbkugel fällt das Tierkreiszeichen Krebs in die Zeit vom 21. Juni bis 21. Juli. Die *Sonne hat ihren Zenit erreicht. Nach der Sommersonnenwende scheint sie sich im gedachten Sonnenkreis wie ein Krebs rückläufig weiter zu bewegen. Diese von der Perspektive her auch elliptisch und daher schräg erscheinende Bewegung wurde Sinnbild für Unzuverlässigkeit und Unredlichkeit. Geldwechsler diffamierte man mit dem Zeichen des Krebses.

Während das äußere Leben in der Natur bereits zu verwelken beginnt, tragen viele Pflanzen jetzt ihre Früchte aus. Das Heranwachsen der Frucht als Ergebnis männlicher und weiblicher Anziehung spiegelt sich in jeder Schwangerschaft. Etwas Geistiges aus dem Kosmischen gesellt sich hinzu und drängt in die Manifestation. Esoterische Astrologie fand im Krebs das Tor in die Welt der Formen, von Zeit und Raum, auch für die menschliche Seele. Der »Geist des Urfeuers« inkarniere im Zeichen des Krebses, und der Mensch werde zum lebendigen Akteur im physischen Dasein. Im Krebs beginne die Erfahrung auf der irdischen Ebene, die Höhepunkt und Erfüllung im →Steinbock fände. Die »Schlüssel des Petrus« für Himmel und Erde passten für die Tore dieser beiden Zodiakzeichen (Bailey 1988:97 ff.). Die sichelförmigen Scheren des Krebses deuten auf den *Mond und vermitteln Fruchtbarkeit. Im Märchen von Hänsel und Gretel muss das Mädchen Krebsschalen essen. Im Mythos der indianischen Shawnees holte nach der Sintflut ein Krebs die neue Erde aus Schlamm von der Tiefe herauf, auf der die jetzige Welt errichtet ist (Müller 1956:234).

Der Prozess der Vegetation drängt im Zeichen des Krebses aber nicht mehr nach oben oder außen, sondern nach innen. Mit dem vermeintlichen Rücklauf der Sonne beginnt im Ansatz der *Tod, im Buddhismus der Todesschlaf als Zeit zwischen den einzelnen Inkarnationen, die Zeit der Regeneration bis zum Zeitpunkt der Wiedergeburt zur Wintersonnenwende. So konnte der Krebs zugleich die Überwindung des Todes, Langlebigkeit und sogar Unsterblichkeit anzeigen.

Der Krebs wechselt mehrmals seinen Panzer und konnte daher auch im Christentum zum Symbol der Auferstehung werden. Im Sternbild Krebs befindet sich die Sterngruppe Praeseppe, »Krippe« genannt. Da Jesus in einer Krippe geboren wurde, wollten astronomische Deutungen seine seelische Inkarnation auf den 21. Juni verlegen.

Auch beim Menschen verlagert sich nun das Wachstum nach innen. Bei Krebsgeborenen kann ein starker Hang zur Familienbildung wach werden. Sie unterliegen andererseits oft allerlei Verstrickungen auf der Gefühlsebene. Der Krebs trägt sein Skelett quasi außen und nutzt diesen knöchernen Rückenschild wie seine eindrucksvoll armenartigen Scheren, mit denen er kraftvoll zuzupacken vermag, als Angriffswaffen. Dieses Bild kann das frühe Entwicklungsstadium eines Menschen charakterisieren, dessen Sinne noch ganz in der Materie verhaftet sind. Chinesen nutzten die Krabbe als Talisman, um böse Geister und hinderliche Anfechtungen, den »Teufel durch Beelzebub« zu vertreiben.

Bei den Andenvölkern trat der Aspekt des Rückzugs der Natur in den Vordergrund. Der Krebs wurde zum Sinnbild der Zerstörung der irdischen Welt. Dämonische riesige Krebse fressen in mitteleuropäischen Sagen gelegentlich ganze Stadtmauern und Kirchtürme ab. Diese Art von Dämon gab vermutlich dem Krebsgeschwür seinen Namen, das im Innern unseres Körpers um sich frisst und wuchert.

Grundbedeutungen

das äußere Wachstum wendet sich nach innen; Belebung unserer Gefühlswelt; wuchernde Zersetzung und Absterben des Stofflichen

Kröte

Im mittelhochdeutschen Gedicht *Moriz von Craon* (1215) möchte der römische Kaiser Nero wissen, wie einem schwangeren Weibe wäre, und ob man ihm nicht zu einem solchen Gefühl verhelfen könne. Da gab ihm sein Arzt ein Pulver, damit dem Kaiser eine Kröte im Magen heranwachse (Vers 159 ff.).

Kröten, häufig mit →Fröschen verwechselt, sollten nach altem Volksglauben hochgiftig sein, unverwundbar und uralt, mit dem Niederschlag vom Himmel fallen, Regen ankündigen und gar selbst verursachen. Ähnlich der →Schlange ordnete man sie den vordergründig negativen, gefährlichen Kräften der Erde (*Elemente) zu. So umgab sie ein Nimbus des Bösen. Eine dreibeinige Kröte repräsentierte den *Mond mit seinen drei Phasen, die Zeiten von Saat, Ernte und Unfruchtbarkeit oder von Geburt,

Wachstum und *Tod. Da dieser Zyklus wieder zu neuem Wachstum führt und nie anhält, schloss das Symbol Kröte Auferstehung und Unsterblichkeit mit ein.

Wie kein anderes Tier lässt die bauchige, schleimig schrumpelige Kröte an den weiblichen Uterus denken. Sie lebt in der Höhle, liebt das Feuchte und kann sich ausdehnen und zusammenziehen. Auf dem afrikanischen Kontinent scheint sie in frühester Zeit dafür verehrt worden zu sein; aber als lebendiger Vorgang, welcher der Frau Schmerzen oder hysterische Zustände bringen kann, auch gefürchtet. Das Wesen Uterus wurde als eine sich bewegende Kröte gedacht und erlebt, die sich gelegentlich furchtbar aufblähte. So manche schlechte Nachricht müssen wir noch heute als »Kröte schlucken«.

In Ägypten verlieh sie der Geburtshelferin und Urgöttin Heket Gestalt. Wöchnerinnen opferten im Alpenbereich wächserne und metallene Kröten für eine schmerzlose Geburt oder dankten auf diese Weise. Kleine Kinder nennen wir heute noch Kröten. Heket war zugleich Schutzgeist der Toten für ein neues Leben im Jenseits. Aus Ägypten übernahm das Christentum Krötengestelle für Öllampen als Ausdruck ihrer Auferstehungshoffnung.

Eine Kröte konnte sexuelle Bereitschaft signalisieren und Wollust, so bei Hieronymus Bosch. Schon von Kröten zu träumen galt als Zeichen der Unkeuschheit. Kröten tauchten als Vegetationsgottheiten auf, Krötentalismane sollten vor Unfruchtbarkeit und Impotenz behüten. Im präkolumbischen Amerika verehrte man sie in Tlalóc, einem Krötenpilzgott und mexikanische Variante des Vegetations- und Ektasegottes *Dionysos. Tlalóc, der Geist des Halluzinogens Psilocybe, bescherte seinen Verehrern wohl den Reichtum visionärer Erscheinungen. Sibirische Schamanen priesen den Krötenpilz als Geisthelfer und Seelenbegleiter. In Italien wurde der Krötenpilz mit dem Fliegenpilz gleichgesetzt.

Vielleicht erinnert in unseren Breiten noch das Geheimnis des Krötensteins daran. Er wüchse als Juwel bestimmten Kröten im Kopf und vermittele allerlei Wohltaten. Überhaupt hocken Kröten auf großen Schätzen, die sie der Sage nach zumeist in dunklen Höhlen oder Wasserlöchern bewachen. Dabei handelt es sich aber mehr um den inneren Reichtum universeller Erfahrung und Weisheit. Die dreibeinige Kröte im chinesischen *Mond hütete sogar die Erfüllung unerreichbarer Wünsche, da man glaubte, während der Mondfinsternis würde sie den Mond verschlingen. Mitunter können sich diese Tiere sogar selbst in Geldmünzen verwandeln, weshalb wir heute noch Kröten im Portemonnaie tragen. Volksgalgenhumor spricht neuerdings von »Krötenwanderung«, wenn sich aufgrund immer neuer Steuererhöhungen unsere Säckel leeren, um damit staatliche Finanzierungslöcher zu stopfen.

Kröten und →Schlangen, die am Leichnam nagen oder ihn bedrohen, finden sich an vielen mittelalterlichen Grabdenkmälern. Sie werden als Ausdruck der Eitelkeiten in der Welt verstanden angesichts unserer physischen Endlichkeit, oder als Hinweis auf Höllenstrafen. Andere wollten in ihnen arme oder unerlöste Seelen erkennen oder den Geist der Ahnen. Vielleicht wird hier aber nur das Gesetz der Natur angesprochen, das durch Zersetzung zur Auferstehung führt. Hexen behaupteten, der Hauptbestandteil ihrer Flugsalben bestehe aus purem Krötenfett.

Das Christentum ordnete alle Mondkräfte als Gegner des Lichts dem Bösen zu. So musste die Kröte im Mittelalter Gier, Geiz, Neid und Hochmut vertreten. Ihre glitschige Form und angebliche Giftigkeit waren Ausdruck des *Teufels, der »überall sein geistiges Gift verspritze«. In einer seltenen *Physiologusausgabe heißt es: »Die Kröte flieht das Licht der *Sonne; wird sie hierbei mit Gewalt festgehalten, so bläht sie sich auf, damit sie den Kopf unten verbirgt und sich vor den Strahlen schützt. Ebenso der Feind hell strahlender Tugend, der nur gezwungermaßen mit aufgeblasener Gesinnung vor ihr (der Tugend) bestehen kann« (Hirschberg 1988:84 f.). In diesem Sinne tauche sie im Kreuzgang des Züricher Münsters auf.

Die mittelalterlichen Alchimisten sahen in der Kröte die dunkle Seite der Natur, ihre noch nicht umgewandelten Urressourcen, eine Vorstufe des sich in einem langen Prozess wandelnden Menschen. Auf der Pilgrams-Kanzel des Wiener Stephansdomes strebt eine Reihe steinerner Kröten und Echsen auf dem Stiegengeländer empor. Einige befinden sich dagegen schon auf dem Rückmarsch. Ein oben wachendes →Hundchen hat sie vertrieben. Hat das Dunkle und Unfertige nichts auf der Kanzel zu suchen? Oder kann das »Wort« dem *Tod den »Stachel« nehmen?

Grundbedeutungen

der ewige Kreislauf von Geburt, Leben und *Tod als Wachstumskräfte des *Mondes; die nie ausgehenden Ressourcen des Unterbewusstseins, die aber gelegentlich noch der Veredelung harren

Krokodil

Die unterägyptische Stadt Krokodilopolis (Schedet) im Fayum-Distrikt, einem See- und Sumpfgebiet, hielt im Altertum zu Ehren ihres Stadtgottes Sobek ein gezähmtes heiliges Krokodil im Moeris-See. Wie der griechische Geschichtsschreiber Herodot († 425 v.Chr.) berichtet, hingen seine Ohren oft voller Schmuck aus Gold und kostbaren Steinen und es diente als beliebtes Streichel- und Fütterungsobjekt. Nahm es die von Pilgern mitgebrachte Nahrung an, betrachteten die Opfernden dies ihnen gegenüber als Zeichen seines Wohlwollens. Sobeks Name bedeutete: der, »der schwanger und fruchtbar macht«.

Krokodile zählen zu den Panzerechsen und reichen bis in die Saurierzeit zurück. Man glaubte in der Antike, sie hätten keine Zunge herausgebildet, für den römischen Naturforscher Plinius ein Ausdruck vollkommener Verschwiegenheit. Im alten Ägypten konnten sie das heilige Sinnbild der Ur→schlange Apophis vertreten, Prinzip der Nacht und jeder Art von Dunkelheit. Leviathan (→Steinbock), das undifferenzierte Leben des uranfänglichen Chaos aus der Tiefe des *Elements Wasser, tritt in der Bibel ähnlich dem indischen Ungeheuer Makara als eine Art Krokodil oder →Schlange auf und übernimmt Züge des →Drachens.

Während der jährlichen Überschwemmungszeiten des Nils, der Lebensader Ägyptens, fanden sich Krokodile in Massen ein. So verband sich ihr verstärktes Auftreten mit dem *Wasser des Lebens, mit Fruchtbarkeit und reicher Ernte. Andererseits lösten die verschlingenden Eigenschaften des Urtieres größte Todesängste aus, zumindest höchsten Respekt. *Seth, das zerstörende Prinzip der Natur, fiel seinen Bruder, den Vegetationsgott *Osiris, nach einer der zahlreichen Varianten des Familiendramas als Krokodil auf dem Nil an und würgte ihn hinunter. Ein Krokodil lag als furcheinflößender Schwellenwächter zwischen Leben und *Tod zu Füßen des ältesten Schöpfergottes, Ptah, als Hüter der Gerechtigkeit kosmischer Ordnung. Die zum Krokodil gehörige Glyphe bedeutete: gierig und gefräßig. Es hieß, nur die Macht der Liebe sei der rohen Kraft dieses Urgetüms überlegen.

Noch bis in die Fünfzigerjahre des zwanzigsten Jahrhunderts musste auf Neu-Guinea ein Aspirant für die Vollmitgliedschaft der Männer in eine als Krokodil und →Schwein ausgebaute düstere Einweihungshütte eintreten.

Der Ausgang bedeutete Rückkehr zum Leben (Lurker 1990:60). Psychologen deuten ein solches Verschlungenwerden als Abstieg in die Hölle, in das ungeordnete Chaos der Instinktwelt unseres Unbewussten, um erneuert aufzuerstehen. Im alten Ägypten galt es für manche Menschen als größte Ehre, in den Nil zu fallen und Nahrung für ein Krokodil zu werden. Gott, der Herr, aber sprach: »Siehe, ich will an dich, Pharao, König von Ägypten, du großes Krokodil, das da lagert inmitten der Nilarme, das da spricht: Mein ist der Nil, und ich habe ihn gemacht, ich will Haken in deine Kinnbacken legen ...«, verkündete der Prophet Hesekiel im Alten Testament (29,3). Dieser Kreislauf kann also irgendwann aufgehoben werden.

Krokodile leben auf dem Land wie im Wasser und können für die duale Natur des Menschen stehen, inneres und äußeres Bewusstsein. Mit offenem Rachen sollen sie ein Bild für das Gegen-den-Strom-schwimmen bieten. Damit lieferten sie zugleich ein Bild für die Befreiung von den Beschränkungen der Welt, für die Umkehrung solcher Beurteilungen, die zumeist das Bild des Menschen bestimmen. Afrikaner heften diesem Tier allerdings selbst Betrügerei, Verrat, Verstellung, Heuchelei und lasterhafte Leidenschaften an. Bereits nach antiken Vorstellungen verfügte es über

Grundbedeutungen

*Tod und Verschlungenwerden als Reinigungsprozess in der Urmaterie und Voraussetzung für einen Neuanfang auf besserer Grundlage

etliche »unmoralische« Tricks, um Menschen als Beute in die Falle zu locken. Es heulte »Krokodilstränen« wie ein in Not Geratener und schluchzte so jämmerlich, bis ein Hilfsbereiter sich unvorsichtigerweise all zu sehr dem Ufer näherte. Der Künstler Alfred Kubin zeichnete einen Volksdemagogen als Krokodil hinter dem Rednerpult.

Kuckuck

Der indische Rigveda pries ihn als allwissend, nach dem Glauben der Antike war er unsterblich und allsehend. Im altnordischen Kalender hieß der Monat, der nach heutiger Zählung zwischen dem 22. April und 21. Mai fallen würde, Gauksmonadr (= Kuckucksmonat). Dessen zweiter, vierter und zehnter Tag boten als ausgesprochene Kuckuckstage das Kuckucksorakel an. Mit »Weiß (nur) der Kuckuck!« entschuldigen wir heute noch unsere Unkenntnis. Da er mit der Wahrsagerei so beschäftigt ist, kann er seine Eier nicht selbst ausbrüten. So erklärte dänischer Volksmund die Angewohnheit, dies anderen Vogelarten anzuvertrauen.

Sein scheues, ungeselliges Wesen, sein eigenartiger Ruf, der ihm zu seinem Namen verhalf, und die Eigenart, die Eier in fremde Nester zu legen, stempelten ihn bereits früh zu einem Wesen voller Magie. Die Gründe für seinen so genannten Brutparasitismus sind bis heute noch nicht ganz geklärt. Irgendwann muss der Bautrieb zum Nest erlahmt sein. Einige Arten schaffen immerhin noch »Gesellschaftsnester«, aber so schludrig, dass die Ornithologen nur von Notunterkünften sprechen, das Volk vom Hang des Kuckucks, sein Dasein im Elend zu fristen. Solche Sippennester bieten auch nicht allen Platz, und ein Weibchen legt im Sommer bis zu 26 Eier. Außerdem hält der Kuckuck wenig von »Ehe« und gar nichts von gemeinsamer Aufzucht. So legen die Weibchen ihre Eier halt in fremde Nester, und zwar offensichtlich nur bei der Art, bei der sie selbst schon großgezogen wurden. Wer sein Leben nicht solide plant und in unrealistischen Vorstellungen schwelgt, lebt im Wolkenkuckucksheim.

Der Narr in verdächtigem Zusammenhang mit dem Kuckuck

Nehmen die »Wirtseltern« aber das fremde Ei an, nimmt das Schicksal seinen Lauf. Kuckucksjunge schlüpfen drei bis fünf Tage früher aus dem Ei als ihre Stiefgeschwister und entwickeln sofort den Trieb, alles andere aus dem Nest zu drängen, Eier wie Vogeljunge. Da man früher glaubte, der äußerst gefräßige junge Nesthocker fiele zum Schluss auch noch über seine Zieheltern her, kam der Kuckuck in den Ruf, höchst undankbar zu sein. »Hol's der Kuckuck«, »Dich soll der Kuckuck holen!« oder, in abgemilderter

Form, »Zum Kuckuck« ruft als böse Verwünschung *Teufel und *Tod herbei. Sagt man von jemand, er oder sie »wird den Kuckuck nicht mehr hören«, vermuten wir den Tod noch vor dem nächsten Frühjahr.

Andere Zuordnungen wie Geiz, Feigheit, Selbstgefälligkeit und Eitelkeit entbehren jeder Grundlage in seinem Artverhalten. Man sagte ihm nach, er fliege unbeholfen und ermüde leicht; deshalb sollte er sich als Zugvogel von der Weihe (→Milan) transportieren lassen. In christlicher Ausdeutung bezog Aegidius Albertinus dies 1612 auf schwache Gläubige, »die sich auf den Achseln Christi, Mariae und der Heiligen zur himmlischen Glorie tragen lassen« (Bechtold-Stäubli 1932–33:V,697).

Verse und Gedichte erklärten den Kuckuck zum Frühlingsboten schlechthin und zum Herold aller erwachten Wachstumskräfte. Ursprünglich scheint er die Rolle des Vegetationsgeistes eingenommen zu haben. Man feierte den Tag, an dem man den ersten Ruf des Kuckucks im Jahr auf eigenem Grund oder dem seines Dorfes hörte. In der Schweiz, wo der Kuckuck als Schutzgeist bestimmter Markungen und Bergalmen verehrt wurde, glaubte man, er lege wie der →Hase den Kindern bunte Eier ins Nest.

Der griechische Sonnengott Zeus warb lange erfolglos um Hera, Himmelskönigin und Schutzgöttin der Vereinigungen und Geburten, die vielleicht auch als einstige Göttin der Erde und Frucht den Herbst repräsentierte. Sie trug den Kuckuck als Markenzeichen, dessen frühe Ankunft in den südlichen Ländern die Zeit der Ernte ankündigte. So nahm der listige Zeus schließlich die Gestalt eines zerzausten Kuckucks an. Da erbarmte sich Hera des Vogels. Während sie ihn zärtlich an ihrem Busen wärmte, schlüpfte Zeus plötzlich wieder in seine wahre Gestalt und fiel über die Göttin her. Um der Schande zu entgehen, heiratete sie den Wüstling. Darauf warf Zeus alle anderen Götter aus dem Nest und übernahm das Zepter Heras, das mit einem Kuckuck geschmückt war. Handelt es sich hier um das Eindringen achäischer Götter, welche die mykenische Mutterreligion ablösten (Ranke-Graves 1981:I,42)? Oder soll uns diese Mythe nur die fruchtbare Verbindung der *Elemente Feuer und Erde verdeutlichen? In Phönizien zierte der Kuckuck als phallisches Symbol das königliche Zepter.

Nach Überlieferung der tibetischen Bon-Religion hatte der Kuckuck einst die Ahnin des Stifters geschwängert. Bei Japanern versinnbildlicht er die nicht erwiderte Liebe. In unseren Breiten kann er zum Symbol des treulosen Ehemannes, wüsten Schürzenjägers oder der untreuen Ehefrau werden, der Fruchtbarkeit in und außerhalb fester Beziehungen. Wird eine Ehefrau von einem Fremden schwanger, hat er ihr »ein Kuckucksei ins Nest gelegt«. »Kuckucksnester« heißen in Frankreich ungeliebte Mietskasernen. Im amerikanischen Film »Einer flog übers Kuckucksnest« gelingt es einem Indianer aus der geschlossenen Abteilung einer Psychiatrie zu entfliehen, deren Zustand in pflegerischer wie baulicher Hinsicht arg zu wünschen übrig lässt.

Grundbedeutungen

neue und starke Wachstumskräfte, die Altes aus dem Nest verdrängen; Ideen und Pläne, deren mühevolle Ausarbeitung und Umsetzungen man anderen überlässt

Der alte deutsche Name für den Kuckuck »gouch« bedeutete vieles, aber nichts Gutes: Bastard, Hahnrei, männliches oder weibliches Geschlechtsteil, Schamhaar, Schelm, Narr, Tor, Bauernfänger und Kretin. Heraldisch musste der gouch sogar das Gegenteil vom →Adler verkörpern, die niederste Ebene alles Geistigen und Spirituellen. Gerichtsvollzieher kleben den Kuckuck auf, obwohl die Pfändungsmarken den Bundesadler tragen.

Kuh / Rind

Nut, ägyptische Herrin des (Nacht)Himmels und »Große Kuh«, breitete sich schützend über die Welt aus und verband den Himmel mit der Unterwelt. Dieses kosmisch weibliche Urwesen erhob sich aus dem *Element Wasser, gebar die *Sonne und setzte sie sich zwischen ihre Hörner. Ihre Beine waren die vier Himmelsrichtungen und auf ihrem Bauch trug sie die Sterne des Firmaments. Sie garantierte das Weiterleben alles Sterblichen, das ununterbrochene Fließen der *Lebenskraft. Nechbet, ebenfalls eine »große, wilde Kuh« und Gattin des Nils, öffnete diesem die Tore, damit er aus dem Urozean herausströmen und alles Land befruchten konnte. Der ägyptische Pharao führte den offiziellen Titel →Stier und wurde im Bild aus dem Euter der Großen Mutter gesäugt.

Rinderzucht gehörte schon früh zum wichtigsten Überlebensfaktor der Völker, versorgten diese Tiere sie doch mit der Grundnahrung von Milch

Der Teufel notiert auf einer Kuhhaut, was Frauen in der Kirche »plappern«

und Fleisch. Die germanische Urkuh und Nährerin Audhumbla (= milchreiches Glück) entsprang aus dem Eis, um den ersten Menschen zu schaffen. Sie symbolisierte die produktive Kraft des Universums in der sichtbaren und unsichtbaren Natur, mütterliche Sorge und Liebe, Glück und Gedeihen, Fülle und Zeugung, Existenzsicherheit durch die Herde. Rinder galten noch lange als Währungseinheit, der Raub von Kühen bedeutete Kriegsankündigung oder bot Grund für einen Krieg. Kuhhörner wachsen halbmondförmig aus und erinnerten an das zyklische Moment allen Werdens, das ein Weiterleben nach dem *Tod mit einschloss. Ägyptische Totenbahren erhielten oft die Erscheinungsform eines Kuhleibes. Diese Zyklen spiegelte seit alters her der *Mond. Ein Paradies zeichne sich u.a. dadurch aus, dass dort Milch und Honig fließe, versichern viele Mythen. Die aggressionslosen Wiederkäuer bieten mit ihrem stoischen Gleichmut ohnehin ein Bild für Frieden und Harmonie, andere fanden in solcher Leidenschaftslosigkeit die »dumme Kuh«.

Prithivi, Mutter des indischen Himmelsgottes Indra, des →Stiers der Erde, vertrat das *Element Erde selbst. In Gestalt einer Kuh vermittelte sie Geduld und Ausdauer, die man bei der Feldarbeit braucht, aber auch Großzügigkeit und Hoffnung auf Ernte. Die vier Kasten galten als ihre vier Beine. Eine schwarze Kuh gehörte zu Nirriti, Göttin des Unglücks, Unfruchtbarkeit und der Krankheiten. Viele Kulturen hielten es für unmoralisch, ein Tier zu töten und zu essen, dessen Mitarbeit bei Aussaat und Ernte unverzichtbar blieb.

Juden schlachteten nur in Ausnahmefällen weibliche Tiere für kultische Zwecke. Eine solche Ausnahme bestand im Ritus zur Herstellung des so genannten Lustrationswassers, mit dem man sich nach der Berührung mit einem Toten reinigte. Hierzu opferte man eine rotfarbige fehlerlose Kuh, »auf die noch kein Joch gelegt ward« (Numeri 19,1–12). In christlicher Symbolik deute dieses Lustrationsopfer auf »das Fleisch« (physischer Körper) des Jesus Christus, das er zur Reinigung der Welt annahm: »... rotfarbig im Hinblick auf die Passion, tadellos ob der Unschuld, ohne Joch, weil rein von aller Sünde, an Fesseln nicht gewöhnt, weil ohne Leidenschaft«, so Methodios von Olympos (Lurker 1973:363).

Zumindest die rotohrigen Kühe stammten aus der *Anderswelt und gehörten den Feen, glaubten die Kelten. Oft tauchte eine Fee zusammen mit einer Kuh aus dem *Element Wasser auf, um sich gutwillig mit einem Sterblichen zu verbinden. Solange er sie liebte und sie nach den von ihr festgesetzten Bedingungen behandelte, vermehrte sich diese Kuh auf wunderliche Weise. Ihre Nachkommen bestanden aus kleinen, flinken aber ungemein kräftigen Tieren, die ungewöhnlich viel Milch gaben. Wurde die Fee allerdings beleidigt oder ihr ein Unrecht angetan, willentlich oder nicht, rief sie mit weithin klingender Stimme ihre Kühe zusammen. So plötzlich sie einst erschienen war, so rasch entschwand sie dann auch wieder. »Wo eine Kuh ist, da ist auch eine Frau; und wo eine Frau ist, folgt der Ärger.« Diese Weisheit soll vom heiligen Columba stammen, unter dessen Schutz in Irland alle Kühe stehen. Seine Insel Jona hielt er tatsächlich »kuhfrei«. Unter den zwölf Taten des *Herakles wird das Einfangen der roten Rinder des Geryon (→Fische) als unter Kontrolle bringen der niederen Begehren, der auftauchenden Hindernisse aus dem Unbewussten auf unserem Wege innerer Entwicklung gedeutet (Czogalla o.J.:36).

Im Märchen vom »Erdkühlein« hat die böse Stiefmutter das Margaretlein im *Wald aussetzen lassen. Aber dort findet das Kind das verborgene
Haus des Erdkühleins, einer Kuh – seiner wahren Mutter. Der muss das
Mädchen versprechen, ein Lebtag bei ihr zu bleiben und sie nicht zu verraten. Dafür erhält es prächtige Kleidung und Nahrung in Fülle. Doch lange
hält es Margaretlein nicht in dieser inneren Emi-
gration aus. Es hat allerdings für die Zukunft einen
Schatz gewonnen, mit dem niemand anderes etwas anzufangen weiß und der ihr deswegen auch
nicht weggenommen werden kann.

Im Alten Testament muss Josef in Ägypten einen »bösen Traum« des Pharaos interpretieren,
der von sieben fetten und sieben mageren Kühen
handelt. Damit verweist die Bibel auf natürliche

Grundbedeutungen

der nährende Aspekt der Natur in
seinem mütterlich ausgeglichenen
Aspekt; das Füllhorn zyklischer Erneuerung als Garant ewigen
fruchtbaren Lebens

Zyklen, die unser gesellschaftliches und wirtschaftliches Gedeihen ebenso
bestimmen wie unsere Psyche. Wer nicht gegen sie, sondern mit ihnen zu
arbeiten weiß, der vermag zwischenzeitlich ihre ganze Potenz ausschöpfen,
die Fülle der Großen Mutter.

Lachs / Forelle

Der Druide Finegas lebte am irischen Boyne-Fluß und bewachte dort den »Lachs der Erkenntnis«, wie die »Jugendtaten des Finn« (Macgnímartha Find) berichten. Finegas wusste, wer diesen Fisch verzehrte, werde alles Wissen erhalten. So forderte er seinen Schüler Finn – eine Art keltischer *Merkur – auf, den Fisch für ihn zu braten. Der heiße Saft des Lachses bespritzte den Daumen Finns. Der lutschte daran, um ihn zu kühlen, und wurde wissend. Fortan brauchte er nur am Daumen zu nagen, um alle Ereignisse vorherzusagen.

Im Gegensatz zum →Aal, dessen Wiege im Meer der Sargassosee liegt und der von dort in riesigen Schwärmen die Flüsse hinaufzieht, zeugen Lachse ihren Nachwuchs im Quellgebiet von Flüssen und Bächen Nordamerikas, Europas und Nordasiens. Von dort brechen die Jungen zu unterschiedlichen und örtlich gebundenen Zeiten auf ins Meer, um zu jagen. Nach zwei bis vier Jahren kehren sie, wie von einem Bordcomputer geführt, zielsicher und vermutlich geruchsorientiert zum Ort ihrer Kindheit zurück, um dort, bei irgend einem vertrauten Bächlein, wiederum selbst Nachwuchs zu zeugen. Wenn sie dabei den Fluss stromaufwärts schwimmen, überwinden sie die Höhenunterschiede mit bis zu drei Meter hohen Sprüngen, wechseln langsam ihre Farben und nehmen einen hellen Glanz an.

Für die Kelten waren Forelle und Lachs selbstverständlicher Bestandteil der heiligen Gewässer und Quellen. Sie verkörperten die Vorsehung und das Vorhersehen der Götter. Forellen und Lachse können auch nur in vollkommen reinen Gewässern überleben. Ihr Glaube an heilige »singende und springende gefleckte →Fische«, die als Orakel dienten, könnte sich vor allem auf Forellen beziehen. In der Jahreszeit der Eintagsfliegen stoßen diese eine Art trockenes Quieken hervor, wenn sie ekstatisch aus dem Wasser empor springen und die Luft an ihren Kiemen spüren. Beim erotischen Frühlingstanz zu Ehren der Weißen Göttin im alten Irland ahmten junge Mädchen, als Fischnymphen verkleidet, die hochschnellenden und quiekenden Forellen nach (Ranke-Graves 1981:442).

Der Lachs sollte das Älteste aller Wesen sein, älter als der →Adler. Viele mythische Personen oder Sagengestalten lebten in einem frühen Zeitabschnitt als Lachs oder stammten ursprünglich von ihm ab. Fintan, der einzig Überlebende der Sintflut auf Irland, hatte sich als Lachs in einer Höhle versteckt. Immer wieder tauchte er aber zwischendurch auf, um Einzelnen die ganze Geschichte des Landes zu erzählen und die Bedeutung einer jeden Ortschaft. Nur Salme durften die heiligen Nüsse der neun Haselsträucher der Weisheit und Dichtkunst verzehren. Diese Nüsse bargen auch die geheimen Gesetze der *Anderswelt und der verborgenen Ordnung im Universum. König Artus schickte Boten zum Salm von Llyn Llyw, der aufgrund seiner Zeitlosigkeit und Weisheit allein wusste, wo Mabon gefangen saß, der während des Winters und der Nacht scheinbar unsichtbare Sonnensohn der Großen Mutter. Der Salm lud die Artusritter sogar ein, sich auf seine Schulter zu setzten (→Delphin), und brachte sie zu Mabons geheimem Aufenthaltsort.

Salme ragten als Ausdruck der jenseitigen Welt in unsere irdische Sphäre herein und galten als unsterblich. Und einzeln ließ sich der König der Flussfische nur schwer fangen. Loki, der nordgermanische Feuerdämon (*Elemente), verbarg sich nach seiner harschen Kritik an den Göttern eiligst als Lachs in einem Wasserfall. Dort vermochten ihn die Empörten nur mit einem von ihm selbst ersonnenen Netz herauszufischen. In spätmittelalterlicher Kunst konnte dieser Fisch zum Sinnbild philosophischer Abgeschiedenheit und der von irdischen Belangen abgerückten Weisheit werden. Als *Trickster und Kulturbringer trat er in einigen Kulturen nordamerikanischer Indianer auf.

Für die Indianer der Nordwestküste besaß der Lachs die gleiche Bedeutung wie in der Prärie der →Büffel: das fettreiche und nahrhafte Fleisch der Fische sorgte für das Überleben und sicherte oft die Nahrung für ein ganzes Jahr. Ein Ausbleiben der Lachse erschien wie eine grundsätzliche Störung im Gefüge kosmischer Ordnung. Für die kalifornischen Yurok-Indianer kehrte ihr Vegetationsgott Wohpekumeneu in jedem Sommer zum Ort seiner Schöpfung zurück, um für ein weiteres Jahr die diesem Teil der Welt gegebene Ordnung zu erneuern. Lachse begleiteten ihn dabei als Zeichen seines Wohlwollens. Die Yurok kann-

Grundbedeutungen

vorsehende Weisheit und Nahrung aus der Urquelle des *Elements Wasser

ten übrigens keinerlei Erzählungen über den Lachs. Er war ihnen viel zu heilig, um darüber sprechen zu dürfen. Mussten sie über ihn reden, nannten sie ihn →Hirsch (Schlesier 1985:203 ff.).

Lamia

Die wunderschöne Tochter des Belos (= Baal, Erscheinungsform des *Seth), Lamia, gewährte dem Göttervater Zeus ein Beilager und erhielt aus Dank die Gabe, ihre Augen herausnehmen und wieder einsetzen zu können. Sie gebar ihm viele Kinder. Aber alle, mit einer Ausnahme, wurden von Hera, der eifersüchtigen Gattin des Zeus, umgebracht. Lamia rächte sich und brachte nun ihrerseits wahllos Kinder um. Sie führte sich so grausam auf, dass sich ihr Gesicht in das Schrecken erregende Gorgonenhaupt verwandelte.

Dieser *Todesdämon als Sendbotin der dreiköpfigen Muttergöttin tritt auch als Medusa auf, deren Schlangenhaupt alle, die es erblickten, zu Stein erstarren ließ. Andere Mythen beschrieben die kinderfressende Lamia mit Kuhfüßen und Katzenkrallen, wieder andere setzten sie mit der lybischen *Schlangengöttin Neith gleich. Deren Priesterinnen sollen in orgiastischen Ritualen Reisende verführt, geschwächt und ihnen das Blut »mit vorschnellender Zunge« ausgesaugt haben. Herodot interpretierte Neith / Lamia als eine Erscheinungsform von Athene, Göttin der Weisheit und des *Mondes. Ihre Hässlichkeit muss als Warnung verstanden werden. Die unverhüllte Wahrheit darf nicht Unvorbereitete treffen. Sie wirkt so schrecklich und abschreckend, weil sie oft unser ganzes Lebensgerüst zusammenbrechen lässt. Die Weisheit der →Schlange vernichtet unweigerlich den alten Menschen, der nun neu und strahlender auferstehen muss.

Die kanaanitische Lamia, Aluka genannt, hatte als vampirisches Fabeltier ihr Vorbild vermutlich im Pferdeblutegel (Ranke-Graves 1981:540). Dieser, ein kleines Süßwassertier und dem →Blutegel verwandt, trägt dreißig Zähne in seinen Kiefern. Kommt ein Pferd oder ein anderes Tier an den Fluss oder einen Tümpel, um zu trinken, schwimmt ihnen der Blutegel ins Maul und beißt sich an dem zarten Fleisch ihres Rachens fest. Er trinkt dann so viel Blut, bis er völlig aufgebläht ist. Das leidende Tier aber rast. Aluka hat zwei ebenso unersättliche Töchter. Sie heißen *Tod und Leben oder Hölle und Mutterschoß.

Sicherlich steckt in Lamia auch ein Aspekt der Schlangenkraft Kundalini, einer bewussten Energie, die in allen existierenden Dingen Form annimmt und sie von innen heraus aufbaut (→Schlange). Diese ungeheure

Schöpferkraft wirke andererseits in vollem Umfang zerstörerisch, wird sie zu früh erweckt oder in selbstsüchtige und wenig förderliche Wünsche verstrickt. So giert dieses Prinzip immer nach unserem Blut, der Kraft und dem Fluss unserer Persönlichkeit.

Grundbedeutungen

Die *Lebenskraft in ihren zerstörerischen Momenten: das mitunter oft erschreckende Gesicht der unverhüllten Wahrheit

---

Lamm

Das »mystische Lamm« in der *Geheimen Offenbarung* des Johannes wohnt im »Himmlischen Jerusalem« und empfängt die Stadt (das Höhere Bewusstsein) wie eine Braut. Die Vollendung des Gottesreiches ist in dem Augenblick erreicht, in dem dieses Lamm, zugleich der geopferte wie der siegende und thronende Christus, sich mit seiner Braut für immer vereinigt (19,7).

Lämmer liefern nicht nur Fleisch, sondern wie das →Schaf auch Wolle für die Kleidung des Menschen. Sie erforderten ständigen Schutz aufgrund ihrer Verletzlichkeit, sowohl vor den Unbillen der Witterung wie vor wilden Tieren. Alljährlich feierten die Juden ihr Passahfest als Erinnerung an den Bund, den der Herr einst mit ihnen geschlossen hatte. Dazu opferten sie im Tempelhof zu Jerusalem ein einjähriges unbeflecktes Lamm. Im Alten Testament sah Jesaia in prophetischer Schau (53,7) die Opferlämmer des Alten Bundes als Vorbild für das Eine Lamm des Neuen Bundes, das sich für die ganze Menschheit opfern werde. Johannes der Täufer erkannte in Jesus Christus dieses wahre Passahlamm und rief (Johannes 1,29): »Seht das Lamm Gottes, das hinwegnimmt die Sünden der Welt!«

Noch heute landen diese Tiere auf den Opferaltären, wehrlos und sinnlos. So wies das Lamm als Attribut auch auf Personen hin, die verleumdet und trotz völliger Unschuld verurteilt und hingerichtet wurden: Johannes den Täufer, die Heiligen Clemens und Katharina, Johanna von Orléans und Genovefa, aber ebenso auf Adam und Eva.

Die durch Moses neu festgelegte monotheistische Religion der Hebräer wählte den jungen →Widder oder das Lamm zum Sinnbild für den Beginn des Jahres mit dem Frühlingsneumond. Auch im europäischen Norden vertrat das Lamm den Frühling und Neuanfang des Jahres. In dem Jahrhundert, in dem Jesus seine neue Lehre verkündete, rückte im so genannten Weltenjahr der Frühlingspunkt des Zodiaks in ein neues Sternbild, in das der →Fische. Da aber mit der Herabkunft Christi auf Jesus als neuem Aeon ohnehin ein neues Zeitalter begann, mochte es für die Astrologiekundigen einsichtig sein, dass er als »erster Fisch« des Fischezeitalters geboren wurde. In dieser Konsequenz musste er dann als »letzter Widder (Lamm)« sterben (Lurker 1990:103).

Auf dem Berge Zion stehend, dem heiligen Burgberg von Jerusalem, auf dem in der alttestamentarischen Symbolsprache die vier Paradiesströme entspringen, oder in der Mitte zwischen den vier *Elementen, die ebenfalls alle als Lämmer dargestellt sein können, und damit als deren Quintessenz – immer symbolisiert das Lamm die Christuskraft, das Erlösungsprinzip im Menschen. Als der »Gute Hirte« weidet Christus seine →Schafe, behütet sie und sichert ihnen das Paradies. Die Christliche Kirche interpretierte die Lämmer sowohl als Märtyrer des Glaubens wie als Heer der Gläubigen, vor allem der Neugetauften und der Auserwählten, unter der Obhut des Guten Hirten, ihrer Kurie. Im friedlichen Nebeneinander mit dem →Löwen beschreibt es den paradiesischen Zustand, der noch keine Gegensätze kannte. Seit dem vierten Jahrhundert verbreitete sich die Symbolik des agnus dei (Lamm Gottes) und verband sich mit dem Kreuznimbus (Heiligenschein des Kreuzes), Opferkelch und Christusfahne. Agnus besitzt zugleich eine deutliche Sprachverwandtschaft mit dem indoarischen Agni, dem Gott des reinigenden Feuers (*Elemente).

Der junge →Widder als erstes der zwölf Zeichen des astrologischen Jahres und erste Stufe eines Zyklus steht am Anfang einer Kette von sich ankündigenden Ereignissen, die grundlegend Neues bringen oder Altes reorganisieren. Sie kommen aber noch, müssen sich zunächst entfalten, sind also anfangs »unschuldig«, makel- und fehlerlos. In einem solchen Zustand muss sich die *Lebenskraft als herrschendes Prinzip des Universums an jedem Anfang eines Zyklus ihres Selbstausdrucks befinden, ihrer »Entäußerung«. Die Unschuld des Lammes, die jede Schändlichkeit ausschließt, vermag eine Beschreibung unserer Vorstellung über die grundlegende Reinheit und Heiligkeit dieser Wirklichkeit zu liefern. Als »urgöttliche Schöpfungskraft« manifestiert sie sich in allen Erscheinungen des physischen Uni-

Das neue Jerusalem aus der Geheimen Offenbarung
(Reichenau vor 1020)

versums, und wir bescheinigen diesem ursprünglichen Willen zumeist, das Beste zu wollen! Erst in der Berührung mit den Realitäten der irdischen Welt, der Interpretation und Manifestation durch den Menschen, verliert diese Kraft ihre Unschuld. Auf diese Weise wird auch ein »Lamm zur Schlachtbank geführt«. Bei einem Freimaurerritual wird dem Neuling, der im *Nord-Osten steht, ein Lammschurz umgelegt, das »Emblem der Unschuld«.

Als zeitloser Sympathieträger vermittelt das liebenswürdige Lamm Reinheit und Demut, Sanftmut, Gerechtigkeit und Güte. Ein Lamm, das anspruchslos und friedvoll seinem Hirten folgt, wurde Sinnbild für den Gehorsam gegenüber einem höchsten Willen. Der »Thron des Lammes« kann die vollkommene und vollendete göttliche Herrschaft in uns bezeichnen, die Vereinigung mit göttlichem oder Über-Bewusstsein, das Alpha und Omega, das Erste und das Letzte. Die »Hochzeit des Lammes« als Metapher für das ungehinderte Fließen der Christuskräfte in uns, als endgültige Befreiung und unser Ziel auf Erden, setzt die Vervollkommnung unserer Seelenpersönlichkeit (individueller Teil unserer Seele) voraus. In den Märchen aller Kulturen bleiben die bösen Zauberer zu guter Letzt machtlos gegenüber der aus der Unschuld gewonnen Kraft des Lammes.

Grundbedeutungen

das Neue, Reine und noch von jedem Makel Unberührte als irdische Geburt oder Idee, als Motor einer Höherentwicklung und schließlich als Erlösung

Laus

Läuse gab es noch nicht im Paradies. Erst als Adam und Eva nach dem Sündenfall hart arbeiten mussten, sei dieses Tier in der Wurzel ihrer schwitzenden Haut entstanden, weiß eine bayerische Legende einleuchtend zu berichten.

Sie ziehen das Blut aus den Menschen und damit Kräfte der Persönlichkeit. Als Plagegeister auf dem Kopf wurden sie zum Sinnbild zehrender Gedanken und quälender Sorgen. Lausen erweist sich somit wirklich als Liebestat und fördert, nicht nur bei Affen, das Gemeinschaftsgefühl. Da einige Naturvölker dabei die (echten) Läuse sogar verzehren sollen, darf man

diese Pflege vielleicht auch als Suche nach Vereinigung deuten. Könnte das Kraulen in den Haaren
des anderen eine Ersatzfunktion für das Lausen geworden sein?

Grundbedeutungen

äußere und innere Bedrängnisse,
die an unseren Kräften saugen

Leopard / Panther

In der Zeit des Kolonialismus drangen Gerüchte über blutigste Rituale und
hemmungslose Menschenjagden Sierra Leonischer Leopardenmänner bis
in die Wohnstuben Europas. In totemistischen Geheimbünden organisiert,
lebten deren Mitglieder wohl bewusst niederste Beuteinstinkte aus und
kultivierten dabei Kannibalismus. Geheime westafrikanische Femegerichte
bedienen sich noch heute einer gefürchteten »Leopardenmiliz«: menschlicher Roboter unter Drogen, nur auf das Ziel fixiert, die zum Tode Verurteilten gnadenlos zur Strecke zu bringen. Bereits die altägyptische Gerech-
tigkeitsgöttin Mafdet trat als Leopardin auf, wies allerdings Lebenden und
Toten Strafe als auch Belohnung zu.

   Der Leopard gehört wie alle Großkatzen zu den natureigenen Regula-
toren aller Population. Zumeist erbeutet er nur altersschwache oder kranke
Tiere. Beschreibungen seines Jagdverhaltens, des unvermittelt sicheren
Sprunges auf das Opfer, häufig von einem Baum herab, klingen voller Be-
wunderung und Respekt der Beobachter. Wildheit, rasche Angriffslust und
Schnelligkeit sagt man dem Tier nach, Furchtlosigkeit, Stolz und Mut. Heraldisch bezeichnet das oft und leicht erregte Tier Heftigkeit und Zorn,
Grausamkeit und Unbarmherzigkeit. Aufgrund seiner dunklen Flecken,
die wie Augen anmuten, nennen ihn Afrikaner respektvoll den Großen
Wächter. In Südostasien bleibt der Leopard ungetüpfelt, einfarbig oder
jettschwarz und wird als Panther bezeichnet.

   Die *Geheime Offenbarung* des Johannes beschreibt, wie der »Große
→Drache« nie seinen Kampf aufgabe und seine Macht einem monströsen
Wesen mit zehn bekrönten Hörnern und sieben Köpfen übertrage, mit
Charakteristika von Panther, →Bär und →Löwe. Vor diesem Tier fielen
alle nieder, deren Name seit der Erschaffung der Welt nicht in das Lebens-
buch des →Lammes eingetragen sind. Das Christentum las in diesen dunk-

len Worten die drohende Herrschaft des *Antichristen. Eine römische Münze, auf der sich ein Panther zu Füßen von Kaiser Konstantin duckt, wird als Überwindung heidnischer Kulte verstanden (Heinz-Mohr 1988:230), vor allem auf die sinnliche Ekstase und zügellose Raserei der *Dionysosanhänger bezogen, die Panther und Leoparden verehrten.

Romanische Bilderwelt scheint in Leopard und Panther allgemein das Fruchtbare und Lebendige der *Lebenskraft vorstellen zu wollen, ihren oft marsisch explosiven Drang nach Aktivität. Panther mit wild wuchernden Ranken verstärken den Hinweis auf die gewaltigen Triebkräfte der Urnatur nach Entfaltung, Neuunternehmung und Neugeburt. Die Unruhe unserer Seele, die sich eingesperrt fühlt, beschreibt Rainer Maria Rilke in seinem Gedicht Der Panther: »Der weiche Gang, geschmeidig starker Schritte / der sich im allerkleinsten Kreise dreht / ist wie ein Tanz von Kraft um eine Mitte / in der betäubt ein großer Wille steht.«

Der *Physiologus berichtete denn auch, der Panther sei jedem Getier »gar lieb«, feindlich nur dem →Drachen gegenüber. Ruhig und sanft schlafe er nach dem Fressen drei Tage in einer Höhle, erwache am dritten und stoße einen triumphierenden Schrei aus – wie auch Christus am dritten Tage auferstanden sei. Gleichzeitig verbreite der Panther dabei balsamischen Wohlgeruch, von dem alle wilden Tiere angezogen würden. Der süßliche Geruch verkörpere den sanftmütigen Einfluss der Worte des Messias (1960:27 f.). Afrikanische Leoparden können die Rolle des »bösen →Wolfs« spielen. Sie verschlingen, um neuem Leben Platz einzuräumen (→Wal, →Krokodil).

In Süd- und Westafrika bezeichnet das Tüpfelfell höchste Autorität und Königswürde. Eine Leopardenfellkappe entspricht einer Krone. Der berühmte Leopardengeheimbund in Zaire soll nur Häuptlinge und Medizinmänner in seine Reihen aufgenommen haben. Er bildete die eigentliche, aber geheime Regierung. Ein Leopardenfell demonstriert die Herrschaft des obersten Wächteramtes, der obersten Gerichtsbarkeit. Man versteht darunter zugleich eine Wacht über die Bewahrung der Kulturwerte, aus denen Volk und Stamm ihre *Lebenskraft und Identität zu beziehen glauben.

Chinesen sahen im Panther mehr die gezähmte Wildheit, ein Pantherschwanz dient als Ehrenzeichen. Gelingt es einem, diese Triebkräfte zu zähmen und für aufbauende Ziele einzuspannen, wandeln sich ansonsten ungebärdige Dämonen zu wertvollen Helfern. Die Autoindustrie wirbt gern mit Leopard, Panther und andere Großkatzen: gewaltige Energien in PS, Schnelligkeit und in rasante Fahreigenschaften kanalisiert. Das ist aber keineswegs neu. Schon *Dionysos und *Bacchus, Vegetationsgötter und Ausdruck des Seelenrausches, ließen ihre flotten Wagen von Leoparden ziehen.

Grundbedeutungen

Gefahren und Potenziale unserer Instinkte als gewaltige Triebkräfte; das Gerechtigkeitsprinzip kosmischer Ordnung durch Tod und Auferstehung

Lerche

Sie jubiliere, jauchze und bete die *Sonne an. Den Seelen der Verstorbenen öffne sie die Himmelspforte und lobpreise Gott in der Höhe, behaupten Legenden und Fabeln. Unsere Seele selbst nehme gern Lerchengestalt an. Tatsächlich vermag sich die Feld- oder Himmelslerche mit ihrem Senkrechtstart rasch in große Höhen aufzuschwingen. Während solcher Steilflüge erklingen ihre klangvollen Lieder. Christliche Symbolik fand in diesem »Gotteslob« ein Sinnbild für demütiges und vorbildliches Priestertum (Gattiker 1989:249).

Schon früh kehrt der Singvogel aus dem Süden zurück. Halte sich die Natur an ihren Rhythmus, müsse die Lerche zum ersten Male auf Lichtmess (2. Februar) singen, glaubte das Volk. »Lerchenfegen« hieß ein alter Brauch, bei dem Burschen auf Lichtmess die Lerchen mit einem Besen aufstöberten. Damit wollte man den Beginn des Frühjahrs beschleunigen, schönes Wetter und Glück »wecken«. In der christlichen Ikonografie kann der Frühlingskünder auch auf die Menschwerdung und Ankunft Christi als Welterlöser hinweisen. Da aber die Ankunft der recht flexiblen Lerchen und die des Frühlings zeitlich oft weit auseinander liegen, beschimpfte man diese Vögel mancherorts als »Spitzbuben«.

Wie bei der →Nachtigall verbinden wir Lerchengesang mit dem Höhepunkt einer Sängerkarriere. Um später singen zu können wie eine Lerche, soll man bereits Kinder mit Lerchenfleisch gefüttert haben. Ob das so sinnvoll war? Lerchen sind begabte Spötter, und große Teile ihres Gesangsrepertoires bestehen aus Nachahmungen anderer Vogellaute.

Als hilfreicher Führer tritt die Lerche vereinzelt in Sagen und Legenden auf. Im Märchen »Das singende springende Löweneckerchen« wünscht sich ein Mädchen vom Vater ein Löweneckerchen. Der hat etwas Mühe, eine solch seltsame Kostbarkeit aufzutreiben. Schließlich gelingt es ihm, doch verlangt der Bewacher des Schatzes als Gegenleistung, dass die Tochter sich ihm hingebe. Es kostet sie einiges an Überwindung, denn tagsüber ist dies ein Löwe, und erst in der Nacht zeigt er sich in seiner wahren Gestalt als verzauberter schöner Prinz. Analytische Psychologie sieht im →Löwen auch die Libido-Energie, die feurige Kraft aller Entwicklung. Im Profanen (bei Tage) reduziert sich diese kostbare Energie zumeist auf pure Fortpflanzung und Sexualität. Eine Verbindung zwischen dem Mädchen und diesem Prinz (Gefäß und Kraft) stellt das Löweneckerchen her, das die Gebrüder Grimm etymologisch als Lerche interpretierten. Athene, griechische Mutter- und *Mondgöttin, erschien gelegentlich im Lerchenkostüm. »Die Lerche, die Lerche, die führt die Braut zur Kerche«, heißt es in der berühmten »Vogelhochzeit«, einem ursprünglich reichlich obszönen Volkslied aus dem 15./16. Jahrhundert.

Grundbedeutungen

erwachende Zeugungskräfte im Frühling, Lust auf Verbindung und Lebensfreude

Leuchtkäfer / Glühwürmchen

Der chinesische Gelehrte Chü Yin musste in seiner großen Armut nachts beim Lichte der Glühwürmchen studieren. Trotzdem bestand er alle Prüfungen mit Auszeichnung. Vermutlich nicht zuletzt durch diese berühmte Erzählung verbinden sich in China mit diesem Insekt Ausdauer, Beharrlichkeit, Fleiß und Schönheit.

Wie grüngoldene magische Feuerfunken geistern die Leuchtkäfer durch die abendlichen Flusslandschaften. In unseren Breiten erinnerten sie an die Seelen von Verstorbenen. Als mutmaßliche Todesboten sollten sie die Lebensdauer weissagen. Bei solchen »Toten- und Irrlichtern« war aber grundsätzlich Vorsicht geboten. Sie konnten arglose Menschen auf vielfältige Art in die Irre führen. Nur selten erwiesen sich die jäh aufblit-

zenden Funken als Schutzengel, die Verirrten vorwegflogen und sie auf
den richtigen Weg brachten.

Hinter den fliegenden und irrlichternden Lämpchen verbergen sich die
munteren Männchen. Die flügellosen oder direkt flugunfähigen Weibchen
funkeln unbeweglich im Gras. Wo Glühwürmchen sich länger aufhalten
und nicht fortbewegen wollen, deuten sie auf ei-
nen Schatz. Der Buddhismus sieht im Leuchtkäfer
allerdings ein Bild des oberflächlichen Wissens
und Aberglaubens – unfähig, die geistige Dunkelheit zu erhellen.

Grundbedeutungen

die magere Erhellung der Erkenntnis durch Irrlichter

Löwe

Am Hauptportal der Pfarrkirche zu Bozen in Tirol wachen zwei steinerne
romanische Löwen. In der Christnacht, zur Zeit der Mette, sollen diese
beiden regelmäßig ein tiefes Gebrülle von sich geben.

Wer einmal das nächtliche Gebrüll des männlichen Löwen gehört hat,
ahnt, warum er zum König der Tiere wurde. Es lässt im wahrsten Sinne des
Wortes die Erde erzittern und setzt sich als Schwingung am Boden fort.
Diese Stimme verurteilt alle anderen Tiere zum Schweigen, obwohl sie
keinesfalls Angriff signalisiert. Das Gebrüll wird eher als Ausdruck eines
Gefühls strotzender Kraft gedeutet oder als deutliche Demonstration von
Herrschaftsanspruch innerhalb des Reviers.

Majestätische Ruhe strahlt das Männchen in liegender Pose aus. In
schreitender Haltung vermittelt es Stärke, Entschlossenheit, Wille – den
berechtigten Anspruch auf Führung. Wie früheste Darstellungen beweisen,
fanden die Menschen, es sei damit wesensverwandt mit der *Sonne. Ein
aus →Stier, Löwe, →Schlange und →Adler bestehendes Fabeltier am Isch-
tartor zu Babylon beschrieb die vier Jahreszeiten des babylonischen Kalenders. Der Löwe kennzeichnete, wie auch im ägyptischen und keltischen
Kalender, die Zeit des Sommers. Als Tageslicht vertreibt er die →Schlange
der Dunkelheit. Ein Löwe, der die *Sonne frisst, demonstriert die Gluthitze des Mittags oder des Hochsommers, die alles Leben bedroht. Löwe und
→Hirsch zusammen deuten ebenfalls auf die polare Wirkung der Sonne.

Ein Löwe mit je einem Kopf am Vorder- und Hinterkörper zeigt die Eckpunkte des Weges der Sonne vom Aufgang bis zum Untergang, Geburt und *Tod, Vergangenheit und Zukunft. Die Sonne als Löwe, die den →Keiler tötet, löst den Winter ab. Löwen zogen den Wagen der Mutter- und Vegetationsgottheiten, Symbol des unabänderlichen Rhythmus in der Natur. Albrecht Dürer zeichnete die Mutter Maria als »Löwenmadonna«. Im iranischen Mithrasglauben mahnte der löwenköpfige Kronos an die Zeit (Aion) und das Schicksal, denen alle Dinge verfallen.

Buddha verkündete mit dem Brüllen eines Löwen furchtlos das Dharma, die Gesetze des »rechten Lebens«. Seine Weisheit verteidigte als respektierlicher Löwe die höchste Lehre. Buddha auf einem Löwenthron repräsentierte Wissen und damit Herrschaft über die kosmischen Gesetze, in seinem Ausdruck Ratnasambhava zugleich Frühling und neues Leben. Ein Löwenjunges konnte einen soeben eingeweihten Boddhisattva symbolisieren, ein Löwe mit einem Jungen unter der Pranke Buddha als Herrscher und sein Mitleid mit dem Heiligen. Man verglich die Kraft des Tieres mit dem Eifer des Geistes, dem Voranschreiten durch Erkenntnis. Im Verlauf seiner Entwicklung und Erleuchtung lernte der Adept, selbst auf einem Löwen zu reiten.

Im Weltlichen signalisierte das Löwensymbol irdische und militärische Macht, Gerechtigkeit und Ordnung, in der Heraldik auch Heldenmut und Tapferkeit. Königliche Throne standen auf Löwenbeinen. Das Löwenmännchen beteiligt sich in der Natur nur höchst selten an der Jagd. Es beschränkt sich meist vornehm auf die Aufrechterhaltung der Ordnung innerhalb des Rudels und des Reviers, beansprucht aber den »Löwenanteil« der Jagdbeute. Seine irdische Macht hält sich nur bis zum Zenit. Lässt seine Kraft nach, lauert ein jüngerer, den Platz einzunehmen und ihn vom Rudel zu verjagen. So genannte Party- und Salonlöwen behaupten gelegentlich ihren Platz noch über den Zenit hinaus.

Wildheit, unbeherrschte Emotionen und latente Aggression als unentwickelte Gesinnung schrieb das Christentum dem Löwen zu. Der erste Petrusbrief (5,8) lieferte die vielfach zitierte und häufig an Kirchenportalen durch aufgesperrte Löwenmäuler dargestellte Warnung vor den schrecklichen Gewalten der Finsternis: »Euer Widersacher, der Teufel, geht umher wie ein brüllender Löwe, suchend, wen er verschlinge.« Der Löwe wurde zum Bild des alles hinabreißenden Abgrundes, der Unterwelt. Wenn der

Löwe als Wächter im Kreuzgang der Stiftskirche Berchtesgaden

Mensch in äußerster Krisensituation unter Todesängsten diesen brüllenden Rachen gegen ihn aufgerissen sah, flehte er: Herr, »dem Löwenrachen entreiße mich« (Psalm 21,22). Das Motiv »Daniel in der Löwengrube« kann in psychologischer Deutung jede Situation beschreiben, bei der man dem Verderben ins Auge blickt: bei unentwirrbaren Verstrickungen im Irdischen, als hilfloses Opfer falscher Vorstellungen und ungezügelter Triebe. Unter den *Christlichen Lastern vertrat das Tier den Stolz.

Alchimie vereinigte in der Figur des Löwen Feuer und Wasser (*Elemente). Löwe und →Drache, die sich gegenseitig verschlingen, zeigen, dass diese Vereinigung ohne Verlust von Identität einhergeht. Löwe und →Einhorn betonen die widerstreitenden Kräfte von Mann und Frau, *Sonne und *Mond, die innere Gegensatzspannung des *Mercurius. Löwen im Traum können auf latente Erregungen weisen. Ein Löwe, der die Sonne fresse, warne davor, dass zu viel innere Hitze oder *Lebenskraft die mit ihr vereinigte Natur (*Sonne) verschlingt. In der alchimistischen Sprache sei es Mercurius, der sich als Grundsubstanz im Wasser bilde und die mit ihm vereinigte Natur verschlucke (Jung 1984:293). Der biblische Simson, der dem Löwen den Rachen aufreißt (Richter 14,5) gilt als Vorbild für Christus, der unüberwindbar und gefeit gegen alle Angriffe den Schlund der Unterwelt nicht zu fürchten braucht. Die Bilderwelt des Tarot greift mit der Karte »Die Stärke« dasselbe Motiv auf: die Beherrschung der animalischen Kräfte unterhalb der bewussten Ebene.

Wasserspeiende (*Elemente) Löwen in Tempeln und Kirchen hüten diese Quelle. Sie liefern auch ein Bild der erhellenden Tagessonne oder wachsenden Erkenntnis. Tragen Löwen den Taufstein (Taufbrunnen = makelloser Mutterschoß, Urgrund), mahnen sie an den gefährlichen Abgrund und bieten die Hoffnung auf das *Wasser des (neuen) Lebens. So hütet dieses Schwellentier Abstieg wie Auferstehung. Als Löwe eröffnet Christus das »Buch der sieben Siegel« in der Geheimen Offenbarung. Unsere innere Stimme soll einst mit Löwengebrüll die Herrschaft der erlösenden Erleuchtung ankündigen. Albrecht Dürer gesellte dem Heiligen Hieronymus in der Felsenhöhle oder Gelehrtenstube einen Löwen bei, meist als Ausdruck für Eremitendasein und Einsamkeit verstanden, die oft mit wachsendem Bewusstsein einhergehen.

Ein geflügelter Löwe erscheint als Attribut des Evangelisten Markus. Die Urform dieses Bildes entstammt der Vision des Propheten Ezechiel im

Alten Testament (1,10): Er schaute vier lebende Kreaturen mit vier Gesich-
tern: Mensch, Löwe, →Stier, →Adler. Es sind die vier fixen Zeichen des
Tierkreises: Mensch (für: Wassermann), Löwe, Stier und Adler (für:
→Skorpion). Der Kirchenvater Hieronymus erklärte die Verbindung Markus – Löwe mit dem Beginn des Markusevangeliums, das auf Johannes den
Täufer als »Stimme des Rufenden in der Wüste« hinweise. Papst Gregor
der Große bezog die Symbolik der vier Evangelisten (Matthäus: Mensch)
auf die Inkarnation des Jesus als Christus, seinen Opfertod (Lukas: →Stier),
seine Auferstehung und Erneuerung des Lebens (Matthäus: Löwe) und seine Himmelfahrt (Johannes: →Adler). Als Markuslöwe übernahm die Stadt
Venedig den König der Tiere ins Wappen und zierte damit alle ihre Fes-
tungen im Mittelmeer.

Im Tierkreiszeichen Löwe (21. Juli – 21. August) muss sich die Pflanze
mit der Kraft eines Löwen behaupten, oder wird von der sengenden Sonne
mit der Kraft eines Löwen angefallen. Die Astrologie ordnet dem Zeichen
alle Qualitäten zu, Zentralfigur für andere zu werden. Die Freud'sche Schule
der Psychologie fand im Löwen einen Ausdruck der *Libido-Energie. Sie
kann als Antriebs-, Sexual- oder Fortpflanzungsenergie (→Ziege) verstanden
werden und macht sich als feurige Kraft aller Entwicklung und allen Werdens bemerkbar. Freud betrachtete sie als kosmisch-tierhaften Instinkt des
Menschen und schöpferisches Vermögen unseres Bewusstseins. Im Hinduismus präsentieren Löwe und Löwin zusammen Shakta-Shakti, die sexuelle
Schöpfungsenergie in ihrer polaren Ausprägung und größten Fruchtbarkeit.

Alchimisten unterteilten diese Kraft in drei Aspekte: Der Grüne Löwe
charakterisierte die animalische Natur (Unterbewusstsein) vor ihrer Reife
und Reinigung – den Beginn des alchimistischen Werkes. Der Rote Löwe
kennzeichnete die animalische Natur, durch die höheren Aspekte des spirituellen Menschen bereits unter Kontrolle gebracht. Roter Löwe diente zugleich als Deckname für den »Stein der Weisen«, ein Elexier und Ferment,
das u. a. den Vorgang der Reifung der Metalle beschleunigte. Als rotes Pulver (der Projektion) wurde es in die Schmelze der unedlen Metalle geworfen
und in die der wilden Urenergie unserer Instinkte und Triebe. Der Alte
Löwe umfasste dann das Ergebnis nach dem Werk der Reinigung des Grünen Löwen in den Roten: den Zustand ewiger, strahlender geistiger Energie,
die Rückführung zur ursprünglichen Einheit, der Urnatur – ruhend in Gott.

Jeder dieser Aspekte bezieht sich auf eine Lenkungsphase dieser wilden und in ihrem ursprünglichen Zustand unkontrollierten und undifferenzierten Energie (mit →Bär und →Drache als *prima materia), die so gefährlich werden kann wie ein wildes Tier. Das Zähmen des Löwen bedeutet Lenkung, Wandlung und Erhöhung dieser Kraft. In Grimms Märchen »Der Löwe und der Frosch« errettet die Schwester ihren in einen Löwen verzauberten Bruder, indem ihm aus Liebe seinen Löwenkopf abschlägt. In China und Japan werden Löwenbilder in Prozessionen zur Abwehr von Dämonen und böser Einflüsse in der sichtbaren und unsichtbaren Natur herumgetragen.

Dem Zodiakzeichen Löwe wird die Herrschaft über das Herz, Rücken und Rückgrat zugeschrieben. *Herakles, der griechische *Sonnenheld »zeigte Rückgrat« und erschlug den nemeischen Löwen, Sohn der →Schlangengöttin Echidna und des Unterwelts→hundes Orthus. In psychologischer Deutung hatte er »beherzt« seine heftigen Leidenschaften unter Kontrolle gebracht. Seitdem trug er die Haut des erlegten Löwen als Abzeichen auf seinem Rücken. Theseus, bis auf ein Löwenfell über dem Rücken unbekleidet, drang in das Labyrinth (Unterwelt) vor, um den stierköpfigen Minotaurus (→Stier) zu besiegen. Der Mithraskult mit seinen sieben Weihen erlegte im vierten Grad »Löwe« seinen Gläubigen auf, nicht mehr nur mit Worten, sondern endlich mit Taten das Mysterium zu leben und dafür einzutreten.

Im einst mit der endgültigen Auferstehung anbrechenden Friedensreich herrscht endlich Harmonie zwischen Mensch und Tier (Instinkte), zwischen unserer äußeren und inneren Natur, zwischen Wach- und Unterbewusstsein. Ein kleiner Junge werde Löwen und Kälber miteinander weiden (Jesaja 11,6 f.). Löwe und →Lamm im friedlichen Beisammensein kennzeichnen das goldene Zeitalter, das wiedergewonnene Paradies, den wahren inneren Frieden in der Einheit mit Gott. Ähnliches vermittelt das Bild von der Verschmelzung des Löwen und →Drachen zu einem Mischwesen. Rupert Shaldrake sieht im Löwen unser leitendes Wesen mit der »Tendenz zu einer starken Annäherung an die Verborgenheit des unsagbaren Gottesprinzips« (Fox/Sheldrake 1998:117).

Der *Physiologus hatte berichtet, der Löwe schlafe mit offenen Augen und wache. So wache die Göttlichkeit des Herrn über uns »zur Rechten des Vaters«, während die »Leiblichkeit« am Kreuze schlafe. Die Jungen des Löwen aber würden tot geboren und am dritten Tag erst vom Vater auferweckt. Auch der »All-Gott« habe Jesus Christus am dritten Tag von den To-

ten auferweckt, damit er »das irrende Geschlecht der Menschen errette«
(1960:6). Diese seine Aussagen prägten vermutlich die Löwendarstellungen
der Romanik. Liegt der Löwe, auf einem Grabmahl dargestellt, zu Füßen des
Verstorbenen, unterstreicht er sicher die Hoffnung auf Auferstehung; denn
er wacht, selbst wenn er schläft. Zwei Löwen in romanischen Vorhallen behüten als polare Kräfte des Sonnenprinzips Tore, Schätze und den *Lebensbaum, in der Antike den Eingang zu Unterwelt, des
Todes. In China sind die steinernen Löwenwächter
vor Tempel und Amtsgebäuden deutlich als männlich (rechts) und weiblich (links) auszumachen. Sie
wehren alles Böse und Bedrohliche ab, das sie andererseits aber selbst verkörpern. Unter der Pfote des
männlichen Löwen liegt gewöhnlich ein gestickter
Ball, unter der rechten Pfote des weiblichen Tieres
ein Löwenbaby. Einer Überlieferung nach enthält
der gestickte Ball das Löwenjunge wie in einem Ei; nach einer anderen sei es
kein Ball, sondern die Perle (der Lehre) mit der dieser Löwe zur Beruhigung
seines Temperamentes spiele. Der Taoismus versteht diese »hohle Brokatku-
gel« als leeren Raum des gereinigten Bewusstseins, der das Löwenjunge enthalten soll, eine neue fruchtbare Erkenntnis.

Romanische Doppellöwen, von denen der erste einen Menschen verschlingt, der zweite ihn wieder ausspeit, greifen die Komplexität der *Sonnensymbolik auf, die sich auch in der christlichen Dreiheit von Leben,
*Tod und Auferstehung ausdrückt.

Grundbedeutungen

höchste Kraftentfaltung der *Son-
nen- und Fortpflanzungsenergie,
stärkster Wille in seinem fruchtbarsten und seinem zerstörerisch-
sten Aspekt

Luchs

Nach dem Schöpfungsmythos von Heliopolis schuf am Anfang Ra-Atum
als erstes die Zwillinge Schu und Tefnut, die *Elemente Luft und Wasser.
In einer späteren Version des Mythos werden sie zu Licht und Leben
(Schu) und Maat (Tefnut), der kosmischen Intelligenz. Als »Auge des Ra«
floh Tefnut einst in Gestalt von Luchs oder →Löwe in die nubische Wüste.
Ra sandte Schu und den weisen Thot (→Ibis) aus, sie zurückzuholen. Sie
entdeckten die Göttin dicht beim Berg des Sonnenaufgangs, dem Geburts-

platz des *Osiris. Thot überwältigte sie mit Zauberei, und Schu soll mit Tefnut dann eine Ehe eingegangen sein.

Der Luchs hat als einzige Großkatze in Europa überlebt. Antike Autoren scheinen ihn oft mit →Hyäne und →Panther verwechselt zu haben. Germanische Mythologie ordnete ihn wie alle roten Tiere dem Feuerdämon Loki zu und dem rotbärtigen Thor, Gott der Fruchtbarkeit, des Blitzes und der erneuernden Kraft des Feuers. Im Norden scheint er zudem ein Bild für den Herbst gewesen zu sein, in Ägypten mit →Löwe ein Bild für den heißen Sommer. Das Christentum assoziierte mit diesem oft ungebärdigen inneren Feuer die Hölle. Somit gehören alle dem *Element Feuer nahe stehenden Tiere in den Bereich der Ausdrucksformen des *Teuflischen. Aus seinem Horn, einem kleinen Kopfwulst, entstehe der leuchtende Edelstein Ligurius, eine Art Bernstein, den der Luchs aber »missgünstig« verberge, glaubte man im Mittelalter (Keller 1913:I,85). Im Märchen kann dieses Tier als wegweisender Helfer auftreten. Ein Luchs folgte auch der kretischen Ariadne, mit deren Leitfaden wir aus dem Labyrinth des Lebens und unserer Seelenlandschaft unbeschadet wieder herausfinden (→Stier).

Das wachsame und scharfe Auge des Luchses muss die Menschen besonders fasziniert haben. Wie bei →Falke und →Adler dachten sie bei seinem durchdringenden Blick an die allsehenden Augen eines ursprünglichen göttlichen Prinzips, das als »Besitzer allen Lebens« aus *Sonne und *Mond heraussah. Es vermochte sogar unfruchtbare Wüste beleben, aber es hatte sie auch geschaffen – in uns und außerhalb von uns. Ohne geeignete Lenkung und ohne aufnehmende Form kann dieses Feuer (*prima materia) der spirituellen Sonne höchst zerstörerische Ausmaße annehmen. Der Luchs trat als Begleiter des Rausch- und Vegetationsgottes *Dionysos ebenso in Erscheinung wie als Mitglied des Wilden Heeres, des lärmenden und schreckenerregenden Zuges der Verstorbenen zu ihrem künftigen Aufenthaltsort. »Luchsaugen« standen im Ruf, durch Wände und andere Hindernisse hindurch zu sehen, sogar in die Zukunft. Im Christentum wiesen Luchsaugen auf die ewige »Wachheit« des Christus als Erlöserprinzip.

Die Flussnixe Ilse aus dem Harz wohnt gleichzeitig als Bergprinzessin im Ilsenstein. Seit der Sintflut behütet sie dort reiche Schätze und bewacht sie in Luchsgestalt.

Grundbedeutungen

das alles durchdringende Auge der *Sonne, des Überbewusstseins, als Prinzip ewiger Wachsamkeit und ewig lodernden Feuers (*Elemente)

Maikäfer (siehe unter Käfer)

Marder / Wiesel / Hermelin

Auf dem Weltenberg spannen die drei Schicksalsgöttinnen ihre Gewebe, und als erstes entstand daraus eine →Schlange oder ein Wiesel, berichten die Zaubersprüche Kareliens (*Historiola*). Aus acht Einzelteilen des Ersten Wiesels formte sich die irdische Welt (Hako 1956:56 ff., 92 ff.). Frühe Tabunamen wie Domina, Fräulein, Ungenanntes oder ursprünglich sicherlich totemistische Bezeichnungen wie Muhme, Gevatterin, Braut deuten die scheue Verehrung des Tieres als wilde Ursprungskraft an. Wiesel gehörten zur frühen Ausstattung der Großen Mutter und in Europa wie die →Schlange zum »Gewürm«. Die *Avesta* nannte das Hermelin noch »König der Tiere«. Wiesel und →Iltis sollen auch zu den ältesten Haustieren gehören.

Die Familie der Marder mit schlankem, niedrig gebauten und in allen Bewegungsabläufen geschmeidigen und behänden Körper steht vielleicht dem Urbild der ersten kleinen Raubtiere sehr nahe. Ihre heißblütige Kühnheit, Stärke und Reißlust wurden geradezu sprichwörtlich. Aufgrund ihrer Anpassungsfähigkeit preisen nordamerikanische Indianer Marder und Wiesel als Vorbild für Geschwindigkeit im Handeln wie Denken und würdigen deren Intelligenz der Überlebensfähigkeit.

Dringen Marder aber in einen Taubenschlag oder in ein Hühnergehege ein, verfallen sie in einen wahren Blutrausch und ruhen nicht, solange noch etwas flattert, sich bewegt oder einen Ton von sich gibt. Nachts konnten sie als Alp erscheinen, den Träumer »bedrücken« oder sich als blutgieriger Vampir gebärden. Als Wesen der dunklen Nacht der Schöpfung und bedrohlicher Erscheinungen unseres Unbewussten lieferten Marder ein Bild der *Lebenskraft: wenn sie unbändig die Manifestation sucht, Altes verdrängt und zurückholt, *Tod und den Keim neuen Lebens mit sich führt. Im Mittelalter glaubte man regional, mit dem letzten Atemzug sterbender Kinder fliehe ein weißes Hermelin aus deren Mund.

Das ebenso raublustige (Große) Wiesel oder Hermelin kennt so gut wie keine Furcht. Tollkühn nimmt es jeden Kampf an, sogar gegen Menschen. Falsche Beobachtung führten zu dem Ruf, das Wiesel sei faul (→Iltis), furchtsam, eitel und ausgesprochen rachsüchtig. Es strafe jeden, der sich eines Eidbruchs schuldig mache, weiß die Fabel. In manchen Gegenden schwor man »bei seiner Seele« und »beim Wiesel«.

Wiesel jagen als Einzelgänger, sehr erfolgreich und voller Kreativität. Bei ähnlich flinken Tieren wie Kaninchen und Hasen greifen sie mitunter zu einer ganz ausgekochten Finte. Der Jäger nähert sich als unverdächtiger Passant, als spleeniger Lebenskünstler, der vor lauter Freude einen wilden Tanz vollführt. Mit hohen Sprüngen, grazilen Pirouetten und Saltos, die einem Zirkustier alle Ehren machen würden, verzaubert er die Beutetiere so, dass diese bald in eine gefährliche Starre verfallen. Aberglaube bezichtigte das Wiesel, den »bösen Blick« zu besitzen. Kerdo, der griechische Begriff für Wiesel, bezeichnet der oder das Kunstvolle. Die für ihr magisches Wissen berüchtigten thessalischen Hexen tarnten sich vorzugsweise als Wiesel, wenn sie ihrem verdächtigen Gewerbe nachgingen.

Bei manchen Wieselarten wird das braunrötliche Rückenfell des Sommers im Winter schneeweiß. Dieses Phänomen gab der frühen Naturkunde einige Rätsel auf. Man glaubte, ein Wiesel werde nach neun Jahren weiß und dann zum Hermelin. Weil das Wiesel sogar →Schlangen tötet, übernahm es erlösende Züge und konnte Christus als Überwinder der tiefsten Stofflichkeit vertreten. »Christus, der hohe Hermelin / schlüpft in der tiefen Höllen Schlund / und biss den mord-giftigen Wurm / zu Tode in all seiner Macht«, so der Epiker Konrad von Würzburg im 13. Jahrhundert (Heinz-Mohr 1988:129). Das weiße Winterfell der Wiesel assoziierte Reinheit, Keuschheit, Unschuld und Gerechtigkeit. Bei Amtstrachten demonstrierte ein Hermelinpelz Königtum oder Adelsstand in Kirche und Staat. In der Ikonografie betont er die hohe geistige Gesinnung des Trägers.

Als der griechische *Herakles geboren werden sollte, dem die Unsterblichkeit vorausgesagt war, saßen die Geburtshelferin Eileithyia und die drei Schicksalsgöttinnen in der Vorhalle des Palastes, in der seine (sterbliche) Mutter Alkmene in Wehen lag. Die Knie im Lotossitz übereinander geschlagen und die Arme fest darum geschlungen, wollten sie auf Wunsch der Muttergöttin Hera die Geburt magisch verhindern, die der zyklischen Natur zuwider laufen sollte. Plötzlich lief ein Wiesel vorüber, oder war es die Amme Galinthis (= Wieselmädchen)? Vor Schreck lockerten die vier ihre verschränkte Haltung, und im gleichen Augenblick wurde Herakles geboren. Aus Wut verwandelten die enttäuschten Göttinnen Galinthis in ein Wesen, das durch das Ohr empfängt und durch den Mund gebiert.

Der *Physiologus sah das anders: »Das Gesetz spricht: Iss nicht das Wiesel, noch etwas, was ihm gleicht.« Dessen Mund empfange nämlich den Samen des Männchens, und nach der Schwangerschaft würde es durch die Ohren gebären. Darin sieht er einen Vergleich mit solchen Menschen, die das Wort Gottes hören und gleich wieder vergessen (1960:34). Aufgrund dieser weit verbreiteten Ansicht kam das Wiesel in den Ruf »widernatürlicher Lüsternheit«. Der Jonier Simonides (um 700 v.Chr.) behauptete von »Weibern«, die (totemistisch) vom Wiesel stammten, sie seien »unersättlich verliebter Natur« (Keller 1913:I,170).

Grundbedeutungen

die *Lebenskraft in ihrem gnadenlosen Aspekt der Begrenzung allen Lebens; die Fruchtbarkeit der Botschaften aus dem höheren Bewusstsein

Das Wiesel sollte später wegen der vermeintlichen Ohr-Empfängnis (»inneres Hören«) zur Allegorie für die Jungfrau Maria werden. Aphrodite, Göttin der Liebe, ließ sich mitunter ebenso in Begleitung eines Wiesels sehen. Die mitleidige *Hekate aber machte Galinthis zur »heiligen Dienerin« (Kerényi 2001:II,110). Und so müssen wir das Wiesel gleich dem Auf und Ab der natürlichen Zyklen nehmen, wie sie nun einmal daherkommen.

Marienkäfer (siehe unter Käfer)

Maultier / Maulesel

Als zur Debatte stand, ob Hephaistos (Gluthitze der *Sonne), in den erlauchten Kreis der Olympier aufgenommen werden sollte, führte *Dionysos den Kandidaten auf einem Maulesel ein. Hephaistos, Sohn des griechischen Sonnengottes Zeus und der Himmelskönigin Hera, galt als hässliche Missgeburt. Er hatte die Größe eines Zwergs, dem Zehen und Fersen nach hinten gewachsen waren, und rollte zerstörerisch wie ein Feuerrad über den Himmel, das selbst Metalle zum Schmelzen brachte.

Vom pontischen Kleinasien, der mutmaßlichen Heimat der Maultierzucht (Kreuzung von →Esel und Stute) gelangten diese Tiere schon in vorhomerischer Zeit zu den Griechen. Von dort verbreiteten sie sich über ganz Europa. Maultier und Maulesel (Kreuzung von Hengst und Eselin)

bleiben mit wenigen Ausnahmen unfruchtbar. Sie besitzen nichts mehr von der geradezu sprichwörtlichen Zeugungsfähigkeit eines Esels.

Die männermordende und ihnen die Lebenskraft absaugende Empusa am Eingang der griechischen Unterwelt des Hades konnte die Gestalt eines Maultieres annehmen. Ihre Schreckgestalt leuchtete wie Feuer, und ein Fuß bestand ganz aus Erz, der in einer goldenen Sandale steckte. Der andere Fuß war so vom Mist des Maulesels beschmutzt, dass er gar nicht mehr wie ein Esels-, sondern nur noch als Mistfuß erschien. »Das führt indessen aus der Mythologie in den reinen Spaß hinüber« (Kerènyi 2001:I,37). Als Tochter der *Hekate charakterisierte Empusa das ursprüngliche Mondjahr in seinen drei Phasen, in südlichen Ländern vor allem die Phase der Unfruchtbarkeit nach der zerstörenden Gluthitze des Hochsommers. Im Menschen können Emotionen eine solche innere Hitze entfachen, dass sie nüchterne Erwägungen einfach niederbrennen. Dem männlichen Prinzip der Zeugung und Schöpfung steht in der Symbolik auch die weibliche Natur der Zyklen gegenüber, die regelmäßig Grenzen setzt, für Abbau sorgt und durch Zerstörung erst den Boden für neues Wachstum bereitet.

Reiten einsame Mondgöttinnen auf einem Maultier, verweisen sie auf ihre symbolische Jungfräulichkeit und Keuschheit. Auf den Menschen bezogen, könnte man sagen: Wie der *Mond die *Sonne widerspiegelt, so spiegelt unser Unterbewusstsein (Symbol: Wasser) die Einflüsse eines Überbewusstseins. Dieser Spiegel schuf der mystischen Überlieferung nach das erste Bild der Zweiheit, die erste Verdopplung. Damit setzte sich der Prozess der Schöpfung in Bewegung – in einem durchaus keuschen Verfahren.

Grundbedeutungen

Unfruchtbarkeit als zyklischer Ausdruck von notwendiger Begrenzung und Kräftesammelns

Maulwurf

Die Erdfrau, die niemals stirbt, lebt auf einer Insel im Ozean. Dort wohnt sie in einer Hütte, inmitten ausgedehnter Gärten mit Mais, Kürbis und Bohnen. Ihre Gärten lässt sie von →Maus und Maulwurf bearbeiten, so der Ursprungsmythos der indianischen Mandan-Hidatsa.

Nur selten lässt sich der ungesellige Einzelgänger über der Erdoberfläche sehen. Stattdessen wirft er überall seine so charakteristischen und an kleine

Grabhügel (Tumuli) erinnernden Haufen auf. Sie brachten ihn in den Verdacht, *Todesbote oder gleich ein Totengräber zu sein. Jahrtausende musste er zudem unter dem Missverständnis leiden, er nage ausgiebigst an den Wurzeln der Bäume und Nutzpflanzen und seine Wühlarbeit schade nicht nur der Landwirtschaft. Der Maulwurf sei ein erklärter Menschenfeind. Er habe schon den Einsturz ganzer Städte verursacht, versichert der römische Naturforscher Plinius (Keller 1913:I, 22 f.). Bereits *Avesta* und *Talmud* empfahlen die erbarmungslose Verfolgung dieses Wühlers.

Die Natur hat den Maulwurf mit seinem ganzen kräftigen Körper wie einen Bohrer ausgestattet. Alles ist darauf angelegt, rasch und ergiebig graben zu können. Als sich unterirdisch bewegender Geist ließ er an das verborgene Walten der Natur denken, an die *Lebenskraft als universelles Lebensprinzip. Es nimmt in allen sichtbaren Dingen Form an und baut sie von innen her auf. Ein in Auvernier gefundenes Tonidol dieses Tieres aus der Bronzezeit beweist eine frühe Verehrung als höheres Vegetationsprinzip. Konrad von Megenberg (ca.1309–1374) hielt die Wühler für selbst geschaffen, »aus fauler, kotiger Erde« (1861:132). Zigeuner erkannten im Maulwurf den Geist des *Elements Erde. Als die Feen der Vogesen vor den christlichen Priestern zurückweichen mussten, erflehten sie vom Schicksal Maulwurfsgestalt.

Für das Christentum gehörte der schwarze, unheimliche Erdbewohner folgerichtig zum undurchschaubaren Machtbereich der Finsternis, zu den Erscheinungsformen von Hexen, Angreifern aus dem Reich des Schattens (→Drachen) und damit des Unbewussten. Wie alle Tiere, die eine intensive Vorratswirtschaft betreiben, vertrat er unter den *Christlichen Lastern mitunter den Geiz. Noch lange hielt sich der Volksaberglaube, ein toter Maulwurf oder ein Fetisch aus seinen Körperteilen sorgten für Glück, Fülle und Reichtum.

Da die kleinen Augen fast ganz im dichten Pelz verborgen bleiben, entstand bereits in der Antike das Gerücht von seiner Blindheit. Sie wurde jedem Wesen zugeschrieben, das scheinbar völlig in der Dunkelheit lebte, analog in geistiger Dunkelheit. Noch heute lästern wir über unaufmerksame Zeitgenossen, sie seien »blind wie ein Maulwurf«. Eine →Kröte habe ihm einst »aufs Auge gepisst«, meldet die Fabel. Seitdem sei er geblendet. Nach einer Art Kompensationsgesetz schreibt der Volksglaube dem Tier dafür ein äußerst feines Gehör zu, das jedes Geräusch seiner menschlichen

Feinde von weitem vernehme. Plinius behauptete, es verstehe sogar die menschliche Sprache (Keller 1913:I,23).

Seine zu breiten Grabschaufeln umgeformten und mit etwas gutem Willen als menschenähnlich anzusehenden Hände und Füße ließen ohnehin seinen Ursprung in verwandelten Menschen vermuten. Als Erscheinungsform deren Seelen geistert der Maulwurf als Held durch viele Verwandlungssagen. Vor allem weibliche Wesen werden ob ihres Stolzes und Hochmutes gern in (blinde) Maulwürfe zurückgestuft.

Grundbedeutungen

die *Lebenskraft in ihrem unsichtbar arbeitenden und (auf)wühlenden Aspekt; Leben in geistiger Dunkelheit

Maus

Der Große Rettenstein in Tirol birgt eine merkwürdige Wallfahrtsstätte. Noch bis ins 18. Jahrhundert pilgerten die Menschen der Umgebung auf einen seiner Felsen, einen ehemaligen Hexentanzplatz. Dort standen in einer Vertiefung zwei Muttergottesstatuen, die Stoafrauen (= Rettensteinfrauen). Und »seit unfürdenklichen Zeiten« fütterten die Pilger eine graue Maus mit Brot, die unter den Marien ein- und ausgeschlüpft sein soll. Sie wurde mit Scheu betrachtet und geschont als »ein von Urgroßvätern geerbtes Tierchen, mancher Sache Quelle und Ursprung« (Gugitz 1955–58: III,139).

Mäuse haben sich mit fast 650 Arten auf der ganzen Welt verbreitet. Sie vermögen durch die kleinsten Löcher und Ritzen zu schlüpfen und nagen sich durch alle Hindernisse. Ihre starke Vermehrung, große Gefräßigkeit und der damit verbundene Schaden in Feld und Haus machten sie zu einem für den Menschen recht unbequemen Zeitgenossen. Als Überträger zahlreicher Krankheiten lösten sie obendrein manche Seuchen aus. Andere Eigenschaften traten dabei fast ganz in den Hintergrund: Mäuse sind hoch begabt, anpassungsfähig, flink, graziös und äußerst lebenstüchtig. Mit ihrer Wühlarbeit unter der Erdoberfläche lieferten sie ein passendes Symbol für die Aktivitäten der Nacht.

Die alten Ägypter hielten die Maus für kurzsichtig und stellten sie als Tier der *Sonne dem scharfsichtigen →Falken gegenüber. Doch aufgrund ihrer Instinkte und ausgeprägten Gehör- und Geruchssinne findet sich eine Maus »unterirdisch« meisterlich zurecht. Als Ausdruck der in der Tiefe der Natur und des menschlichen Unbewussten zwar unsichtbaren, aber äußerst regen *Lebenskraft brachte man der Maus eine scheue Verehrung entgegen. Ihr Name durfte vielerorts nicht ausgesprochen werden. Stattdessen sprach man von »Dingern« oder belegte sie mit anderen verfremdenden Tabunamen. Nur Hexen wüssten um den eigentlichen geheimen Namen und dessen Bedeutung, hieß es.

Volksglaube erkannte in Mäusen auch die Seelen Verstorbener. Die Seele schlüpfe nach dem *Tod als Maus aus dem Mund. Daher stammt wohl die Redewendung »mausetot«. Bei Hexenverbrennungen wollte man ganze Scharen aus dem Feuer fliehender Mäuse gesehen haben. Doch die kamen wohl eher aus dem angehäuften Reisig.

Esoterische Psychologie sieht in Mäusen ein Sinnbild für die Eigenintelligenz unseres Unterbewusstseins. In der Nacht, wenn unser Wachbewusstsein ausgeschaltet bleibt, beginnen die »weisen« Tätigkeiten der Regeneration. Diese immer unterhalb der bewussten Schwelle rastlos arbeitenden Kräfte sorgen zugleich für Neuschöpfung. Während wir träumen oder nachsinnen machen sich diese Vorgänge als »nagende Unruhe« oder Ahnungen bemerkbar. Wie der germanische →Drache Nidhöggr nagt die Maus in einigen Mythen an der Wurzel des *Lebensbaumes, auch Symbol für das menschliche Nervensystem und unser geistiges Lebensgerüst. »Da beißt keine Maus den (Lebens-)Faden ab«, sagen wir, wenn wir von der Solidität einer Sache gewiss sind. Da dieser Zerstörungsprozess vordergründig negativ, zumindest zwiespältig erscheint, werden der Maus Heuchelei und Doppelzüngigkeit zugeordnet. So hütet sie in Sagen zwar große Schätze in unterirdischen Gewölben, doch es seien »dämonische Schätze«. Bringen wir keine vernünftige Ordnung in diese Vorgänge, ufern sie aus, und wir gehen in der Flut von Angriffen gegen jeden Status quo unter. Christlicher Glaube wähnte in dem verdächtigen Treiben der Mäuse in der Dunkelheit die Arbeit des *Teufels. Seuchen und Katastrophen empfanden die Menschen als Ausdruck allzu großer Entfremdung von der göttlichen Harmonie und Ordnung, als Strafe Gottes.

Unsere Tastaturmaus beim PC unterstreicht die Symbolik: ein liebes quirliges Tierchen, intelligent und hilfreich. Immer schneller müssen wir auf Neuerungen reagieren, die uns von außen wie innen erreichen und ständig zwingen, neu zu positionieren. Die Eigenintelligenz des Unterbewusstseins hilft uns in schwierigen Situationen auch überfallartig als »flüchtige« Intuition. Zeus als Gott des (zündenden) Blitzes nahm mitunter Mäusegestalt an. Wir können uns die Hilfe aus dem Schatzhaus individueller und universeller Erfahrungen in uns selbst natürlich bewusst suchen, mithilfe von Orakeltechniken oder durch Meditation. Der griechische Sonnengott Apoll trug an seinem Orakel zu Delphi den Beinamen Smintheus (Mäuseapoll). Doch könnte dieser Beiname auch bedeuten, dass seine oft undurchsichtigen Weissagungen wie gierige Nager in der Psyche arbeiteten. Im norwegischen Bergen wurde noch am Ende des 18. Jahrhunderts ein Mäusefest gefeiert, an dem die Bauern ihre Sonntagskleider anzogen und dann den Tag schlafend verbrachten (Bächtold-Stäubli 1934–35: VI,35). Moderne Comicgeschichten greifen den positiven Faktor solcher Prozesse auf und präsentieren die »Mäusepolizei«. Auch die »Weißen Mäuse« als Schutz und Begleitung ausländischer Staatsgäste könnten hier ihren ureigentlichen Bezug finden.

Dabei muss die flinke Maus ständig vor ihren Nachstellern auf der Hut sein. Obwohl sie in den Fabeln meist eine höhere Intelligenz als die →Katze aufweist, wird sie zu guter Letzt doch fast immer Beute des nächtlichen Jägers: der Tendenz unseres Unterbewusstseins, alles Neue rasch in feste Muster und Gewohnheiten zu absorbieren. Andere Gefahren lauern in Form von Mausefallen. Wenn wir die Intuitionen allzu eng und einspurig auf unsere irdischen Wünsche beziehen, bleiben rettende und weise Impulse in engen Käfigen gefangen. Ganesha, der indische Gott→elefant des guten Beginns allen Reichtums und Erfolges, zugleich der »Hüter der Schwelle« (der Bewusstseinsebenen), nutzt die kleine Maus als unverzichtbares Reittier.

In der mystischen Tradition verband man die höchste irdische Weisheit, die Ausgleichung der Gegensätze in und damit auch außerhalb von uns, mit der Farbe »mausgrau«. Grau ergibt sich, wenn man die Komplementärfarben schwarz und weiß mischt. Im Märchen von »Prinzessin Mäusehaut« wollte der Vater seine jüngste Tochter töten, weil er sich von ihr nicht genügend geliebt glaubte. Die Tochter überlebte im *Wald und hüllte ihre edle Abstammung, Schönheit und Qualitäten in eine Mäusehaut. Niemand erkannte sie.

Grundbedeutungen

natureigene Intelligenz; nagende Unruhe; Anpassungsfähigkeit und Kreativität unseres Unterbewusstseins

Meise

Die lebhaft flinken Kletterer können in unseren Breiten als Frühlingsver-
künder zumeist mit einer großen Sympathie rechnen. Ihr stimmfreudiger
Gesang klingt äußerst melodisch, geradezu verlockend, öffnet unser Herz –
aber nicht die Schleusen der Symbolzuordnungen. Hier spielen sie eine
ganz untergeordnete Rolle. Ihre spiralförmige Art, die Bäume zu erklet-
tern, nutzte das keltische Irland gern für den Ver-
gleich mit einer Dichtung, die versucht, sich in die
luftigsten Höhen der Kunst hinaufzuschrauben. In
der esoterischen Psychologie können die emsigen
Meisen unser nie zur Ruhe kommendes Vorstel-
lungsleben charakterisieren.

Grundbedeutungen

unsere rastlos tätige schöpferische Fantasie

    Schweizer Volksmund schloss von der oft geradezu an Frechheit gren-
zenden Neugier und großen Unbeschwertheit dieser Vögel auch auf andere »Lockerheiten« und bezeichnete junge Dirnen als Meisen. Franzosen
und Esten wollten im scharf erfassenden Meisenblick Bosheit erkennen, im
Auftauchen dieser Vögel dementsprechend ein heraufziehendes Unglück.

Roter Milan / Gabelweihe

Als *Seth, das Prinzip des Widerstands der Schöpfung, seinen Bruder, den
Vegetationsgott *Osiris, getötet und in einen Sarg gesteckt hatte, so die bekannte ägyptische Mythe, trauerte *Isis am Leichnam ihres Bruders und
Gatten in Gestalt eines Milans. Dabei gelang es ihr auf recht abenteuerliche
Weise, mit dem Verstorbenen noch ein Kind zu zeugen, das sie *Horus
nannte. Seither soll der Milan die Treue und das Leiden einer Frau verkörpern. Nephthys, die Schwester und Gattin von Seth, und Isis bewachten als
Milane die Kanopenkrüge, in der die Eingeweide der Toten aufbewahrt
wurden. »Milane« hießen auch die beiden hauptleidtragenden Frauen, welche die Leichnamsprozessionen zum Grab anführten.

    Der Rote Milan jagt gern Raben wie Krähen die Beute ab und bedrängt
die Falken bei ihrer Mahlzeit. Wenn Milane bei den Römern die Einge-

weide und das Fleisch von Opfertieren raubten, hielten die Wahrsagepriester dies für ein ausgesprochen böses Vorzeichen. Und zeigte sich der Aasfresser vor einer Schlacht, schien eine Niederlage unausweichlich. Ließ er sich auf dem Dach eines Hauses nieder, beschwor er Unheil und *Tod herauf. Der Schicksalsvogel meldete damit »von höherer Warte« aus das Ende einer Situation, die ihren Höhepunkt überschritten hatte, den Ablauf eines Zyklus. Isis nahm auch die Gestalt des Milans an, als sie den Rachezug gegen Seth vorbereitete und diesem dann sein Todesurteil vom Wipfel eines Baumes verkündete.

Als Gestaltgeber der Mutter- und *Mondgöttin Isis gehört der Milan zum Bereich des Unterbewusstseins. Aber er kündet mit dem Untergang alles Zuendegehenden zugleich vom Neuanfang. Symbolisch tritt alles Neue seinen Siegeszug im *Norden an, im Bereich tiefster symbolischer Dunkelheit. Aber hier liegen die verborgenen Quellen der Kraft, die geheimnisvollen Wiedergeburts- und Transformationskräfte. So war der Milan auch das heilige Tier von Boreas, des rauen griechischen Nordwinds und seiner Nachkommen, Symbol des schöpferischen Atems und »Geist Gottes«. Im Buch Hiob des Alten Testaments heißt es (37,22): »Schönes Wetter kommt aus dem Norden!« Und in der Übersetzung der »King-James«-Version der Bibel: »Gold kommt aus dem Norden!« Für die Menschen auf dem Land kam mit dem Milan nur ein berüchtigter Hühnerräuber.

Grundbedeutungen

Absterben, Ende eines Kreislaufes und zugleich Wirken der Umwandlungskräfte im *Norden

Milbe / Zecke

Milben leben als schmarotzende Spinnentiere auf wie auch in Tieren und Menschen. Sie rufen quälende, schmerzhafte und mitunter unappetitliche Hautkrankheiten wie u.a. Krätze hervor. Dem zufolge verbinden wir sie – nicht immer ganz zu Recht – mit Unsauberkeit und Verlotterung.

Die weibliche Zecke, die auch gefährliche Hirnhauterkrankungen übertragen kann, muss dreimal im Leben einen so genannten Blutswirt finden: im Stadium der Larve, Nymphe und als ausgewachsenes Weibchen. Um diese Schwierigkeiten zu meistern, vermögen sie sehr lange zu hungern und geduldig auf der Lauer zu liegen. Haben sie aber endlich ein Säugetier oder einen Menschen gefunden, saugen sie so viel Blut, dass sie bald zu einer bohnengroßen Blase anschwellen. Von manchen Frauen, seltener Männern, heißt es böse, sie seien lästig oder gierig wie eine Zecke, klebten am Partner oder hätten sich festgebissen und mit einer geradezu bewundernswerten Ausdauer auf ihr »Opfer« gewartet.

Grundbedeutungen

Festbeißen an einer Sache; Schmarotzertum, Blutsaugerei

Mistkäfer / Skarabäus

Der »heilige Pillendreher« genoss im alten Ägypten größte Verehrung, die auch nach Europa übergriff. Noch heute helfen ihm viele Menschen bereitwillig, wenn er zappelnd auf dem Rücken liegt und nicht von allein wieder auf die Beine kommt.

Aus dem Dung Pflanzen fressender Säugetiere dreht der Skarabäus im Verhältnis zur eigenen Größe enorme Kugeln, die er vor sich her rollt und eingräbt. In diese Kugeln legt das Weibchen seine Eier, und die Larven ernähren sich von dem Dung. Nach ägyptischem Glauben bestanden diese Kugeln aus dem eigenen Mist des Käfers, und es gäbe nur männliche Exemplare. Damit schien er aus der eigenen Substanz geboren zu sein, Schöpfer und Erneuerer seiner selbst. Wie er diese Mistkugel vor sich herschiebe, so rolle Gott Chepri (= Der, der ins Leben tritt) die Lichtkugel über den Himmel, die wiedergeborene und aufgehende *Sonne im Osten. Und wie der neue Käfer aus dem in der Erdtiefe behüteten Ei an die Oberfläche trete, so löse sich auch die Seele des Verstorbenen aus der Mumie und fliege himmelwärts. So veranschaulichte der Skarabäus Auferstehung und Neugeburt, die ewige Erneuerung und damit Unsterblichkeit. Oft wurde er zwischen zwei Pfeilern dargestellt, zwischen Beständigkeit (djet) und dem Leben (ankh). Der ägyptische Gott Nun, Ausdruck des Chaos und der Wasserwüste des Uranfangs aller Schöpfung, erschien als bärtiger Mann mit dem Kopf eines Mistkäfers. Bis zur Körpermitte stand er im Wasser (*Elemente). Mit erhobenen Armen stützte er die Sonnenbarke, das Vehikel des Lichts, der Zeugungssubstanz aus göttlicher und universeller Weisheit.

Nordisch-germanischer Glaube fand im Mistkäfer eine Erscheinungsform Thors, Herr der Gewitter und der erneuernden Kraft des Feuers. In
allen dem *Element Feuer zugeordneten Prinzipien wähnte das Christentum ein Wirken dunkler Mächte und des *Teufels (→Käfer). Im Traum
können Skarabäen an unsere dunklen Eigenschaften mahnen, an unseren
Schatten (→Drachen) und unsere Widerstände gegenüber dem Fluss des
Lebens. Schwarze Exemplare deuten auf Stimmungen wie Depression,
Trauer, *Tod.

Mittelalterliche Alchimie übernahm die ägyptische Skarabäussymbolik.
Wie alles scheinbar aus sich selbst heraus Geschaffene spiegelte er das We-
sen von *Mercurius, der geheimen, feurigen Wandlungssubstanz der
Schöpfung. Abendländische Mystik wollte im
Skarabäus ein Sinnbild für die Herrschaft einer
Vorsehung erkennen, welche die erzeugenden
Kräfte der Natur leitet und ordnet – so etwas wie
Legislative und Exekutive des Kosmos.

Grundbedeutungen

die sich selbst erhaltende Ordnung des Kosmos, die weise lei-
tende Herrschaft der Vorsehung

Vielleicht aber müssen wir den »Heiligen« vom
»Gemeinen« Mistkäfer stärker trennen. Letzterer
wird als »Schratelkäfer« unter der schweißgetränk-
ten Achsel in drei Wochen ausgebrütet. Ein daumenlanges Männlein
schlüpft hervor. Es verrichtet jegliche Arbeit, die man ihm aufträgt, geht
aber nie in die Kirche (Bächtold-Stäubli 1934/35:VI,394).

Motte

Jesus riet in der Bibel zur Abkehr von allen vergänglichen Schätzen. Es gebe
nichts, was durch Motten, Rost und Diebstahl nicht bedroht werde (Matthäus 6,19 f.). Auch der Mensch selbst gleiche in seiner Hinfälligkeit und
Vergänglichkeit der Motte. Alle Bauten des Menschen seien so wenig stabil
wie ein Mottengespinst (Hiob 27,18). Und wie eine Plage von Motte oder
Wurmfraß drohe die Auswirkung des Göttlichen Gerichts (Hosia 5,12).
Denn wie eine Motte zerstöre Jahwe des Menschen Pracht (Psalmen 39,12).

Kleidermotten fallen besonders über tierisches Gewebe her, so über
Wolle. Die Bibel nutzte sie als Sinnbild der unaufhaltsamen Zerstörung. Im

Buch Sirach 42,13 wird die Motte mit der weiblichen Bosheit und Schlechtigkeit gleichgesetzt, vielleicht ein Relikt frühmenschlicher Ängste vor dem schrecklichen Aspekt der Großen Mutter als gnadenlose Schicksals- und *Todesgöttin.

Die Lichtmotte steht noch immer unter Verdacht, in Wirklichkeit die Erscheinung einer Seele zu sein, wie es der griechische Name psyche andeutet. Allabendlich um das Licht schwirrende Motten durften in Böhmen deswegen nicht getötet werden, da sie Gott über das Treiben der Menschen auf Erden berichteten. Oder waren es Hexen und Dämonen, die vor allem mit Einbruch der Dunkelheit in die Welt der Menschen eindrangen? Die Nachtmotte galt direkt als Bote des

Grundbedeutungen

Vergänglichkeit und Brüchigkeit irdischer Werte und Erscheinungen

*Todes, v.a. wenn sie sich auf eine Person setzte. Daher stammt wohl die Prophezeiung: »Du kriegst die Motten!« Dahinter verbirgt sich gleichzeitig aber eine anrüchig suggestive Verwünschung.

Mücke (siehe unter Fliege)

Muschel / Auster

Bei den Indianern der Algonkin-Sprachgruppe erschießen sich die Mitglieder der Midewiwin, eine Medizingesellschaft besonders initiierter Frauen und Männer, symbolisch mit Muscheln. Die »Getöteten« lassen sich hinfallen und »erwachen« nach kurzer Zeit wieder zu neuem Leben und als Wiedergeborene (Müller 1970:144).

Einige Arten dieser eigentümlichen kopf- und gestaltlosen Wesen, die auf dem Grund der Gewässer leben, erzeugen auf geradezu geheimnisvolle Art kostbare Perlen, deren Zu-Stande-Kommen bis heute nicht endgültig geklärt ist. Vermutlich entstehen sie durch das Eindringen von Fremdkörpern, die ein Einwuchern von Hautzellen in den stark Kalk ablagernden Bindegeweben des Mantels auslösen. Laut naturgeschichtlicher Vorstellungen des Mittelalters befruchtete aber herabfallender Tau die Muschelschne-

Muschel als Weihwasserbecken

cke und ließ die Perlen wachsen. Blitz, Donnerkeile und Mondstrahlen waren ebenfalls als Verursacher im Gespräch. Damit rückte dieses Schalentier für das Christentum in den Sinnbildbereich von Selbstzeugung und Jungfrauengeburt. Maria wurde als »reine Muschel« bezeichnet, welche die »lichtstrahlende Perle« des Gottessohnes in sich selbst erzeugte. In dem berühmten »Lied von der Perle« aus den *Thomasakten* heißt es: diese Perle liege in einem Brunnenschacht und werde von einem →Drachen bewacht.

Muscheln und Austern versinnbildlichten das weiblich feuchte Prinzip als nährende Mutter und Trägerin allen Lebens, die Kräfte des *Mondes. Mit den Aspekten Geburt, Leben, Liebe, *Tod und Regeneration kennzeichneten sie das Gesetz und die Gerechtigkeit kosmischer Ordnung. Muscheln gehörten zur obligatorischen Ausstattung der Götter des Meeres und der Flüsse. Tritonen, halb mensch- halb fischgestaltige, unsterbliche fruchtbare Kräfte des Meeres (*Elemente: Wasser), bliesen auf Muschelhörnern, während sie den Wagen des Meeresgottes Poseidon zogen. Von der Trompetenschalenmuschel Vishnus, des höchsten hinduistischen Gottes, ging das uranfängliche OM aus, das alle Schöpfung einleitete. Noch heute wird in Indien, Nepal und Tibet der frühe Morgen auf einer Muschel »eingeblasen«, ebenso jede Feier mit sakralem Charakter. Im Buddhismus vertrat die Muschel die Stimme Buddhas bei der Verkündigung der göttlichen Lehre. Redekunst, Gelehrsamkeit und Klang werden mit ihr verbunden, der Sieg über Samsara, die Kette der Existenzen und Reinkarnationen. Eine weiße Muschel demonstriert weltliche Macht, die Möglichkeit, mit dem Intellekt die Welt zu verändern.

Nord- und südamerikanische Indianer verbanden die Muschel als Symbol des »uranfänglichen Wassers« mit dem Osten, mit Donner und Blitz als initiatorische Schöpfungskräfte. Der Wampun, die Muschelschalenschnur, wird zur Erinnerung an besondere Ereignisse hergestellt und soll dem Träger für alle wichtigen Fragen als Gedächtnisstütze dienen. Gleichzeitig besitze er die Gabe, Gedankenblitze und Intuitionen hervorzurufen. Islamische Mystik erklärte die Muschel zum Ohr, welches das göttliche Wort hört.

Ähnlichkeiten mit der weiblichen Scham erklärt die antike Bedeutung der Muschel als Attribut von Liebesgottheiten. Botticelli und Tizian ließen bei ihrer Darstellung der Geburt der Venus / Aphrodite die »meer- oder schaumgeborene« Göttin der Liebe (in der Psychologie: schöpferische Vorstellungskraft) aus einer Muschel aufsteigen. Muscheln zierten Darstellungen von Boreas, dem heftigen Nordwind (*Norden) als Ausdruck des göttlich schöpferischen Atems. Französische Fischer beschworen mit Muscheln Wellen und Wogen sich zu beruhigen.

Christlicher Glaube fand in dem Wassertier ein Symbol der reinigenden Taufe. Schalen in Muschelform dienen in Kirchen als Taufbecken oder Weihwassergefäße. Die Muschel konnte zugleich die Bedeutung des Grabes annehmen, unseres physischen Körpers, aber ebenso aller bindenden Qualitäten irdischer Gegebenheiten. Von diesen will und wird sich die Seele einst befreien und dann auferstehen. Auf Borneo glaubte man, die Seelen Verstorbener entwichen den Körpern in Muschelgestalt. In China versprach die Muschel eine glückliche Reise, ein gutes Leben im Jenseits.

Die Muschelschalen bilden zwei mächtige Mantelklappen, die das ganze Tier umhüllen. An der Rückseite sind die oft fast spiegelbildlich gleichen Schalenhälften beweglich miteinander verzahnt und können wochenlang verschlossen bleiben. So sollen sie auch ein Sinnbild für sexuelle Leiden-schaft bieten, da beide Teile relativ fest zusammenhalten. In der indiani-schen Mythologie wurden sie Ausdruck der dualen Kräfte im Kosmos, der Hauptgegensätze männlich – weiblich, geistig – irdisch, usw. Mit ihrer Vereinigung bringen sie alle lebenden Formen hervor. Eine wichtige Rolle spielt die Muschel-schale für die Pilger auf der Wallfahrt nach Santia-go de Compostella. An Mantel, Hut oder Tasche getragen, kennzeichnet sie den Jakobspilger, den Aufbruch zu einer beschwerlichen Reise über staubige Straßen, das Meer und die Wasser des Bewusstseins.

Grundbedeutungen

Reise nach innen und außen, reini-gende Rückkehr zum Ursprung; neues Leben, Weisheit und Intuiti-on aus sich selbst heraus

Nachtigall

Als thrakische Mänaden den begnadeten Sänger Orpheus wie ihren Vegetationsgott *Dionysos getötet und zerrissen hatten, warfen sie sein Haupt ins Meer. Von dort trieb es zur Insel Lesbos und wurde da feierlich begraben. Das Haupt aber begann weiszusagen, Lesbos entwickelte sich zu einer bedeutenden Orakelstätte, und Nachtigallen, die an seinem Grab nisteten, schlugen süßer und mächtiger als je (Kerényi 2001:II,225).

Bereits das Altertum bewunderte und verherrlichte den Vogel wegen seines schönen, melodisch-traurigen und oft schmelzenden Gesanges. Nachtigallen galten als Boten von Liebe und Trauer, und solches sollte ihr Gesang im Menschen erwecken. Noch heute sprechen einige unserer Volkslieder davon. Ihre Beliebtheit ließ den Marktwert steigen. Der Römer Plinius erregte sich darüber, dass Nachtigallen teurer seien als Sklaven oder Waffenträger (Gattiker 1989:83). Im Mittelalter redete man sie sogar feierlich mit »Ihr« an.

Die Griechen priesen Pallas Athene, Göttin der Weisheit und des *Mondes, als Nachtigall und kürten den Tragödiendichter Euripides zur »süß singenden Nachtigall des Theaters«. Dichter selbst erhoben die Nachtigall zum heiligen Vogel der Poeten, sogar der »veredelnden Poesie«. Von Stesichorus behauptet die Sage, in seiner Kindheit habe auf seinen Lippen eine Nachtigall gesungen (Gattiker 1989: ebd.). Luther wurde als Literat ebenso »Nachtigall« genannt wie Melanchthon. Ein Vergleich mit der Nachtigall bezeichnet noch heute das höchste Lob, das wir einem Gesang zollen.

Mit schöner Stimme aber schmucklosem Gefieder diente der Vogel im Christentum als Sinnbild von Demut und Aufforderung zum Gotteslob. In diesem Sinne wird er auf spätmittelalterlichen Madonnenbildern gedeutet. Die Nachtigall beginne ihr Lied beim Nahen ihres Endes vor Tagesanbruch, singe mit Heraufziehen des Tages immer lauter und schöner, bis zur neunten Stunde in den Tod hinein, glaubte man. Sie sterbe aus Sehnsucht nach Licht und Transzendenz. So bot sie ein Bild für den sterbenden Jesus auf Golgotha, ja für jede liebende Seele. Der Volksmund versicherte, ihr Gesang in der Spätdämmerung wirke schmerzlindernd, bringe dem Sterbenden einen sanften Tod, dem Kranken aber eine rasche Genesung. Andererseits verstärke er die Todessehnsucht der Lebensmüden.

Hinter Todessehnsucht versteckt sich der Wunsch nach Erneuerung im stärkeren Licht, das Wissen um eine höhere Form des Menschseins. Symbolisch lagern Erinnerung, Kreativität und Weisheit abrufbereit im Bereich des *Mondes. Gelegentlich meldet sich dieses Wissen aber auch ungerufen. Der griechische *Sonnengott Zeus verwandelte Philomela, Tochter der Unterweltsgöttin und Aspekt der prophetischen Kraft, in eine Nachtigall.

Grundbedeutungen

Sehnsucht nach Erneuerung in schönerem Kleid und hellerem Glanz;die verlockende Melodie des größeren Lichts

In Christian Andersons Märchen »Nattergallen« (Nachtigallen, 1843) holt sich der Kaiser von China eine Nachtigall an den Hof, hält sie im Käfig und lässt sie zum Vergnügen singen. Als aber der Kaiser mehr Gefallen an einer künstlichen Nachtigall findet, ist sie plötzlich verschwunden. Erst als das Laufwerk des künstlichen Vogels irreparablen Schaden nimmt, der Kaiser vor Kummer schwer erkrankt, kehrt die echte Nachtigall zurück und spricht zu ihm: »Lass mich kommen, wenn ich selber Lust habe ... Erzähle nur niemandem, dass du einen kleinen Vogel besitzt, der dir alles sagt« (Diederichs 2002:234 f.).

Nashorn / Rhinozeros

Zumeist grast dieser urzeitliche Koloss als harmloser, fast gemütlich phlegmatischer Pflanzenfresser, gräbt geduldig nach Wurzeln und lebt dabei außerhalb der Brunftzeit als Einzelgänger. Buddhisten fanden darin ein Sinnbild für Tugend, Weltabgewandtheit und Friedfertigkeit. Doch dieses friedliche Bild kann in Sekundenschnelle zerreißen, denn das Nashorn ist ausgesprochen misstrauisch und jähzornig. Fühlt es sich gestört, rennt dieses Schwergewicht wie ein gereizter →Stier alles über den Haufen und benutzt die furchtbare Waffe seines riesigen Horns als unwiderstehlichen Rammbock.

Nashörner lebten früher noch in China. Ihr Horn galt als eines der Glückssymbole des Gelehrten. Der Volksglaube lobte das Horn in seinen Eigenschaften, einen festen Charakter zu verleihen und Gift in Getränken oder im Wasser aufzuspüren. Ts'ao Kuochio, einer der acht Unsterblichen, benutzte einen »wasserabstoßenden« Gürtel aus der Haut des Rhinozeros, um sich gegen die im Wasser (*Elemente) hausende Königin der →Drachen zu wappnen.

Christliche Symbolik beschrieb mit dem einhörnigen Rhinozeros – alternativ zum ›Einhorn – die »ursprüngliche« Kraft der wiedergewonnenen Einheit in und mit Gott. Im Buch Deuteronomium des Alten Testaments heißt es über den Herrn: »Sein erstgeborener Stier ist voller Hoheit, und seiner Hörner sind die eines Wildochsen (cornua rinocerotis); mit ihnen stößt er die Völker nieder« (33,17). Frühmittelalterliche Theologen zogen Vergleiche zwischen Panzernashorn und dem Messias- oder Erlöserprinzip. Bruno Herbipolensis pries in seiner *Expositio Psalmorum*: »In dir [Gott] werden wir unsere Feinde durch das Horn niederstoßen. ... Unser Horn aber ist Christus, und ebenso der Name des Vaters, in dem unsere Gegner niedergestoßen und verachtet werden« (Jung 1984:506).

> **Grundbedeutung**
>
> die unwiderstehliche Kraft der zurückgewonnenen Einheit mit unserem göttlichen Anteil in uns

Natter (siehe unter Schlange)

Nilpferd / Flusspferd

Das Buch Hiob (40,19; 40,28) im Alten Testament berichtet über die Unbezwingbarkeit und Unwiderstehlichkeit des Ungeheuers Behemot: »Er ist der Anfang der Wege Gottes; der ihn gemacht hat, der gab ihm sein Schwert. ... Meinst du etwa, dass er einen Bund mit dir machen werde, auf dass du ihn immer zum Knecht habest?« Behemot, Leviathan oder die babylonische Tiamat gehören als »Ungeheuer der Tiefe« (→Drachen) dem universellen Unterbewusstsein an. Sie charakterisieren die gestaltlose, in Dunkelheit liegende mütterliche Urmaterie, die alles Zukünftige als Idee enthalte, aber noch unmanifestiert. Christliche Künstler und Interpreten fanden einen schwachen irdischen Abglanz dieser Fabelwesen im Nil- oder Flusspferd (Hippopotamus). So begegnen uns diese Tiere vor allem auf

Darstellungen der »Schöpfung aus dem Wasser« (*Elemente). Sie demonstrieren die universale *Lebenskraft als alles übersteigende Potenz und Stärke Gottes.

Im alten Ägypten schien alles Leben aus dem Nil zu kommen, der das Land in seiner ganzen Länge als grüne Ader durchzieht. Fluss- oder Nilpferde, seine mächtigsten Geschöpfe, boten von daher ein prächtiges Symbol für Ägyptens fruchtbare Fülle, die Macht und Gewalt seiner Kriegs- und Schutzgötter. In jedem Sommer aber drohte der schmale Kulturstreifen längs des Stromes in gewaltigen Überschwemmungen unterzugehen. Jetzt verlieh das Nilpferd als polare Kraft auch *Seth Gestalt, dem »großen Verschlinger« und Mörder des Vegetationsgottes *Osiris. Seth, der rückholende Aspekt der Natur, in dessen »Regierungszeit« auch die größte Hitze des Sommers fiel, griff die gesamte Schöpfung an. Während des Nilpferd-Festes musste der Pharao ein weißes Exemplar dieser Tiere töten und damit die Macht Seths in ihre Schranken weisen. Gleichzeitig sollten die Erneuerungskräfte der Natur aktiviert werden, für den Wiederbeginn allen Wachstums zu sorgen.

Thoeris, Gattin des Seth, Hausgöttin der Geburten und Schutzpatronin aller Wöchnerinnen, besaß die Erscheinungsform eines trächtigen Nilpferdes. Während der Geburt bleibt jede Mutter hochgradig sensibel und ein Spielball ihrer Emotionen. Früher hieß es, dunkle Mächte versuchten in dieser Phase, Kinder und Mutter anzugreifen (→Kröte). So galt es sich zu schützen, und alle Muttergöttinnen führten ein Licht mit sich. Thoeris, selbst ein Geschöpf der Unterwelt (des Unbewussten), hielt zumeist eine Fackel und die Sa-Schleife (Hieroglyphe für Schutz) in Bereitschaft. Die rundlichen Formen der weiblichen Nilpferde wurden auch Gestaltvorlage für die Totenbetten.

Afrikanische Mythen berichten von Flusspferden von ungeheurer →Drachen-Gestalt. Sie verlangen Opfer und verwüsten die Gegend. Ihnen gegenüber versagen alle männliche Drachenkämpfer. Nur schwangere Frauen haben Macht über sie.

Grundbedeutungen

neues Leben und neue Fruchtbarkeit, die mit enormer Energie aus dem Urgrund drängen, aus dem *Element Wasser

Ochse / Bulle

Als kastrierter →Stier teilt der Ochse nicht dessen solare Fruchtbarkeits-symbolik in ihrem belebenden und stürmisch-gewalttätigen Aspekt. Er demonstriert mehr die friedliche Form vitaler Lebenskraft, Bedächtigkeit, Reichtum, mühevolle Arbeit und Opferbereitschaft. Mit dem Brauch der Kastration verband sich auch die Vorstellung von Keuschheit.

Die geduldigen, gutmütigen Tiere gehörten im Altertum zur Grundlage der Landwirtschaft und damit zur Grundlage der Zivilisation. Ihre Antriebskraft zog den Pflug, half das Korn dreschen und Lasten tragen. So vertrat der Ochse die kosmische Urkraft, das *Element Erde und die Entwicklung auf der physischen Ebene. Im übertragenen Sinne vermittelte er das Prinzip jeder Aktivität, wodurch der Mensch die Verhältnisse seiner Umgebung nutzt und sie auf die Verwirklichung seiner Ziele abstimmt. Ochsen zeigten, wie Naturkräfte gebändigt, ihr Zeugungsdrang gezähmt, umgewandelt und in neue Bahnen gelenkt werden konnte. Der griechische *Dionysos als Vegetationsgott habe als erster einen Ochsen vor den Pflug gespannt, um Ackerbau zu betreiben.

Der Ochse begegnet uns als Attribut des Heiligen Kornelius, der infolge eines Wortspiels (cornu = lat. Horn) besonders in der Bretagne das Schutzpatronat des Hornviehs übernahm. Er schlüpfte damit in die Rolle des keltischen Cernunnos (= der Gehörnte), Gott des Reichtums der *Lebenskraft. Dessen sichelförmiges (→Hirsch-)Geweih erinnerte auch an den fruchtbaren *Mond, der sein Licht von der *Sonne empfängt. Bei Dionysius Areopagita heißt es: »Das Bild des Ochsen bezeichnet die Kraft und die Macht, die Fähigkeit, geistige Furchen zu ziehen, welche die fruchtbaren Regengüsse des Himmels empfangen, während die Hörner seine bewahrende und unbesiegliche Stärke symbolisieren« (Heinz-Mohr 1988:223).

Im Christentum tauchten schon früh bei der Darstellung der Geburt des Jesus Ochse und →Esel an der Krippe auf. Sie sollen sich auf die Worte des Propheten Jesaia beziehen (1,3): »Seinen Eigentümer erkennt ein Ochse, ein Esel die Krippe seines Herrn; Israel aber hat keine Erkenntnis, mein Volk hat keinen Verstand.« Bereits im dritten Jahrhundert wurden beide als

Vertreter des Juden- und des Heidentums gedeutet, wobei der Esel mit der Sünde des Götzendienstes behaftet sei, der Ochse dagegen das wahre Gesetz kenne. Sie können aber ebenso die Gegensätze Zeus – *Sonne und Kronos – Saturn vertreten, das Schöpferische und Bindend-Auflösende sowie Sommer und Winter. In Israel begann im Winter die Zeit des Pflügens.

Grundbedeutungen

vitale *Lebenskraft in ihrer gebändigten (kastrierten) Form

Im hebräischen Alphabet bedeutet der erste Buchstaben Aleph »Ochse«. Aleph beinhaltet die kreative Energie und das Lebensprinzip, das allen lebenden Kreaturen in physikalischer Form als Strahlungsenergie der *Sonne erreicht, die Basis unserer irdischen Existenz.

Otter / Fischotter

Wenn das Krokodil schlafe, halte es den Mund offen. Dann käme der Fischotter, sein erklärter Feind, und bestreiche dessen ganzen Leib mit Lehm. Sei der Lehm trocken, springe der Otter in den Mund des Krokodils, zerkratze ihm den ganzen Schlund und fresse seine Eingeweide, behauptete der *Physiologus. Das →Krokodil stelle den *Teufel, der Fischotter Jesus dar. Jesus habe, nachdem er »den Lehm des Fleisches angezogen« hatte, »die Traurigkeit des Todes« gelöst und spreche nun zu denen, die in der Hölle leben: Tretet heraus! Und zu denen, die im Dunkel stehen: Tretet ins Helle! Seine Auferstehung beweise, dass Tod und Hölle ihren »Stachel« verlieren (1960:38 f.).

Der liebenswürdige, verspielt neugierige Fischotter zählt zur Familie der →Wiesel und ist für viele ihr sympathischster Vertreter. Bei ihm finden wir nichts mehr vom Blutrausch und Tötungstrieb, der seine Verwandten befallen kann. Geradezu elegant hantiert er mit einem passenden Stein als Werkzeug um den harten Panzer von Schalentieren zu öffnen. In Korea glaubte man, er könne Opfer und Menschen hypnotisieren. Im Wasser zeigt er sich als Tauch- und Schwimmmeister, an Land kriecht er fast schlangenhaft, aber äußerst behände dahin. Leider rottete ihn vielerorts die Gier nach seinem Fell fast völlig aus.

Für die Kelten bedeutete er die Kraft der Verwandlung und galt als magisches Tier. Als Jäger der →Forelle, die auch die regnerische Zeit des Spätwinters vertrat, kündeten die frühen jahreszeitlichen Aktivitäten des Otters den Übergang in den Frühling. In Legenden kann er als hilfreicher Bote auftauchen, der zur rechten Zeit (geistige) Nahrung bringt. Chinesen betrachteten den Fischotter als Ausduck geschlechtlicher Aktivität. Er solle so sinnlich sein, dass er Probleme bei der Partnerwahl habe. Finde er keine Partnerin, umarme er Bäume und sterbe dann kläglich, weil sein Penis in der Rinde stecken bleibe. Bleibe der nicht stecken, verführe er gern in Frauengestalt menschliche Männer (Eberhard 1983:86)

Für die indianischen Völker der Algonkin gehörte »Otter« zu den Boten der »unteren Welt« und repräsentierte die weibliche Energie der Erde. Nach ihrem weit verbreiteten Schöpfungsmythos war →Schildkröte dazu bestimmt, die vom Himmel herabstürzende »fremde Frau Erde« auf ihrem Rücken zu tragen. Um den Sturz auf den Schildkrötenpanzer abzumildern, versuchten einige Wassertiere, eilig Schlamm und Erde (*Elemente) aus der Tiefe des Urmeeres heraufzuholen, in psychologischer Übertragung unsere Grundinstinkte. Fischotter und →Biber versagten dabei, allein der Bisam→ratte gelang es. Eine moderne indianische Astrologie weist »Fischottergeborenen«, die zwischen dem 20. Januar und 18. Februar geboren sind, Klugheit, Scharfsinn, spirituelle Intuition und Verspieltheit zu; in negativer Ausprägung legten sie eine verbissene Hitzigkeit an den Tag, könnten zu Verträumtheit neigen und an Realitätsverlust leiden (Sun Bear & Wabun 1981:45 ff.).

Eines Tages sahen die nordgermanischen Götter Loki und Odin bei einem Besuch auf der Erde, wie ein Fischotter einen →Lachs jagte und erbeutete. Loki tötete den Otter und damit einen zauberkundigen Bauernsohn, wie sich herausstellte. Als Sühnegeld verlangte der Vater den Otterbalg seines Sohnes mit Gold gefüllt. Beutel aus Otternhaut dienten in Irland als wasserdichte Behälter für Harfen – Instrumente, die symbolisch auf der Grundstruktur universeller Harmonie spielen. Die Indianer fertigten daraus Medizinbeutel für ihre magischen Begleiter und Hilfsgeister.

Wehe, wenn man mit diesen Inhalten nicht sorgsam operiert! Der Feuergott Loki (*Elemente) füllte den Otterbalg mit dem »Goldschatz Andwa-

Grundbedeutungen

Kreativität, Flexibilität und Verspieltheit als Basis, die Anforderungen des Lebens und die Arbeit in und mit den *Elementen zu meistern

ris«, eines Zwerges in Gestalt eines →Hechtes. An dem Schatz hing aber ein Fluch. Er verhängte über denjenigen, der sich aus Gier in dessen Besitz brachte, unabwendbar Tod und Verderben. Die griechische Nemesis (= Zuteilung des Gebührenden), wachsame Göttin ordnender Gerechtigkeit, erschien gern im Otterkostüm.

Panther (siehe unter Leopard)

Papagei / Sittich

Ein Papagei diente Kama, dem hinduistischen Gott der Liebe, und war der heilige Vogel von Kuan-yin, Göttin der Barmherzigkeit, einer chinesischen Venus. Die Chinesen kannten und verehrten den Papagei bereits in vorchristlicher Zeit als sprechenden Vogel. In der Symbolik vertritt er Klugheit, kann aber auch einfach »junges Mädchen« bedeuten. Wenn es heißt, »ein Papagei lade zum Tee ein«, gerät man leicht in den Bereich der käuflichen Liebe. Ein Abbild dieses Vogels, dezent präsentiert, konnte untreue Ehefrauen verwarnen.

In Indien und im präkolumbischen Amerika ehrte man den Vogel als weissagendes Tier und Regenbringer, als Herold geistiger wie irdischer Fruchtbarkeit. Nach Konrad von Würzburg, einem säkularen Literaten (um 1220–1287), wird das grüne Federkleid des Papageis nicht wie das normale Grün der Pflanzenwelt im Regen nass. Und da es trocken bleibt, sei der Vogel ein Mariensymbol. Er könne sogar »Ave« sagen, den Gruß an Maria. Auf Paradiesbildern weise er auf Eva, die Umkehrung dieses Grußes. So erfahre Eva durch Maria, ihr Gegenbild, die Auflösung der Sünden (Heinz-Mohr 1988:230).

Der *Physiologus preist den Papagei ob seiner lieblichen Stimme, die versucht, menschliche Rede nachzuahmen. Er empfiehlt daher, genau so die Stimmen der Apostel und die der »Gemeinde der Gerechten« nachzuahmen, die den Herrn preisen (1960:81). Nachahmung kann eine sinnvolle Tätigkeit sein, wenn man sich an Höherem orientiert. Vor allem, wenn man aus der Weisheit eines höheren Bewusstseins schöpft und dafür ein reines Gefäß bereithält: eine von behindernden Wünschen geläuterte Persönlichkeit (Symbol: liebende, wachsame Jungfrau). Orientiert man sich eher nach dem Allgemeinen und Populären, kann es leicht in dummes und peinliches Nachplappern enden.

Rainer Maria Rilke fand im *Papageienpark*: »Fremd im beschäftigten Grünen wie eine Parade / zieren sie sich und fühlen sich selber zu schade / und mit den kostbaren Schnäbeln aus Jaspis und Jade / kauen sie Graues, verschleudern es, finden es fade.« Conrad Gessner bemerkt in seinem *Vo-*

gelbuch (221 a,b, 6+7), der Papagei betrachte gern schöne Jungfrauen und sei mit Wölfen ebenso befreundet wie mit Turteltauben.

Grundbedeutungen

Gefahren des Nachplapperns populärer Ansichten; Gewinn bei einer Orientierung nach Höherem

Pegasus

Auf dem Helikon, einem heiligen Berg Griechenlands, wohnten die drei Musengöttinnen, zuständig für Meditation, Erinnerung und Gesang. Dort entsprang auch die Quelle Hippokrene (= Pferdebrunnen). Pegasus (= Von den Wasserquellen), das göttliche Flügelpferd, hatte sie mit seinem mondförmigen Huf ausgestampft. Dichter, so heißt es bei Vergil, trinken aus der Quelle um Inspiration zu erlangen. Heute klingt meist leichter Spott mit, wenn wir davon reden, jemand »sattle oder besteige den Pegasus«. Denn wir vermuten, seine poetische Kreativität lasse ihn allzu weit abheben und an Realitätsverlust leiden.

Pegasus
Ortus Sanitatis *(1491)*

Als der Sonnenheld Perseus im Land der Hyperboräer (*Norden) die grausige Medusa (zerstörerischer Aspekt des *Mondes und der Großen Mutter) enthauptete, entsprang Pegasus dem sterbenden Körper. Der Gott des Meeres (*Element: Wasser) Poseidon hatte Medusa vorher vergewaltigt. Einer anderen Legende nach war Pegasus Produkt einer ebenfalls gewalttätigen Vereinigung von Poseidon mit Demeter, Göttin der Erde (*Elemente). Sie paarten sich als Hengst und Stute (→Pferd). Der Held Bellerophon (= Der im Glanz Erscheinende), Ausdruck der vernünftigen und wahren Sicht der Welt, musste Pegasus einfangen und zähmen, um die gefesselte Jungfrau (das höhere Bewusstsein) aus der Gewalt der →Chimäre zu retten (das vordergründige, illusionäre Bild der Welt). Vorher hatte er sein geflügeltes Reittier noch aus der Hippokrene trinken lassen.

Im geflügelten Pferd oder →Drache sieht die analytische Psychologie den symbolischen Aufstieg vom »unterirdischen Schlangenbewusstsein« (→Schlange) über das Medium der irdischen Realität zur übermenschlichen und transpersonalen Wirklichkeit (C.G. Jung 1985:155 f.). Geflügelte Wesen wiesen zugleich auf den schnellen Flug des Gedankens, auf die Fantasie und die Flüchtigkeit intuitiver Ideen (→Vogel). Ein leichtfüßiges, geflügeltes Zauberpferd rettete in den *Märchen aus 1001 Nacht* den Propheten Mohammed aus der Hand seiner Gegner und flog ihn ans Ziel. Das Gleiche widerfuhr Albertus Magnus und Dr. Faust. Letzterer aber erhielt sein Vehikel vom *Teufel. Die Volksmedizin empfahl ein Amulett mit dem Bild des Pegasus bei steifen und schweren Gliedern.

Grundbedeutungen

Antriebskraft unserer Gedanken, Fantasie und künstlerischen Potenz

Pelikan

Eine schon in der Antike bekannte Legende schildert recht merkwürdige Verhältnisse bei Familie Pelikan. Der *Physiologus überlieferte sie, und alle späteren Quellen beriefen sich auf ihn: Dieser Vogel, so will er wissen, gehe förmlich auf in Liebe zu seiner Brut. Sei der Nachwuchs ausgeschlüpft, dann pickten diese jedoch, sobald sie nur ein wenig älter wären, ihren Eltern ins Gesicht. Die Eltern aber hackten nun zurück und töteten sie. Im Nachhinein täte es ihnen dann Leid. Drei Tage trauerten sie um den Tod ihrer Kinder. Nach dem dritten Tag reiße die Mutter sich selber die Flanke auf, ihr Blut tropfe auf die toten Leiber der Jungen und erwecke diese ins Leben zurück. Spätere Autoren nahmen vielleicht Rückgriff auf das Prinzip der vorchristlichen Großen Göttin in ihrem dunkelsten Aspekt. So tötete nun allein die Pelikanmutter. Der Vater dagegen opferte sich heroisch auf, nährte und belebte die Nachkommenschaft mit eigenem Blut.

Füttert der Pelikan seine Jungen aus dem stark dehn- und belastbaren Kehlsack, stemmt er den Schnabel gegen die eigene Brust, um so etwas bequemer die Fische herauszuwürgen. Dabei können seine weißen Federn mit dem Blut der Fische befleckt werden und sich röten. Liefert eine solche Beobachtung aber eine Erklärung für diesen stark überzeichneten Leumund? In der ganzen Alten Welt diente der Pelikan als Symbol für Aufopferung, Nächstenliebe und Frömmigkeit, vermutlich schon bevor der Physiologus seine blutige Story verbreitete. Christlich moralisierend fügte der noch hinzu: »Wir haben gedient der Schöpfung wider den Schöpfer. Er [der Herr] aber kam zur Erhöhung des Kreuzes, und aus seiner geöffneten Seite troff Blut und Wasser, zu Heil und eigenem Leben ...« (1960:10).

Grundbedeutungen

*Tod und neues Leben durch die gleiche Kraft; Opferung überholter Vorstellungen; Erlösung aus uns selbst heraus, durch Liebe

Später verstand man im Bild des Pelikans auch das unblutige Opfer: das Ablegen unserer alten, unbrauchbar gewordenen Formen, um die alte Persönlichkeit »neugeboren« in Christus aufgehen zu lassen.

Seit dem 17. Jahrhundert griffen auch nicht-kirchliche Organisationen das Motiv auf. In einer freimaurerischen Emblematik heißt es unter dem Symbol des Pelikans, der seine Brut mit eigenem Blut ernährt: Was in dir ist, hole hervor. Reiße dir die Brust auf und gib dein Leben hin für deine Kinder (Kind = Manifestation einer neuen Qualität). »Deines Geistes Samen, hol' sie dir ans Licht« (Wüseke 1990:136)!

Pfau

Seine ursprünglich liebliche Stimme verlor er, als er gleich mit der →Schlange und dem ersten Menschenpaar aus dem Paradies vertrieben wurde, weiß eine islamische Legende. Sein unverkennbarer Schrei sage seitdem den *Tod voraus, zumindest Regen oder Monsun. Vor stärkeren Niederschlägen soll er sogar aufgeregt bis in die Gipfel der Bäume klettern oder einen regelrechten spiralförmigen Regentanz aufführen. Im 16. Jahrhundert eröffnete der Pavane, der gravitätisch und ernst geschrittene Pfauentanz, zum Klang von Oboe und Posaune jeden königlichen Ball. Die

Juno mit Pfau, dem Sinnbild des Elements Luft

Damen und Herren erschienen dazu in Kostümen mit langen Schleppen, tanzten und malten in vorgeschriebenen Figuren ein Abbild des Himmels und seiner ewigen Freuden.

Der hundertäugige Argos, »der alles sieht«, hatte im Auftrag der eifersüchtigen Himmelskönigin Hera die Göttin der Fruchtbarkeit des *Mondes und Geliebte des Zeus, Io, bewachen müssen, von Hera in eine weiße →Kuh verwandelt. Auf Wunsch des *Sonnengottes schläferte Hermes/*Merkur Argos ein, andere berichten: er tötete ihn. In Erinnerung an Argos pflanzte Hera dessen Augen in die Schwanzfedern des Pfaus, ihres Lieblingsvogels. Ihr römisches Gegenstück, die Göttin Juno, zog als Königin des Himmels mit ihrem Pfauenwagen über das All, ein Gefährt aus dem Licht und den Eigenschaften der *Sonne. Der Vogel bot mit seinem Rad ein Abbild des Firmaments, seine magisch wirkenden »Augen« bezeichneten die Sterne. Engel, vor allem die der obersten Hierarchie, trugen als Boten und Erscheinungen erhabenster Sphären und Bewusstseinsebenen Pfauenflügel.

In Indien bezeichnete der Pfau den höchsten Rang, die höchste Würde basierend auf Mitleid und wärmender Liebe, unbedingte Aneignungen auf dem menschlichen Weg zur Vollendung. Islamische Spiritualität fand in den Pfauenaugen das kosmische Licht, das Auge des Herzens. Es spiegelte mütterliche Liebe und Zuwendung allem gegenüber. Kâma, indischer Gott des Eros, ritt auf einem Pfau. Der japanische »Pfauenkönig der Weisheit«, eine buddhistische Gottheit, verjagte die bösen Gedanken und Leidenschaften, die das Prachtbild des Menschen verdunkeln, wie der Pfau Schlangen und Insekten vertilge und allein durch sein Auftreten vertreibe.

Das Federnrad des Pfaus vereinigt alle Farben. Mittelalterliche Alchimie wies mit diesem Bild auf die Überwindung der Gegensätze in und außerhalb des Menschen, auf die Vollständigkeit unseres Anlagereichtums – Ganzheitlichkeit unter dem »sternenbesäten Radkreis«. Ein Pfau konnte den →»Phönix aus der Asche« ersetzen. Spirituelle Meister des Ostens berühren ihre Schüler gern mit Pfauenfedern, um ihnen etwas von ihrer Kraft und ihrem Bewusstsein zu übertragen. Boddhisattvas, erleuchtete Buddhisten im Zustand der Freiheit von allem Leiden, saßen auf einem Pfauenthron – aber auch, bis zu seiner Vertreibung, der Schah von Persien.

Der *Physiologus beschrieb die Schönheit und Würde des Pfaus, behauptete aber, wenn dessen Blick auf die eigenen Füße falle, schreie der Vogel wild und klagend auf. Sie passten nicht zu seiner sonstigen Pracht. Auch der Mensch solle sich an dem erfreuen, was Gott ihm gegeben. Schaue er aber auf seine Füße, d.h. auf seine Sünden, möge er weinen und das hassen, was ihn an einer Begegnung mit dem »Bräutigam« hindere (1960:78).

Ab dem zweiten nachchristlichen Jahrhundert gehörte der Pfau zur Basis der Apotheosesymbolik römischer Kaiserinnen. Der →Adler verhalf bereits den Kaisern zur Unsterblichkeit. Auf Münzen hoben Kaiserinnen auf einem Pfau von der Erde ab. Dahinter steckte die schon bei den Ägyptern verbreitete Ansicht, beim *Tode fahre die Seele in die Gestalt eines Vogels oder verwandele sich selbst in einen, der am Grabe sichtbar auffliege. Der Kirchenvater Augustinus hatte in seinem weit verbreiteten Buch *De Civitate Dei* die Annahme bestätigt, dass Pfauenfleisch unverweslich sei. Man glaubte zudem, das Gefieder des Vogels erneuere sich regelmäßig. Damit übernahm auch das Christentum dessen Symbolik der Auferstehung, des Aufstiegs und der Unsterblichkeit unserer Seele. Bekannt sind die Träume von Personen, die sich als Pfau erhoben und die Sterne erreichten, in das Paradies ewiger Seligkeit zurückkehrten. Dante Alighieri interpretierte solche Träume als geistige Eroberung der Planetensphären. In der Legende vom Martyrium der heiligen Barbara verwandelten sich die tödlichen Geißeln ihrer Folterknechte aufgrund ihres festen Glaubens in Pfauenfedern.

Vorchristliche Mysterienschulen kannten den Einweihungsgrad »Pfau« (Renatus). Er bezeichnete einen Menschen, der durch Arbeit an sich die Hüllen des alten Menschen abgestreift hatte, im physischen Leben quasi auferstanden und damit wiedergeboren war. Von Pythagoras wird überliefert, dass er glaubte, »die Seele eines Pfaus sei in Euphorbos, die des Euphorbos in Homer und die des Homers in ihn übergangen«, wobei diese »Pfauenwanderung« mit ihm wohl noch kein Ende gefunden hatte (Reimbold 1983:43 f.).

Späte Zuweisungen zerrten die Symbolik in die Niederungen unserer »Laster« herunter. Der Pfau repräsentierte jetzt mehr die Dualität in der menschlichen Natur, die es zu überwinden gilt. So stand er für Eitelkeit, Hochmut, Hoffart und Stolz. Zeitgenossen können sich aufplustern und spreizen wie ein Pfau.

Grundbedeutungen

Abbild des Sternenhimmels;
Pracht der höchsten Errungen-
schaften der Seele; Aufstieg und
Unsterblichkeit der Seele

Auf amtlichen Beschluss der Vereinten Natio-
nen in New York mussten die auf ihren Rasenflä-
chen gehaltenen Pfauen 1973 entfernt werden,
»um Delegierte vor der Unheilswirkung der Gefie-
deraugen zu schützen«. Kaum auszudenken, was
passieren und welche Laster hätten auftreten können ...

Pferd

Der griechische Meeresgott Poseidon hatte einst mit seinem Dreizack auf
felsigen Untergrund geschlagen, dass es nur so funkte, und das erste Roß
sprang hervor: voller Schönheit, graziler Anmut, voller feurigem Temperament, gepaart mit geballter Kraft. Doch erst um etwa 3000 v.Chr.
scheint der Mensch das Pferd gezähmt und zum Nutztier gemacht zu haben. Vorher wurde es gejagt. Lange Zeit galt es als zu heilig, um vom
Menschen bestiegen zu werden. Allein die Götter durften reiten. Im Vol-
ke kursierte, das Pferd sehe alles zehn mal so groß. Nur deswegen habe es
sich dem kleinen Menschen unterworfen. Isländer, die erst im 20. Jahrhundert die ersten Straßen quer über ihre Insel bauten, sagen: Auf sich allein gestellt, ist der Mensch nur ein halber Mensch; mit einem Pferd kann
er über sich hinauswachsen.

Die vermutlich älteste Pferdedarstellung prangt überdimensional in
den White Horse Hills von Berkshire. Ursprünglich scheint die Weiße
Stute die Weiße Göttin als Große Mutter repräsentiert zu haben. Irische
Könige gingen bei ihrer Inthronisation die Heilige Hochzeit mit einer
Stute ein, mit der Fruchtbarkeit, Macht und Dynamik der *Lebenskraft.
Die frühindische Großkönigin vollzog mit einem vorher getöteten
Hengst den symbolischen Beischlaf, um einen Heldensohn zu gebären.
Als Rosse der Ozeangötter gehörten Pferde zum *Element Wasser und
zum *Mond. Die wilden Kräfte von Wind und Sturm befruchteten und
gefährdeten als gesetzlose meteorologische Wirkungen die Erde. Wenn
im Symbol der →Löwe ein Pferd reißt, trocknet die *Sonne Feuchtigkeit
und Nebel aus.

Helios und seine Pferde, Troja (nach 390 v.Chr.)

Im Altertum glaubte man, der Wind befruchte die Stuten, und viele Pferde seien deswegen geflügelt. Indra, indischer Himmelsgott, trennte mit seinem Donnerkeil die ursprünglichen Flügel der Pferde ab, um die wild umherstreifenden Tiere lenkbarer zu machen. Allah hatte sein Pferd aus dem Wind geschaffen. Das achtbeinige Windross des germanischen Odin, Sleipnir, wurde nie müde, da vier seiner Beine sich ständig ausruhen konnten. Odin selbst, Herr des Sonnenlaufes, verwandelte sich gern in einen Schimmel oder Schimmelreiter, um in der irdischen Welt einzugreifen. Der Schimmelreiter schien den indogermanischen Völkern als Bote der kosmischen Ordnung. Noch in Theodor Storms (1817–1888) Novelle *Der Schimmelreiter* schimmern solche Züge durch.

Als die griechische Erdmutter Demeter auf der Suche nach ihrer Tochter Persephone durch Arkadien eilte, wurde sie vom lüsternen Poseidon verfolgt. Sie versuchte ihm als weiße Stute zu entkommen. Der Meeresgott aber verwandelte sich in einen weißen Hengst, stellte und deckte sie. Aus dieser Verbindung ging zunächst eine Tochter hervor, deren geheimer Name in den Mysterien nicht genannt werden durfte. Weiße Stute und weißer Hengst vertraten auch Feuer und Wasser (*Elemente). Weiße und schwarze Pferde begleiteten die Seelen. Erlkönig und Wilder Jäger preschten als Rappen mit den Toten dahin und waren wesensgleich mit dem *Tod und der Nacht. Der *Teufel holte seine Opfer gern auf einem Rappen zu sich. Dieser Rappe erschien oft in den zwölf Raunächten zwischen dem alten und dem neuen Jahr. So opferte der germanische Norden in dieser Zeit dem Tod und Winter, um sie zu überwinden, Pferde, in Vertretung dem Wilden Jäger und »roßbärtigen« Gott Odin. Das Christentum verdammte Pferdeopfer als verabscheuungswürdig heidnisch. Karl der Große erklärte den Verzehr von Pferdefleisch zum Kapitalverbrechen. Solche Verbote wirken sicher im Widerwillen nach, den viele Pferdefleisch entgegenbringen.

*Merkur / Hermes lenkte die Rosse von Persephone, Tochter der Vegetationsgöttin Demeter, bei ihrer Frühjahrsauffahrt aus der Unterwelt. Sieben Schimmel und sieben Rappen (Tage des zunehmenden Mondes) konnten den Monatswagen ziehen. Ein Rappe als dreibeiniges Ungeheuer kennzeichnete die drei *Mond- oder Wachstumsphasen. Märchen beschreiben dieses Mondpferd als morgens rot, mittags weiß und abends schwarz. Die *Geheime Offenbarung* des Johannes fügt ein viertes fahles Ross hinzu, dessen Gefolge aus der Unterwelt stammt (6,8). Diese vier Reiter der Apokalypse werden als Krieg, Tod, Hungersnot und Pest interpretiert, von Rudolf Steiner als vier Phasen im Siegeszug des Intellekts bis zur »Unsterblichkeit des Ichs« (Steiner 1985:137 ff.). Die Schnelligkeit des Pferdes bot zugleich ein Bild für das Dahineilen der *Sonne, der Zeit und des Lebens. Zogen weiße oder goldfeurige Pferde die Kampfwagen der Sonnengötter, demonstrierten sie deren Macht, Zeugungs- und Wandlungskraft. Feurige Pferde erhoben den jüdischen Propheten Elias in den Himmel.

Im Laufe menschlicher Entwicklung muss die Schnelligkeit des Pferdes mit dem Flug der Gedanken und den Möglichkeiten rascher Problembewältigung verglichen worden sein. Das Geflügelte (→Pegasus) oder Weiße Pferd vertrat im Buddhismus die *Sonne und den reinen Intellekt, aber auch die ursprüngliche Unschuld, Leben und Licht. Dieses kosmische Pferd, »Wolke« genannt, war auch eine Erscheinungsform von Kuan-yin, Göttin der Barmherzigkeit, einer chinesischen Venus. Buddha verließ sein Zuhause einer Legende nach auf einem weißen Pferd. Ein weißes Pferd assoziiert das erleuchtete Denken des geistigen Menschen, gereinigten Sinn und Edelmut. Trug das geflügelte Pferd in China das Buch der Lehre auf dem Rücken, kündete es von Glück und Reichtum. In den britannischen Artuslegenden suchen viele Ritter nach der weißen Stute, der reinsten Form der *Lebenskraft. Als Alexander der Große auf der Suche nach dem Quell des Lebens durch die Sahara reisen musste, rieten ihm die Weisen, er solle auf einer weißen Stute reiten. Denn nur diese könne selbst in völliger Dunkelheit den Weg zum Wasser finden. Das Buch der Offenbarung kündet davon, Christus werde auf einem weißen Pferd wiederkommen.

Im frühen Christentum stieg das Pferd zum Träger licht- und friedenbringender Helden oder Reiterheiligen auf und repräsentierte die Tugenden Mut, Treue und Großherzigkeit. Der Papst, der sich als Stellvertreter Christi verstand, ritt auf einem Apfelschimmel und übernahm diese Machtinsignie weltlicher Herrscher und Kaiser der Antike. Andererseits waren Reiten und Reiter bereits bei den Kirchenvätern negativ besetzt und mit Kampfbegierde, Stolz und sogar Wollust verknüpft. Augustinus meinte, das Pferd werfe aus Hochmut den Kopf auf, der heilige Hieronymus wusste, es wiehere vor Begierde, sobald es eine Frau sehe. Aus den Psalmen (32,9) klingt die Warnung vor den zügellosen Sinnen: »Sei nicht wie ein Roß, wie ein →Maultier ohne Verstand, das nur mit Zaum und Zügel zu bändigen ist.« Von da aus mündete solche Pferdesymbolik bald in die Ketzerei. Der Sturz vom Pferd wurde zum Topos für ein sündhaftes Leben und tauchte in den Bekehrungsmomenten einiger Heiliger auf, Absteigen vom Pferd demonstrierte aber Demut. Im chinesischen Schamanismus bedeutete bewusstes Absteigen, die göttlichen Kräfte einzuladen aufzusitzen.

Analytische Psychologie fand im Symbol Pferd die seelisch disziplinierte Geschlechtskraft, *Libido, die den Menschen seinen Zielen zuträgt, wenn man sie gut behandelt. In Träumen können Pferde auf feineres Begehren deuten – im Gegensatz zum →Stier. Mähren (Nachtmahr) künden von unseren Ängsten, Rappen von der Umkehr des Schöpferischen, d.h. von Gefahr für Vitalität und Libido. Seitdem Poseidon Hochzeit mit der Nymphe Amphitrite gehalten hatte, beherrschten Roßungeheuer und See→ kentauren die Meere. Wilde Pferde kennzeichnen die unkontrollierbaren Leidenschaften der instinktiven Natur, die aus dem Unterbewussten hervorbrechen, Unbändigkeit und Unbeständigkeit der Gedanken. Dann »gehen die Pferde mit einem durch«. Der zum Wahnsinn neigende römische Kaiser Caligula erhob sein Lieblingspferd zum römischen Konsul. Zu den zwölf Aufgaben des *Herakles gehörte, die menschenfressenden Stuten des Marssohnes Diomedes einzufangen. Sie werden als das »existente, aber unfassbare regulative Prinzip« im menschlichen Triebleben verstanden, das weitgehend sein Tun und Handeln bestimmt. Trennung und Wertung solcher indifferenten Kräfte kann nur durch vernunftorientierte Unterscheidung erfolgen (Czogalla o.J.:27 f.). Schwarze Pferde charakterisieren in diesem Sinne falsche Ideen und irrende menschliche Begriffe.

Solche ungeklärten und ungelenkten Bindekräfte der Seele streben aber nach Erhöhung und Verwandlung. Athene, griechische Göttin der Weisheit, verlieh die Gabe Rösser zu zähmen. Reiter und Ritter können Geist und Körper, Charakterstärke und gezügelte Triebkraft vorstellen, Hellsicht und Instinktsicherheit, ebenso der antike Wagenlenker. Dann wird das Pferd Ausdruck des endgültigen Sieges (Bamberger Reiter). Es läuft schließlich zügellos, d.h. Pferd und Reiter sind in Einheit. Die Pferde keltischer Helden wurden als eine Art Alter Ego oft in der gleichen Nacht wie sie geboren und starben zur gleichen Zeit.

Märchen erheben Pferde zum Bild von Weisheit und Recht, einer höheren Ordnungsmacht. Sprechende Zauberpferde orakeln, warnen und bieten treue Hilfe an. Aus der Paarung von Demeter mit Poseidon entsprang auch →Pegasus, Liebling der Musen. Für Rupert Shaldrake symbolisieren Pferde das leicht lenkbare Wesen, aber er unterschied: Schimmel bedeuten das leuchtende und dem göttlichen Licht möglichst verwandte Wesen; Rappen das verborgene Wesen; Füchse das feuerartige und tatkräftige Wesen; Schecken das Wesen, das die Extreme infolge seiner Fähigkeit zur Überleitung verbindet »und das Erste mit dem Zweiten und das Zweite mit dem Ersten verknüpft, einmal auf dem Weg der Rückwendung und einmal auf dem Weg der Entfaltung« (Fox/Sheldrake 1998:118)

Grundbedeutungen

das Unzerstörbare, die verborgene Natur der Dinge; Sexualenergie und vitale *Lebenskraft; Freiheit des Lebens und der Gedanken

Als Relikt vorchristlicher Vorstellungen bringt ein Hufeisen Glück. Christliche Absiden und islamische Säulenbögen könnten Pferdehufen nachgebildet sein. Noch beim Bau der ersten Kirchen in Dänemark und Norddeutschland wurde neben dem Grundstein ein Pferd lebendig begraben. Pferdetränken in Hufeisenform hatte ursprünglich die Pferdegöttin mit ihrem mondförmigen Huf ausgestampft. Wasser aus den so genannten Rosstrappen galt als besonders heilsam. Andererseits bezeichnen wir mit dem Pferdefuß den negativen Aspekt einer Sache. In Westfalen zieren noch heute hölzerne Pferdeköpfe die Höfe, um Zauber und Unglück abzuwehren. Den gleichen Zweck erfüllten in ältester Zeit abgeschlagene Pferdeköpfe, die auf einen Stab vor das Haus gesetzt wurden. Gleichzeitig sollten sie als Führer auf dem irdischen Weg dienen. Sic überlebten als hölzerne Steckenpferde für Kinder.

Phönix

Alle 500 (oder 972) Jahre einmal brach der Vogel Phönix aus Indien oder Arabien nach Ägypten auf. Unterwegs sammelte er in den Zedernwäldern des Libanons wohlriechende Myrrhe. Am Ziel, der Stadt Heliopolis, angekommen, schichtete er die mitgebrachten Kräuter zu einem Nest auf einer heiligen Steineiche. Darin verbrannte er sich selbst wie als ein Opfer. Gemäß anderer Vorstellungen habe der Vogel, von dem nur ein einziges Exemplar existierte, auf einer Palme ein hölzernes Nest gebaut. Die Sonne zündete es an, und er starb in den Flammen. Wie

Phönix – aus J. Typotius:
Symbola Divina et Humana, *Prag 1601–03*

auch immer: Nach drei Tagen erhob er sich jedenfalls wieder in neuer Gestalt und flog in seine ursprüngliche Heimat zurück.

Herodot hatte das Fabeltier in die Weltliteratur eingeführt, der *Physiologus sorgte für die Verbreitung. Der verwies auf die Symbolnähe zur Passion des Jesus Christus, der am dritten Tag wieder auferstand und damit die Menschen dem ewigen Leben entgegenführe. Die Wiedergeburt des Vogels demonstriere Christi Macht über *Tod und Leben, aber auch Glaube und Beständigkeit (1960:14 f.). Universell diente der Phönix bald als Symbol für Tod und Wiedergeburt durch das läuternde und verzehrende Feuer der *Sonne, des Lichts der Erleuchtung. Im *Ägyptischen Totenbuch* wünscht sich der Verstorbene: »Wie ein Phönix durchlaufe ich die Gebiete des Jenseits.« Als Bote und Wandlungskraft dieses kosmischen Prinzips repräsentierte der Vogel Königs- oder Kaiserwürde, höchste Herrschaft über Geist und Materie, Adel und Einzigartigkeit. Da er nichts zerstöre, worauf er seine Füße setze, nur vom Tau und von nichts Lebendigem lebe, schreiben Fabeln ihm Sanftmut und Reinheit zu. In Mittelamerika nahm Phönix die Gestalt von Quetzal an, des Begleittieres von Quetzalcoatl, dem Gott der Weisheit und solaren Messiasprinzip.

Das Sinnbild des Phönix erwuchs aus der älteren ägyptischen Mythe vom großen Vogel Benu. Seit Beginn der Schöpfung tauchte der zu jeder Morgendämmerung auf, um sich auf dem Ben-Ben-Stein niederzulassen. Der Ben-Ben war der heilige, als Sonnenstrahl gedachte Obelisk im Norden der Sonnenstadt Heliopolis. Seine vergoldete Spitze fing das Licht der Morgensonne ein und spiegelte es wider. Benu-Phönix verkündete Ra-Atum, das »Erste Erscheinen des Lichts« auf dem Urhügel, das die chaotische Dunkelheit von Nun vernichtete, der Wasserwüste des Urbeginns – und dies wohl mit lauter Stimme.

Benu wurde als Fantasiegeschöpf dargestellt, das einem →Falken oder →Habicht ähnelte oder den Kopf eines →Reihers trug. Das Feuer (*Elemente), das in der Dämmerung auf dem heiligen Perseabaum in Heliopolis brannte, sollte ihn geboren haben. Einer anderen Mythe nach entsprang er dem Herzen des Vegetationsgottes *Osiris. Wieder andere berichten, Gott Geb, das männliche Prinzip der Erde, habe in Gestalt einer →Gans das Ei gelegt, aus der die *Sonne als Benu-Phönix herausschlüpfte.

Da die Ägypter kein Schaltjahr kannten, schoben sie stattdessen alle 1460 Jahre ein ganzes Jahr in die Annalen ein. Aus diesem feierlich begangenem Anlass opferten die Priester von Heliopolis einen heiligen →Adler, den sie eigens dazu hüteten. Mit bunt bemalten Schwingen verbrannte dieser bei lebendigem Leib in einem Nest aus Palmzweigen und Würzkräutern. Aus der Asche, so hieß es, werde ein →Wurm geboren, die sechs Stunden und wenigen Minuten, die trotz des Sothisjahres noch übrig blieben. Aus diesem entstünde der neue Phönix. Der römische Kaiser Augustus steht in dem Ruf, den Phönix »umgebracht« zu haben. Jedenfalls reformierte er 30 v.Chr. den ägyptischen Kalender. Dem Römischen Reich diente dieser Vogel als Symbolgarant der ewigen Dauer oder der zyklischen Wiederauferstehung des Imperiums (Ranke-Graves 1981:495 f.).

In China war der »zinnoberrote Vogel, die Substanz der Flamme« als Feuervogel Feng und ursprünglicher Windgott solar und männlich, als Huang lunar und weiblich. Sein weiblicher Aspekt verband sich mit Schönheit, Zartheit des Gefühls und Hamonie. Als Brautsymbol wies der Phönix auf die untrennbare Zusammengehörigkeit von Vermählten; darüber hinaus auf die vielfältigen Erscheinungen von Feng und Huang bei fruchtbaren und weniger fruchtbaren Vereinigungen. »Ein falscher männlicher« und »ein leerer weiblicher Phönix« spielen auf Homosexualität an.

Als Fabeltier besitzt der Phönix in China eine illustre Ausstattung: den Kopf eines →Hahns (Sonne), den Rücken einer halbmondartigen →Schwalbe; seine Flügel sind der Wind, seine Füße die Erde, sein Schwanz stellt Bäume und Blumen dar. So bietet er ein Abbild der physischen Welt. Seine fünf Farben stehen für Tugenden, wie ein altes Ritual berichtet: »Seine Farbe erfreut das Auge, sein Kamm drückt Rechtschaffenheit aus, seine Zunge spricht Aufrichtigkeit, seine Stimme singt Melodie, sein Ohr erfreut sich der Musik, sein Herz steht im Einklang mit den Vorschriften, seine Brust enthält die Schätze der Literatur, und seine Sporen sind kraftvoll gegen Missetäter« (Cooper 1986:141). Sein Erscheinen galt immer als äußerst glücksverheißend, verkündete Frieden, gütige Herrschaft oder das Erscheinen eines großen Weisen. Unter welch einer Regierung müssen wir leben, da der Phönix nicht mehr erscheint, beklagte einst Konfuzius!

Die Alchimie beschrieb mit dem Symbol des Phönix die Vollendung des Großen Werks, die Vervollkommnung der Seelenpersönlichkeit (in-

Grundbedeutungen

Tod und Auferstehung; neues Leben aus der durch Feuer (*Elemente) gereinigten Asche abgenutzter Formen

dividueller Teil unserer Seele), ihre Auferstehung und Apotheose. Jede wahre Wandlung erfordere zunächst die Zerstörung unbrauchbar gewordener Strukturen, der alten Persönlichkeit, sagt die Psychologie. Das Loslassen abgenutzter Formen setzt eine Menge gebundener Energie frei, die damit Veränderungen zur Verfügung steht. »Die Seele wird neu befiedert«, formulierte Platon, »und steigt wie ein Phönix aus der Asche«. Jesus riet: »Füllt keinen neuen Wein in alte Schläuche!«

Ratte

Die Welt lag noch im ewigen Dunkel, ohne Licht und Wasser, berichtet eine Mythe der indianischen Chippewa. Einzig im Tipi des Alten Häuptlings flackerte Feuer. In einem unbeobachteten Moment drang die Bisamratte in das Tipi und steckte sich eine Feuerkohle zwischen die Zähne. Doch auf der Flucht ließ sie die glühende Kohle fallen. Auf diese Weise brachte sie Feuer (*Elemente) und Licht in die Welt, das Eis schmolz und erzeugte Wasser.

Ratten gehören zur Familie der Mäuse, stammen vermutlich aus Südasien und verbreiteten sich mit der Schifffahrt über alle Kontinente. Die vegetarische Hausratte markiert ihre Wege mit Kot und Urin, die sie mit ihren Bauchhaaren und Pfoten glattbürstet. Auf der Flucht läuft sie unbeirrt wie ein Schienenfahrzeug ihren Spuren entlang. »Elbischer Pissdämon« (von alpisch: wahnwitzig) taufte sie der Volksmund. Als Tier, das sich seine Gänge meist unter der Erde gräbt, gehört die Ratte zur Unterwelt, zum Bereich des Dunklen und Gefährlichen und damit auch zum Unbewussten. Seit der Pestzeit in Europa brachte man sie mit Seuchen, Verwesung und *Tod in Zusammenhang. Man glaubte, sie seien aus dem Unrat selbst entstanden. Vielleicht liegt dem sogar die Ansicht zugrunde, solche Tiere seien die Folgen geistigen Unrats. Ratten und →Mäuse sollten im Hirn sitzen, Störungen der Denkfähigkeit auslösen und damit üble Laune. Alkoholiker kennen das Phänomen, im Delirium tremens lauter Ratten zu sehen. So lag es für das Mittelalter nahe, hinter solchen Phänomenen ein Einwirken von Hexerei oder des *Teufels persönlich zu mutmaßen.

Die Wanderratte, ein unersättlicher Allesfresser, tritt meist in rasch aggressiv werdenden größeren Raubgemeinschaften auf und vermehrt sich geradezu beängstigend. Vor allem zu ihr passen solche Zuordnungen wie: im hohen Maße organisations- und anpassungsfähig, intelligent, gewitzt, flexibel, überlegend vorsichtig bis tolldreist, verschlagen, schneidig und angreiferisch. Im Hinduismus sagte man den klugen Ratten Voraussicht und Einblick in die Zukunft nach. So galt eine Ratte als Seele des glücksbringenden →Stieres Nandi. Ganesha, →Elefantengott und Herr der Hindernisse, nutzte Ratte wie →Maus als Reittier. Ratten finden durch alle Hindernisse hindurch den Weg zu den Vorratskammern und kennzeichnen unser erfolgreiches Bemühen, das irdische Leben zu meistern.

Ungeachtet dessen weisen viele Fabeln der Ratte Feigheit zu. Sie berichten von Rattenversammlungen, wo Anführer eine Meute durch Massensuggestion aufputschen und zur Gewalt aufrufen. Vor dem Feind aber, der Katze, sinkt aller Mut, und die Ratten suchen eiligst das Weite. Die altbekannte Geschichte des Rattenfängers von Hameln nimmt verschiedene Bedeutungen an. Zumeist wird darunter jemand verstanden, der mit falschen Versprechungen und Verlockungen wenig standfeste Menschen auf seine Seite und – wie man meint – ins Verderben zieht. Auch im alten chinesischen Tierkreis charakterisiert die Ratte als das erste Symboltier Furchtsamkeit und niedrige Gesinnung. Chinesische Märchen konstruieren oft einen Zusammenhang von Ratte mit Geld. Rascheln sie nachts, würden sie Geld zählen. Mit »Geldratte« beschimpft man einen Geizhals.

Wie der →Maulwurf charakterisiert die Ratte das universale Prinzip der *Lebenskraft. Sie bleibt rastlos tätig, ewig fruchtbar, trägt die ganze natureigene Intelligenz in sich und kann sich, setzt man ihrem Fluss Widerstand entgegen, äußerst aggressiv und zerstörerisch gebärden. Eine Ratte als Attribut des keltischen Hirschgottes Cernunnos (→Hirsch) verhieß Reichtum durch Wachstum. Werden diese Kräfte aber nicht reguliert, neigen sie zu Überflutungen, in der äußeren Natur wie in unserer Psyche. Dann müssen wir Gegenmaßnahmen ergreifen. Im 16. Jahrhundert verurteilte der Rat von Autun aufgrund einer Rattenplage kraft seiner Autorität alle diese Tiere, das Gebiet der Stadt binnen vier Tagen vollständig zu verlassen. Leider ist nicht überliefert, ob sie dem Ukas gehorchten.

Unter »Rattenkönig« verstand die frühe Naturgeschichte eine Krankheit, bei der mehrere dieser Tiere infolge einer eigentümlichen Krankheit zusammenwachsen. Man glaubte, es sei eine Folge von Ausschwitzungen ihrer Schwänze (Riegler 1907:76). Der Mythos dichtete dazu eine Ratte, die mit goldener Krone auf allen diesen Tieren throne und von dort herab herrsche. Später diente der Begriff Rattenkönig wohl für etwas Unentwirrbares. Luther benutzte ihn als Schimpfwort für die päpstliche Kurie.

Grundbedeutungen

die *Lebenskraft in ihrem intelligentesten und alle Widerstände meisternden Aspekt; das *Element Feuer als problemlösendes und problemschaffendes Moment

Rebhuhn

Kein anderes Tier sei bereiter für sexuelle Empfindungen. Rebhühner würden in der Brunstzeit so hitzig, dass allein der bloße Klang der Stimme eines Hahnes oder seine vom Wind herbeigeführte Witterung das Weibchen befruchten könne, meldete Konrad von Megenberg (1891:178 f.). Vielleicht haben wir vom Rebhuhn den Zungenkuss übernommen. Megenberg weiß noch, dass sie während der Brunst ihre Zungen eng zusammenbringen, was sie nur noch mehr errege.

Der *Physiologus berichtete, das Rebhuhn stehle fremde Eier und brüte sie aus. Die daraus ausschlüpfenden Küken aber folgten der Stimme ihrer wahren Eltern. So suche der *Teufel die »Unmündigen am Verstande« zu fangen. Diese aber folgten im Stadium ihrer Reife dem Ruf des Christus und würden ihre »himmlischen Eltern« erkennen (1960:31 f.). So unterstellte der Kirchenlehrer Ambrosius dem Rebhuhn Betrug und Arglist. Allgemein konnte es die Falschheit des *Teufels und seine Verführung zur übersteigerter Sinneslust vertreten, die mit einer gewissen Blindheit einhergeht. Andererseits verkörperte es die oft notwendige irdische Bereitschaft, die Vermehrungskräfte konsequent einzusetzen.

Beim Balztanz flattern die Rebhähne mit humpelnden Schritten im Kreis vor den höchst interessierten Hühnern, einen Sporn stets bereit, um nach der Konkurrenz zu hacken. Bei diesem Kampftanz gackern die weiblichen Zuschauer vor lauter Aufregung. Die kanaanitischen Priester tanzten zu Ehren ihres Gottes Baal (= Herr) einen hüpfenden Reigen und verehrten ihn wohl als Hinkenden (mit einem Stierfuß; →Stier), dessen Kraft damit angelockt werden sollte. Antike Rebhuhntänze ahmten immer ein Humpeln und Hinken nach (Ranke-Graves 1981:390 ff.). Der griechische Mythos überliefert Lahmheit und Verletzungen an Hüfte und Ferse, die zum Hinken führen, als Strafe für Auflehnung und Gehorsamsverweigerung gegenüber der Gottheit. Seitdem der Mensch aus dem Paradies vertrieben wurde, hinkt er, genau wie der gefallene Engel Satan. Damit wird zumeist die Unvollkommenheit des Menschen angesprochen, der zwischen seiner inneren und äußeren Welt schwankt, zwischen Wach- und Unterbewusstsein; der in seiner Unfertigkeit die göttliche Schöpferkraft oft einseitig auf sexuelle Tätigkeiten ausrichtet. Damit bleibt er schwach und blind und »hinkt so einigen Dingen hinterher«. Dieser Rebhuhntanz soll später in den Mittelmeerländern als Vorlage für Labyrinth- und Stiertänze gedient haben, vermutet Ranke-Graves (ebd).

Für Chinesen demonstrierte das Rebhuhn die gegenseitige Anziehung der Geschlechter. Aber das »girrende« Huhn, das zur Zeit des Frühjahrshochwassers den Hahn herbeilockte, spielte auf »unordentliche Verhältnisse« an, auf eine »Unordnung in der Natur«. In Griechenland charakterisierte der Titel »lüsternes Rebhuhn« für die Mondgöttin den Drang der *Lebenskraft nach Wachstum als roten Faden durch den Lauf des *Mondes und der Jahreszeiten. Wachstum garantiert zumeist Reichtum. Fast überall erhob man den Hühnervogel zum Sinnbild des Glücks. Und manchen Glückspilz beneiden wir, weil ihm die »gebratenen Rebhühner nur so ins Maul fliegen«.

Grundbedeutungen

die *Lebenskraft in ihrem rohen Drang nach ewigem Wachstum und ständiger Verbreitung

Regenwurm (siehe unter Wurm)

Reh / Hindin

Gwion Bach sollte einst den Kessel der Großen Mutter Ceridwen bewachen, in dem »der Trank des Wissens und der Inspiration« brodelte. Einige heiße Tropfen davon spritzten auf seine Finger. Um diese zu kühlen, steckte er sie in den Mund – und damit erhielt er ungerechtfertigten Zugang zu diesem Wissen. Er wusste, dass Ceridwen ihn nun gnadenlos verfolgen würde und versuchte nacheinander als →Hase, →Fisch, →Vogel und Weizenkorn (jahreszeitliche Fruchtbarkeiten) zu entkommen. Doch der dunkle Aspekt der Göttin erwischte und verschlang ihn, um daraus Taliesin zu gebären. Taliesin, Prophet und begnadetster mythischer Dichter Britanniens, wurde mit einem Rehbock gleichgesetzt.

Rehe konnten die Wachstumsphasen des *Mondes versinnbildlichen. Der Mann im Mond schultert gelegentlich ein gejagtes Reh. Bei den Kelten, wo es auch das Ende des alten und Beginn des neuen Jahres bezeichnen konnte, entführte der göttliche Pflüger und Landmann Amathaon einen Rehbock aus der Unterwelt ans Licht. Das anmutige Reh begleitete Diana und Artemis, die jungfräulichen Göttinnen des Mondes. Nachts eilen diese rastlosen Jägerinnen in Rehgestalt als Ausdruck des Unterbewusstseins von Gedanke zu Gedanke, um die unaufhörliche Flut der Suggestionen und Bilder zu bearbeiten, die diesem tagsüber in großen Mengen vom Wach- oder Oberbewusstsein zufließen. Der Name Hindin soll aus dem Gotischen stammen und so viel wie »das, was ergriffen werden muss« bedeuten. Man muss sie versuchen festzuhalten, diese »scheue, fugitive, unschuldige Fraulichkeit« (C.G. Jung).

Im Märchen führt das Reh den Menschen oft ins Ungewisse, als Sinnbild einer starken, auch sinnlichen, aber unklaren Sehnsucht. Es lockt ins Zauberland, in die Unterwelt des Todes, in das Reich des Wassers (*Elemente). Gelegentlich trieb es einen so weit, dass man die Messe am Sonntag verpasste, meldet eine Sage aus dem Harz. Czogalla (o.J.:16) spricht vom »verlockenden ewig Weiblichen«, dem Teil des Unbewussten, »der sich stets dem Zugriff der Bewusstheit entwindet«. Alchimisten nannten die materia prima ihre Diana. Im Märchen jagen Könige das Reh durch den Zauber*wald, und oft vergeblich.

Esoterische Psychologie sieht in der Rehsymbolik vor allem das Wesen der scheuen Intuition. Unser Intellekt kann uns völlig in die Irre führen, suchen wir nicht Kontakt mit der Intuition, der Sublimierung unserer Instinkte. Intuition und Intellekt in harmonischer Zusammenarbeit ergeben Vernunft. Zu den zwölf Aufgaben des *Herakles gehörte die Entführung des weißen Rehs mit goldenem Geweih aus dem Hain der Göttin Artemis in Arkadien. Als Herakles (Intellekt) aber die erbeutete Hindin nach Hause schleppen wollte, stellten sich ihm Artemis (Intuition) und Apoll (Inspiration) entgegen und verlangten ihr Eigentum zurück. Erst als der Sonnenheld nur Anspruch auf das goldene Geweih erhob (gewonnene Erkenntnis), verzieh ihm die Göttin (Bailey 1988:105 f.).

Das hilfsbereite sanfte Reh gibt sich in Heiligenlegenden recht fromm. Oft sucht es die Nähe von Gnadenbildern und Einsiedlern im *Wald. Heilige, zu Unrecht Ausgestoßene oder Verfolgte (Genofeva) werden im Wald von einer Hindin gesäugt. In Gründungssagen weist sie den richtigen Bauplatz für Gotteshäuser.

Grundbedeutungen

Kraft des *Mondes; Intuition und jener Teil des Unbewussten, der sich hilfsbereit nähert, aber scheu und flüchtig jedem Festhalten durch den Intellekt entzieht

Waldeinsamkeit, Holzschnitt von Ludwig Richter, o.J.

Reiher / Rohrdommel

Hat der Reiher in einem Fluss genügend kleine Fische erbeutet, um seine Jungen damit zu füttern, soll er sie zunächst am Ufer wieder auswürgen und ablegen. Dabei richte er alle Fische mit dem Schwanz nach innen aus, sodass sie einen Kreis bilden. Das jedenfalls will Robert von Ranke-Graves in Nordwales selbst beobachtet haben (1981:275). Deshalb sei der Vogel bereits früh mit der Ordnung des Universums in Verbindung gebracht worden und – ähnlich wie →Storch und →Kranich – mit dem Walten der *Sonne. Das pünktliche Auftauchen und Abziehen der Reiher spiegelte die Ordnung der Jahreszyklen.

In Ägypten verließ der Reiher zur Zeit der Überschwemmung in großer Zahl das Niltal und flog über die Felder. Seine zyklische Wiederkehr im Zusammenhang mit der belebenden Kraft des Nils, der dem ganzen Land jeweils die Fruchtbarkeit schenkte, erhob den Vogel zum Ausdruck ewiger Erneuerung. Wie die *Sonne stieg der Reiher in den frühen Stunden des Morgens von den Wasserufern auf, um sich noch während der Morgenröte zum Himmel aufzuschwingen. Diese »Erhebung zum Licht« rückte ihn in Symbolnähe zur Selbstverbrennung des →Phönix.

Im Schmerz vergieße der Reiher echte Tränen, wusste der römische Naturkundler Plinius. Christliche Ikonografie fand darin ein Sinnbild reuiger Buße. Sie verglich den Vogel sogar mit dem im Garten Getsemane trauernden Jesus, als Vertilger von →Schlangen mit dem Christusprinzip. Ein Reiher mit weißem Stein im Schnabel fordere Schweigsamkeit. Oder steht der Stein für die Perle der spirituellen Weisheit? Hält der Reiher einem Kritiker die Nase zu (Chorgestühl von Kloster Altsassen), zwingt er ihn zur Änderung von Atmung, Verhalten und Denkgewohnheiten.

In Ostasien vertreten der weißliche Reiher und die schwarze →Krähe die komplementären Kräfte yang und yin, *Sonne und Mond, Licht und Finsternis. Das Lautzeichen lu bedeutet Reiher und gleichzeitig Weg. Reiher zusammen mit Lotos stellen »den aufsteigenden Weg« vor, ein beliebtes Motiv in der Naturlyrik der T'ang-Zeit. Nach dem alttestamentlichen Propheten Jeremias (8,7) gehört er zu den gerechten Vögeln, nach Agrippa von Nettesheim deute sein Erscheinen auf drohende Schwierigkeiten. In Böhmen glaubte man, der Reiher warne den Menschen vor einer Gefahr und suche ihn auf seinem Weg von einer Gefahr bringenden Stelle abzubringen.

Wie alle Schreitvögel stolziert der Reiher etwas steifbeinig über die Fluren. Wir sprechen gern von gemessenem Schreiten und weisen ihm Ernst, Besonnenheit, geduldige Ruhe und Wachsamkeit zu. Sogar feinfühlig soll er sein, da er seine Beine aus dem Wasser hebe, ohne den Schlamm aufzurühren. Je nach Witterung vermag er fast in Bewegungslosigkeit zu verharren oder in eine hektische Betriebsamkeit zu verfallen. Der *Physiologus berichtete über den »verständigen« Vogel eridos (= Reiher; in den lateinischen Ausgaben des Werkes auf fulica, das Blässhuhn, bezogen): er nutze nur ein einziges Nest und Lager, fresse nichts Totes, noch schweife er weit umher. So wie er Lager und Speise immer an »nämlichen Orte« halte, so sollten auch wir nur einen einzigen Ruheplatz suchen, »die heilige Gemeinde Gottes«; und nur eine Speise zu uns nehmen: das Brot, das vom Himmel herabkomme, unseren Herrn Jesus Christus (1960:69 f.).

Reiher nisten auf hohen Bäumen und ziehen ihre Nahrung aus dem Wasser. Ähnlich dem →Ibis bieten sie damit ein Bild der harmonischen Verbindung zwischen Wach-(*Sonne) und Unterbewusstsein (*Mond). Chinesische Kunst stellt den Reiher oft in die Nähe der Weide, den Baum der Göttin des Mondes, Herrscherin über Quellen und Brunnen, über Weisheit und Intuition. Manannan mac Lir, keltischer Gott des Meeres (*Element: Wasser) und Hüter der für alle Wesen einst vorgesehenen »Seligen Inseln«, wechselte häufig seine Gestalt. In seinen nächtlichen Besuchen bei Frauen bevorzugte er das Erscheinen als Reiher. Manannans irdische Ausdrucksform, Mongan, wurde aufgrund seiner Geburt vielfach mit Jesus Christus als Erlösungsprinzip verglichen.

Die zu den Reihern gehörige Rohrdommel lässt als Paarungsruf ein tiefes Dröhnen ertönen, das oft mit dem eines Ochsen verglichen wurde. Der *Teufel erscheine gern als Rohrdommel und mit diesem schrecklichen Gebrüll künde er Tod und Verderben an, zumindest Veränderungen. Nach einer estischen Sage wurde der römische Statthalter Pilatus in eine Rohrdommel zurückgestuft, nachdem er Jesus den Juden zur Kreuzigung freigegeben hatte.

Grundbedeutungen

Ordnung im vegetativen Zyklus und in der Beziehung Wach- und Unterbewusstsein als Voraussetzung für Aufstieg zum Licht und für Vervollkommmung

Ren (siehe unter Hirsch)

Rhinozeros (siehe unter Nashorn)

Robbe / Walross

Von ertrunkenen Menschen sollen sie abstammen, glaubte man früher im gesamten Raum der Ostsee. Ihr eigentlicher Ursprung aber führe sich auf das im Roten Meer versunkene ägyptische Kriegsheer zurück, das vergeblich den Auszug der Israeliten zu verhindern suchte, weiß eine Legende skandinavischer Lappen. »Da hob Moses wieder seinen Stab in die Höhe, und Pharao und alle seine Leute, Hunde, Wagen und Pferde wurden von der Flut verschlungen. Pharao selbst und alle, die zu seinem Geschlecht gehörten, wurden ... große Robben, während alle seine Soldaten kleine Robben wurden« (König 1972:26).

Innerhalb der Säugetiere zu den Raubtieren gerechnet, unterscheidet man bei den Robben Seehunde, Seelöwen, Seeleoparden, See-Elefanten u.a. Sie sind gefürchtete Jäger, kühn und angriffslustig, im Wasser ungeheuer gewandt. Umso plumper und unbeholfener »robben« sie sich an Land, ihrem zweiten Element. In der Psychologie vergleicht man das Seehundfell mit der wilden Seele, der Instinktnatur. Wie die Robbenmutter, die an Land aufopferungsvoll ihre Kinder ernährt, tummele sich die Seele im grenzenlos Ozeanischen, ernähre den Geist und ziehe ihn mit großer Hingabe groß. Ein Robbenfell bezeichne den Urzustand, in dem die Seele in sich ruhe und wohin sie gern zurückkehre. Anforderungen unserer irdischen Existenz verursachten, dass wir aus dieser Haut stiegen und dann herumirrten (Estés 1993:284 ff.). Manch einer vermag es nie wieder anzulegen. »Selkies« nannten die Kelten Robbenmänner oder -frauen, die ihr Fell an Land abstreiften, gut versteckten, menschliche Gestalt annahmen und gern Kinder mit Menschen zeugten.

Küstenindianer und Eskimos ehrten in den Robben die Quelle des Lebens, Nahrung und Fruchtbarkeit in Fülle. Da die Wanderungen dieser Säuger nach festen Zyklen verlaufen, repräsentierten sie die Ordnung im Universum. Auf Hellas hatte einst der Vegetations- und Rauschgott *Dionysos Antiope zur Raserei gebracht, eine Art Himmelsgöttin und Geliebte des Zeus in seiner Funktion als Himmel→stier. Sinnlos irrte sie umher. Phokos, der Robbengott und -könig, Sohn des Schlüsselverwahrers der Unterwelt des Hades, Aiakos, holte sie auf seiner Insel Phokis ein, brachte sie »in Ordnung« und machte sie zur seiner Gattin. Die Robbe als Ausdruck der Fruchtbarkeit des Wassers (*Elemente) charakterisiert auch die Schöpfungspotenzen unseres Unbewussten. Es scheint, als beinhalte ihr Symbol zugleich die helfende und wegweisende Intuition.

Von dem zu den Robben zählenden Walross behauptet nämlich der *Physiologus, es sei der Anführer aller Fische. Gern setze es sich auf eine Klippe, wo die Brandung ihm nichts anhaben könne. Es schiene wie »aus eitel Gold«. Wenn die Fische des Meeres brünstig würden, zögen sie zum Walross, um ihm ihre Aufwartung zu machen – eine unbedingte Voraussetzung, um trächtig zu werden. »Auch du nun, verständiger Mensch, ... verehre das Walross, Gott den Herrn, und lass dich befruchten vom Heiligen Geist« (1960:79).

Rotkehlchen

Auf seinem Kreuzweg zum Kalvarienberg sollen sich Jesus Rotkehlchen genähert und versucht haben, die Henker und Soldaten zu vertreiben. Vergeblich. Als dann Jesu Blut floss, beeilten sie sich, es zu stillen. Es gelang ihnen ebenso wenig. Noch heute aber würden diese Vögel als Zeichen ihrer edlen Gesinnung ein blutrotes Zeichen an der Kehle tragen, erklärt eine wallonische Fabel.

Das zutraulich neugierige Rotkehlchen sucht oft die Nähe des Menschen. Es gilt als behäbig-gemütlich, sanft, friedlich und äußerst anpassungsfähig. Seine im Norden lebenden Vertreter weichen im Spätherbst zumeist nach Südeuropa aus. Manche ziehen weiter bis nach Nordafrika oder bis zur Küste Palästinas. Vermutlich unabhängig davon verbanden viele Volkslegenden den Vogel mit dem Tod und Blut Jesu; obwohl Brust und Kehle dieser Drossel keineswegs in blutrot, sondern im satten Orange prangen. Hinter der Beziehung zur Leidensgeschichte des um Wintersonnenwende geborenen Jesus Christus könnten ältere Traditionen stehen. Der Begriff »Robin« bedeutet im Französischen u.a. →Widder oder *Teufel, in Cornwall Phallus und Sexualkraft, aber auch Rotkehlchen. Am 25. Dezember, wenn auf den Britischen Inseln der Julbaum im Haus angezündet wurde, entstieg Robin dem Feuer und entwich in Gestalt eines Rotkehlchens durch den Kamin. Kaum war das Julfest vorüber, griff er seinen Rivalen Bran oder Saturn (Binder und Auflöser der Form) in dessen Erscheinungsform des →Zaunkönigs an und schlug ihn aus dem Feld. Es hieß auch, das Rotkehlchen, lichter schöpferischer Geist des neuen Jahres, ziehe zur Wintersonnenwende aus, um den den dunklen Geist des alten Jahres zu töten, den Zaunkönig. Damit habe es seinen Vater ermordet, was seine rotbefleckte Brust erkläre. Als »Neujahrsrotkehlchen« hatten die Inselkelten es ihrem frühen Gott Bel(in) geweiht, dem obersten Lichtprinzip und Vater des Sonnengottes.

Die Germanen ordneten, wie alle roten Pflanzen und Tiere, das Rotkehlchen Thor / Donar zu, dem Gott der zerstörerischen und reinigenden Kraft des Feuers und Gewitters. Nach einer Sage, die man sich auf der Kanalinsel Guernsey erzählte, war einst das Rotkehlchen übers Meer geflogen, um von einer Insel den Menschen das ihnen noch unbekannte Feuer (*Elemente) zu holen (Gattiker 1989:92). Die Alchimisten nannten dieses Feuer als Teil der höchsten Schöpfungsdreiheit: *Sulphur, der positive, dynamische, verzehrende und befruchtende Aspekt der *Lebenskraft. Ihm werden unsere Gefühle zugeordnet, unsere Leidenschaften und Verlangen, die jede Handlung anspornen.

Grundbedeutungen

Auferstehung im Feuer der Erneuerung; lichter Geist des neuen Jahres

Salamander / Molch

»Ungefähr in meinem fünften Jahr befand sich mein Vater in einem kleinen Gewölbe unseres Hauses, wo man gewaschen hatte, und wo ein gutes Feuer von eichnen Kohlen übrig geblieben war; er hatte eine Geige in der Hand, sang und spielte um das Feuer; denn es war sehr kalt. Zufälligerweise erblickte er mitten in der stärksten Gluth ein Thierchen wie eine Eidechse, das sich in diesen lebhaften Flammen ergötzte. Er merkte gleich, was es war, ließ mich und meine Schwester rufen, zeigte uns Kindern das Thier und gab mir eine tüchtige Ohrfeige. Als ich darüber zu weinen anfing, suchte er mich aufs

*Wie der Salamander lebt im Feuer,
so auch im Stein (der Weisen)*

freundlichste zu besänftigen und sagte: Lieber Sohn! Ich schlage dich nicht, weil du etwas Übles begangen hast, vielmehr dass du dich dieser Eidechse erinnerst, die du im Feuer siehst. Das ist ein Salamander, wie man, so viel ich weiß, noch keinen gesehen hat. Er küsste mich darauf, und gab mir einige Pfennige« (Benvenuto Cellini in: Goethe, Werke).

Nach Überzeugung der Antike vermochte dieser Schwanzlurch im Feuer zu leben, ohne zu verbrennen. Er solle sich im Feuer verjüngen und einen Brand sogar löschen können. So wurde er zum Symboltier des *Elements Feuer, zum Naturgeist des Feuers schlechthin. In den Alpenländern hielten die Menschen ihn als »Tattermandl« für die Erscheinung einer Seele, anderenorts eher für einen Spion Satans. Gewöhnlich stellten ihn Künstler als kleinen flügellosen →Drachen oder als →Eidechse dar. Der Salamander besitzt keine eigene Körpertemperatur, sondern passt sich ganz der Außentemperatur an. Wird es kalt, versinkt er in eine totale Starre. Dafür sucht er Höhlen, Löcher oder solche Stellen auf, wo er quasi völlig aus dem Blickfeld verschwindet. »Grottenmolche« nennen wir Zeitgenossen, die das Licht der Öffentlichkeit scheuen und sich in der dunklen Einsamkeit wohlfühlen. Vielleicht holten Menschen beim Holzsammeln in der kalten Jahreszeit den Salamander unbemerkt mit ins Haus. Als sie das Holz ins Feuer warfen, belebte die Hitze das Tier, das mit seinem Drüsensekret durchaus für einige Sekunden darin überleben konnte, bevor es sich dann eiligst aus dem Staube machte.

In der christlichen Ikonografie diente der Salamander einerseits als Symbol des Gerechten, der inmitten der Peinigungen des Feuers (der Versuchungen) den Frieden seiner Seele und das Vertrauen auf Gott nicht verliert. Andererseits konnte er die Seele im Fegefeuer andeuten. Hängen Salamander in Schlösser- oder Riegelform vor Kirchentüren, sollen sie Hoffnung geben, durch ausdauernden Glauben die Kraft zur Auferstehung zu finden, zur Wiedergeburt des neuen Menschen. Da man glaubte, der Lurch sei geschlechtslos, verwies er auch auf Keuschheit. Für die Heraldik bot er ein Bild für Tapferkeit, Mut und die Kraft, die »Feuer der Schmerzen« zu ertragen.

Mittelalterliche Alchimisten gebrauchten »Salamander« als geheimen Namen für das »hermetische Gefäß«, für den Schmelzofen, in dem wir unsere inneren Metalle (Anlagen, Eigenschaften) umwandeln und von der Schlacke befreien. Salamander bezeichnete aber auch das Prinzip *Mercurius, die geheime feurige Wandlungssubstanz der Schöpfung, und *Sulphur (Schwefel), das Licht der Erkenntnis. Mit diesem Licht vermögen wir alle in uns vorhandenen Energien, Kräfte und Potenzen in nützliche Werkzeuge umzuwandeln und auf gelungene Art zu manifestieren. Diese Fähigkeit ordneten sie dem Prinzip *Sal (Salz) zu. Mit dem alchimistischen Ansatz gewinnen wir einen Verständniszugang, wenn Salamander in einigen Kirchengründungssagen auftauchen.

Wer nicht reif ist, diese »feurigen« Ideen anders zu nutzen als sie ausschließlich seinen materiellen Wünschen unterzuordnen, der kann auf Dauer einige Missverständnisse zwischen innerem und äußerem Bewusstsein anhäufen. »Wasservergifter« (*Element: Wasser) heißen die Molche gelegentlich. Salamander vermögen tatsächlich ein giftiges Sekret abzusondern. Als »Molchgift« erlangte dies früher in so manchem Mordanschlagsprozess traurige Berühmtheit. In Fabeln kann der Salamander im Goldberg hausen, lockt Menschen aber oft genug in Moräste oder in Froschgräben (→Frosch), wo es vor ungezügelten Wachstumsleidenschaften nur so brodelt.

Für Fulcanelli (Julien Champagne, 1877–1932), den großen Entschlüsseler der geheimen Symbolik christlicher Kathedralen, kommt Salamander (lat.: salamandra) von sal (Salz) und von mandra, was Stall bedeute; aber ebenso Felsenhöhle, Einsiedelei. Folglich könne man diesen Namen als »Salz des Stalles« lesen, als »Salz des Felsens« oder »Salz der Einsamkeit«. Im Griechischen gehe die Bedeutung von sala mehr in Richtung Bewegung, Erregung. So dürfe man beim Salamander von einem Prinzip ausgehen, das sich als Feuer und Geist (Impuls) in einer Grotte, in einem Stall entzünde und Gestalt annehme. »Auf dem Stroh einer Krippe liegend, in der Grotte von Bethlehem, ist nicht Jesus selbst die neue Sonne, die das Licht auf die Erde bringt? ... Sagte er nicht: Ich bin der Geist und ich bin das Leben? Ich bin gekommen, das Feuer in die Dinge zu bringen? Dieses geistige Feuer, das sich verleiblicht und Gestalt angenommen hat im Salz, das ist der verborgene Schwefel ...« (Gebelein 1996:228 f.).

Grundbedeutungen

der Geist des *Elements Feuer in seinem impulsgebenden, innovativen und – als Molch – in seinem Aspekt, unsere Schattenkräfte (→Drachen) mit zu aktivieren

Die Schuhfabrikation »Salamander« produziert seit Jahrzehnten eine beliebte Heftserie für Kinder: »Lurchis Abenteuer«. Darin bereinigt ein solide beschuhter Schwanzlurch die Unzulänglichkeiten unserer Welt, in dem er aus einer beachtlichen Ressource an Kreativität immer neue praktikable Ideen ausbrütet.

Schaf

Das Schaf muss eines der ersten gezähmten Tiere gewesen sein und bei der Domestizierung vermutlich wenig Schwierigkeiten bereitet haben. Es zeigt vor allem freundlich sanfte Charaktereigenschaften und folgt fast willenlos jeder Führung. Wir heften ihm Hilf- und Wehrlosigkeit an, Schwachheit, Duldsamkeit und sogar Einfalt. Seine solide Fruchtbarkeit prädestinierte es, als Ausdruck der Wachstumskräfte zur häufigsten und vornehmlichsten Opfergabe zu werden. Im chinesischen Tierkreis kennzeichnet Schaf als achtes Symboltier »einsames Leben«. Man achtete es als Sinnbild kindlicher Pietät, weil es kniet, während es an der Mutter säugt.

Sprechen wir von Schäfchenwolken, verbinden sich regentragende und damit für Wachstum sorgende Wolken mit altem Seelenglauben. Frau Holle oder der »Herrgott« trieben bei schönem Wetter ihre Schafe am Himmel aus. Gleichzeitig hatte das Volk beobachtet, dass an Sonnentagen die erwärmte Luft Feuchtigkeit akkumulierte, aufstieg, sich sammelte, abkühlte und später ausregnete. So bot sich kaum ein anmutigeres Bild für die gut behütete Herde der Verstorbenen und ihre gemeinsame Sorge für die noch Lebenden auf der Erde.

Biblische Zeugnisse stellten die Lenkbarkeit des Schafes heraus und seine Angewiesenheit auf den Hirten, der sie weidet. Der »gute Hirte« charakterisierte das Verhältnis zwischen Gott und Mensch. Der Herr weidet seine Herde »wie ein Hirt, auf seinen Armen sammelt er sie; Lämmer trägt er im Gewandbausch, Mutterschafe leitet er sacht« (Jesaia 40,11). Jesus spricht zu Petrus (Johannes 21,15): »Weide meine Lämmer, weide meine Schafe.« Das »verlorene Schaf«, das sich verirrt hat und heimgebracht wird, sind wir Menschen, die den Weg zur ursprünglichen Einheit mit dem Göttlichen zurückfinden.

Der gute Hirte (4./5. Jh.)

Titulieren wir einen Menschen als (dummes) Schaf, kritisieren wir blindes und törichtes Nachfolgen von Mehrheitsmeinungen oder Schubladendenken; die Neigung, ohne gründliche Abwägung einer Führung von außen zu folgen. In noch größere Gefahren geraten wir, folgen wir inneren Stimmen, ohne deren Rat und Aufruf mit Vernunft auf Sinn und Stimmigkeit zu überprüfen. Im Märchen »Kathrin Knack-die-Nuss!« lässt die böse Königin ihrer bildschönen Stieftochter Anne mithilfe einer Zauberin einen Schafskopf anhexen. Ihre eigene Tochter Kathrin aber kann mit geknackten Nüssen (auch: »geknackte« Probleme) als Köder von einer Fee die Zauberrute erwerben, mit der sie ihre Halbschwester von offensichtlich psychischen Schwierigkeiten zu befreien vermag.

Dreibeinige Schafe in der Sage vermitteln die Phasen im vegetativen Kreislauf der Natur: Wachsen, Blühen und Verwelken oder Leben, Tod und Auferstehung. Der *Teufel mit all seinen vordergründig negativen Begleiterscheinungen kann als schwarzer Schafbock erscheinen. Es sei ihm aber schier unmöglich, jemals die Gestalt eines weißen Schafes oder eines →Lammes anzunehmen, wusste das Volk.

Grundbedeutungen

willenloses Folgen einer guten oder schlechten Führung

Schakal

Der Erstgeborene aller Wesen war der Schakal, berichten die Dogon in Mali. Er entstand aus der Vereinigung des Himmelsgottes Amma und der Erde. Seine Mutter verlieh ihm das Sprachvermögen. So beherrschte er als Erster »das Wort« und die Macht des Wortes. Mythen verstehen darunter meist die richtige Anwendung aller Formen und Möglichkeiten des Ausdrucks, Offenbarungen aus dem Bereich des höheren Bewusstseins zu »benennen« und ihnen damit »irdische Substanz« zu verleihen. Wahrsager in Afrika bezeugen dem Schakal die höchsten Ehrungen ihres Berufsstandes. Der Schakal spricht zu den Menschen, indem er tanzt und Spuren zur Deutung hinterlässt. In afrikanischen Erzählungen erscheint er redegewandt, listig, flink, als einsamer Kerl, der Gutes vollbringt – das Ideal des einfachen Mannes, der sich aber bessere Bedingungen verschaffen will (Knappert: 1995:278).

Der Schakal sieht auch in der Nacht und kann deswegen zu jeder Zeit auf Beutesuche gehen. Nach Überlieferung der Berber habe er ein Stück des *Mondes gestohlen. Frische Beerdigungen ziehen ihn magisch an. Im Buddhismus verkörperte er einen im Bösen verhafteten Menschen, der seinem Dharma nicht folgen kann, den Gesetzmäßigkeiten eines Lebens in Weisheit und Rechtschaffenheit. Als größte Trostlosigkeit menschlicher Verfassung beschreibt die Bibel trockene Wüsten und Trümmerstätten, in denen Dämonen und Schakale heulen. Der Prophet Jeremias (9,10) lässt den erbitterten Herrn ausrufen: »Zu Trümmern mache ich Jerusalem, den Schakalen zum Aufenthaltsort!« Schakale und →Raben folgten der indischen

Anubis als Einbalsamierer, Totenbuch, *Papyrus von Anhai (um 1100 v.Chr.)*

Kali, Göttin der Zerstörung, eines Prinzips der Großen Mutter. Aus ihr wird alles geboren, zu ihr kehrt alles zurück. Aasfresser bereinigen die Reste.

Der ägyptische Totengott Anubis geleitete die Seelen von einer Welt in die andere. *Isis hatte Anubis an Sohnes statt angenommen. Er half ihr in Gestalt eines Schakals oder →Hundes die zerstückelten Leichenteile des *Osiris zu finden und für das ewige Leben herzurichten. Anubis galt als Erfinder der Mumifizierung (Eingrenzung und Festhalten der äußeren Erscheinung) und überwachte im Totenritual den Ritus der Einbalsamierung und das Seelenwägen. Sein richterliches Urteil hatte dabei das größte Gewicht.

In abendländischer Mystik vertrat Anubis die Evolution (Auswickeln in die Vielheit) der Form. Sein Schakalkopf deutete auf menschliche Entwicklung, die sich noch nicht über die Verstandesebene erhoben hatte und im reinen Intellekt verharrte. Die im vierten Jahrhundert entstandenen so genannten *Bartholomäusakten* berichteten von einem »hundeköpfigen und Menschen fressenden Christen« (Kynokephalos), der durch den Apostel Bartholomäus bekehrt worden sei. Dessen Darstellungen in der christlichen Ikonografie deuten stark auf den schakalköpfigen Anubis.

Schakale haben einen ausgeprägten Geruchssinn. Eigenheiten werden durch die Nase erkannt, heißt es. Düfte sind gleichzeitig die subtilsten Mittel, assoziative Funktionen des Geistes anzuregen. Alle Tiere, die sich besonders auf ihren Geruchsinn stützen, werden mit der raschen und flüchtigen Intuition in Verbindung gebracht. So wurde der Schakal ein Symbol für die Unterscheidung durch die Sinne und zugleich für den ägyptischen Gott Thot. Thot, eine Form des *Merkur, steht auch für Unterscheidungsvermögen auf der Ebene unseres Oberbewusstseins. Indem wir definieren, benennen und Ordnungskriterien festlegen – die beherrschende

Grundbedeutungen

Führer und Richter der Seelen; Unterscheidungsvermögen in unserem Bewusstsein durch die Sinne, durch Sprache und Einordnungen

Tätigkeit des Verstandes –, erschaffen wir unsere persönliche Welt und verändern sie im laufenden Prozess. Die Sprache wird dabei zum Werkzeug geordneter Gedanken (Case 1992:81 ff.).

Schildkröte

Im Dorf der Urwesen hatte die hübsche Jungfrau »Fruchtbare Erde« erfolgreich um den Himmelshäuptling »Er hält die Erde« geworben. Als sie aber, noch ehe sie miteinander geschlafen hatten, durch den Hauch seines Atems schwanger wurde, wusste niemand, wie so etwas hatte passieren können. Empört ließ der eifersüchtige Häuptling die Schwangere vom Himmel herabfallen. Bevor sie dabei drohte, im Wasser unterzugehen, schufen ihr die Tiere rasch einen festen Halt auf dem Rücken der Großen Schildkröte. So entstand nach der Kosmogonie der indianischen Irokesen die Stütze der Welt (Müller 1956:118).

Viele Kulturen verehrten in der Schildkröte das älteste Wesen und die Macht des *Elements Wasser. Als Prinzip der Schwärze eines uranfänglichen Chaos griff sie das Feuer (*Elemente) und Erhellende der *Sonne an.

In der lateinischen Fabel vom Streit der Schildkröte (lat. tartaruga: dem Tartarus zugehörig) mit dem →Hahn kämpft die Finsternis gegen das Licht. Eine Schildkröte konnte die Unfruchtbarkeit und Dunkelheit des Winters verkörpern, den *Norden als Bereich, in dem die Sonne nicht scheint, und in trockenen Regionen als geachteter Regenbringer den Vertreiber verdorrender Hitze. In indianischen Mythen tauchte sie als Erdträger immer wieder in die Tiefe des Meeres hinab. Dort holte sie Schlamm und Humus herauf, um damit die erste Welt auszustatten. Alchimisten bezeichneten mit der Schildkröte die massa confusa (ungestalte Masse) bei Schöpfungsbeginn. Psychologen wollen diese in unseren niedersten Instinkten wiedererkennen. Indianische Fabeln schildern »Schildkröte« denn auch als dumm, närrisch, eitel und lüstern. Im Gegensatz ihres äußeren harten Panzers und dem darunter weichen, schleimigen Fleisch fanden die Azteken einen Ausdruck von Prahlerei und Feigheit.

Im Hinduismus erzeugte die Schildkröte alle Kreatur. Dieser Urahn, eine Inkarnation Vishnus, des höchsten Gottes, der die Welt mit drei Schritten (Aufgang, Zenit, Untergang) durcheilte, trug sogar den Ur→elefanten, auf dessen Rücken gewöhnlich die Welt ruhte. Zusammen – er männlich, sie weiblich – vertraten sie die beiden kreativen Kräfte der Schöpfung in ihrer frühesten Erscheinungsform.

Auch nach chinesischen Mythen ruhen Erde und Firmament auf dem Rücken der riesigen Seeschildkröte Ao. Der Ao-shan, der Ao-Berg, liegt auf den paradiesischen »Inseln der Seligen« im Ostmeer, dem Hort der Unsterblichen. Ao barg alle Geheimnisse von Himmel und Erde. Wer die höchste literarische Prüfung als Bester bestanden hatte, erhielt die Bezeichnung »Ao-Kopf«. Die Schildkröte vermittelte Fundament, Stärke und Ewigkeit des Universums. Als Held zahlloser chinesischer Legenden trat sie als Kulturbringer auf oder begleitete solche, wenn sie Ordnung in das Universum bringen wollten. So half sie dem ersten Kaiser, den Gelben Fluss zu bändigen. In ihrem Drang sich zu paaren, sei sie allerdings geradezu unsittlich und schamlos. Dieses Wesen aus den Ursprüngen der Schöpfung stand deshalb häufig unter scheuem Tabu. Daher sprach man vom »Schwarzen Krieger«. Heute hält man weniger von Tabus: »Schildkrötenherr« bezeichnet den Vater einer Hure, »schwarze Schildkröte« einen Zuhälter.

Griechen und Römer verehrten in der Schildkröte Aphrodite / Venus, die dem Wasser entstiegene Göttin der Liebe und Schönheit. Schildkröten gehörten ebenso zum Attribut der syrischen Astarte (babylonisch: Ischtar), eine frühe Form der Venus. Das Volk feierte sie mit ausschweifenden Festen und huldigte ihnen mit Tempelprostitution. Auch schöpferische Fantasie oder Kreativität (Venus zugeordnet) suchen aus dem *Element Wasser heraus in der sichtbaren und unsichtbaren Natur geradezu stürmisch nach einer Form oder einem Gefäß, um sich zu manifestieren. Zeugungs- und Empfangsbereitschaft prallen hierbei geradezu lüstern aufeinander.

Moralisierende Predigten christlicher Kirchenväter prangerten mit dem Verhalten der Wasserschildkröte unser »im Schlamm und in den Tiefen der Lust« watendes schwaches Fleisch an. Die Trägheit des Tieres ließ sich mit Trägheit im Glauben vergleichen, die Sünde und Häresie anlocke. Andererseits sollte das Zurückziehen in ihren Panzer auf Bescheidenheit und Zurückhaltung weisen, auf weibliche Bedachtsamkeit und Keuschheit. Der heilige Ambrosius formulierte: Aus ihrer Schale entstehe aber ein Instrument, »das im Dienst einer herzerfreuenden Kunst in sieben Tönen rhythmische Melodien erklingen lässt« (Heinz-Mohr 1988:254). Der griechische Götterbote Hermes (*Merkur) hatte für den Sonnengott Apoll aus Schildkrötenpanzer die Lyra geschaffen, Symbol der harmonischen Ordnung des Universums. Aus der Härte der Erde zauberte Hermes die »Süßlichkeit des Geistes«, so Ambrosius.

In chinesischen Legenden geraten →Drache und Schildkröte oft in heftigen Zweikampf und überleben ihn. Daher bevorzugte die kaiserliche Armee des Reichs der Mitte →Drachen- und Schildkrötenbanner als Demonstration ihrer Unzerstörbarkeit. Die unwandelbare Festigkeit, Langlebigkeit und Unbesiegbarkeit der Schildkröte besingen auch afrikanische Geschichten. Ihre langsamen Bewegungen und ihre runzelige Haut erwecken den Eindruck von hohem Alter, großem Wissen, Vorsicht und Besonnenheit. Ihren Panzer versteht man als weiteres Zeichen von Klugheit (Knappert 1995:282). Eine moderne indianische Astrologie ordnet die Schildkröte dem *Element Erde zu. Der charakterliche Ausdruck von Schildkrötenmenschen äußere sich in Ausdauer, Verantwortungsbewusstsein und Zuverlässigkeit, negativ aber in schwerfällig sturer Beharrung und Unerbittlichkeit (Sun Bear & Wabun 1981:242 ff.). Der griechische Philosoph Aristoteles hatte

Grundbedeutungen

Stabilität als Garant und Unflexibilität als Gefahr unserer Ordnung behauptetet, man könne der Schildkröte sogar das Herz entnehmen, ohne dass sie sterbe.

Die Schildkröte kennt weder Anfang noch Ende. Seit Anbeginn der Welt war sie deren Trägerin, sie wird es auch bleiben, und kein Mensch vermag daran zu rütteln, niemand: »Der Vorsitzende Mao änderte den Lauf der Flüsse und versetzte Berge. Er war aber nicht in der Lage, die Form der Schildkröte zu ändern« (Eberhard 1983:253).

Schlange / Aspis

Apophis, die schwarze Urschlange Ägyptens, versuchte als Dunkelheit der Nacht jeden Morgen, die Durchfahrt der Sonnenbarke zu verhindern. Wenn Apophis in der Frühe des Morgens besiegt worden war (→Katze), hielt man sie in der Unterwelt angekettet. Selket, Schutzgöttin des verborgenen Lebens und Bewacherin der Toten, musste sie beaufsichtigen.

Wird es im Herbst kühl, kriechen Schlangen in die Erde, um sich erst im warmen Frühjahr wieder an die Oberfläche zu wagen. Da sie aus einem Ei schlüpfen, die Haut im Frühjahr abstreifen, erinnerten sie an die Zyklen der Vegetation. Schlängelten sie sich an den Muttergöttinnen empor, verwiesen sie auf den fortwährenden und meist spiralförmigen Kreislauf von Leben, *Tod und Neugeburt.

Ihr Umwinden mahnte aber zugleich an das Bindende von Zeit und Schicksal. Kelten sahen im Symbol der Schlange die Achse, um die sich alles Leben drehte. Aus dieser Achse sprudelte die Heilquelle der schöpferischen Erdkraft, die ihre Lebenskräfte aus sich selbst heraus erneuerte, und der Strom, der Quelle und Schöpfung miteinander verband – der ganze Reichtum des unablässigen Werdens. Ananta (= das Endlose, Bleibende), die hinduistische Weltenschlange, bezeichnete den dynamischen Lebenswillen, der immer wieder für Neugeburt sorgt, den Geist allen Wachstums. Australische Aborigines verehren die Große Regenbogenschlange. Sie hütet die Schätze der potenziellen Energien von Erde und Kosmos. Schlangen konnten auch zu Kulturbringern und mythischen Ahnen werden, die den Menschen das Schmiedefeuer und das Korn brachten. Die Beine antiker *Titanen liefen oft in Schlangenform aus.

Viele Schlangenarten führen durch ihr Gift den Tod mit sich. In antiken Kalendern repräsentierten sie die Dämonie des abnehmenden Jahres. Oberirdisch ließ die Kälte alles erstarren oder – im Süden – die Sonne alles verdorren, das Leben zog sich nach innen und unten zurück, schlummerte und wartete auf seinen neuen Aktivitätszyklus. Das ägyptische Symbol der Uräusschlange, das linke, flammende Sonnenauge von Ra und in einer bedrohlich aufgerichteten Kobra dargestellt, kündete von seiner Macht, Feinde mit der Kraft des Feuers (*Elemente) vernichten zu können. Später übernahmen die Pharaonen das Emblem als höchstes Zeichen der Herrschaft, der Macht über Schöpfung, Erhaltung und Zerstörung, über *Tod und Unsterblichkeit. Mit dem Nimbus, Ausgeburten des Urozeans zu sein, von dem alles ausging und zu dem alles zurückkehrte, schienen Schlangen »behände wie das Unglück, mutwillig wie die Vergeltung, unbegreiflich wie das Schicksal« (Cooper 1986:161). Als amphibische Wesen verbinden sie sich mit dem *Element Wasser, geflügelt mit dem *Element Luft.

Eine sich wie ein Phallus aufrichtende oder eine gehörnte Schlange verhieß Sexualkraft und Fruchtbarkeit der Natur. Azteken verstanden in der gefiederten Schlange die Urbewegung von Wind und Wasser, den Atem oder Geist des Lebens, die nie endende Zeit. Als Ausdruck ihres Hochgottes Quetzalcoatl kennzeichnete sie die Macht der *Sonne in ihrem Lauf durch den Tag und Tierkreis. Indischer Spiritualität zufolge liegt an unserem Steißbein eingerollt die Schlange Kundalini. Diese verborgene, schlafende und meist noch nicht erweckte Seins- und Schöpferkraft steige bei Erweckung das Rückgrat empor und aktiviere alle psychischen Zentren (Lebensräder = Chakren), initiiere und verjünge, führe den Menschen zur höchsten Erleuchtung oder in tiefste Abgründe. Frühmenschliche Felszeichnungen zeigen die Schlange oft neben dem *Lebensbaum. Das Erste Buch Mose versetzte die Schlange in den paradiesischen Baum der Erkenntnis. Dort lockte sie mit dem mentalen Bewusstsein und dem »gefährlichen Gift« irdisch profaner Begehren.

An Thots (*Merkur) Wanderstab krochen ursprünglich zwei Schlangen empor und verflochten sich ineinander. Der Stab des Götterboten erhielt später Flügel und wurde zum Caduceus. Er signalisierte den Aufstieg des göttlichen Prinzips von der unterirdischen Schlangenkraft über die irdische Realität bis zur übermenschlichen oder transpersonalen »Flugfähigkeit«

(→Vogel). Er weist zugleich auf die ursprünglichen Gegensätze von Aktivität und Passivität, von Leben und Tod. Die beiden Schlangen (Nagas) des hinduistischen Gottes Vishnu wurden zum Träger und Erhalter der Welt. Eine geflügelte Schlange zeigt auch die Einheit von Geist und Materie, Vereinigung der Gegensätze, das mit Leben erfüllte Verstehen. Seit der antike Heilgott Aesculap sich auf einen solchen Schlangenstab stützte, dient dieser verkleinerte Lebensbaum bis heute als Markenzeichen der Medizinerberufe, der Wirkungen von Krankheit und Heilung, von Verwandlung und Erneuerung. Die Schlange kann eine Frucht oder das Kraut der Unsterblichkeit im Maul halten. Paracelsus soll ein schlangenartiges Fabelwesen, einen »Haselwurm«, besessen haben, der alle Heilkräuter kannte und alle Schätze erkennen ließ.

Alle Kaltblütler legen in ihrer Anpassung an die Temperaturen ein vernünftiges Verhalten an den Tag, zumeist als Intelligenz gedeutet und bewundert. Obendrein lässt der starre, bannende Blick der Reptilien an durchdringendes Wissen denken. Halluzinogene Pilze tragen auf Darstellungen oft einen Schlangenkopfputz. Schlangen waren Athene geheiligt, Göttin des *Mondes und der Weisheit, und dem Sonnengott Apoll, der in Delphi die Python der Finsternis, des abnehmenden Jahres, tötete und das Orakel als Gott übernahm. Apoll befreite damit auch die Seele durch das Licht der Erleuchtung und Erkenntnis. Lebten Schlangen im Haus, wurden sie in den meisten Kulturen als glücksbringender »Geist des Ortes« oder der Ahnen verehrt, gefüttert und befragt.

Chinesen unterschieden nur selten zwischen →Drache und Schlange. Wenn aber doch, verleumdeten sie letztere als hinterlistig schlau, verschlagen und übel wollend. Sie assoziierte Kriecherei und (geistige) Vergiftung. Im Buddhismus vertrat die Schlange im Zentrum des Rades der Weltprinzipen den Zorn, das →Schwein Habgier und Unwissenheit, der →Hahn sinnliche Leidenschaft. Alle drei zusammen prangern die Sünden an, die den Menschen an die Welt der Illusion und das Rad der Wiedergeburten binden. Der indische Held Krishna bezwang die Schlange Kaliya – Ausdruck von Shakti, Feuer (*Elemente), Chaos – und tanzte auf ihrem Kopf. Ihre neun Windungen wiesen auf die Zyklen des *Mondes. Diese »Schlange der Ängste« wurde nie getötet, sondern am Ende der Welt mit neuen Aufgaben betraut.

Gnostiker hielten den Schöpfergott des Alten Testaments nur für einen *Demiurgen, die Schlange für das, was dieser Halbgott den Menschen aus-

Der Ouroborus – aus: Abraham Eleazar: Uraltes chymisches Werk, *Leipzig 1760*

schloss: nämlich das Licht der Welt, Erkenntnis und Erleuchtung. Für die Naasener war die Schlange selbst Autor der göttlichen Gnosis. Nach biblischen Zeugnissen hatte sich in Gestalt einer Schlange der Teufel ins Paradies eingeschlichen. Ihre gespaltene Zunge verriet Doppelzüngigkeit. Verführte sie doch die ersten Menschen von den Früchten des Baums der Erkenntnis zu essen. »Ihr werdet wie Gott« (Genesis 3,5), hatte sie versprochen. Stattdessen mussten Adam und Eva den Garten Eden verlassen, d.h. *Tod und Gegensätze traten in ihre, in unsere Welt. Gottes Fluch aber traf den »listigen Verführer«, die Verkörperung von Bosheit und Zwietracht, des Bösen schlechthin. »Auf deinem Bauch sollst du kriechen und Staub fressen dein Leben lang« (Genesis 3,14). Auf immer sei Feindschaft zwischen dem Menschen und der Schlange gesät. Doch eines Tages werde ihr der Kopf endgütig zertreten!

Frauen und Schlangen werden gelegentlich synonym gebraucht. Schlangen mit Frauenkopf sollen an die »schuldige« Eva erinnern, auf die Hinterlist des verführenden Prinzips. Maria zertritt den Kopf der Schlange Evas, anstatt ihr zu erliegen. Nackte Frauen in der romanischen Kunst, deren Brüste und Unterleib von Schlangen angefressen werden, deuteten auf die Bestrafung der Todsünde Wollust (luxuria). Oder griff man nur auf die nackte Mutter Erde antiker Darstellungen zurück, die Säugetiere und Reptilien liebevoll an ihren Brüsten nährte?

Am Fuße des Kreuzes mahne die Schlange an das Böse, das der Mensch in sich überwinden muss, und unterstreiche den Sieg des Jesus Christus über die Mächte der Finsternis. Andererseits berichtete die Bibel, dass Moses auf Gottes Geheiß die Eherne Schlange errichtete und sie an einem Pfahl aufhing, um das Volk vor einer tödlichen Krankheit zu retten – feurigen Schlangen, die der Herr selbst gesandt hatte. »Jeder, der gebissen ist, soll dann zu ihr aufblicken. Er wird am Leben bleiben« (Numeri 21,6–7). Der Bischof Ambrosius von Mailand verglich den gekreuzigten Jesus mit einer am Holze (*Lebensbaum) aufgehängten Schlange (Lurker 1973:319 f.). Die Schlange hält also auch das Moment der Erlösung bereit.

Umwindet die Schlange ein Ei, brütet sie den Lebensgeist aus. Das spiralförmige »S« nimmt Bezug zum Ursprung der Schöpfung, der *Lebenskraft aus der Tiefe des Raumes. Moses verwandelte einen Stab in die Schlange und machte die Schlange wieder zum Stab. Alchimistisch heißt das: Mache das Feste flüchtig und verfestige es wieder (Gebelein 1996:103).

Auf einem Pfahl oder Kreuz kennzeichnete eine Schlange in der Alchimie die Fixierung des flüchtigen Quecksilbers (*Mercurius), die Unterwerfung der *Lebenskraft. Eine Schlange, die sich selbst in den Schwanz beißt, der Ouroborus, bezeichnet die sich unaufhörlich erneuernde Zeit, den Kreislauf des Jahres, die körperlichen und geistigen Zyklen. Der Ourobrus deutet auch darauf, dass alle Gegensätze aus ein- und derselben Quelle erwachsen. Er wurde zum Symbol der Klugheit und des Saturns, dem Gestalter und Auflöser aller Formen.

Beim Evangelisten Matthäus hebt Jesus vor seinen Jüngern diese Tugend hervor: »Seid klug wie die Schlangen und arglos wie die →Tauben« (10,19). Unter den *Christlichen Tugenden vertrat sie deswegen Weisheit, unter den Lastern die Häresie. Der *Physiologus erwähnt vier Eigenarten der Schlange: Wenn sie alt werde und ihre Augen trübe, faste sie vierzig Tage und Nächte, bis ihre Haut schlottere. Dann suche sie einen Felsen in einer engen Schlucht, wetze daran den Leib und werfe das Alter ab. So werfe auch der Mensch das alte Kleid der Sünde durch Fasten ab. Denn die Pforte sei eng und der Weg schmal, der zum Leben führe. Wenn die Schlange, um Wasser zu trinken, zum Fluss gehe, lasse sie ihr Gift in der Höhle zurück. So sollten auch wir unser Gift schlimmer Gedanken zuhause lassen, wenn wir zum unverfälschten Wasser der Kirche Gottes eilen. Sehe die Schlange den Menschen nackend, fürchte sie sich und wende sich ab. Ist er aber angezogen, springe sie ihn an. Hätten wir das Kleid des alten Menschen zugunsten unverfälschter Reinheit abgelegt, böten wir der bösen Macht keinerlei Angriffsfläche mehr. Wolle ein Mensch die Schlange töten, gebe sie ihren Leib gänzlich dem Tode preis, um ihr Haupt zu bewahren. So sollten auch wir in der Stunde der Verfolgung den Leib aufgeben, um das Haupt zu retten, unseren Glauben an Christus (1960:19 ff.).

Psychologen bezeichnen im Symbol Schlange die überpersönliche, dunkle weibliche Macht aus den tiefsten Seelenschichten, den mütterlichen Urgrund als das Instinkthafte des Unbewussten. Dann wird sie zum Bild rettender Weisheit und Vermittlerin übernatürlicher Erkenntnisse wie untergründiger Triebe und Ahnungen; aber ebenso zur unkontrolliert aufwallenden *Lebenskraft, deren Anblick in Gestalt der antiken schlangenhaarigen Gorgonen jeden zu Stein erstarren ließ. In Träumen kann die Schlange Angst und Faszination spiegeln, oft auf die Sexualenergie bezogen. Auf jeden Fall will sie stets etwas Bedeutendes mitteilen. Wie sie durch Felsspalten dringt, so findet unser Gewissen, die innere Stimme, den Weg in unsere Wahrnehmung.

Der Aspis, häufig zusammen mit dem →Basilisk genannt, taucht in der romanischen Kunst als kleine Schlange auf, mit einem Ohr am Boden, das andere hält sie mit dem Schwanzende verstopft. Der *Physiologus sah darin ein Symbol für die Sünde und verglich den Aspis – ähnlich der angeblich tauben Natter – mit Menschen, die das Wort Gottes hören und gleich wieder vergessen oder sich der Stimme der Heilslehre und den Worten des Lebens ganz verschließen.

Tritt die Schlange mit →Adler oder →Hirsch auf, stehen sich Finsternis, das Nichtmanifeste, das Chtonische und Licht, Geist, *Sonne gegenüber. Liegt eine Schlange unter den Klauen des Adlers oder wird sie vom Hirsch zertreten, siegt das Licht gegen die Finsternis, der Geist über die Materie. In dieser Spannung des Seins, zwischen den Polen Leben und Tod, Gut und Böse, lebt der Mensch. Nach indischer Auffassung sind Adler und Schlange nur so lange Widersacher, als beide »außerhalb Gottes« stehen. Diese beiden polaren Grundmanifestationen entpuppen sich in der Einheit Gottes als zusammengehörig und ergänzend. Ja, ihre Reibung ermöglicht erst den Rhythmus des Kosmos. In Nietzsches *Also sprach Zarathustra* spiegeln Adler und Schlange als Begleiter des weisen Einsiedlers die Tugenden des ersten Übermenschen. Der germanische Gott Odin erlistete sich den wunderbaren Met der Dichtkunst und Sehergabe, der Kreativität und Erkenntnis, als er sich mit seinem rati (= Bohrer) als Schlange Zugang zu der bewachenden Riesin verschaffte, das Gebräu austrank und eilig als Adler entfloh.

Grundbedeutungen

die geheime unsterbliche Lebensessenz; das, was belebt, erhält und gleichzeitig das Lebensprinzip selber ist; das zyklisch Zerstörende und einst Erlösende

Der Gnostiker Hippolytos sagte, die Schlange wohne in allen Dingen und Wesen. Nach ihr würden alle Tempel benannt, ihr sei jedes Heiligtum, jede Einweihung und jedes Mysterium geweiht. Ihr unterstünden alle Dinge, sie verleihe jedem Wesen Schönheit und Reife (Jung 1984:511) und damit Vollendung. Fast alle Kulturen fanden in ihr ein Sinnbild für das verborgene endlose Leben aus der Tiefe des Seins. Als germanische Midgardschlange umschlingt sie die Erde und alle darauf lebenden Wesen. Eines Tages wird sie die Welt zerstören und dabei keinen Stein auf dem anderen lassen; bevor sie selbst für immer untergeht, weil wir die Nacht des Todes und der Gegensätze endgültig überwunden haben.

Schmetterling / Raupe

Die indianische »Schmetterlingsfrau« der Wüstengebiete Neu-Mexikos und Arizonas ist uralt. Als Symbol weiblicher Fruchtbarkeit trägt sie in einer Brust die Unterwelt, in der anderen die Naturkräfte. Über ihrer linken Schulter geht die Sonne auf und über der rechten geht sie unter. Ihr Bauch birgt alle Wesen, die je geboren werden. Sie trägt den Blütenstaub von einem Ort zum anderen, um zu befruchten, und verkörpert das Zentrum, das ein wenig von hier nimmt, um es dort hinzuzufügen. Genau so befruchte die Seele das Bewusstsein durch nächtliche Träume und Archetypen das alltägliche Menschenleben. »Das Selbst muss keine Berge versetzen, um sich zu transformieren. Ein bisschen Umwandlung hier und dort genügt. Ein paar Veränderungen an der richtigen Stelle bewirken große Dinge« (Estés 1993:224 f.).

Kein anderes Tier liefert ein geeigneteres Bild für die Seele, für den unsterblichen Teil in uns, als der Schmetterling. Wie die Puppe die Raupe abstreift, der Falter die Puppe, so streife die Seele den toten Körper ab, entfliege und entfliehe ihm. Die Griechen nannten den Schmetterling auch psychae (= Seele), bezogen ihn aber auf den individuellen Aspekt, oft Seelenpersönlichkeit genannt. Der Liebesgott Amor, zugleich die Antriebskraft unserer Leidenschaften, verfiel der Schönheit Psyches. Nach einer tragischen Trennung führte der Göttervater Zeus beide zur Wiedervereinigung und ewigen Heimstatt auf dem Olymp, erzählt Apuleius in *Der goldene Esel*. Die zur Göttin erhobene Psyche trug herrliche Schmetterlingsflügel. In Goethes *Faust* beschreibt Mephisto seine Sicht der Dinge: »Das ist das Seelchen, Psyche, mit den Flügeln, die rupft ihr aus, so ists ein garst'ger Wurm.« Aber auch Hypnos, Gott des Schlafes, wuchsen Schmetterlingsflügel am Kopf – galt und gilt doch der Schlaf als eine zeitweilige Trennung von Seele und Körper.

Da sich der Falter erst aus dem Stadium der Raupe durch Auflösung in ein geflügeltes Wesen verwandelt, demonstriert er Aufstieg und Entwicklung durch Metamorphose und Wiedergeburt, die Dreiheit von Leben, *Tod und Auferstehung. Der »Totenkopf«-Schmetterling spielte symbolisch ausschließlich den Boten des *Todes, der »Sonnenvogel« den Herold, der das Ende des Winters ankündigte; er scheint sogar in früher Zeit als Vegetationsdämon verehrt worden zu sein. Auf einigen christlichen Bildern ruht ein Schmetterling auf der Hand des Jesuskindes. Christliche Theologie verglich den Mythos von Amor und Psyche mit Christus und unserer Seele in Schmetterlingsgestalt.

Ein Falter kann den Beginn menschlicher Existenz mit dem Einhauchen einer lebendigen Seele andeuten. Athene, Mutter- und *Mondgöttin, hielt zur Beseelung einen Schmetterling über die Köpfe der von Prometheus geformten Menschen. Die Kelten sprachen vom Schmetterling als »Feuer der Seele«. Von hier ist es nicht mehr weit zum Sinnbild der Befruchtung und Zeugung. Im Baskischen heißt der Schmetterling auch »Seele des (für seine Potenz so berühmten) →Esels«. Ein Schmetterling zusammen mit Pflaume verweist in China auf ein langes Leben mit unberührter Schönheit, zusammen mit →Katze auf den gesteigerten Wunsch, ein Alter von 70 oder 80 Jahren zu erreichen. Von Unsterblichkeit, einem überreichen Maß an Muße und Freude kündet er dort. Der Beischlaf wird gern als Spiel »liebestoller Schmetterlinge« und »wilder →Bienen« umschrieben, wobei dann der Falter den männlichen Part einnimmt.

Als Nachtfalter, seiner dunklen Erscheinungsform, gerät der Schmetterling in die Nähe von Hexen und bösen Zauberern, von Zwergen, Alps und Fieberdämonen, vom *Teufel in seinen mannigfaltigen Gestalten. In Japan kann der einzelne Schmetterling eine eitle Frau, das Flatterhafte einer Geisha (Prostituierte) oder einen wankelmütigen Liebhaber etikettieren. Auch bei uns bezeichnen wir mit »Schmetterling« eine unstete Person, die vor allem Liebesbeziehungen eher auf die leichte Schulter nimmt. Wir können damit ebenso die Kleidung eines Menschen bewerten, bei der mehr Wert auf Farbe gelegt wird als auf eleganten Schick. Eine moderne indianische Astrologie ordnet den Schmetterling dem *Element Luft zu. Schmetterlingsmenschen seien körperlich, geistig und emotional immer in Bewegung, intelligent, kreativ – voller spielerischer Leichtigkeit und aktiver Energie. In negativer Hinsicht neigten sie zu Oberflächlichkeit, Orientierungslosigkeit, zu gefährlicher Leidenschaft und Verkennung der eigenen Grenzen (Sun Bear & Wabun 1981:262 f.).

Der Lehrer des Anthropologen Carlos Castaneda, der Yaqui-Weise Don Juan, sprach vom Nachtfalter als »Bote und Wächter der Ewigkeit«. Nachtfalter trügen einen dunkelgoldenen Staub auf ihren Flügeln. »Aus irgendeinem Grund, oder aus gar keinem Grund, sind sie die Bewahrer des Goldstaubs der Ewigkeit.« Der Nachtfalter sei Wissen, und das Wissen fliege einen an wie der Goldstaub. »Das Wissen jagt Furcht ein, das ist wahr. Aber wenn der Krieger die beängstigende Natur des Wissens akzeptiert, dann durchkreuzt er seine Furchtsamkeit« (Castaneda 1976:36 f.).

Grundbedeutungen

Wandlung zum Höheren; die befruchtende Arbeit unserer Seele

Schnake (siehe unter Fliege)

Schnecke

Faulheit verband das Christentum mit dem trägen Weichtier und Sündhaftigkeit, da es sich nur im Schlamm und Schleim wohlfühle. Die Antike Welt hatte die Nacktschnecke mit der weiblichen Scham assoziiert, das alte Ägypten mit Feuchtigkeit, Wollust und Sperma.

Von den etwa 105 000 bekannten Schneckenarten leben die meisten im Meer, vor allem nahe der Küste. Viele Arten zogen auf das Land, nahmen dabei aber gewissermaßen das Wasserelement mit. Sie vermögen sich auf der Erde nur fortzubewegen, indem sie ständig eine schleimige Flüssigkeit absondern. Auf ihr schieben sie sich wellenförmig vorwärts, im sprichwörtlichen »Schneckentempo«. Viele Landschnecken schleppen dabei ihr Gehäuse mit auf dem Rücken. In dieses ziehen sie sich bei Gefahr und auch bei Trockenheit zurück. Die Form dieses Gehäuses ähnelt einem Labyrinth, einer Spirale oder einer Höhle – Beschreibungen, mit denen auch unser Unterbewusstsein charakterisiert werden kann.

Ihr Auftauchen und Zurückziehen aus dem Gehäuse rückte die Schnecke in die Nähe des *Mondes und seiner Phasen. Der aztekische Mondgott, Herr über das Wasser (*Elemente), aller Schwangerschaft und allem schöpferischen Wachstum, trug als Signum eine Seeschnecke. Da Schnecken im Frühling den Deckel ihres Gehäuses sprengen, vermittelte ihre Darstellung auf christlichen Gräbern Hoffnung auf Auferstehung. Auf Marienbildern sollen sie die Jungfräulichkeit der »Gottesmutter« herausstellen. Kulkulkan, toltekischer Gott des Anfangs, wurde in einer Schnecke geboren. Die Mayas zeichneten mit der Schnecke die Null.

Grundbedeutungen
körperliche Gemächlichkeit und intellektuelle Bedächtigkeit

Bei der positiven Bewertung von Langsamkeit finden wir Bedächtigkeit. Tierfabeln verleihen der Schnecke sogar meist Züge von Weisheit. Im Wettlauf überlistete Schnecke den →Fuchs, indem sie sich auf seinen Schweif setzte. In der Fabel von »Jupiter und der Schnecke« (Magnus Gottfried Lichtwer) hatte der oberste Gott allen Tieren eine Bitte freigestellt. Die Schnecke bat, ihr Haus auf dem Rücken tragen zu dürfen. Jupiter fand dies zwar töricht, gewährte es dann aber. Auf seine Frage: Warum in aller Welt gerade das?, antwortete die Schnecke:

> »Ich tu' es«, sagte sie dargegen,
> »nur einzig meiner Nachbarn wegen,
> die selten was zu taugen pflegen.«

Schnepfe / Bekassine

Im Frühling hallt aus der Luft ein bald nahes, bald wieder entferntes Meckern. Es stammt von der Schnepfe oder Himmelsziege. Vorwiegend in Sümpfen und Mooren lebend, bevorzugt sie für ihre Nahrungssuche die Dämmerung. Sie soll sich geradezu nach dem Mondlicht sehnen. Frau Holle, germanische Mutter- und *Mondgöttin, konnte unvermittelt als meckernde Bekassine auftauchen, wenn sie faule Spinnerinnen maßregeln musste. Der unheimliche Ruf der Vögel sollte den Sturm ankündigen, sogar den *Tod. So tauchen Schnepfen und Brachvögel unüberhörbar im Wilden Heer auf, dem stürmisch dahinziehenden Zug der verstorbenen Seelen zu ihrem neuen Aufenthaltsort. Bis in die Neuzeit glaubte man im

Norden Deutschlands, hinter ihrer Gestalt würden sich Hexen, der *Teufel bzw. dessen Gattin verbergen.

Schnepfen nehmen ansonsten ähnliche Bedeutung an wie das lüsterne →Rebhuhn, vielleicht weil ihre Hähne zur Balz einen ähnlichen Kampftanz aufführen, der auf einem regelrechten »Tanzboden« stattfindet. In unseren Breiten spielten sie nie eine besondere Rolle in der Symbolik, während auf Samoa und Tonga eine Schnepfe die Menschen erschuf und ihre Seelen auf die Erde hinabbrachte. Die Kelten ordneten den Vogel dem Monat März zu, da Schnepfen die Märzwinde charakterisierten, welche den Menschen aufwühlen und gern den Adrenalinspiegel steigen lassen.

In Frankreich werden törichte oder beschränkte weibliche Personen als Schnepfen beschimpft, in der Schweiz eitle, hochmütige und ausgesprochen schwatzhafte Frauen. Nach estnischem Glauben wandeln sich alte Jungfrauen nach ihrem Tode in Bekassinen und Brachvögel, in anderen Gegenden in →Kiebitze, und hielten sich dann vorwiegend im Moor auf. Den etwas wackligen Gang der Vögel glaubten Männer auch in den wiegenden Hüften galanter Damen wieder zuerkennen, und manche dieser Damen erinnern so an den »Schnepfenstrich«.

Da Schnepfen auch kleine →Schlangen vertilgen, zählten sie im Christentum zu den zahlreichen Symbolen der Christuskraft als Erlösungsprinzip. Oculi (dritter Sonntag der katholischen Fastenzeit) lief auch unter der Bezeichnung »Schnepfensonntag«, das auf ihn angesetzte Evangelium vom Austreiben der Teufel »Schnepfenevangelium«.

Grundbedeutungen

die ungezügelten Fortpflanzungskräfte im Stadium zwischen Tod und Neugeburt bei ihrem Ausbruch im zeitigen Frühjahr

Schwalbe

Im 19. Jahrhundert fanden Archäologen in den Ruinen von Zimbabwe zwei goldene Vögel, vermutlich Schwalben aus dem Sonnentempel des alten Bantu-Kultes. Nach dieser Religion liege das Geheimnis der *Sonne u.a. darin, dass ihr Licht selbst in dunkelste Räume eindringe, wie eine Schwalbe durchs Haus segelt, bevor man sie zu fangen vermag.

Auf der nördlichen Erdhalbkugel kündeten Schwalben das Ende des Winters und den Beginn des Frühlings an. In vielen Kulturen begann das Jahr um den 21. März, und die Ankunft dieser Vögel kündete das sehnsüchtig erwartete neue Leben, Wachstum und Fruchtbarkeit mit der Hoffnung auf vorteilhafte Veränderungen.

Sie wurden mit der Großen Mutter verbunden und in keiner Kultur scheinen sie je verfolgt worden zu sein, was beweist, in welchen Ehren sie einst standen. Die ägyptische *Isis flog in Gestalt einer Schwalbe um den Baum, der in Byblos den Sarg des Vegetationsgottes *Osiris umwachsen hatte. Schwalben sind »die unvergänglichen Sterne des *Nordens«, die über den *Lebensbaum fliegen, überliefert ein Pyramidentext. In Europa glaubte das Volk, Schwalben zögen sich während des Winters in die Tiefe des Meeres (*Element: Wasser) zurück, Chinesen vermuteten, sie überwinterten als →Muscheln.

Das Christentum tradierte die Nähe der Schwalbe zur Großen Mutter. Die Vögel sollten an Maria Verkündigung (25. März) bei uns eintreffen und an Maria Geburt (8. September) wieder fortfliegen. Da sie in jedem Frühjahr wiederkehrten, boten sie ein Sinnbild für Auferstehung, Licht, Erneuerung in Reinheit, die Ankunft und Menschwerdung Christi als Erlösungsmoment, aber ebenso für Pflichttreue. Der *Physiologus berichtete, die Schwalbe kündige des Winters Ende und wecke am Morgen die Schläfer. So erwachten die Asketen, wenn sie Leidenschaften und Begierden ausgelöscht hätten (1960:49). In der Heraldik können Schwalben auf die jüngeren Söhne weisen, die kein Land besitzen und in jedem Frühjahr deswegen wieder das Heim »anfliegen« müssen oder wollen.

Die Schwalbe tauchte zwar rechtzeitig und pflichtgetreu im Frühjahr auf, doch oft ließ die Sonne noch auf sich warten. Da man sich einst sehr auf sie verließ, rückte sie auch ins Zwielicht. Bei den nordamerikanischen Indianern nahm die Baumschwalbe mitunter die Rolle von →Coyote als *Trickster ein. Als Gauner tat sie genau das Gegenteil von dem, was sie versprach. In Japan, wo sie zum Sinnbild für häusliches Leben und mütterliche Fürsorge werden konnte, sagte man ihr auch Treulosigkeit nach. Schwalben sind schnell, lebhaft, kühn bei Gefahr und voller Finten in ihren Flugkünsten. Bei einer schönen »Schwalbe« im Fußballspiel droht allerdings die gelbe Karte.

In der bekannten Fabel von Aesop »Der verschwenderische Jüngling und die Schwalbe« hatte der Jüngling seine Habe bis auf den Mantel vertan.

Auch diesen verkaufte er, als er die erste Schwalbe heimkehren sah. Doch es blieb noch lange kalt, die Schwalbe starb, und der frierende Verschwender zürnte ihr ob dieser Täuschung. Hierauf stütze sich das ebenso weit verbreitete Sprichwort: Eine Schwalbe macht noch lange keinen Sommer.

Grundbedeutungen

Bote des Frühlings und Erwachens eines neuen Lebens; Hoffnung auf Glück und positive Veränderungen; Täuschung und Selbstbetrug

Schwan

Die griechische Göttin Nemesis (= Zuteilung dessen, was einem zukommt), Tochter der Nacht, personifizierte den schwer fassbaren Aspekt göttlicher Vergeltung. Sie wehrte sich der Zudringlichkeit von Allvater Zeus und floh vor ihm über Wasser und Land. In Gestalt eines Schwanenmännchens konnte Zeus sie endlich stellen und er vergewaltigte sie. Aus dieser Verbindung entsprang die schöne Helena (= Selene, Mond), der Liebesaspekt des *Mondes nach der *Sonne. Aus sentimentaler Erinnerung an sein Gaunerstück soll Zeus den Schwan als Sternbild in den Bereich der Milchstraße gesetzt haben. Eine spätere Variante dieser Mythe ersetzt Nemesis durch Leda (= Schwan). Mit ihr zeugte Zeus die eigentliche Mondgöttin Artemis und den Sonnengott Apoll.

Vor allem im Küstenbereich Nordeuropas verlassen die weißen Schwäne mit sinkendem Licht als letzte das Festland und kehren als erste zurück – ein geradezu klassisches Sinnbild für den Weg des Lichts, den Anbruch eines neuen Tages, die Geburt neuen Lebens. Schwanengottheiten zogen das Sonnengefährt oder dienten selbst als Vehikel. Sie wurden mit Güte, Wohlwollen und Liebe verbunden, aber auch mit dem Gesetz. Silberne und goldene Kettchen um ihre Hälse sollten auf die Abhängigkeit allen Seins von der kosmischen Ordnung verweisen.

Der Schwan gehörte zu den geflügelten Wesen, die das erste Weltenei auf das Urwasser (*Elemente) gelegt haben sollten, dem der indische Brahma entschlüpfte, das höchste Wesen des Alls. Schönheit und majestätische Würde strahlt der Vogel aus, wenn er mit hoch erhobenem Kopf mühelos auf dem Wasser dahingleitet. Einsamkeit, Ernst und Unnahbarkeit schrieb man ihm zu. In Großbritannien beansprucht die Krone alle

Schwäne als Eigentum, wo auch immer sie sich vorübergehend als Gast niederlassen.

Drei Nornen, Aspekte der dreifachen Großen Mutter, spannen ihre Fäden am germanischen Urdbrunnen, der Quelle des Schicksals und Gerichtsstätte der Götter. Sie schufen Gesetze, verwalteten die Abläufe des Lebens, kündeten das Schicksal und nahmen oft Gestalt von Schwänen oder →Kranichen an. Noch heute »schwant« uns oft, dass Änderungen auf uns zukommen. Bei den Kelten trugen die angesehenen Dichter einen Umhang (tugen) aus Haut und Federn der Schwäne, der den Zusammenhang zwischen der Funktion von Dichtung und der »Sprache der →Vögel« (Intuition und Inspiration) herstellen sollte. Dichter und Künstler erhalten örtlich noch heute das Prädikat Schwan verliehen. »Schwanensehnsucht« befiel viele von ihnen als »himmlische Ungeduld«, wenn es ihnen nicht gelang, den »Kuss der Musen« völlig rein in die Manifestation zu bringen. Schwanensehnsucht greift nach Vollkommenheit, nach Einheit mit dem Licht, dem höheren Bewusstsein. Der *Tod als Transformator öffnet ein Tor dazu.

In den arktischen Zonen brütet der Singschwan. Er soll Apoll auf seiner jährlichen Reise nach dem mythischen Hyperborea von dort zurück nach dem griechischen Delphi begleitet haben, um Botschaften aus dem *Norden zu bringen. Mit glockengleicher Stimme singe dieser Schwan, wenn einer seiner Artgenossen stirbt. Diese Todesmelodie, das Anstimmen des sprichwörtlichen Schwanengesangs, übertrug man auf die ganze Gattung. Ihrer Musik und ihrem Gesang wohne ein großer Zauber inne, der die Gefahr berge, das Irdische vorschnell verlassen zu wollen. Das Christentum verband den Schwanengesang mit Märtyrertum und Entsagung. Auf Urnen finden wir den Vogel als »Bringer« und »Holer«, als Begleiter ins Leben und in den Tod. Sein reines und strahlend weißes Gefieder führte ihn in die Nähe der Jungfrau Maria, des höchsten weiblichen Prinzips für die Aufnahme des Göttlichen. Der Vorreformator Jan Hus hatte vor seinem Tod auf dem Scheiterhaufen geweissagt: Jetzt verbrenne man mit ihm eine →Gans. Aber danach werde ein Schwan kommen, den man nicht mehr zum Schweigen bringen könne. Die protestantische Kirche bezog diesen Schwan auf Luther.

Die Psychologie erkennt hinter der »Schwanensehnsucht« die weibliche Anima, die einem gefährlich zusetze, könne man sie nicht als eigenen See-

Adolf Menzel: Zwei Schwäne (nach 1868)

lenteil deuten (Schliephacke 1979:55). Im sehr alten Märchenstoff von der Schwanenjungfrau kommt eine solche an einen See um zu baden und legt dabei ihr Schwanengewand ab. Ein Jäger beobachtet sie, stiehlt das Gewand und versteckt es. Ohne diese Kleidung bleibt sie hilflos, muss in einer niederen Sphäre verharren und meist Frau des Jägers werden. Der göttliche Teil unserer Seelenkräfte ist während der Inkarnation im physischen Körper wie ent- oder verzaubert und muss wiedergefunden werden. Hat die Jungfrau nach langer Suche ihr Gewand entdeckt, ist sie durch nichts mehr von ihrer Rückkehr in die höheren Gefilde aufzuhalten. Die Schwanenwesen und Walküren geben uns aber gern Seelengeleit auf der Reise nach dem Jenseits. Im keltischen Jahreszyklus gab der Schwan seinen Namen dem Monat vom 1. bis 29. Oktober, in der Teile der Natur in den Winterschlaf abtauchen.

Nach antiker Auffassung hatte der Schwan schwarzes Fleisch. Für Alchimisten zeigte er so mit weißem Gefieder und rotem Blut die drei Phasen des aus der Dunkelheit aufstrebenden Bewusstseins, des Großen Werks menschlicher Vervollkommnung (Gebelein 1996:301). Zugleich bedeutete er ihnen das »weiße Elixier«, das »Arsenicum der Philosophen« und

*Mercurius als Offenbarungsgott. Der weiße Schwan kennzeichnete das kosmische Feuer, den Heiligen Geist, den man aus dem Chaos des Unbewussten herausziehen müsse. Er eine »Vater« und »Sohn«, den »Urwillen der Schöpfung mit dem Selbst« (Jung 1984:394). Hamsa, der weiße Schwan auf indischen Tempelsäulen, das Reittier Buddhas, weist den Weg zur dieser Vereinigung. Er steht zugleich für Ein- und Ausatmen, für den Geist. Der westslawische Gott Svantevit (wird mit Schwanenhemdchen oder Schwanengefieder übersetzt), der Große Herr, hatte vier Köpfe. Er blickte in vier Richtungen, wies auf die Vierheit der *Elemente, als »Herr« vielleicht sogar auf deren Quintessenz.

Antike Mysterienschulen kannten den Initiationsgrad »Schwan«. Solche Schwäne sollten mit ihrem Bewusstsein auf höheren Ebenen verweilen. Da ihnen alles in der Schöpfung ihre wahre Natur und damit ihren Namen offenbart hatte, durften sie ihren eigenen Namen nicht mehr tragen und aussprechen, berichtet die Überlieferung. Gralsbruderschaften und »Schwanenritterorden« dekorierten sich als »Boten des Heils« mit dem weißen Schwan. In der Lohengrin-Sage zieht der Schwan das Vehikel, mit dem der »hilfreiche Bote des Selbst«, dessen Namen nicht erfragt werden darf, die Bewusstseinsebenen wechselt. »So sendet nach dem Säumigen«, lässt Richard Wagner den Helden seiner gleichnamigen Oper rufen, als dieser in seine Heimat zurückkehren möchte.

Grundbedeutungen

die von allem Makel gereinigte Persönlichkeit; Sehnsucht nach Vollkommenheit, nach dem Tod als Träger der Transformation; der (Heilige) Geist als Bote des Lichts der göttlichen Seele

---

Schwein / Bache

Die Beliebtheit des Schweinebratens bei vielen Zeitgenossen, selbst bei antiken Göttern, blickt auf eine lange Tradition zurück, wie Ausgrabungen aus der Hallstattzeit bezeugen. Schweinebraten, ein Synonym für Gastfreundschaft in der keltischen Welt, verband sich gleichzeitig mit Heldenmut. Denn es herrschte die Sitte, dem Tapfersten der Runde das beste Stück anzubieten. Standen dafür mehrere Anwärter zur Auswahl, entschied ein Kampf auf Leben und Tod im Streit um den so genannten »Heldenteil«.

Heute herrscht Streit darüber, ob man darunter Hinterschinken oder die Keule verstand. Der Sieger hatte jedenfalls »Schwein gehabt«. Keltologen führen diese Redewendung darauf zurück.

Das leidenschaftliche Ungestüm des Wildschweins, das schon in der Antike Felder, Wälder und Fluren verwüstete, bot reichlich Anlass, ihm die Rolle des Dämonischen aufzuladen (→Eber). Im alten Europa charakterisierte es Wirbelsturm, Gewitterwolken und bedrohliche Finsternis. Die ägyptische Himmelsgöttin Nut erschien in einer Legende als Himmelsschwein, das ihre eigenen Ferkel, die Sterne, in der Morgendämmerung fraß und diese jeden Abend aufs neue gebar.

Schwein- oder Eberkopf (links) vor Frühlingssymbol

Zwischen weiß, rosa und schwarz variiert die Färbung der Schweine, die alten Farben für die Zyklen des *Mondes und der Vegetation: wachsen, blühen und verwelken. Stoßzähne von Schweinen biegen sich halbmondförmig. Als gezähmte Haustiere sicherten die anspruchslosen Allesfresser und Abfallbeseitiger durch ihre intensive Nachwuchspflege dem Volk die Grundexistenz oder sogar Wohlstand. Cerridwen, die keltische Mutter- und Mondgöttin, trug Ehrenbezeichnungen wie Alte Bache oder Saugöttin. Der nackte Körper der tibetanischen »Diamantbache« Vajravarahi, die Große Mutter als Himmelskönigin, war rot wie eine Granatapfelblüte. Sie galt als weiblicher Aspekt von Vishnus dritter Inkarnation als →Eber, dem Durcheilenden des Himmelslaufes. Vajravarahi hütete das dauernde Fließen der Bachläufe, das ewige Sprudeln von Quellen und der Fruchtbarkeit aller sichtbaren wie unsichtbaren Natur; einer Natur, die den *Tod nicht kennt, sondern nur die Transformation. Einer kretischen Legende zufolge wurde der griechische Sonnengott Zeus von einer Bache aufgezogen.

Während der Mondfeste opferte man in vielen Kulturen Schweine an das gebärende Prinzip im Universum. Sie sollten die guten Chancen für einen neuen Kreislauf oder Neubeginn sichern. Der früher fast obligatorische

Schweinebraten zu Festen und Familienessen dürfte ein Relikt dieser Opfer sein. Noch heute verschenken wir zum Geburtstag oder zu Sylvester Glücksschweine. Da die Natur aus einem unerschöpflichen Reservoir an Reichtum schöpft, winkte das Glücksschwein in höherer Sinngebung mit immer währendem angenehmen Leben im Elysium, ohne Alterung, Kummer und *Tod.

Grundsätzlich muss die Vorstellung der meisten Menschen das im Schlamm und Unrat wühlende und suhlende Tier aber ebenso mit Sinnlichkeit, Wollust, Gefräßigkeit und ungezügelten Emotionen verbunden haben, mit naturhaftem Triebleben. Die Zauberin Kirke in Homers *Odyssee*, ein Aspekt der Großen Göttin, verwandelte die Mannen des Odysseus in grunzende Schweine, als sie deren heftiges Begehren auf sich gerichtet sah. Im Buddhismus zählte das Schwein zu den drei Geschöpfen (→Hahn, →Schlange), welche die Hauptsünden spiegeln, die uns Menschen in der Welt der Illusionen verstricken und damit an das Rad der Wiedergeburten binden. Ihm war dabei Unwissenheit, respektive Unbewusstheit, aber ebenso Ignoranz und Habgier zugeordnet.

Judentum und Islam degradierten das Schwein zum unreinen Tier schlechthin, worin man eine patriarchale Antwort auf die wichtige Rolle von Schweinen in mutterrechtlichen Gesellschaften sehen will. Doch in der Einordnung »unrein« lag ursprünglich nichts Abwertendes. Es unterstrich im Gegenteil eine besondere, weil altehrwürdige Verehrung durch das Verbot, das Fleisch solcher Tiere zu essen. Schweine dienten in ältester Zeit vielen Völkern als Bote zur obersten Gottheit und den Vorfahren oder galten selbst als totemistische Ahnen. Folglich unterlag der Verzehr von Schweinefleisch strengen Tabus. In Irland und auf Hellas, vielleicht auch im alten Palästina, scheinen Schweinehirten oft zugleich Priester der *Mond- und *Todesgöttin wie ihrer Orakel gewesen zu sein. Im Märchen »Wie aus einem Schweinehirten ein König wird« träumt ein armer Schweinehirt, er werde König von Sibirien. Die auf diesem Weg lauernden Gefahren meistert er, weil ihn im wilden *Wald die allwissende →Schlange berät.

Das Christentum wollte im Schwein eine Erscheinung des *Teufels erkennen. Unter den *Christlichen Lastern vertrat es Unkeuschheit und Unmäßigkeit. Als Abschreckung vor ihrer Unbußfertigkeit musste die Synagoge, pars pro toto der jüdischen Religion, auf einem Schwein reiten. Bei der Heilung eines Besessenen von Gerasa (Gadara) trieb Jesus unreine Geister in eine zweitausendköpfige Schweineherde, die sich daraufhin kopfüber ins Meer stürzte. Da wir aber von niemandem hören, der Jesus dafür in Regress nahm, dürfen wir Meer als *Element Wasser und als eine Metapher für das universelle Unterbewusstsein vermuten. Alttestamentliche Psalmen (79,14) verglichen Heidenvölker mit nachts aus dem Unterholz hervorbrechenden und die Felder verwüstenden Wildschweinen, die Israel, den Weinberg, bedrängten. Heiden wiederum müssen meist für junges Bewusstsein herhalten, das respektlos in die Errungenschaften spiritueller Zivilisationen einfällt. Jesus formulierte in der Bergpredigt das unsterbliche Gleichnis hinsichtlich Menschen, denen es noch an Reife ihrer Entwicklung mangelt: »Gebt das Heilige nicht den Hunden und werft eure Perlen nicht den Säuen vor ...« (Matthäus 7,6).

Grundbedeutungen

die sich stets erneuernde Fruchtbarkeit der *Lebenskraft; Nutzen und Gefahren leidenschaftlich drängender Entfaltungskräfte aus unserem Unbewussten

Psychologen finden im Schwein ein Symbol für die pralle und sich stets selbst erneuernde *Lebenskraft, wild-gefährlich und nährend zugleich. Wenn wir diese zyklisch sprudelnden Quellen weise zu nutzen wissen, werden wir von der Muttergöttin versorgt. Ihre walisische Form, die »uralte Sau« Henwen, wirft ihre für Menschen guten und schädlichen Perlen überall hin, unter der archaischen Göttern eigenen souveränen Nichtbeachtung, ob es den Sterblichen gerade in den Kram passt und nützt – oder nicht.

Seehund (siehe unter Robbe)

Sirene

Als Odysseus auf seiner Irrfahrt sich der Insel der Sirenen näherte, war er vorgewarnt. Er hatte die Ohren seiner Gefährten mit Bienenwachs verstopfen, sich selbst mit Händen und Füßen an den Schiffsmast binden lassen und befohlen, ihn nicht davon zu befreien, was auch immer passiere. Als er dann als einziger ihre süßen und betörenden Gesänge hörte, die alle verzauberten, die es je vernahmen, schrie er nach seinen Männern. Er drohte jedem mit dem Tod, wenn sie ihn nicht sofort von seinen Fesseln lösten.

Sirenen stürzen sich auf das Schiff des Odysseus,
Vasenmalerei (5. Jh. v.Chr.)

Doch niemand gehorchte diesem zweiten Befehl. Und so passierten sie sicher diese Insel des Schreckens. Die Sirenen aber stürzten sich aus Ärger ins Meer und wurden zu Fels.

Die drei Sirenen, bei Homer sind es nur zwei, Töchter des Acheloos, des ältesten der Flussgötter (*Elemente: Wasser), hatten Köpfe oder Gesichter von jungen Frauen, trugen aber ein Federkleid mit Beinen und Krallen von Vögeln. Eusthatius, antiker Kommentator des Homer, nennt die beiden Aglaopheme (= Die mit der Glanzstimme) und Thelxiepeia (= Die mit dem Zaubergesang). Sie wussten über Vergangenheit und Zukunft – deswegen auch →Bienen genannt – und lockten vorbeifahrende Seeleute zu den Wiesen ihrer Insel, die dann die Heimkehr vergaßen. Am Strand bleichten und häuften sich die Gebeine ihrer Opfer (Odyssee XII,39 ff. und 184 ff.). Auf älteren Bildern empfangen die Sirenen alle, die in das Totenreich kommen, und geleiten sie mit Musik und Gesang zur Herrscherin der

Unterwelt. Vielleicht gehörte es zum Rahmen ihrer Arbeit, wie die Vögel der Großen Göttin (→Geier) die Hülle der Dahingeschiedenen zu entsorgen. Sie haben auch einiges gemeinsam mit den Vögeln der walisischen Rhiannon (→Amsel).

Ihr Name Sirene soll von seirios (= brennend, glühend heiß) abgeleitet sein oder von seirazein, das »mit einem Seil anbinden« bedeuten kann und »austrocknen«. In Zwillingsgestalt markierten sie auch die Sommersonnenwende: das Vergangene verabschiedend, das Neue begrüßend (Ranke Graves 1980:I,239 f.). Als Seelenvögel oder *Todesdämonen wurden sie gedeutet oder als Ausdruck der Sphärenmusik. Im letzten Kapitel von Platos *Politeia* thront auf jeder der himmlischen Sphären eine Sirene, und ihr Gesang erzeugt die Harmonie des Universums.

Vermutlich ältere Darstellungen zeigen auch männliche Sirenen mit Bart. Die weit verbreiteten Wassersirenen kommen später auf. Ihr zumeist schöner, nackter weiblicher Oberkörper endet in einem Fischunterleib, sie reiten auf einem →Fisch oder umschlingen ihn. Christliche Ikonografie warnt mit ihrem Bild davor, sich in den Netzen der Wollust zu verfangen. Das Sirenenmotiv diente ihr zur Abschreckung vor weiblicher Verführung und Täuschung, vor der Ablenkung des Menschen vom wahren Ziel. Der an den Schiffsmast gebundene »Irrfahrer« gleiche der Seele, die an das Kreuz der irdischen Verhältnisse gefesselt sei und ständig ihren Verführungen ausgesetzt bleibe. Die Kirchenväter setzten Odysseus sogar mit Christus gleich (Ladner 1996:197).

Nach dem *Physiologus singen diese todbringenden Wesen wie die Musen selbst lieblich mit ihren Stimmen. So gäbe es auch Mächte des Widerspruchs und höhnender Ketzerei, die sich mit rechtschaffenen Reden hervortäten, die Herzen der Unschuldigen verführten und die guten Sitten zugrunde richteten (1960:23 f.). C.G. Jung spricht von der weiblichen Natur des Unbewussten, die als lockende Sirene und →Lamia den »einsamen

Grundbedeutungen

Verlockungen der profanen Welt und nicht immer förderlicher Impulse aus unserem Unterbewusstsein, die uns zu unvernünftigem Denken und Tun verführen

Wanderer« betören und in die Irre zu führen vermöge (1984:71). Sie können ebenso Ausdruck des wuchernden Gestrüpps unserer Gedankenbilder werden, die stören, ver- und entführen, wenn wir versuchen, meditativ in die Stille zu gehen.

Im griechischen *Heraklesmythos personifizieren die vogelbeinigen, Menschen fressenden Sirenen der Stymphalischen Sümpfe das Fieber. Esoterische Psychologie deutet diese Art von Sirenen als destruktiven Aspekt des Unterbewusstseins, der uns in den »Sumpf« der Unklarheit und Unbestimmtheit führt, wobei der Sinn für Realität vollkommen abhanden kommen kann (Czogalla o.J.:22).

Skarabäus (siehe unter Mistkäfer)

Skorpion

Orion, der Himmlische Jäger, drohte bei seiner Wanderung alle Tiere der Erde auszurotten. Die Erde aber brachte den Skorpion hervor, der ihn stach und als Sternbild mit ihm an den Himmel kam. Da der Stern Skorpion den tiefsten Punkt des *Todes anzeigte, zeugte der benachbarte Aquila (→Adler), der sich außerzodiakal zur gleichen Zeit wie er am Himmel erhebt, von der Überwindung des Todes, vom Aufstieg in die Freiheit.

Eine Begegnung mit dem Skorpion, dem tödlichen Feind der Menschen des Orients, implizierte Unglück und Finsternis, Angriff und jede Art von Zerstörung, die auf Tod hinauszulaufen drohte. Das Insekt besitzt eine Giftdrüse, mit der es sich bisweilen sogar selbst tötet. In Ägypten gehörte es zu den düsteren Begleitern *Seths, des Prinzips des Widerstands gegen die Schöpfung. Dieses Skorpionsgift vermag aber auch zu heilen, einen todgeweihten Menschen wieder genesen zu lassen.

Selket mit Skorpionskopf (oder als Skorpion mit Frauenkopf) amtierte im Süden Ägyptens als Schutzgöttin der vier Nilquellen und hütete den Ursprung der Fruchtbarkeit des Wassers (*Elemente). Später bewachte sie die Toten in der Unterwelt und die schwarze Nacht→schlange Apophis, die jeden Morgen vom Sonnengott Ra besiegt werden musste. Skorpione und Skorpionsmenschen behüteten auch bei den Sumerern das Tor zur *Sonne, den Aufstieg zum Osten. Sieben Skorpione begleiteten *Isis auf der Suche nach ihrem Bruder und Gatten, dem Vegetationsgott *Osiris, in die Unterwelt. Sie wiesen auf die symbolischen Tode der sieben Tierkreiszeiten seit Jahresbeginn, dem 21. März (→Widder) bis zum Reich des Skorpions. Skorpione folgten dem phrygischen Sabazios, Vegetationsgott und eine lokale Erscheinung des *Dionysos, als er sich in den Winterschlaf begab.

Im Reich des Skorpions (23. Oktober – 22. November) baut jede Fortpflanzungskraft ab. Man sprach von der Sterbezeit der *Sonne und der Natur, oder vom Beginn ihres Exils. Auf einigen Mithraskultbildern beißt ein Skorpion dem →Stier die Zeugungsteile ab. Dieser Zustand wurde auch immer mit dem tiefsten Fall in die Stofflichkeit gleichgesetzt, wo nur das Geld herrscht, die Gier nach falschen Werten. Das Christentum setzte dafür den Verräterapostel Judas Ischarioth mit den 30 Silberlingen, aber ebenso das Judentum insgesamt. Es »verteufelte« mit dem Skorpion das Böse, das Gift der Ketzerei. Wenn das Tier in der Malerei auf Fahnen und Schilden der an der Kreuzigung beteiligten Soldaten erscheint, kann es auf die wahren Auftraggeber und Hintermänner hinweisen oder auf den natürlichen Aspekt der Glaubensbotschaft: den Abstieg im vegetativen und kosmischen Kreislauf als notwendige Voraussetzung für Aufstieg. So demonstrierte das wehrhafte Insekt zugleich den Sieg über den *Teufel. Bei der Darstellung der Sieben Freien Künste vertrat der Skorpion Logik oder Dialektik, die der analytischen Zersetzung ebenso dienen können wie dem erlösenden Verstehen. Als Emblem der Erdteile kennzeichnete er gelegentlich das schwarze Afrika.

Skorpion wird astrologisch von Mars regiert, dem Planeten der feurig aggressiven Antriebskräfte. Skorpion-Geborene werden mit dem kollektiven Abgrund verbunden, mit dem »brodelnden Morast von allem Verdrängten und der Resignation« (Schäfer 1997:357), der starren Fixierung auf eine Idee. Skorpion selbst regiert im Tierkreis die Sexualorgane und damit die Fortpflanzung. Jede Entwicklung gründet auf der endlosen Veränderung der Form, die zugleich ihre Auflösung bedingt. Skorpion herrscht im »Haus des *Todes«. Als solche wandele sein Prinzip um, befreie durch Wachs-

Grundbedeutungen

Tod und Auflösung jeder Form als Voraussetzung für Auferstehung von neuem Leben in höherem Ausdruck

tum, manifestiere aber immer nur die Eine Kraft (Case 1992:132). Auch die Symbolik von →Frosch und →Kröte deutet auf diese Zusammenhänge. Die dabei freigesetzten Kräfte können ein gewaltiges Maß annehmen, mit dem wir jedes höhere Ziel anzusteuern vermögen. Doch müssen die Kräfte des Skorpions im Feuer der Prüfungen und Versuchungen gereinigt werden. Sonst gelingt es nicht, uns aus der Gefangenschaft von Illusionen und falscher Muster zu befreien. »Verändere deine Vorstellung, und letztlich wird sich auch die äußere Form ändern« (Case 1992: ebd.). Der Evangelist Lukas (10,19) lässt Jesus mit den Worten des Herrn sprechen. »Seht, ich habe euch die Macht gegeben, auf Schlangen und Skorpione zu treten, sowie über jede feindliche Gewalt, und nichts wird euch schaden!«

Specht

Einst verschmähte Picus (= Specht), Spross des Saturn und schöner, ritterlicher König in Italien, die Liebe der *Titanentochter Kirke (→Falke). Rasend vor Schmerz und Verzweiflung verhexte ihn die Zauberin: sein Purpurmantel wurde zum roten Gefieder, die Spange am Hals zu goldfarbenem Flaum, berichtet Ovid in seinen *Metamorphosen* (XIV,310–415). Seitdem hacke der Specht unermüdlich aus Ärger und Wut über sein unverdientes Unglück tiefe Ritzen in das Geäst der Bäume, ergänzte der Volksmund.

Spechte nisten gern in Eichen, dem Baum der Weissagung, verursachen ungemein durchdringende, rhythmisch klopfende Geräusche, klettern in Spiralen die Bäume hinauf und kündigen Regen an. So nahmen sie hütende und prophetische Züge an – Wächter über *Wald und Bäume, im übertragenen Sinne über die Psyche. Man weihte dem Vogel ganze Wälder, der Spessart (ursprünglich Spechteshart) erinnert noch daran. Sein Hämmern soll die Germanen an den Hammer Thors erinnert haben, Gott des Donners und zündenden Blitzes (*Elemente: Feuer). Der lüsterne Pan oder Faunus, Ausdruck ständiger Zeugungsbereitschaft in aller Natur, war aus dem Ei von Specht oder →Ente ausgebrütet. Sagen lassen den Specht Schätze im *Wald hüten oder emsig vergraben.

Vor allem im Monat März erklingt das unentwegte Klopfen des Spechts – man hat bis zu 170 Schnabelhiebe in der Minute gezählt –, sorgt er für Nachwuchs und legt die auffälligsten Aktivitäten an den Tag. Christliche Prediger fanden in seinem beständigen Klopfen ein Vorbild für »Beten ohne Unterlass«. Die Römer hatten dagegen Picus mitsamt seinem Revier Jupiter / Zeus zugeordnet, in seinem sanften und seinem marsischen Aspekt. Mars, Prinzip jeglicher Antriebskräfte, sorgt für Wachstum und Vergrößerung, und sei es durch aggressive Gewalt. Mars wiederum war der Monat März geheiligt und der *Waldgott Silvanus, der sich kaum von Pan / Faunus unterscheidet, untergeordnet. Für die indoarischen Völker begleitete der Specht Sturm- und Regenwolken, die Fruchtbarkeit einleiteten. Frühen Indianerstämmen soll der Specht vorausgeflogen sein, wenn sie auf Kriegspfad und Eroberung zogen. Die frühitalienischen Sabiner geleitete ihr Stammesgott Picus in das Siedlungsgebiet des späteren Picennium, indem er sich in Gestalt eines Spechtes auf ihr Feldzeichen setzte.

Als Vertilger von →Würmern kann der Specht im Christentum zum Feind des *Teufels und damit zur Erscheinungsform Christi als Erlöser werden. Aus anderem Blickwinkel formulierte der *Physiologus: Wie der Specht zu den Bäumen, so käme der Teufel zu den Menschen, poche an »mit dem Speer des Lasters« und horche, ob der Mensch hohl genug sei, ohne Herz. Dann niste er gern. Sei der Mensch aber fest und standhaft, lasse er schleunigst davon ab und suche im Wald eine andere Bleibe (1960:74). »Schluckspecht« nennen wir wenig standhafte Zeitgenossen, bei dem »Teufel Alkohol« die Gesundheit aushöhlt. Nordamerikanische Indianer brachten den Vogel mit Sittenverfall, Verführung zum Bösen und plötzlichen Angriffen aus unserem Inneren in Verbindung.

Picus galt auch als Vater des Götterboten Hermes (*Merkur). Ein Specht erschien, wenn Zeus sich im Feuer (*Elemente) kundtat. Ein Specht brachte den ausgesetzten Zwillingen und mythischen Gründern von Rom, Romulus und Remus, Kinder des Mars, Speisen (der Offenbarung). Der freche Komödiendichter Aristophanes beschuldigt den Göttervater Zeus in *Die Vögel*, sein Szepter vom Specht gestohlen zu haben.

Grundbedeutungen

hämmernde und klopfende Antriebe in uns, die auf Beachtung und Manifestation drängen; die polaren Aspekte aller Erneuerungskräfte

Sperber (siehe unter Habicht)

Sperling

Die Atayalea auf Formosa überliefern, der Spatz sei einst eine Art Götterbote gewesen, dessen Machtanspruch aber das Ende des Goldenen Zeitalters einleitete (Bächtold-Stäubli 1927 ff.:VIII, 240). Spatzen leiden fast überall unter einem schlechten Ruf. Noch zu meiner Kindheit fiel der gefürchtete und gehasste Schädling in ganzen Heerscharen auf der Feldflur ein. Ihr scheinbar unermüdlicher Fortpflanzungsdrang lieferte bereits in der Antike Stoff für viele Fabeln. Lüstern sollten sie sein, geradezu wollüstig. Ein Schwarm »buhlerischer Spatzen« umgaukelte das Gefährt von Aphrodite, Göttin der Liebe. Sperlinge folgten den griechischen Dioskuren, u.a. Personifizierung des Tierkreiszeichens Zwillinge, der Zeit des Blühens und Wachsens. Amor / Eros, Gott der Leidenschaft und ihres Ansporns, schäkerte gern mit Spatzen. Sperlingsgassen heißen Bezirke, in denen Freier mit Anbieterinnen tändeln.

Ansonsten ordnete man dem kleinen, grauen, eher unscheinbaren Vogel ohne große Stimme direkt Bedeutungslosigkeit zu, Minderwertigkeit – eine niedrige Stufe der Natur. Legenden berichten, Spatzen hätten bereitwillig die Nägel zur Kreuzigung Christi herbeigeschleppt. Japaner aber priesen die Loyalität des Vogels, Chinesen behaupteten, ein Sperling sterbe lieber, als dass er seine Ehre verliere.

Das hat sich wohl noch nicht überall herumgesprochen. In unseren Breiten kann man süß und niedlich sein wie ein Spatz, frech, leichtsinnig, schwatzhaft und unersättlich, zum Dreckspatz werden oder ein (winziges) Spatzenhirn haben. In Wirklichkeit müsste man diesen Vögeln Scharfsinn, äußerste Flexibilität und Klugheit zuordnen. Der berühmte Ulmer Spatz auf dem Münster erhielt ein Denkmal, weil er der Sage nach die ratlos vor dem Stadttor stehenden Bewohner belehrte. Mit einem Halm, den er im Schnabel hielt, zeigte er ihnen, wie man einen langen Balken, ohne das Tor zu erweitern, nur der Länge nach in die Stadt zu tragen brauchte.

Grundbedeutungen

die mächtigen, aber noch wenig veredelten Triebkräfte des Eros

Sphinx

Die Unterwelt selbst hatte die grausige Sphinx nach Theben geschickt, um die Stadt zu verderben. Als Feind der Menschen und mutwillige Zerstörerin lauerte sie im Gebirge oder thronte auf einer Säule am Marktplatz. Von dort aus stellte sie allmorgendlich den versammelten Thebanern schwierigste Rätsel, die ihr die Musen eingaben. Lösten sie diese nicht, raffte sie täglich einen aus ihrer Mitte. Ödipus, der Theben von dieser Plage befreien sollte, löste das an ihn gerichtete Rätsel, worauf sich die Sphinx selbst in den Tod stürzte.

Ursprünglich mit dem Kopf einer Jungfrau, Flügeln des →Adlers, Körper eines →Stiers, den Tatzen und Schenkeln eines →Löwen soll die ägyptische Sphinx auf die Sonnenwende und Nilüberflutung zwischen dem Zeichen der Jungfrau und des Löwen verwiesen haben. Spätere Varianten mit männlichem Kopf werden als Ausdruck der Weisheit und Stärke natürlicher Ordnung verstanden, der Mannlöwe zu Sais als die erste Offenbarung der Gottheit oder das große Rätsel der Schöpfung (Creuzer 1841:II,217 f.). Allgemein assoziiert die

Eine Sphinx oberhalb des Treppenaufgangs zum Saarbrücker Schloss

Sphinx das Mysteriöse und Rätselhafte kosmischer Abläufe. Laut griechischer Mythologie hatte der Unterwelts- →Hund Orthus die Sphinx mit seiner eigenen Mutter gezeugt, der →Schlangengöttin Echidna.

Das alte Ägypten vermittelte mit diesem Wesen vor allem Ra-Atum, die Kraft, Macht und Ohnmacht der *Sonne in ihrem Tages- und Jahreslauf. So begleitete und verkündete eine Sphinx auch Hamarchis, das Sonnenprinzip der Auferstehung und des ewigen Lebens. Wie die Sphinx von Theben beweist, zog man Vergleiche zwischen dem Sonnenlauf und dem

Weg des Menschen von Geburt, über *Tod und Neugeburt, die man in drei oder vier Phasen einteilte. Romanische Kunst bildete die Sphinx gern zusammen mit dem *Lebensbaum ab oder fügte das Fabeltier in die Grabmal- und Sarkophagsymbolik ein. Die *Lebenskraft in ihrem unaufhaltsamen Weg durch alle Zyklen bezeichneten auch →Stier-, →Pferde- und →Schlangensphingen.

Man unterscheidet zweigliedrige (Mischung aus zwei Tieren) Formen der Sphinx, dreigliedrige (mit Flügel) und viergliedrige. Bei den drei- und viergliedrigen Exemplaren fanden Deutungen auch Zusammenhänge mit den *Elementen oder dem Tetramorph des Hesekiel (→Löwe). Die berühmteste Sphinx von Gise trägt die Züge des Pharaos Chefren. Der Pharao demonstrierte als Sphinx den Repräsentanten und Wächter der göttlichen Ordnung in der irdischen Welt, sich selbst als *Horus.

Auf der Tarotkarte »Der Triumphwagen« ziehen zwei Sphingen den Wagen des »wahren Selbst«. Sie vereinigen tierische und menschliche Attribute und verkörpern die Sinne, die uns ständig vor Rätsel stellen (Case 1992:91). Die Rätselfrage, die ihr der Mythos in den Mund lege, ziele auf unsere Selbsterkenntnis, der Mensch möge sich seines göttlichen Ursprungs bewusst werden. Der Weg zu der damit verbundenen Weisheit erfordere das Durchschreiten eines todesähnlichen Zustandes, der Einweihung (Demisch 1977:224;226).

Grundbedeutungen

die geheime Weisheit kosmischer Gesetze; das Rätselhafte und schwer Ergründliche der Abläufe in der äußeren Natur und in unserer Seele

Spinne / Weberknecht

Kokyangwuti, das mythische Spinnenweib der Hopi-Indianer, nahm etwas Erde, mischte sie mit Speichel und formte daraus die ersten beiden Wesen, Zwillinge, Schwingung und Ton. Diese bedeckte sie mit einem Umhang aus weißlicher Substanz, der schöpferischen Weisheit. Dann sang Kokyangwuti über ihnen das Lied der Schöpfung. Als sie die beiden Wesen wieder aufdeckte, da setzten sich die Zwillinge auf und fragten: »Wer sind wir? Warum sind wir hier?«

Außer in Europa wurde die Große Mutter auf allen Kontinenten auch unter dem Aspekt der Spinne verehrt. Die Große Weltenspinne oder Große Weberin spann aus eigener Substanz den Lebensfaden und formte aus ursprünglicher Einheit die erste Zweiheit als Gegensatz, den Motor aller Weiterentwicklung. Inmitten ihres Netzes verkörperte sie das Zentrum der Welt. Von dort konnte sie die *Sonne spiegeln, umgeben von ihren nach allen Richtungen ausgehenden Strahlen; aber ebenso den *Mond, zuständig für den Zyklus von Leben und *Tod, das Gewebe der Zeit. Alle Menschen sind über dieses Netz als Nabelschnur mit dem Schöpfer und den kosmischen Vorgängen und Gesetzen verknüpft. Mutter- und Mondgöttinnen saßen als Nornen, Moiren, Parzen etc. vor dem Webstuhl des Schicksals.

Oft beherrschte die Spinne als erste die Sprache und ließ das »erste Wort« (→Schakal, →Delphin) ertönen. Alle Wesen zählen zu ihren Nachkommen. Allein sie hätte die Sintflut überlebt. Auf Jamaica war sie es, welche die Westindischen Inseln erschuf, bei den Aborigenes den Kontinent Australien. Als Weltenschöpfer schlüpft sie in die Rolle des Feuerbringers Prometheus (*Elemente), wie Ananse, die *Tricksterspinne in Zentralafrika. Laut nordisch germanischer Mythologie erfand der Feuerdämon Loki das Spinngewebe (= altnordisch: loka nät). Spinnen repräsentierten als Urwesen des Kosmos auch dessen Ordnung und Gesetze. In ihre Zuständigkeit fielen Wolken, Blitz und Donner als Ausgangspunkt fruchtbarer und reinigender Gewitter sowie jeglicher Schutz vor Schaden. Ohne Spinnen würden die Insekten längst unsere Welt beherrschen, behaupten Biologen.

Der Spinne mit ihrer Feinfühligkeit und ihrem unbeirrbaren Orientierungssinn unterstellte man das frühzeitige Wissen über alle hereinbrechenden Gefahren wie überhaupt Kenntnis vom Großen Plan der Schöpfung. Auf jeden Fall verkürzt die sensible Wetterprophetin vor Regen oder Sturm die großen Spannfäden ihrer Netze. In negativer Symbolik wob sie aber ebenso Gespinste der Illusion (Maya), in die sich so mancher verstrickt und schnell mit dem Etikett »Spinner« versehen wird. Als todbringender Aussauger bot sie ein Bild des bösen Triebes, der überall sein Gift findet und es verbreitet (Gegenbild zur →Biene). So blieb im europäischen Raum die Bedeutung der Spinne recht ambivalent. Sie sollte Krankheiten verursachen, verteilte giftige Bisse, diente andererseits als Glücksbringer und Schutzmittel.

Christlicher Ikonografie diente sie als Ausdruck des *Teufels, der die Sünder umgarnt, oder von Geiz und Gier, die Armen das Blut aussaugten. Der

Kirchenlehrer Ambrosius verglich das scheinbar sinnlose Bemühen der Spinne, ihr leicht zerstörbares, schwaches Netz immer wieder herzustellen, mit maßloser menschlicher Geschäftigkeit; mit der Vergeblichkeit unablässig menschlichen Schaffens aus Habgier und Ruhmsucht (Sachs u.a. o.J.:190).

Auffällig ist die irrationale Furcht vieler Menschen vor der Spinne, vor allem von Frauen, die in aller Regel einen stärkeren Zugang zu ihren Gefühlen finden als Männer. Psychologen vermuten dahinter eine übersteigerte Angst vor den unbewussten Vorgängen. Häufig haben wir uns aber auch selbst in ein Knäuel schwer entwirrbarer Fäden verwickelt, in ein Netz, gewoben aus unseren Lebensmustern. In der Novelle *Die schwarze Spinne* von Jeremias Gotthelf wächst dieses Knäuel zur Pest und schließlich, noch direkter, zum vom Menschen ausgehenden Bösen aus.

Arachne, eine Prinzessin aus Lydien, war in der Webkunst so geschickt, dass sie selbst ihre Lehrmeisterin übertraf, die Mondgöttin Athene. In ihrem Hochmut bot Arachne dieser einen Wettstreit an. Sie fertigte ein kunstvolles Gewebe, dessen Muster die olympischen Liebesabenteuer der Göttin symbolisierten. Zunächst suchte Athene bei der Begutachtung nur einen Fehler zu finden, dann aber, als sie keinen entdeckte, kochte sie vor Zorn und zerriss das Tuch in Fetzen. Arachne, die noch Schlimmeres ahnte, versuchte zu fliehen, indem sie sich von einem Balkon abseilte. Nach anderen Berichten erhängte sie sich. Doch die Göttin verwandelte sie in eine Spinne, das Seil in ein Spinngewebe, damit sie so oft hängen könne, wie sie wolle. Und da hängt Arachne noch.

Grundbedeutungen

Weberin des Schicksals; das Netz unserer Lebensmuster als Falle oder Brücke zu höherem Menschsein

Steinbock

Während der *Osiris-Mysterien säten die Ägypter das Korn aus. Dann trieben sie →Ziegen als Verkörperung der bösen Mächte des *Seth-Prinzips über das Feld, die das Korn einstampften und in die Erde senkten. Mit der unterirdisch keimenden Frucht erlebte der Vegetationsgott seine Auferstehung.

Der Steinbock, eine Bergziege mit gewaltigen gebogenen Hörnern, lebt im rauen Klima der höheren Gebirgslagen. Seine Symbolik beschränkt sich fast ausschließlich auf den Platz innerhalb des Tierkreises. An dieser Stelle fanden sich ursprünglich vier andere Ausdrucksformen: in Babylon ein Fabeltier mit Ziegenkörper und Fischschwanz, Ausdruck der Unterwelt als Meer (*Element: Wasser), in dem alles pflanzliche Leben als →Fisch schwamm, um als →Ziege aufzuerstehen; ein →Krokodil mit dem Kopf eines →Elefanten; »Leviathan« oder die Alte →Schlange, so in der *Geheimen Offenbarung* des Johannes, und schließlich ein →Esel.

Auf der nördlichen Erdhalbkugel bezeichnet Steinbock die Zeit vom 21. Dezember bis 20. Januar, die Todesstarre des Winters auf ihrem Höhepunkt unter dem Re-

Sternbild Steinbock von Abd ar-Rahman as-Sufi (um 965), im 15. Jh. als Bildserie veröffentlicht

genten Saturn, dem Binder und Auflöser der Formen. Doch mit der Wintersonnenwende, der längsten Nacht, beginnt unsichtbar die Auferstehung des Lebens aus der Grabesruhe. Im babylonischen Ischtarmythos erklingt in den finsteren kalten Hallen der Unterwelt plötzlich das zarte selige Flötenspiel von Tammuz, dem Herrn des Lebens. Auch im christlichen Glaubensbekenntnis ist Jesus Christus »gekreuzigt, gestorben und begraben, abgestiegen zu der Hölle und am dritten Tage auferstanden von den Toten …«. Nach naturreligiösem Verständnis durchlief er vor der Auferstehung die drei Phasen von →Skorpion, Schütze (→Kentaur) und Steinbock. Frühes Christentum kannte noch Vorstellungen von der Geburt des Jesus am 21. März (→Widder).

Unter den zwölf Arbeiten des griechischen Sonnenhelden *Herakles wird das Besiegen oder Hinaufzerren des Kerberos (→Hund), Wächter des Hades oder der Hölle, manchmal in Beziehung zum Tierkreiszeichen Steinbock gesetzt. Wenn die Triebkräfte des Unbewussten erkannt sind, und das geht nur, wenn wir uns auf sie einlassen und sie quasi in ihrem Reich besuchen, lassen sie sich domestizieren und zum »Heils-Werkzeug« umfunktionieren, lautet die psychologische Deutung. »Namenszug Gottes« oder »Gottes →Einhorn« wurde das astrologische Symbol des Steinbocks auch genannt, das im Unsichtbaren Wachsende, bis es im Frühjahr ins Licht unserer Bewusstheit trat. Als →Ziege weist Steinbock auf die mütterlich fruchtbare Kraft, welche die neue Persönlichkeit (*Horus) gebiert, mit größerer Vollständigkeit. Als Monatszeichen der Wintersonnenwende markiert er die Geburtszeit eines höheren Lichts und damit der Messiaskräfte.

So bezeichnet diese Auferstehung auch den Aufstieg des individuellen Teils unserer Seele nach dem Fall in die scheinbare Trennung von ihrer göttlichen Essenz. Nachdem sie die Fesseln falscher Vorstellungen und hinderlicher Lebensführung abgestreift hat, findet sie sich symbolisch in der Einsamkeit höherer Bergregionen wieder, im Reich des Steinbocks. Im Laufe solcher Prozesse wird der Blick auf die wirkliche Ordnung in der Natur und im Kosmos frei, wie die uneingeschränkte Aussicht von einem Gipfel. Gleichzeitig hat das Loslassen vieler Verstrickungen und törichter Anschauungen eine Menge gebundener Energie freigesetzt, die jetzt zur freien Verfügung steht – ein Erlöserpotenzial.

Grundbedeutungen

Reifen und Wachstum durch bewusste Handhabung der auflösenden Kräfte; Aufstieg des individuellen Teils der Seele mit der Intelligenz der Erneuerung

Aiga oder Äga (= Weiße Göttin) hieß die menschliche Doppelgängerin der Urziege Amaltheia, die den Sonnengott Zeus in der Höhle auf Kreta ernährte, wo er dem Zugriff von Kronos / Saturn entzogen werden sollte. Als Dank versetzte der Vater aller Götter später Amaltheias Bild als Steinbock unter die Sterne, womit zugleich die Geburt des Zeus zur Wintersonnenwende angedeutet wird.

Stieglitz (siehe unter Finken)

Stier / Stierkalb

Ein überpotenter und ungeheuer starker Stier im Symbol der hohen Berge begattete in den Urmythen indoarischer Völker die Himmels→kuh, und ein Milchozean ergoss sich über die Erde. Im Stierzeitalter des nach dem Zodiak eingeteilten Weltenjahres, das bis etwa 2200 v.Chr. dauerte, stand die Frühlingstagundnachtgleiche im Zeichen des Stieres. So nahm er alle Bedeutungen für Wachstum und Erneuerung der Natur im Frühjahr an, die wir heute dem Tierkreiszeichen →Widder zuschreiben. Mit dem Stier verbanden sich die Wirkungen von *Sonne, Feuer, *Mond, Sturm, Gewitter und Regen. Sie konnten neues Leben zeugen, doch ebenso mit der unbändigen Wut, rohen Gewalt und gefährlichen Unberechenbarkeit eines Stieres aus dem Ruder laufen und flächendeckende Zerstörung anrichten. Das Brüllen des Stieres gleicht tatsächlich Donnergrollen, ein blindwütiger Stier erinnert an ein unaufhaltsames Naturereignis. Im Mittelmeerraum glaubten die Menschen, Erdbeben entstünden, sobald der Stier Erde auf seinen Hörnern schüttele, dabei brülle und heftig aufstampfe. Stieropfer sollten Poseidon beruhigen, Gott des Meeres (*Element: Wasser) und »Erderschütterer«. Altkretische Stierspringer huldigten dieser Macht in den stärksten und wildesten Zuchttieren und forderten sie gleichzeitig heraus.

Im alten Iran war der Stier das zuerst erschaffene Tier. Vom dunklen Gott Ahriman (als →Skorpion) getötet, erwuchs aus seinem Keim alle irdische Schöpfung. Als Lebensatem des Einzigen, des Allumfassenden, befruchtete der Mnevisstier in Ägypten allmorgendlich die Himmelsgöttin Nut. »Stier des (Tag)Himmels« nannten sie diesen Herold des Sonnengottes Re, »Stier der Sterne« den Gebieter des Nachthimmels. Im schwarzen Apisstier mit Uräus→schlange und Sonnenscheibe zwischen den Hörnern verehrten sie »die herrliche Seele« des Ursprungsgottes Ptah, die sich jedes Jahr erneuerte. Der iranische Lichtgott Mithras ritt den roten Himmelsstier (des alten Jahres) oder kniete auf dem schon zusammengebrochenen, um ihn dann mit einem Messer zu töten. Mithras, am 6. Januar geboren, übernahm damit im Frühjahr die Herrschaft.

Der Begriff Stier wurde Gottes- und Königstitel, Sinnbild der Kraft und Macht höchster Herrschaft. Ägyptische Pharaonen führten ab der Periode des Neuen Reiches häufig das Beiwort »Starker Stier« in der Titulatur. Im Symbol des Hornes, das Bewahrende und das Unbezwingbare, verdichtete sich die dem Tier zugedachte Bedeutung. Keiner der alten Götter konnte auf seine Hörner verzichten. Später schien nur noch der *Teufel stolz darauf (→Ziege, →Kuh, →Hirsch).

Weiße Stiere weihte man in der Regel dem *Mond. Im Buch Henoch repräsentiert der weiße Stier den wahren Samen Israels (= Volk Gottes). Boreas (→Milan), der *Nordwind und Prinzip des Atems Gottes, nahm in Griechenland die Gestalt des Weißen Stieres an. Jahwe selbst erschien als Nordwind (Hesekiel 1,4). Stierblut floss in die Orakelschreine, um einen Toten zu verlocken, aus der Unter- oder *Anderswelt an die irdische Oberfläche zurückzukehren und Fragen zu beantworten. Mit verdünntem Blut von Stier oder →Ochse strich man Rathäuser und Kirchen rot. Das sollte die Magie des *Mondes anziehen und zugleich Unheil abwehren. Unverdünntes Stier- oder Ochsenblut dagegen galt als äußerst giftig und verderblich.

Bedeutendstes Zentrum des Stierzeitalters muss die Minoische Kultur gewesen sein. Auf Kreta lebte in einem sagenhaften Labyrinth, das auch den Irrgarten unserer Seele beschreibt, das Ungeheuer Minotaurus, der ungebändigte Stier der Naturgewalten. Selbst in der scheinbar bereits unter unsere Herrschaft gezwungenen kultivierten Natur schlummert immer ein unberechenbarer Restfaktor von Bedrohung. Im Menschen kann solche Bedrohung in Form eruptiver Leidenschaften und Emotionen auftreten, die zum Ausbruch drängen und uns dann meist große Schwierigkeiten einhandeln. Der Sonnenheros Theseus entdeckte das »Untier« nach schwieriger Suche und überwand es im heftigen Kampf. Er fand aber nur mit dem »Faden der Ariadne« wieder aus dieser dunklen Höhlenwelt heraus, mit der scheinbar dünnen, aber immer vorhandenen Möglichkeit der Abstimmung auf das höhere Bewusstsein.

Minotaurus, der Stiermensch, hütet zugleich diese verborgenen Zugänge, den Schatz unserer geheimen Ressourcen, den Sinn des Lebens oder manchmal unser innerstes Zentrum selbst. Wie im Mythos von Orpheus und im Kult des Mithras zeugen die Stierrituale auch von der Sehnsucht des Menschen, die äußere Persönlichkeit über seine primitiven animalischen Leidenschaften und unkontrollierten Instinkte triumphieren zu lassen. In dem Maße, wie wir das natürliche Wesen dieser vitalen Kräfte in Formen

Geballte Kraft verbunden mit gefährlicher Wildheit. Schottischer Highlandstier

gießen (gezähmt, kastriert; →Ochse), stehen sie einer gezielten Nutzung zur Verfügung. Die dadurch gewonnene innere Antriebskraft und Stärke vermag nun quasi übernatürliche, göttergleiche Aufgaben bewältigen. So kann der weiße Stier oder weiße →Büffel auch die Gefestigtheit durch kontemplative Weisheit andeuten, das Wissen um die eigenen Möglichkeiten. Shiva, hinduistischer Schöpfer, Erhalter und Zerstörer, ritt auf dem Stier Nandi, seiner irdisch animalischen Repräsentanz.

Ein (abgetrenntes) Haupt eines Stieres weist in diesem Zusammenhang auf Opfertod, Aufopferung unedler Teile, auf Transformation der Macht des Begehrens durch Abtötung der damit verbundenen falschen Vorstellungen. Durch die Herstellung der Beziehung zwischen dem Bewusstsein und den Urgewalten der Seelentiefe leuchten die Gesetze der Natur auf, und wir erkennen die Funktion des Schattens (→Drachen) in uns. Noch die Kirchenväter bezeichneten Christus als Stier, der mit seiner göttlich geistigen Urkraft alle Feinde zerschmettere und uns damit erlöse. Vielleicht haftet etwas von diesem Hintergrund auch den Stierkämpfen auf der Pyrenäenhalbinsel an, die sonst mehr als archaisches Töten des Vegetationsgeistes oder des Winters verstanden werden.

Im Tierkreis bezeichnen wir mit Stier den Zeitraum vom 21. April bis 21. Mai, in der Natur die Zeit des Wachsens, die sichtbare Manifestation der Stofflichkeit. Stiergeborenen wird Beständigkeit und praktische Veranlagung nachgesagt, Sinn für Werte, Kunst und Form. Die Freude am Sein kann aber dazu führen, dass ihre Selbstfindung sich zu sehr an materiellen Werten orientiert. Sind die Wünsche aber einem höheren Ziel untergeordnet, kann die Stierkraft Schönheit, Liebe und eine harmonische Ordnung in der irdischen Welt manifestieren. Unter den *Christlichen Tugenden vertrat der Stier Beharrlichkeit, Geduld, unter den Lastern Rohheit, Gewalttätigkeit und Zügellosigkeit. Für Rupert Shaldrake hat das Symbol Stier »die Funktion, Furchen im Feld unseres Denkens aufzureißen, damit es die himmlischen, fruchtbringenden Regenfälle aufnehme« (Fox/Sheldrake 1998:118).

Im Alten Testament schaute der Prophet Hesekiel (1,5 ff.;10,14 ff.) Gottes Kraft im Stier unter den vier Wesen, »anzusehen wie vier Räder«. Diese Vision beschreibt vermutlich den alten Kalender mit dem Stier oder →Ochsen für den Winter, in Israel die Zeit des Pflügens. Mit →Löwe, →Adler und Mensch wurden diese vier »Wesen« zu den Symbolen der

Evangelisten. Nach Gregor dem Großen verdeutliche der Stier den Opfer-
aspekt im Leben von Jesus und Zacharias für eine Versöhnung zwischen
Gott und dem Menschen, hervorgehoben durch das Evangelium des Lukas. Die kreuzförmig in vier Dreiergruppen und nach den vier Himmelsrichtungen orientierten zwölf Stiere, die im Tempel Salomons das »eherne
Meer« trugen (1 Könige 7,25), werden als Sinnbilder der zwölf Apostel auf-
gefasst, die als Prediger in alle Weltgegenden zogen. Man kann sie natürlich
auch als Tierkreis, vier Jahreszeiten und Sieg Jahwes über das Chaos der
Urnatur deuten.

Als beim Auszug der Israeliten aus Ägypten Aaron auf Verlangen des
Volkes ein goldenes (Stier-)Kalb formte, zerstörte Moses es voller Zorn,
zerbrach darüber die Gesetzestafeln und ließ diejenigen töten, die es um-
tanzt und angebetet hatten (Exodus, 32,1–6,20). Der Vorfall gilt als Urbei-
spiel des Verstoßes gegen die Gottesgebote. Dabei handelte es sich gar nicht
um einen Abfall von Gott, wohl aber um einen Abfall seines Gebotes, von
»Ihm« kein Abbild zu schaffen. In der Vision des Hesekiel haben die Räder
Kalbshufe. Ursprünglich verherrlichte das Goldene Kalb nur das Wachstum im Jahresrhythmus. Die Essener behielten den Stierkalb-Mythos als
Symbol für das spirituelle und sterbliche Leben des
Menschen bei. Sie verbanden es mit dem sieben-
buchstabigen (später acht und dann 22 Buchstaben) Namen des unsterblichen Gottes, den Ausdrucksformen seines Bewusstseins.

Im Sternbild Stier funkelt der Fixstern Aldebaran als »Auge des Bullen«. Das Altertum erkannte
in ihm einen der führenden Sterne am Firmament,
einen Ausdruck schöpferischer Erneuerungskraft,
der Licht, Erleuchtung und Ton erzeugen sollte.
Die Ägypter nannten Aldebaran »Interpret der göttlichen Stimme«, das
Christentum bezog ihn auf Christus, das »Licht der Welt«. Päpstliche Ver-
ordnungen, mitunter ebenfalls als Interpretation der Stimme Gottes betrachtet, heißen noch heute »Bullen«.

Grundbedeutungen

höchste kosmische Zeugungskraft; sichtbare Manifestation der
Stofflichkeit; die mitunter äußerst
wilde *Lebenskraft im Verlauf der
Jahresrhythmen

Storch

> Storch, Storch, guter,
> bring mir einen Bruder.
> Storch, Storch bester,
> bring mir eine Schwester!

Nach dem Atlas der deutschen Volkskunde liegt das Ausgangsgebiet des Storchenglaubens in Niedersachsen. Hier soll odebar oder adebar entstanden sein, der »Glücksbringer« und Träger des Lebens, der die Neugeburten aus dem Sumpf (*Element: Wasser) oder dem (Frau-Holle-)Brunnen holt. Die artigen Babys trägt er auf dem Rücken, die bösen hält er im Schnabel, behauptete man im Erzgebirge.

Storcheneltern umhegen ihre Jungen, wärmen sie mit ihrem Gefieder oder spenden bei zu großer Hitze mit ihren Körpern Schatten. Solch fürsorgliche Familienliebe lobte bereits das Altertum. Würden die Alten dann schwach und ihr dichtes Federkleid verlieren, dienten ihnen die Jungen, wärmten, ernährten und stützten sie in rührender Aufopferung, glaubte man. Die alten Ägypter priesen den Storch als Vorbild für kindliche Liebe und Ehrfurcht vor dem Alter. Auch in China verlieh sein Bild Hoffnung auf Glück und Zufriedenheit im Alter, auf Langlebigkeit und Liebe durch die Kinder. Im zurückhaltenden Charakter des Storchs fand man einen Ausdruck von Eremitentum und würdevoller Einsamkeit. Wenn er in völliger Ruhe auf einem Bein verharrt, assoziieren wir anerkennend Kontemplation. Steht ein Zeitgenosse auf dürren langen Storchenbeinen, schreitet oder stelzt etwas klapprig, bemitleiden wir schon einen Mangel an irdischer Bodenhaftung.

In den griechischen Mysterien verkörperte die Storchengöttin das Urbild der Frau, die das Leben gebiert und alles Leben ernährt. Störche gehörten zu den Attributen der Himmelsmütter und Göttinnen des *Mondes. Nahten Frau Holle oder die nordgermanische Nerthus im Frühling auf ihrem Wagen, um Fruchtbarkeit und göttlichen Segen zu bringen, flogen Störche als Boten voraus. Bei den Azteken trug der regentragende Windgott Ehekatl einen Storchenschnabel.

Nach der langen Winterzeit wurde der Frühlingsbote als Garant für neues Gedeihen überall mit großem Jubel begrüßt (→Lerche, →Kuckuck, →Schwalbe). Turmwächter hatten die Ankunft des Storches mit ihrem Horn zu verkünden. Das Christentum fand in diesem Vorboten des Frühlings einen Vergleich mit der Ankunft und Menschwerdung des Christus und der »Verkündigung an Maria«, sie würde den Erlöser gebären. In Verbindung mit Maria verwies der Vogel auf Keuschheit, Reinheit und Frömmigkeit. Seine jährliche Rückkehr zur Zeit des Wiedererwachens der Natur schien das Geheimnis von Auferstehung und Wiedergeburt bei »rechtem Wandel« vorzuleben. Ganze Dörfer legen bis heute größten Wert darauf, dass Störche auf ihren Dächern oder Schornsteinen gastieren. Sie sollen Glück bringen und die Gebäude vor Feuer und Blitz bewahren. Kehren sie im Frühjahr einmal nicht in ihr Nest zurück, verbreitet sich Beunruhigung.

Wie alle Schreitvögel vertilgt der Storch kleine →Schlangen und andere Reptilien. Damit trägt er auch einen solaren Aspekt. Licht zerstört die Dunkelheit, die düster schrecklichen Urgewalten in der sichtbaren wie unsichtbaren Natur. Vom Bild des schlangenfressenden Storches sagt Petrus Berchorius 1648, es gleiche demjenigen, der Giftiges fresse und im »Magen des Gewissens« Laster und Sünden aufnehme. Hrabanus Maurus sah aber in diesem Bild den »vorsichtigen Diener Gottes«, dem das Gift der bösen Geister nichts ausmache.

Lange Zeit glaubte man, Störche straften Untreue in ihrer Beziehung mit dem Tode, hielten sogar darüber »ordentliche« Gerichtsverhandlungen ab, in denen rigoros über Ausschluss oder Tod geurteilt werde. Der Storch meide deswegen Häuser, in denen Untreue, Unfriede und Ungerechtigkeit herrschten. In der Christlichen Ikonografie diente er somit auch als Sinnbild für Klugheit und Wachsamkeit. In Oldenburg glaubte man, wenn sich Störche zu abendlicher Versammlung einfänden, hätte man es mit Freimaurern zu tun (Bächtold-Stäubli 1936/37:XIII,502). Wer nichts von solchen vielleicht verstaubten Ansichten hören will, wehrt sie ab und sagt: »Erzähl' mir nichts vom Storch!«

Grundbedeutungen

die Ordnung der Natur in ihrem ewig wiederkehrenden Kreislauf von Geburt, Leben und Tod; deswegen neue Ideen und Verhaltensmuster im Bild neugeborener Babys

Strauß

Nach älterer Naturauffassung brüte der Strauß nicht auf seinen Eiern, sondern blicke diese nur unverwandt an und schaffe es, allein mit der Kraft seines Blickes die Jungen ausschlüpfen zu lassen. Nach dem *Physiologus liest er vom Himmel die Zeit ab, wann er mit Aufgehen der Plejaden seine Eier legen muss. Dann aber vergisst er diese, und die *Sonne übernimmt die Arbeit des Geburtsvorganges. So solle der Mensch zum Himmel blicken, das Irdische vergessen und Christus folgen (1960:72 f.). Der seine Eier sich selbst überlassende Strauß kann andererseits ein warnendes Bild des Sünders sein, der seine Pflichten gegen Gott vergisst. Und so wie der Strauß angeblich seinen Kopf in den Sand steckt, so bleibe die jüdische Religion absichtlich blind (Heinz-Mohr 1988:278).

Das in koptischen Kirchen, in den Gotteshäusern der Ostkirche und oft über Grabmälern aufgehängte Straußenei repräsentiert die Schöpfung aus der Matrix: Wachsen, Blühen, Vergehen und Auferstehen, die jungfräuliche Schöpfung aus sich selbst heraus. Auch in manchen westlichen Kirchen hing früher zwischen Karfreitag und Ostermorgen ein Straußenei von der Decke, diente der Meditation und sollte den Menschen mahnen, alle Geburts- und Wachstumsprozesse wachsam zu verfolgen. Unter den *Christlichen Lastern vertrat der Strauß Unbeständigkeit. In der semitischen Mythologie übernahm er gelegentlich die Rolle des →Drachen, im Zoroastrismus die des göttlichen Sturmvogels (*Norden).

Straußenfedern sind alle völlig gleich und boten wohl deshalb ein Bild für Gerechtigkeit und Wahrheit. In Ägypten kennzeichneten sie Schu, das Prinzip der Luft (*Elemente) und Atmosphäre, aber auch Totengötter und -richter. Maat, Göttin der gerechten Ordnung des Universums, der kosmischen Intelligenz und Triebkraft der Schöpfung, zierte sich mit Straußenfedern.

Grundbedeutungen

Wachsamkeit und meditative Beobachtung aller Schöpfung; Gerechtigkeit als Grundlage der kosmischen Ordnung

Taube

Fische fanden einst im Euphrat ein wunderschönes Ei. Sie schoben es ans Ufer, eine Taube brütete es aus, und so wurde Ischtar (= Venus) geboren, von der man sagte, sie sei die Gütigste und Barmherzigste zu den Menschen (Kerényi 2001:56). Der Evangelist Matthäus beschrieb mit der Taube die von aller Arglist und Bosheit freie Einfalt und Sanftmut (10,16). Nach weitverbreitetem Volksglauben sei die Taube deshalb so aggressionsfrei, weil sie keine Galle besitze, die überkochen und »platzen könne«.

Die Taube erhebt sich aus den vier Elementen als befreiter Geist

Ihre Art der Liebeswerbung, Schnäbeln, Gurren und Turteln, ließ Tauben schon früh zum Sinnbild zärtlicher Liebe und gegenseitiger Hilfe werden. Weil sie meist in Paaren auftreten und man glaubte, ihre Liaison hielte auf Dauer, sollte ein Taubenpaar an eheliche Liebe und Treue mahnen, die sogar Ursache ihrer Langlebigkeit sei. Ihre ausgeprägte Mütterlichkeit und Kinderliebe prädestinierte sie als Vögel der Großen Mütter in ihrem Aspekt der *Mond- und Geburtsgöttinnen. Da sich diese Vögel öffentlich paaren, assoziierte man auch Laszivität, bei weißen Exemplaren aber Keuschheit, Reinheit und Unschuld. Eine Taube auf dem Stab Josefs, Gatte der Maria, weise auf den sublimierten Eros. Im jüdischen Tempel dienten Taubenopfer der Reinigung und Entlastung von Schuld; in China und Japan versprachen sie jede Art von Fruchtbarkeit und damit Ehre und Wohlstand.

Der bisweilen wehmütig klagende Ruf des Vogels soll die Verbindung mit *Tod hergeleitet haben. Tauben geleiteten die Seelen durch die Daseinsebenen. Als Seelenvogel konnten sie dort auftauchen, wo das Leben aus einer Gefahr gerettet werden sollte. Sterbende sahen mitunter die jenseitige Welt als Schar weißer Tauben. In Erzählungen über christliche Märtyrer oder andere unschuldig zum Tode Verurteilte flog im Augenblick ihres Todes die Seele oft als Taube zum Himmel auf, eine weiße bei den »selig Verstorbenen«, eine dunklere oder gleich ein →Rabe bei weniger Seligen. In Syrien errichtete man über den Grabmählern Taubenschläge als Seelenhäuser. Yama, der indische Totengott, nutzte →Eulen und Tauben als Kuriere. Nach einem Kindermärchen setzen sich zwei Tauben auf die Schulter des Papstes (→Rabe) und sagen ihm alles ins Ohr, was er vorzunehmen hat (Grimm 1968:122). Als Boten zwischen Göttern, Menschen und Toten leisteten Tauben offensichtlich so gute Arbeit, dass man bereits im alten China und Ägypten ihnen auch die irdische Post anvertraute und die Brieftaube erfand.

Der *Physiologus erklärte →Schwalben und Tauben zu Boten des Frühlings und der Erneuerung. Christus selbst führte uns alle durch sein eigenes Blut als »feuerrote Taube« ins Leben (1960:52). Als die Quellen der Sintflut versiegten, ließ Noah aus seiner Arche drei Tauben als Vorboten und Aufklärer fliegen. Am siebenten Tag kehrte die zweite mit einem grünenden Ölzweig zurück, und Noah deutete es, dass der Herr nach (jeder) Sintflut mit seinem Volk den »göttlichen Frieden« schließen werde. Mit der Deutung der Sintflut als »Abwaschung von aller Sünde« durch die Taufe wurde die Taube zum Bote der Rettung für den Gläubigen (Heinz-Mohr 1988:280 ff.). Mit Schwert kündigte sie das Ende des Krieges an, doch kann ein Schwert ebenso scharfe Unterscheidungskraft und Richten bedeuten. Mit Oliven- oder Lorbeerzweig im Schnabel verkünde sie die Erneuerung des Lebens, Erlösung und den wahren inneren und damit endgültigen Frieden im »Reiche Gottes«, mit Palmzweig den Sieg über den *Tod. Das »Hohelied« (4,1) preist die Taubenaugen der »Braut«, denn ihr geistlicher Blick sei auf Gott gerichtet. Origines fand, die Augen des erleuchteten Menschen ließen sich mit Tauben vergleichen. Unter den *Christlichen Tugenden repräsentierte der Vogel Demut, Hoffnung, Mäßigkeit und Eintracht.

Vielen Kulturen galt die Taube als Ausdruck der höchsten Gottheit, von Licht und Höchstem Bewusstsein. Der im 1. Buch Moses (1,2) vor der Erschaffung der Erde über den Wassern (*Elemente) schwebende Geist Gottes hat meist die Gestalt einer Taube. Tauben sitzen im *Lebensbaum, erscheinen als Geist Gottes mit der Frucht des Lebens oder mit Behältern voller *Wasser des Lebens. Trinken Tauben aus einer Schale, trinkt der Geist aus der Schale des Lebens. »Ich sah den Geist herabkommen, wie eine Taube vom Himmel«, beschrieb der Evangelist Johannes (1,32). Spätestens nach dem Konzil zu Konstantinopel (536) tauchte der Heilige Geist nur noch unter dem Symbol der Taube auf.

Das Alte Testament hob die Aufrichtigkeit und Redlichkeit des Vogels hervor und ihre Suche nach Einsamkeit und Zurückgezogenheit – das ist lange her. Die Taube vermittelte Nahrung durch den Geist, die erhabensten, aber schnell flüchtigen Inspirationen, die Auserwählung durch Gott. So nähern sie sich auf Bildern den Evangelisten, Kirchenvätern und Heiligen. Zwölf Tauben vertreten die Apostel, sieben die »Gaben des Geistes«: Weisheit, Verstand, Wissenschaft, Rat, Stärke, Frömmigkeit und Gottesfurcht, zugleich die »sieben Geister Gottes« (Jesaia 11,1–2) und das Siebentaubengestirn der Plejaden (→Hahn). Ein Schwarm Tauben im Weinstock zeige die Gläubigen, die Zuflucht in der »Kirche Gottes« oder in Christus suchen.

Die berühmten schwarzen Tauben im Eichenorakel von Dodona weissagten durch Kommen und Gehen, Flug, Gehabe und Stimme. Tauben waren so heilig, dass sie ungestört in vielen Tempeln nisten durften. Sie konnten als Symbol auch das Geheimnis des antiken Initiations- oder Tempelschlafes verschleiern. Alchimisten sahen in der weißen Taube das »Salz der Metalle«, das in der *prima materia sitzt, den zu befreienden Geist in der Seele. Aber auch das Feuer, das »den Sitz der Götter berührt« und uns als höheres Bewusstsein erreicht, den Ambrosia des Zeus. Johannes Grasseus formulierte im 17. Jahrhundert: Die weiße Taube »ist jene keusche, weise und reiche Königin von Saba, vom weißen Schleier verhüllt, welche

Grundbedeutungen

der Heilige Geist als Bote zwischen dem Höchsten Bewusstsein und der Schöpfung; der zu befreiende Geist in der Seele des Menschen

sich nur dem König Salomon ergeben wollte« (Jung 1984:390). Die Tarotkarte »Die Kaiserin« als Ausdruck der Liebesgöttinnen Venus / Aphrodite verweist mit einer Taube darauf, woher das mit ihr verbundene Prinzip schöpferischer Vorstellungskraft einströmt.

Tiger

*Titanen überfielen Zagreus, eine Erscheinung des Zeus als Jahreskreislauf, rissen ihn in Stücke und verschlangen ihn roh. Zagreus hatte sich vergeblich mit Verwandlungen zu wehren versucht. Für seine letzte Transformation in die des *Todes aller Natur nahm er die Gestalt eines Tigers an. Dieser Sohn des Zeus gilt auch als Ausdruck des *Dionysos, der seinen Wagen von Tigern ziehen ließ.

Dem König des Dschungels werden Autorität, Mut, Stärke, Wildheit und Grausamkeit nachgesagt. Er vertritt den gesamten Aktivitätszyklus der *Lebenskraft, vordergründig zunächst das Dämonische, Ungestüme und Zerstörerische in der Natur, ähnlich dem →Leoparden. In China nahm er im Widerstreit mit dem yang-Himmels-→Drachen den Part für yin ein, war dann dem *Mond zugeordnet, chtonisch unheilvoll, eine Manifestation der Erdmutter. Beide zusammen spiegelten die Gegensätzlichkeit Geist und Materie oder die *Lebenskraft in ihrem bewussten und unbewussten Aspekt. So kann ein Tiger die Mächte der Finsternis vertreten, denen der Neumond, das Licht, entkommt. Er kann aber auch die wachsende Kraft des Neumondes vorstellen und damit die Zunahme des inneren Lichts, wenn er als kleiner Tiger dem Rachen eines größeren entflieht. Der ägyptische Ursprungsgott Tem (= Aum), der »der zur Existenz seiner selbst kam«, deutete im Bild des Tigers oder als Schlitten auf die hinter allem liegende Bewegung und Antriebskraft im Universum. Im sibirischen Schamanismus erschienen Unsterbliche und Waldgötter als Tiger, der »Hüter des *Waldes«, sogar der Geist der Taiga selbst.

Weil er den Weg durch den dichten Dschungel findet, diente er im Buddhismus als Sinnbild für geistige Anstrengung. Andererseits zeigte er als eines der Drei Geistlosen Geschöpfe im chinesischen Buddhismus die Folgen von Zorn und Feindseligkeit. Die blutrünstige Bhadrakali Indiens, sichtbar gewordene Wut der Zerstörung und zugleich die gnadenlos alles verschlingende Zeit, ritt auf einem von schierer Mordgier getriebenen Tiger. Wer »einen Tiger reitet«, hat eine Begegnung mit den gefährlichen und elementaren Kräften in der äußeren wie inneren Natur oder beherrscht sie. Die hinduistische Fürsten- und Kriegerkaste der Kshattriyas untertrich ihren Führungsanspruch mit dem Tigersymbol.

In einer scheinbar späteren Konstruktion umfasste der Tiger die Bedeutung aller *Elemente, der Himmelsrichtungen und ihrer Quintessenz. Als Weißer Tiger repräsentierte er Westen, die Zeit des Herbstes und das Metall. Als Blauer Tiger verkörperte er Osten, den Frühling und das Pflanzenleben der Erde. Der Rote Tiger stand für Süden, das Element Feuer und den Sommer. Der Schwarze Tiger war der *Norden, der Winter, das Element Wasser. Der Gelbe Tiger schließlich bildete das Zentrum, die *Sonne, Herrscher der Richtungen. Arbeiten sie in Harmonie miteinander, entsteht Fruchtbarkeit auf allen Ebenen. Chinas Gott des Reichtums, der diverse Goldkisten bewachte, ritt ebenfalls einen Tiger.

Im Reich der Mitte verbreitete diese Großkatze einst so große Scheu, dass man ihren wahren Namen oft nicht auszusprechen wagte. Griff das »Große Insekt« oder der »König der Berge« (Tabunamen) die Tiere der Menschen oder gar Menschen selber an, jagte man ihn nicht, sondern zitierte ihn vor Gericht. Dort verurteilte der Gouverneur das Tier dazu, den Bezirk zu verlassen und in die Berge zu verschwinden, was den Überlieferungen nach dann auch geschah (Eberhard 1983:282).

> **Grundbedeutungen**
>
> die *Lebenskraft in ihrem gesamten Ausdruck; größeres Licht durch Anstrengung; die Arbeit der *Elemente

Truthahn / Puter (siehe unter Fasan)

Tümmler (siehe unter Delphin)

Uhu

Im Jahre 135 vernahmen die Römer auf dem Kapitol das schauerliche Heulen eines Vogels, das in der ganzen Stadt gehört wurde und lähmenden Schrecken verbreitete. Der Senat setzte schließlich einen Preis für das Ergreifen des Tieres aus. Die Häscher fingen einen Uhu. Man tötete ihn grausam und streute seine Asche in den Tiber. Bei einem ähnlichen Vorfall, als sich ein Uhu im Tempel auf dem Kapitol verirrte, hatte man die ganze Stadt mit Wasser und Schwefel gereinigt.

Der Uhu gehört zu den Eulenvögeln und ist ein ausgesprochener Nachtjäger. Sein unheimlich nächtliches Huuu oder Uuuh klänge wie ein »Leichengesang«. Er sieht problemlos in tiefster Dunkelheit und noch besser arbeitet sein Gehör. Lautlos und schnell kann er seine Beute ergreifen, die er mit seinem Krummschnabel tötet und dann ganz hinunterwürgt. Wie seine Verwandten →Eule und →Kauz begleitete er seit alters her Mutter- und *Mondgöttinnen in ihrem rückholenden Aspekt. In der nordischen Eisenzeit gehörte er manchmal zur Grabbeigabe.

Erschien der Uhu bei Tag und setzte er sich auch noch aufs Dach, galt er als schlimmstes vorstellbares Omen. Es konnte nur Krieg, *Tod und Verderben, Feuer, Hungersnot oder Teuerung bedeuten. Seine feurigen Augen und sein gelegentliches Stöhnen schürten den Aberglauben. Der »Wilden Jagd« Wodans, die mit zahlreichen bizarren Wesen und Tieren die Toten auf ihrem Weg begleitete, ritt in manchen Beschreibungen eine dämonische Frau auf einem riesigen Uhu voran. Zeigte er sich im Traum, sollte er Seesturm oder einen Überfall durch Banditen ankündigen, notierten ältere Traumdeutungsbücher.

Im Märchen vertritt er die als weiblich und dämonisch verstandene Gefährlichkeit des *Waldes. Sein Aussehen hat durchaus etwas Würdevolles, und er hegt eine Vorliebe für verlassene Burgruinen und verfallene Schlösser. »Leben wie ein Uhu« charakterisiert noch heute introvertierte Menschen, die sich gern in die Einsamkeit zurückziehen und mehr nachtaktiv wirken. Weil der Uhu tagsüber meist unbeweglich auf einem Ast verharrt, diffamierte ihn der Volksmund auch als Faulenzer und Müßiggänger.

Vom Künder des *Todes führt nur ein kurzer Weg zum Künder des Schicksals, wie bei allen Tieren des *Mondes. Ein Uhu soll es gewesen sein, der den Bürgerkrieg zwischen Caesar und Pompeius und später den Tod von Julius Caesar vorhersagte.

Grundbedeutungen

Weisheit des *Mondes; eher unangenehme Veränderungen und *Tod

Viper (siehe unter Schlange)

Vogel (allgemein)

»Wenn eure Führer euch sagen *Sieh das Reich Gottes ist im Himmel*, dann werden die Vögel vor euch ankommen«, spricht Jesus im Thomas-Evangelium.

Die Fähigkeit der Vögel, sich in den Himmel aufzuschwingen, erinnerte zu allen Zeiten und in allen Kulturen an Transzendenz, an Losgelöstheit von irdischen Fesseln. Vögel boten ein Bild für den Aufstieg des Menschen zu Gott und seinen Abstieg zur Erde. Sie beeindruckten durch ihre Fähigkeiten, sich gleichermaßen auf dem Wasser, der Erde und in der Luft (*Elemente) zu bewegen. So wirkten sie als Bindeglieder im zyklischen Denken und spielten Bote zwischen allen Seinsebenen. Ihr Federkleid diente Erscheinungen aus der *Anders- und Totenwelt als Gewand, um in der irdischen Sphäre in Erscheinung zu treten, sterbliche Geliebte zu besuchen und − zumeist im Schnellverfahren − Helden zu zeugen.

Man, der große Vogel der Maori auf Neuseeland, war die allsehende und allwissende Gottheit. Im Taoismus lebte die dreibeinige Rote →Krähe in der *Sonne und konnte die Große Dreiheit vorstellen: Himmel, Erde, Mensch, aber auch die Dreiheit der Alchimie von *Mercurius, *Sal und *Sulphur. Ein Vogel auf einer Säule lässt den Geist über der Materie thronen. Als oberstes schöpferisches Geistprinzip kennzeichnete ein Vogel den höchsten Buddha. Große Vögel konnten zum Ausdruck der Donner- und Windgötter, ihre Zungen zum Blitz (*Elemente: Feuer) werden. Im Vogelkäfig fand Platon ein passendes Bild für den in der Materie eingekerkerten Geist.

Zwei Vögel auf einem Baum, einer zumeist dunkel und einer hell, repräsentieren die Grundgegensätze wie Dunkelheit und Licht, das Nichtmanifeste und Manifeste, Unter- und Oberbewusstsein usw. Der solare →Adler im Wipfel des *Lebensbaumes liegt im ständigen Konflikt mit der →Schlange oder dem →Drachen an der Wurzel, den Kräften des ewigen Widerstands und des scheinbar Bösen. Nach islamischen Legenden wohnen die Seelen der Gläubigen auf dem Baum des Lebens, die der Ungläubigen ziehen als Raubvögel umher.

Schon in der Frühzeit der Menschheit empfanden Schamanen ihre Seele als Vogel. In der Trance trat sie ihren Flug an, wie eine Höhlenzeichnung von Lassaux ahnen lässt. Vogelkleider konnten der Seele Schwingen verleihen, um den physischen Körper leichter zu verlassen. Sibirische Schamanen setzten künstliche Vögel auf Bäume, damit ihre Seele nach dem Ausflug auch wieder zurückfand. Den alten Ägyptern zeigte sich »ka«, der Doppelgänger ihrer Seele, die aus dem Jenseits wirkte, als Vogel. Als »ba« erschien ihnen im menschenköpfigen Vogel der individuelle Teil der Seele oder die Seelenpersönlichkeit. In Anlehnung an die Antike übernahm das Christentum geflügelte Wesen als Bild der Erscheinungen eines größeren Lichts. (Pseudo-) Dionysius Areopagita schrieb in seiner Hierarchienlehre: »Der Flügel bedeutet die Schnelligkeit des geistigen Emporführens, das Himmlische ... das Entrücksein von allem, was an der Erde haftet ... Die Leichtigkeit der Flügel aber bedeutet, dass das Wesen in keiner Hinsicht erdhaft ist ... der Schwere nicht unterworfen« (1986:66 f.). Die höchste Steigerung fand diese Metapher in der →Taube als Heiliger Geist.

Die Bibel verglich Vögel mit Menschen, die gejagt werden, in Gefahr sind oder einer solchen entkommen. Jesus ermahnte seine Hörer, auf die göttliche Fürsorge zu vertrauen wie die Vögel: »Sie säen nicht, sie ernten nicht, und doch ernährt sie der Himmlische Vater« (Matthäus 6,26). Selbst die so unscheinbaren →Sperlinge vergesse er nicht (Lukas 12,6). Cyrill von Alexandrien legte den lebenden Vogel des mosaischen Entsühnungsritus als das Leben spendende himmlische Wort aus, das geschlachtete als das kostbare Blut des Erlösers. Auf Bildern von Christi Geburt können fliegende Vögel in Anlehnung an Levitikus 14,53 auf die Entsündigung der Welt hindeuten. Das mit einem Vogel spielende Christuskind bei Muttergottesdarstellungen (z.B. Raffaels Madonna mit dem Zeisig) darf als Hinweis auf die Rettung der menschlichen Seele verstanden werden (Lurker 1973:392). Das Bild von Trauben fressenden Vögel zwischen Weinranken preist das Leben der Seligen im Paradies oder prangert Räuber in Gottes Natur an.

Schon früh glaubte man an die prophetische Fähigkeit von Vögeln (→Uhu, →Eule, →Kuckuck), wobei sie oft die warnende Funktion individueller oder gar kollektiver Instinkte übernahmen. Der Vogelflug im Traum kann Ausdruck der Befreiung sein, entscheidende Schritte im Leben eingeleitet zu haben, mit dem Wissen, solches immer allein vollziehen zu müssen und auch die Kraft dazu zu finden. Unmittelbares Auftreten von Vögeln macht sie gleichzeitig zu Sinnbildern für Gedankenflug und Fantasie, für psychisch sublimierte Inhalte aus den *Libidokräften des Unbewussten. Weissagende Vögel nähern sich im Märchen als rettende Hilfe und liefern oft den Heilstrank: die reine, nicht durch menschlich falsche Vorstellungen verfremdete Idee oder Intuition (→Greif, →Phönix). In höchster Ausdrucksform der Symbolik vermitteln sie unsere Fähigkeiten, mit Gott zu sprechen, in ein höheres Bewusstseinsstadium einzugehen oder Inspirationen als göttliche Offenbarung herunterzuholen. *Merkurische Genien sind deswegen geflügelt. »Das Bild der Flügel besitzt eine archetypische Kraft und suggeriert nicht nur Bewegung, sondern auch Schweben … Indem sie sehr hoch fliegen, bekommen sie eine ganz andere Perspektive der Dinge und sie besitzen auch die Freiheit, dort oben zu schweben. Nach so etwas sehnen wir uns. Es ist Teil unserer mystischen Natur zu schweben. Und die Künstlerinnen und Künstler haben dies auf ihre Engelbilder projiziert« (Fox/Sheldrake 1998:147).

Grundbedeutungen

Freiheit und Überblick durch Erhebung von Geist und Seele; Transzendenz; Gedankenflug; Herabsenken göttlicher Offenbarungen

»Intelligenz ist der schnellste der Vögel«, sagt die indische Rigveda. »Wer versteht, hat Schwingen«, heißt es in *Pancavimsa Brahmanas*. Vögel begleiteten den Ritter, wenn er den →Drachen suchte, indem sie ihm einen geheimen Rat erteilten. Hatte der Heros den Drachen besiegt und in seinem Blut gebadet, verstand er die Sprache der Vögel, gewann er höheres Bewusstsein, erneuerte die Verbindung zwischen Himmel und Erde. »Das hat dir wohl ein Vögelchen gesungen«, spöttelt der Volksmund, und etwas direkter: »Du hast wohl einen Vogel! Du spinnst!«

Wachtel

Gegen den Winter hin zogen Wachteln in beachtlicher Zahl nach Süden und Südosten, bis ins tropische Afrika, nach Kleinasien bis Indien. Des Nachts aber ließen sie sich in so großen Schwärmen in die Segel der Schiffe niederfallen, dass sie so manches Schiff versenkt hätten, berichtete Konrad von Megenberg (1861:151). Als beim Auszug der Hebräer aus Ägypten das Volk Israel hungerte, ließ der Herr Wachteln vom Meer herkommen und streute sie zwei Ellen hoch eine ganze Tagesreise rund um das Lager. Die Pilger nach dem »Gelobten Land« konnten sich zwei Tage und Nächte ununterbrochen von →Vögeln ernähren (Numeri 11,31). Tatsächlich fallen die Wachteln völlig erschöpft in ihre Winterquartiere ein und so dicht, dass man sie fast mühelos auflesen kann. Noch im 19. Jahrhundert wurden sie auf ihrer Zwischenrast in Südeuropa zu Millionen gefangen und galten als zarte und saftige Speise, äußerst wohlschmeckend und leicht verdaulich.

Wir verbinden im allgemeinen die »fette« Wachtel mit Glück und Verliebtheit, mit dem Hang zur Völlerei. In Nord- und Mitteleuropa kündet sie den Frühling an und die Erneuerung des Lebens, in Südeuropa und im Mittelmeerraum den Herbst. Der griechische Sonnenheld *Herakles erhielt Wachteln als Opfer, damit er die Finsternis und die mit *Tod und Zerstörung verbundene Jahreszeit in Gestalt von *Seth besiege. Melkarth (= König der Stadt), der phönizische Herakles, wurde als Geist des neuen Jahres wieder geboren und feierte seine königliche Hochzeit, wenn ihm der lokale Heilgott Esmun (= Der, den wir anrufen) eine lebenstüchtige Wachtel unter die Nase hielt. Die Wachtel war Signum des russischen Zaren, des symbolischen Garanten für Ordnung, Fruchtbarkeit und Wohlergehen des Landes.

Diese Vögel führen eine solide Partnerschaft, wenn sie auch sonst untereinander meist im Unfrieden leben. »Wachteln gesellen sich zu Paaren, Elstern fliegen zu zweit«, kündet ein Sinnspruch aus dem *Buch der Lieder* (Shih-ching), der für feine gesellschaftliche oder politische Anspielungen herhielt. Dem Götterboten *Merkur heilig, dienten sie auch als Sinnbild für die geistige Speisung aus den Regionen des höheren Bewusstseins. Nicht alles, was als Erneuerungsdrang von »oben« kommt, äußert sich gleich in der korrekten Form. Das Buch Numeri des Alten Testaments berichtet weiter (11,33 ff.), dass mit dem Wind nicht nur Wachtelschwärme ins Lager der Israeliten einfielen. Das geradezu von einer »Plage« getroffene Volk musste »seine Moral auf Lustgräbern beerdigen«. Der unersättliche Geschlechtstrieb dieser Feldhühner ist ebenso sprichwörtlich, wie das aggressiv kämpferische Verhalten ihrer Männchen. Bei älteren Damen, die sich einen reichlich jüngeren Mann angelacht haben, sprechen wir von »verliebten Wachteln«. Wachteln können in China und Frankreich auch Freudenmädchen bezeichnen.

Der griechische Göttervater Zeus zeugte den *Sonnengott Apoll und dessen Schwester Artemis mit Leto aus der *Titanenfamilie. Dabei verwandelten sich Zeus und Leto in Wachteln, um sich zu paaren. Diana, ein Ausdruck der Artemis, konnte als lüsterne Wachtel erscheinen. Diesen *Mondgöttinnen werden die schöpferischen Tätigkeiten des Unterbewusstseins als Voraussetzung allen physischen Werdens zugeordnet. Sich aus dem Schatzhaus kollektiver Erfahrung bedienend, formen sie immer neue Gedankenmuster und kreative Assoziationen.

Bereits in der Antike müssen sich öffentliche Wachtelkämpfe als Volksbelustigung einer großen Beliebtheit erfreut haben. Solon empfahl griechischen Jugendlichen den Besuch solcher Austragungen, um etwas über starken Charakter zu lernen. Bei der Balz tragen die Männchen hitzige und sehr aggressive Kämpfe aus und beweisen großen Mut. Wachteln begleiteten die Kriegsgötter. Die streitbare Pallas Athene, Göttin der Weisheit, trug gelegentlich eine Wachtelhenne auf dem Helm. Weisheit und Erkenntnis wollen umworben sein. Sie müssen sich aber oft auch erst kämpferisch durchsetzen.

Grundbedeutungen

Drang neuer Lebensimpulse nach Manifestation und Entfaltung; Erneuerung des Lebens; leibliche und geistige Nahrung

Wal

Jonas, der vor dem Herrn mit einem Schiff zu fliehen suchte, geriet dabei in Seenot, so das Alte Testament (Jonas 2). Da forderte Jonas die Seeleute auf, ihn ins Meer zu werfen. Der Herr bestimmte aber einen Wal, auf dass er den Schiffbrüchigen verschlinge. Die »Urflut« umgab ihn drei Tage lang, dann spie ihn der Wal auf Weisung des Herrn wieder aus, und Jonas trat wiedergeboren und als Initiierter in ein neues Leben.

Das Verschlungenwerden, der Aufenthalt im Bauch eines großen →Fisches und das Ausspeien gehören zu den Mythen, die den Kreislauf der *Sonne und die *Mondzyklen beschreiben. Die drei Tage im dunklen Walbauch erinnern an die drei Tage des Neumonds, während der dieser Planet unsichtbar bleibt. Im alten Britannien war der Wal das erste von Gott geschaffene Wesen. Im Volksglauben Taiwans brachte ein Walfisch den Menschen die Hirsesaat, ein Grundnahrungsmittel. Den sibirischen Tschuktschen lehrte der Wal die Grundgeheimnisse des Lebens und bot sich selbst als Hauptnahrung an.

Für das Christentum versteckte sich hinter dem Wal der *Teufel als Ungeheuer der Tiefe des Wassers (*Elemente). Seine Kieferbacken markierten die Tore zur Hölle, sein Bauch umfasste den eigentlichen Bereich der Welt des ewigen Feuers (*Elemente). So galt das Verschlingenwerden des Jonas als unaufhaltsames Verhängnis und göttliche Bestrafung, seine Befreiung als Überwindung von allem Übel, von Schuld und *Tod durch die Herabkunft Christi. Diese leite das Sterben des alten Menschen ein und die Wiedergeburt des neuen Menschen durch das Wasser der Taufe. Wie Jonas werde der »Menschensohn« (Jesus Christus) selbst »drei Tage und Nächte im Schoße der Erde sein« (Matthäus 12,39–40).

Der *Physiologus wusste von zwei Eigenschaften des Wals: Seinem Maul entströmten Wohlgerüche, durch die er kleine Fische anlocke und »hinabschlürfe«. Die großen hätten ihn nicht zu fürchten. So locke der Teufel schwache Menschen mit dem Duft der Beredsamkeit und Betrügerei. Liege der Wal ruhig an der Meeresoberfläche, gleiche er einer Insel. Manche Seeleute hätten dort geankert und sich nichts ahnend auf seinem Rücken niedergelassen. Hätten sie dann zur Mahlzeit ein Feuer angezündet, wäre es dem Wal warm geworden und er sei in die Tiefe geglitten, alles mit sich ziehend. So versenke der Teufel alle, die sich arglos auf ihn verlassen, in den Abgrund der Hölle (1960:29 f.).

Der Bauch des Wals als Ungeheuer des Wassers gleicht dem Ort des Todes, dem verschlingenden Grab der Dunkelheit des Unbewussten, dem Bereich der Nacht. Bei solchen mythischen »Nachtmeerfahrten« besteht aber Gefahr, dass unser in unbekannten seelischen Raum vorstoßendes Bewusstsein von den archaischen Mächten des Unbewussten übermannt wird – »eine Wie-

Jonas wird für drei Tage auf Weisung des Herrn vom Wal verschluckt

derholung jenes kosmischen Ereignisses der Umarmung von nous und physis. Der Zweck des Abstiegs ist im Heldenmythos ganz allgemein dadurch gekennzeichnet, dass in jenem Gefahrbezirk (Wassertiefe, Höhle, *Wald, Insel, Burg usw.) die schwer erreichbare Kostbarkeit (Schatz, Jungfrau, Lebenstrank, Todüberwindung usw.) zu finden ist« (Jung 1984: 383 f.). In diesem Gefahrbezirk, so auch im Walfischbauch, herrsche »meist eine solche Hitze, dass dem Helden das Haar ausgeht, das heißt, er wird wiedergeboren als Säugling. Diese Hitze ist der ignis gehenalis, die Hölle, zu der auch Christus abgestiegen ist zur Todüberwindung als Teil seiner opera« (Jung 1984:388 f.).

Grundbedeutungen

Ort des Ursprungs, der Rückholung und Wiedergeburt, die »Dunkle Nacht der Seele«

Walross (siehe unter Robbe)

Wapiti (siehe unter Hirsche)

Wendehals

Aphrodite, griechische Göttin der Liebe, gewann Medea auf Kolchis, ein Ausdruck der schrecklichen *Hekate, durch ein besonderes Geschenk dazu, dem Helden Jason bei der Eroberung des Goldenen Vlieses (→Fasan, →Widder), der geheimen Kraft der *Sonne zu helfen. Medea erhielt einen lebenden Wendehals, der mit ausgespreizten Flügeln an ein Feuerrad gebunden war.

Er zischt gelegentlich wie eine Schlange, liegt gern flach an einen Zweig geschmiegt, richtet in der Wut seinen Kamm auf, legt weiße Eier und weist eine v-förmige Zeichnung auf. Seinen Namen erhielt dieser →Specht, weil er seinen langen Hals eigentümlich hin- und herwindet. Der Wendehals bot einiges, das an die antiken Orakel-→Schlangen in Griechenland erinnerte. Als Bote der *Sonnen- und *Mondkreisläufe repräsentierte er auch unsere notwendige Flexibilität im Auf und Ab allen Werdens und das Wissen um die dahinterliegende Ordnung. Io, eine griechische Mondgöttin (→Kuh), sandte Wendehälse als Boten zum Sonnengott Zeus. Philyra (= Linde; Kultbaum der Wahrsagung), Tochter des *Wassers (Elemente) und Mutter des →Kentauren Chairon, liebte es, die Gestalt des Wendehals anzunehmen.

Die mit einem Seil angetriebenen Glücks- oder Orakelräder, die früher im Eingangsbereich einiger romanischer Kirchen hingen, hießen lateinisch Jynx (= Wendehälse). Solche sollen sich auch im Orakeltempel von Apoll zu Delphi befunden haben und in den Kulträumen keltischer Druiden. In Babylon hingen im richterlichen Gemach des Königs gleich vier goldene Jynxbilder von der Decke herab, die den König vor Hoffart warnen sollten (Gattiker 1989:262). Dieses »Glücksrad der Fortuna« wies neben der Allegorie für den Kreislauf aller Natur auf die Unbeständigkeit des Glücks. Es trug vier Menschen: einen aufsteigenden (regnabo), einen thronenden (regno), einen herabstürzenden (regnavi) und einen unten liegenden Menschen (sub sine regno). Man glaubte und hoffte, das Rad des Schicksals werde zu gegebener Zeit auf seine ihm eigene Art Gerechtigkeit schaffen.

In der ehemaligen DDR bezeichnete man mit »Wendehälse« solche Genossen, die auf ihre eigene Art das Fähnchen jeweils nach dem Wind drehten.

Grundbedeutungen

Weisheit des *Mondes; Ausdruck für das Rad des Schicksals, der ewigen Gerechtigkeit und zyklischer Wiedergeburten

Wespe / Hornisse / Hummel

Gott hatte einst die →Biene erschaffen. Neidisch wollte es der Teufel ihm gleichtun. Aber der brachte nur eine Wespe zustande. Wespen und Hornissen tauchen meist nur an sonnig warmen Tagen auf. Als böse Dämonen oder Ausgeburten des *Teufels sollten sie sich im Kopf festsetzen und Geistesgestörtheit auslösen, glaubte man bis ins 19. Jahrhundert. Noch heute stellen wir bei unkonventionellen oder unerwarteten Handlungen fest: »Dir hat wohl eine Wespe ins Hirn gestochen?«

Die Weibchen verfügen durchweg über einen giftigen Stachel. Fühlen sie sich angegriffen und bedroht, benutzen sie ihn leider gnadenlos. Viele Wespenstiche können gefährlich werden. Neun Hornissenstiche sollten ein Pferd töten können, hieß es früher. Wespen und Hornissen wurden so sie zum Sinnbild für Wut, Zorn und Gereiztheit. Tauchen Wespen im Traum auf, naht ein Unglück, eventuell sogar der *Tod aus Feindeshand, behaupteten antike Deutungen. Pemphredon hieß eine der drei Graien, der griechischen Schicksalsgöttinnen. So lautet auch die lateinische Bezeichnung einer Wespenart.

Andererseits besitzt alles Stechen immer auch eine sexuelle Komponente. Wer heimlich ein Wespennest bei sich trug, erwartete mit seiner Werbung beim anderen Geschlecht sehr viel leichter und rascher ans Ziel zu gelangen.

Ganz andere Gefühle und Vergleiche ließen die gutmütigen Hummeln aufkommen. Gewisse Seelen nehmen wohl gern Gestalt von Hummeln an, hieß es im Volksmund. Bösewichter kehrten nach ihrem *Tod als Hummel zum Ort ihres Wirkens zurück. Hexen traten als Hummel aus ihrem Körper, wenn sie im Schlaf oder in Trance ihrem Gewerbe nachgingen. Unzufriedene Verstorbene brummten unterirdisch wie Hummeln. Jemand »hat Hummeln unterm Hintern« diagnostizieren wir bei ständiger Unruhe, Unstetheit, bei Reiselust und Nichtsesshaftigkeit. In positiver Deutung sprechen wir von hummelhafter Geschäftigkeit, Entfaltung und Lebenslust.

Grundbedeutungen

Wespe und Hornisse als aggressiver Ausdruck der *Lebens- und Wachstumskraft; Hummel als unruhiges Begehren nach jeder Art von Veränderung

Widder

Die erste Mutter der Welt hatte aus Teig den ersten Widder geformt, so eine Mythe der algerischen Kabylen. Der starb aber nicht wie andere Tiere, sondern lief eines Tages hoch ins Gebirge, so hoch, dass er mit dem Kopf gegen die aufsteigende *Sonne stieß. Die Sonne blieb an ihm haften und wandert seitdem mit ihm durch die Welt (Lurker 1990:296).

Die Widderverehrung, bereits in der Urnenfelderzeit bekannt, bewunderte vielleicht schon immer eine Stoßkraft in ihren verschiedenen Formen: in der vegetativ keimenden, in der zur Vermehrung führenden tierischen und menschlichen Sexualität und schließlich in jeder Form ausbruchartiger Entfaltung und Erneuerung. Im Widderzeitalter des nach dem Zodiak eingeteilten Weltenjahres begann einst das neue Jahr am 21. März, als die *Sonne im Zeichen des Widders stand. Auf der nördlichen Halbkugel haben wir dies als feststehende Ordnung beibehalten. Für diesen Geburtsakt im Frühling, ein Vorgang unerhörter Kräfteballung, um zu leben, bot der Selbstbehauptungswillen des Widders einen passender Vergleich: blind für jede Gefahr, getrieben von einer aggressiven Elementargewalt. In dem berühmten Relief des britischen Heiligtums von Bath bahnt zu Füßen der Muttergöttin und des Schöpfergottes ein Widder mit gesenkten Hörnern drei Quellgenien den Weg in die Manifestation, inspirierende Kräfte aus dem *Element Wasser.

Einige Städte in Ägypten verehrten einen lebenden Widder. Der berühmteste war der »Bock von Mendes« Banebdetet. Sein Name bedeutete: »Seele, Herr von Busiris«, gleichgesetzt mit der Seele des *Osiris. Man hielt ihn auch für eine Erscheinungsform Ptahs, des mächtigen Schöpfergottes aus prädynastischer Zeit, »Herr der Wahrheit«, der göttlichen Ordnung und Gerechtigkeit. Starb Benebdetet, wurde er mit großem öffentlichen Prunk begraben. Der Überlieferung nach hatte der ägyptische Reichsgott Amun-Re einmal einen Widder getötet, dem er das Fell abzog und den Kopf abschlug. Damit verkleidete er sich, wenn er sich verbergen wollte. Schu, Atem des Urgottes und Prinzip der Luft, bat ihn aber, aus seiner Verborgenheit herauszutreten und sich erkennen zu geben. In der Dunkelheit des *Nordens, wo die Sonne unsichtbar blieb, wähnte man die geheimen Transformationskräfte für Neu- und Wiedergeburt.

Chnum (= Widder), der Selbstgeschaffene, Wächter der Leben spendenden Nilquelle und Herr der Offenbarungen, hatte Hörner, die sich waagerecht spiralig nach außen drehten. Man glaubt, dass eine Widderrasse mit solcher Hörnerform im zweiten Jahrhundert v.Chr. ausstarb. Auch *Merkur / Hermes, Seelengeleiter und Götterbote, trug in einigen Mysterienkulten Widderhörner. In dieser Aufmachung soll er der Gattin des Odysseus, Penelope (= Ente), beigewohnt und damit Pan gezeugt haben. Dieser ziegenbockartige *Wald- und Weidegott veranschaulichte in seinem mächtigen Sexualdrang die ungestümen zeugenden Kräfte irdischer wie geistiger Natur. Ein Widder konnte auch die Fruchtbarkeit spendenden Regenwolken symbolisieren, seine gewundenen Hörner die zündenden Blitze. Hamarchis, die aufgehende *Sonne und Inkarnation intuitiver Weisheitsblitze (→Sphinx) in Ägypten, trug ebenfalls Widderhörner.

Widder opferte man als Stellvertreter des Vegetationsgeistes, dessen *Tod das sich erneuernde Wachstum garantieren sollte. Wenn wir von einer neuen oder gar rettenden Idee profitieren wollen, müssen wir in aller Regel Platz schaffen, d.h. überholte Vorstellungen opfern. Als der biblische Abraham auf Verlangen Gottes sogar seinen Sohn (auch Ausdruck der aktuellen Persönlichkeit) Isaak opfern wollte, belohnte der Herr diese Bereitschaft und ließ einen Widder erscheinen, der sich im Dickicht (irdischer Illusionen) verfangen hatte (Genesis 22,13). Der Kirchenvater Augustinus interpretierte diesen Widder als »Jesus Christus, mit der Dornenkrone gezeichnet und ans Kreuz geheftet«: die reinigende und erlösende Kraft in und durch Christus. In den Bildern vom Endgericht kann der Widder sich mit den Schafen auf der rechten Seite des Weltenrichters befinden, auf der Seite der Gerechten.

Im übertragenen Sinne weist der Widder auf das Ausströmen geordneter zyklischer Bewegungen. Die *Sonne finde im Widder ihren höchsten Ausdruck, sagt die Astrologie. Widder regiere Kopf und Gesicht, besonders die Augen, und beherrsche die höheren Funktionen des Gehirns. Ordnung ist das geeignetste Instrumentarium, mit dem unser Ober- oder Wachbewusstsein mit den pausenlosen Impulsen aus dem Unterbewusstsein umgeht (Case 1992:65 ff.). Im Tarot präsentiert die Karte »Der Kaiser«, auch ein Bild für unser Oberbewusstsein, einen gepanzerten Krieger auf einem Thron, den Widderhörner zieren.

Der Planet Mars, in der Astrologie Regent des Widders, zuständig für Verteidigung und Angriff, für Konflikte und jede Art von Antriebsaktivität, beschreibt die starke Lebensenergie in unserem Körper, sei es im Bizeps oder im Gehirn. Wir nutzen sie für alle Verwirklichungen von Ideen. Somit setzt sich der Mensch quasi durch die Marskraft mit seiner Umwelt auseinander und versetzt seine Welt in eine neue Ordnung. Das Widderprinzip äußert sich in temperamentvoller Risikobereitschaft, in kämpferischem Pioniergeist, aber ebenso in heftiger Ungeduld und rücksichtsloser »Ichhaftigkeit«.

Grundbedeutungen

ungestüm und hemmungslos nach neuer Entfaltung drängende Kräfte im Frühling; neues Leben durch intuitive und bahnbrechende Ideen

Der griechische Gott des Meeres, Poseidon, raubte die schöne Theophane (= einen Gott zur Erscheinung bringende) und heiratete sie in Widdergestalt. Zusammen zeugten sie das Goldene Vlies (→Fasan), die geheime lebenserneuernde Kraft der *Sonne, zu dessen Rückeroberung sich die 50 größten Helden Griechenlands als »Argonauten« auf Seereise in das »Land der Morgenröte« begaben.

Wiedehopf

Er mörtele und streiche sein Nest mit Exkrementen aus, wusste schon Aristoteles, und die Naturkundler im Mittelalter kolportierten dies. Das dritte und fünfte Buch Moses im Alten Testament spricht vom »stinkenden Wiedehopf«. Noch heute heißt er örtlich Stink-, Mist- oder Kothahn. Tatsächlich sammelt der Wiedehopf seine Nahrung gerne aus Kuhfladen wie anderen Tierlosungen und sein Nest starrt wirklich vor Dreck. Daher kann jemand stinken und schmutzig sein »wie ein Wiedehopf«. Ein unsauberes Zimmer mutet an »wie ein Wiedehopfnest«. Die prächtige Federkrone trägt der Vogel für manchen auch zu Unrecht. Österreicher verbanden mit dem Vogel Hochmut und dummen Stolz. In Frankreich werden solche Menschen mit dem Wiedehopf verglichen, die in der Gesellschaft weiter aufgestiegen sind, als man ihnen aufgrund ihrer Charaktereigenschaften zugestehen möchte.

Die alten Ägypter fanden in den 26 bis 28 Federn der Wiedehopfhaube und in seiner Mauser ein Sinnbild für die Zyklen der Natur. Von den Wiedehopfküken glaubten sie, diese gäben die empfangene Liebe zurück und nährten ihre altgewordenen Eltern. Als Symbol der Dankbarkeit wurde dieser Vogel Kindergottheiten beigesellt. Der *Physiologus übernimmt das Bild der liebenden Vogelkinder und geht ins Detail: » Wenn dessen [des Wiedehopfs] Kinder ihre Eltern alt werden sehen, zupfen sie ihnen die alten Federn aus und lecken ihnen die Augen, und sie hegen die Eltern unter ihren Fittichen und machen, dass sie wieder frisch und jung werden. Und dabei sagen sie zu ihren Eltern: So wie ihr euch geplagt habt, als ihr mit Plage uns aufzoget, so tun auch wir desselbigengleichen an euch. Wie also mag es so unverständige Menschen geben, die nicht ihre eigenen Eltern lieben?« (1960:16).

Christliche Symbolik des Mittelalters gesellte den »Unratfresser« mit dem abstoßenden Geruch den Geschöpfen des *Teufels zu. Schon der unheimliche Ruf des Vogels ließ nichts Gutes ahnen. Eine Miniatur karolingischer Buchmalerei der so genannten Adagruppe zeigt alle Tiere auf dem Weg zur Heilquelle, zur ursprünglichen Schöpfung. Nur zwei Wiedehopfe wenden sich von diesem Weg ab. Sie haben offensichtlich ein anderes Ziel. Der Thrakerkönig Tereus (= Beobachter), Sohn des Kriegs- und Widdergottes Ares (→Widder), wurde nach griechischen Sagen in einen Wiedehopf verwandelt, nachdem er seine Schwägerin

Philomela (→Nachtigall) in den *Wald gelockt, vergewaltigt und ihr die Zunge herausgeschnitten hatte, damit sie ihn nicht verraten konnte. Allerdings handelt es sich bei Philomela offensichtlich um das Prinzip weissagender Kraft der Großen Mutter.

Eine französische Sage nimmt den Vogel denn auch in Schutz. Denn ursprünglich habe er sein schönes Nest mit Talern ausstaffiert. Die Menschen stellten ihm deswegen nach und raubten sein Silber. Um die Diebe abzulenken, ersetzte der Wiedehopf das Silber durch Kot und nistet seitdem unbehelligt im Schmutz (Gattiker 1989:272).

Wiesel (siehe unter Marder)

Wolf

Cormac mac Art, Prototyp der irischen Könige im dritten Jahrhundert v.Chr. und Vertreter einer rechtmäßig gottgewollten Herrschaft, wurde von seiner Mutter bei Donner und Blitz unter freiem Himmel geboren. Da erschien eine Wölfin, verschleppte ihn und zog ihn selbst auf. Als die Iren Cormac zum König erhoben, folgte seine Wolfsfamilie mit in die Königsburg Tara. Dieser König stellte das Gleichgewicht der Natur wieder her. Seine Herrschaft war so gerecht, dass sieben Wölfe als Bürgen an seinem Hof saßen, die garantierten, dass ihre Brüder das festgelegte Maß an Beute nicht überschritten. Vor Gericht erhielten die Tiere sogar einen eigenen Vertreter (Botheroyd 1995:68 f.).

Überall in der Welt, wo der Wolf auftauchte, entsetzte er die Menschen ob seiner Blutrunst, die ihn während der Jagd überfallen konnte. Dann riss er mehr, als für seine Sättigung nötig. Glaubhafte Berichte versichern, dass der »Grimmige« manchmal von einer Herde Schafe nicht eines lebend zurückließ. So charakterisierte er das Böse, die Wildheit, das Grausame und die lebensbedrohenden Kräfte der Natur, die Nachtseite des Lebens. Selbst die griechischen Sonnengötter Zeus und Apoll wiesen eine dunkle Seite auf, »lykaios«, das Wölfische.

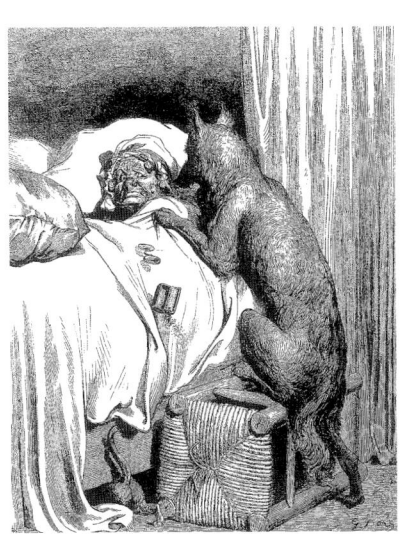
Der Wolf überfällt Rotkäppchens Großmutter

Als Schatten begleitete ein großer grauer Wolf – oder gleich mehrere – den germanischen Gott Odin, Göttervater und Lauf der *Sonne durch den Tierkreis. Das Graue verursacht Grauen, verkörpert die geheime Wahrheit der Gegensätze und Dualitäten, die uns oft sinnlos und unheimlich anmuten, da sie Leben und Kultur scheinbar dauernd bedrohen. In der germanischen Edda-Dichtung liegt zur Aufrechterhaltung göttlicher Ordnung der kosmische Fenriswolf vorsichtshalber in starken Ketten. Angebunden spukt »Graukittel« als Vegetations- und Wachstumsgeist im Korn- oder Roggenfeld. Eines Tages aber »ist der Wolf los«, Ragnarök, die Götterdämmerung oder der

Weltuntergang beginnt – Wolfzeit. Fenrir (= dunkel) wird Odin töten und die Sonne fressen. Der Wolf der Dunkelheit und des absterbenden Jahres verschlingt die *Sonne, der Nebel- oder Wolkenwolf den *Mond. Wolfsmonat hieß im Norden lange die Zeit vom 23. November bis 22. Dezember.

Mit dem Wolf kam meist der Tod. Die große Mutter in ihrem schrecklichen Aspekt erschien in Wolfsgestalt, der Unterweltfährmann Charon hatte Wolfsohren. Krieger zogen mit Wolfsfell in die Schlacht. Wölfe als »Jagdhunde Gottes« (Hans Sachs) bereinigten die Schlachtfelder und verfolgten die Toten noch im Jenseits. Doch die Nachtseite der Natur besitzt ebenso lebenserhaltende und lebensaufbauende Kräfte, wie wir jede Nacht während des regenerierenden Schlafes erfahren. Zahlreiche Legenden berichten, dass Wölfe sich im *Wald ausgesetzter Kinder mütterlich annahmen. Eine Wölfin säugte die mutterlosen Zwillinge Romulus und Remus, Kinder des Kriegsgottes Mars, Herr der großen

Orpheus in der Unterwelt und der Fenriswolf

Antriebskräfte im Menschen. Ein grauer Wolf und eine weiße →Hirschkuh werden als Ahnen von Dschinggis Khan überliefert. Doch damit hatte die Wolfsnatur wieder nur Väter von äußerst kriegerischen Völkern genährt, die der Welt blutige Zeiten bringen sollten. Eine Wölfin war es aber auch, die Zarathustra gesäugt haben soll.

Christliche Ikonografie charakterisierte mit dem Wolf die Wildheit Satans, das raubgierig Gottlose, bereit, sich jederzeit auf den Gläubigen (→Lamm) zu stürzen, ihn wegzutragen und zu verschlingen. Im Neuen Testament heißt es, Christus sendet die Apostel aus wie →Schafe unter die Wölfe. Zugleich dienten Wölfe als Sinnbild für »falsche Propheten«, Häretiker, gnadenlose Richter und hartherzige oder halsstarrige Menschen. Vom echten Wolf glaubte man, er könne seinen Hals nicht drehen. »Wölfische Gesinnung« äußerte sich ferner in Treulosigkeit, Falschheit und unermesslicher Gier (Wolfshunger). Der Wolf sei aus dem Ungehorsam Evas im Paradies entstanden, wusste das Volk der Provence.

Genauere Beobachtungen wiesen dem Wolf Tapferkeit, ausdauernden Jagdinstinkt und unbedingten Freiheitswillen zu. Nicht selten biss sich ein Wolf, der in ein Fangeisen geraten war, das festgeklemmte Bein ab und entfloh. Moderne Märchen übernehmen neuere Verhaltensforschungen und preisen sein Vorbild für soziales Verhalten innerhalb des Rudels. Das hatten Zigeuner schon immer beobachtet und für sie symbolisierte er Ehre. Er töte nie einen Artgenossen, auch nicht im Kampf um die Hierarchie, behaupteten sie. So wurde aus dem »bösen Wolf« der Vergangenheit, den man auch schon ausgerottet glaubte, oft ein sympathischer Einzelgänger, der scheu und eher unauffällig ein Refugium zurückerobert.

Psychologen finden in der Wolfssymbolik die finstere Seite des Unbewussten, das Zentrum der Urängste. Dem drohte und droht das entwicklungsgeschichtlich jüngere Ober- oder Wachbewusstsein ständig zu verfallen, solange es noch in Kinderschuhen steckt. Der Wolf verkörpert jene Bedrohtheit der als chaotisch empfundenen Innenwelt, deren Kennzeichen alles Lebendige trägt. Die Edda ließ Angsboda (Angst), die Gattin des Feuergottes Loki (*Elemente), »am Grunde aller Dinge« wohnen. Loki und Angsboda, Feuer und Angst, waren die Eltern der Urängste, der *Todesgöttin Hel und des Fenriswolfs. Mittelalterliche Alchimie beschrieb mit dem Wolf den besonders ausgeprägten Appetit der *prima materia, der ursprünglichen Energie des Kosmos, nach dem König *Mercurius, der feurigen und ewig unruhigen Wandlungssubstanz der Schöpfung.

Im Märchen repräsentiert der Wolf oft die blinde Gier, die an eigener Bedenkenlosigkeit zugrunde geht. Unstetheit, charakterlose Anpassung, Hinterlist (»Wolf und die sieben Geißlein«) und Gewissenlosigkeit gehören zu seinen Zuschreibungen, Merkmale von Seelenverführern. Er personifiziert die dämonisierte intellektuelle Energie, das männliche Gegenstück zur Hexe. Zugleich übernimmt er die Rolle des Prüfers, Versuchers und Zerstörers. Im Bild des Wolfes zeigt sich ebenso der Schatten (→Drachen) des Menschen, wenn er seinen Trieben und Instinkten unterworfen bleibt. Einen Werwolf nannten Germanen einen zum friedlosen Geächteten und

Waldgänger Verurteilten, der damit außerhalb menschlicher Gesellschaft stand oder sich selbst stellte und das Licht floh.

Doch verheißt ein weißer Wolf im Märchen Glück, wie aber überhaupt jede Begegnung mit dem Wolf auf Wandlung zielt, und Wandlung bringt neues Potenzial und neue Chancen. Der ägyptische Wolfsgott Upuaut, ein Mann mit Wolfskopf und Rüstung, galt als Begleiter des *Osiris und als Erscheinungsform von Anubis (→Schakal). Sein Name bedeutet »Öffner der Wege«.

Eine esoterische Psychologie sieht im Symbol Wolf das Ergebnis der natureigenen Entwicklung, d.h. der natürlichen Bedingungen, die durch Anpassung verändert werden können. Im Gegensatz

Grundbedeutungen

die lebensbedrohenden und für Ausgleich sorgenden Kräfte der Natur; natürliche (naturhafte) Bedingungen und Ressourcen, die wir – umgeformt – nützen können

dazu stehe der →Hund, der zwar zur gleichen Gattung gehöre, aber gleichzeitig schon zu den Kunstprodukten menschlicher Schöpfung (Case 1992:163). So folgen graue Wölfe in Legenden auch weißen Jungfrauen, die unbedingt erlöst werden wollen.

Wurm

Würmer seien aus dem Wasser (*Elemente) einer übel riechenden Quelle entstanden, die, so der Talmud, dem unbegrabenen Haupte des Brudermörders Kain entsprang (Bächtold-Stäubli 1938–41:IX,843). Dabei zog man weder in der Antike noch im Mittelalter genaue zoologische Trennungen, was die Würmer anging. Alle kriechenden Tiere – →Schlangen, →Drachen, →Echsen – und selbst Insekten galten als Gewürm. Im Menschen bezogen sie im Finger, Herzen, Magen, Hirn, in der Haarwurzel und in der Nase ihr Revier. Noch heute müssen wir so manchem Mundfaulem »die Würmer aus der Nase ziehen«. Das Gewissen regt sich als nagender und sogar beißender Wurm. Der Sitz dieses Hauptwurmes markiert den »wunden Punkt«. Neben ihm »wurmt es« noch von Seiten des Neid-, Liebes- und Ärgerwurms. Der Gehirnwurm verursacht Grübelsucht und ewig verdrießliche Laune.

Es gibt übrigens einen wirklichen Gehirnwurm: die Larve des Bandwurms, der bei Schafen die Drehkrankheit hervorruft. Auf diesen pathologischen Egel (→Blutegel) bezieht sich bayerisch egeln im Sinne von »besinnungslos sein«, »taumeln« und »fantasieren«. Der Prophet Jesaia weissagt im Alten Testament (66,24): Die Leichen der von Gott Abtrünnigen würden im Ge-Ben-Hinmon-Tal von nicht verlöschendem Feuer und von dauernd nagenden Würmern zur Strafe gepeinigt.

Der aus Erde geschaffene Mensch zerfällt nach seinem Tode, und sein Fleisch wird von Würmern gefressen. So verbinden wir mit diesem Kriechtier *Tod, Zersetzung und das *Element Erde; aber ebenso Beginn, Erneuerung und Wiedergeburt. Nach der Jüngeren Edda entstanden die Zwerge (Baustoffe des Unbewussten) zuerst als Maden im Fleische Ymirs, des Urriesen aus Reif und Eiswasser. Ymirs Körper lieferte den Urstoff für die Erschaffung der Welt. Laut einer afrikanischen Fanany-Mythe kriecht aus dem aufgebarten toten Häuptling oder König am siebenten Tag nach seinem Tode eine Made aus der Nase. Priester überbrachten sie feierlich dem Nachfolger, der diesem »Seelenwurm« den Kopf abbeißen musste (Hirschberg 1988:160).

Der Regenwurm gehört zu den Ringelwürmern. Er müsste eigentlich in der Symbolik einen Ehrenplatz einnehmen. Als Zerkrümler der Erde spielt er eine große Rolle bei der Humusbildung. Bei Schädigung oder gar

Grundbedeutungen

die zersetzenden und transformierenden Kräfte in der Vegetation und im Unterbewusstsein

Abrennung von Körperteilen bis zu drei oder vier Gliedern vermag er mit dem Rest weiterzuleben. Manchmal erschafft die *Lebenskraft bei ihnen von innen heraus auch neue Teile − wie bei einigen →Echsenarten oder der Zecke (→Milbe). Hildegard von Bingen wusste: »Der Regenwurm entsteht in der Kraft, durch welche Gräser ihre Keimkraft erhalten« (Hovorka/Kronfeld 1908–09:I,359). Höhere Tiere können dies nicht mehr, der Mensch schon gar nicht. Daher verspricht der Herr: »Hab keine Furcht, du Würmlein Jakob, schaue nicht geängstigt herum, Würmlein Israel (= Volk Gottes): Ich helfe dir« (Jesaia 41,14).

Zaunkönig

Einst trugen die Vögel einen Wettstreit aus, wer am höchsten fliegen könne und sich wahrhaftiger »König der Vögel« nennen dürfe. Der →Adler erhob sich mächtig in die Höhe, bald war nichts mehr von der Erde zu sehen,
und er pries sich selbst und fand, er dürfe den Preis für sich beanspruchen.
Nahe den Sternen erlahmten dann seine Flügel. Da entschlüpfte aus seinem
Gefieder der Zaunkönig, der sich hatte hochtragen lassen, ruderte unge-
schickt noch einige Flügelschläge höher und entschied den Kampf für sich.

Diese Legende kursierte seit der Antike mit unzähligen Fassungen in
ganz Europa und Nordasien. Im keltischen Kulturkreis glaubte man, der
Zaunkönig habe einst den Menschen das (*Element) Feuer vom Himmel
gebracht. Zu seinen heiligen Namen gehörten »Herz der Eiche« und »Arzt
des Fionn«. Die Eiche, die wie kaum ein anderer Baum den Blitz anzieht,
diente häufig als heilige Antenne, um das göttliche Orakel zu empfangen.
Fionn (→Lachs), der nur am Daumen zu lutschen brauchte, um Ereignisse
vorauszusehen, brachte als eine Art *Merkur den Menschen die Künste,
die Technik und Weisheit der göttlichen Inspiration sowie das marsische
Element als Antriebskraft für alles Neue. Nach heutigem Verständnis
könnten wir sagen: der kleine, auffällige Vogel mit großer Stimme bot einen guten Vergleich für die knappe und oft »blitzartige« Intuition aus dem
Bereich des höheren Bewusstseins. In Anlehnung an die berühmte Fabel
wusste Albertus Magnus, dass der Zaunkönig mit →Adler um die »Lufho-
heit« kämpfe und höher fliege als alle anderen →Vögel.

Aufgrund dieser Bedeutung stand der Vogel lange in vielen Gegenden
unter einem Jagd- und Tötungstabu. Wer dem zuwider handelte, beschwor den eigenen Tod herauf. Dann aber änderte sich die Einstellung,
vielleicht auf Betreiben der christlichen Kirche. Nun geriet er in Dunst-
kreis des Hexenwesens und des *Teufels, und sein Erscheinen sollte mit
Unglück einhergehen. In der Haute Bretagne hieß es, der Zaunkönig habe
das Feuer gar nicht vom Himmel, sondern aus der Hölle geholt. Eine Fabel
von der Insel Man zeigt den Bedeutungswandel der Prophetie. Eine Fee
verzauberte in Gestalt einer schönen Frau viele der besten Männer und
führte sie über eine Klippe in die See, wo sie den Tod fanden. Um der Ra-

che der Inselbewohner zu entgehen, wurde die Frau in einen Zaunkönig verwandelt und seitdem an St. Stephan verfolgt und zu Tode geschlagen (Gattiker 1989:204).

Das Jagdtabu war tatsächlich an Weihnachten und an St. Stefan (26. Dezember) aufgehoben. In den keltischen Gebieten Frankreichs und Englands verfolgte man den Vogel an diesen Tagen mit Birkenruten, tötete ihn, spießte ihn auf einen Stab und trug ihn in einer Prozession herum. Zuletzt wurde er als Geist des alten Jahres und Erscheinungsform von Bran (Saturn) auf einem Kirchhof begraben. Als Brans →Krähe sei es der Zaunkönig aber auch, der diesen Gott des abnehmenden Jahres zur rechten Zeit (Wintersonnenwende) wecke, wiederaufzuerstehen.

Im Christentum kann der kleine Vogel die Rolle der →Taube annehmen, das Symbol des Heiligen Geistes. Legenden sagen dem Zaunkönig nach, er hätte die Geburt des Jesuskindes vorhergewusst und sein Nest auf der Krippe in Bethlehem eingerichtet. Er singe am lautesten Hallelujah und pflege sonntags nie zu arbeiten.

Grundbedeutungen

das Feuer (*Elemente) der Weisheit und Erfahrung als Antrieb für einen Neuanfang; der Geist des Neubeginns

Zeisig (siehe unter Finken)

Zerberus (siehe unter Kerberos)

Ziege / Ziegenbock

Am Versöhnungstag (jôm hakkippurîm) opferten die Juden ihrem Gott einen Ziegenbock für die Entsühnung des Volkes. Einen zweiten weihten sie dem Dämon Azazel, einer kanaanitischen Form des thrakischen Ziegengottes *Dionysos. Diesem zweiten Bock luden sie rituell alle Verfehlungen und Missetaten der Gemeinschaft auf und schickten ihn schwer beladen buchstäblich »in die Wüste«.

Die Ziege muss das früheste milchspendende Haustier gewesen sein, den Mutter- und Mondgöttinnen zugeordnet. Sie begleitet den Menschen seit der Steinzeit, bis später das →Schaf sie weitgehend verdrängte. Schon die indischen Veden zogen einen Vergleich zwischen ihrer Leben spendenden Fruchtbarkeit und den niederschlagreichen Sturm- und Gewitterwolken. »Gewitterböcke« heißen örtlich noch heute schwarze Wolkenballungen. Die Ziege Amalthea säugte in einer Höhle auf Kreta den jungen Zeus und späteren griechischen Göttervater. Sie bot ein Urbild des Guten, des kosmischen Friedens und der alles umfassenden Mutterliebe der Schöpfung, die sich jeder ihrer Erscheinungsformen in gleicher Weise annimmt. Aus Amaltheas Fell entstand die Aigis, das Prinzip des Schutzes und Erhaltens, aus ihrem Horn das Füllhorn, die Quelle allen Überflusses. Aus ihrem Leib wuchs der *Lebensbaum mit seinen goldenen Äpfeln. Die mythische Ziege Heidrun versorgte aus ihrem Euter noch im Heldenjenseits alle in Schlachten gefallenen germanischen Krieger.

Homer erwähnte die →Chimäre, ein dreiköpfiges Ungeheuer als Kalenderwesen. Ihr mittlerer Kopf, ein Ziegenkopf, charakterisierte die Fruchtbarkeit der Sommermonate in einem ursprünglichen Drei-Phasen-Jahr. Unzählige Sagen von feurigen, kopflosen, potenten, unersättlichen und irreführenden Ziegengeistern, die besonders gern Frauen jedweden Alters auflauerten, geben Zeugnis ihrer einstigen Bedeutung als Vegetations- und Wachstumsdämon. Im Gegensatz zur Ziege als Ausdruck weiblicher Fortpflanzungskraft im Überfluss verkörperte der Bock die überschäumende *Lebenskraft und schöpferische Energie in ihrem männlichen Zeugungsdrang. Satyrn, Faune und Pans, wollüstige und stets begattungswillige *Waldgötter, trugen zumeist Kopf, Bart, Hörner und Füße einer Ziege.

Ziegenopfer als Erntebräuche haben sich vereinzelt noch im Alpenbereich erhalten, wenn zu bestimmten Festen symbolisch ein lebender Bock an die Kirche abgegeben wird – sogar mit vergoldeten Hörnern. Nach einer Versteigerung landet er schließlich am Spieß des örtlichen Gasthofes. Am Mahl dürfen alle teilnehmen. Im Kult des Vegetations- und Rauschgottes *Dionysos – Bacchus tanzten seine meist weiblichen Verehrer, die rasenden Mänaden, um einen lebenden Bock. Dann zerrissen sie diesen in Stücke, um das Fleisch roh zu verschlingen und den Gott selber zu verspeisen. Hinter allen mythischen und rituellen Opfern stand und steht das Wissen um den Zusammenhang von Mahl und *Tod. Was immer die Menschen verzehren, um zu existieren, entnehmen sie dem Kreislauf des Lebens und töten es quasi wie real.

Das Christentum hatte etwas Mühe mit einer Betonung der Zeugungspotenz, musste sich allerdings schon seit Beginn mit sektenartigen Erscheinungen auseinandersetzen, die eine zügellose Sexualität als größten Dienst an der Natur priesen, an Gott. Etwas einseitig nimmt deshalb bald der stark riechende Ziegenbock das Etikett schlüpfrigster Unzucht an, äußerster Sündhaftigkeit, des unreinen, nur auf die Befriedigung sexueller Instinkte bedachten Wesens, des stinkenden *Teufels. Eine Konsole aus dem 13. Jahrhundert in der Kathedrale von Auxerre zeigt die personifizierte Wollust (luxuria) auf einem Bock. In der Vorhalle des Freiburger Münsters präsentiert sich Luxuria als unbekleidete Frau mit Bocksfell. Sie nimmt damit deutlicheren Bezug auf vorchristliche Darstellungen der lüsternen Großen Mutter in ihrem Drang nach Wachstum und Vermehrung. Dabei kann sie eine Meute von 24 wilden →Hunden begleiten, die 24 Stunden der Walpurgisnacht (Ranke-Graves 1981:484 f.). Der Ziegenbock als Vorlage für die gängigste Erscheinungsform Satans könnte auf vorchristliche Vegetationsriten zurückgehen, bei denen Priester Schrecken erregende Tiermasken trugen.

Von den Juden übernahm das Christentum das Bild des Sündenbocks. In höchster Sinngebung dieses Bildes habe Jesus, der Messias und Erlöser, die Sünden aller Menschen auf sich geladen und durch seinen freiwilligen Tod am Kreuze gesühnt. Als Attribut der Übeltäter taucht der Bock im Endgericht auf. Christus der Weltenrichter, scheidet beim »Jüngsten Gericht« die Böcke von den Schafen, die Verdammten von den Seligen.

In vielen Kulturen repräsentierte der Ziegenbock das *Element Feuer. Feuergötter ritten auf Ziegenböcken und verdeutlichten den Einfluss von Licht und Wärme der *Sonne auf alles Wachstum. Der germanische Gewittergott Thor oder Donar brauste mit einem Ziegengespann einher: Zahnknisterer und Zahnknirscher hießen die Böcke, Donner und Blitz. Als Herren des Feuers waren Thor und seine Götterkollegen auch zuständig für innere Hitze und »zündende Blitze«.

Analytische Psychologie sieht im Ziegensymbol die sexuelle Antriebskraft aller seelischen Vorgänge, die Offenbarung der *Libido. In ihrer niederen unkontrollierten Form kann sie »zickig«-launischen oder aggressiv zerstörerischen Charakter annehmen und uns von daher »teuflische« Schwierigkeiten einhandeln. In ihrem höheren, umgewandelten und gebändigten Aspekt wird sie als →Löwe dargestellt und bietet Grundlage für

Griechischer Satyr aus dem 5. Jahrhundert v.Chr.

unsere größten Werke und Schöpfungen. Um wirklich große Schätze zu heben, behaupten zahlreiche Sagen, muss dem Hüter des Hortes zunächst ein schwarzer Bock geopfert werden. Zumindest der *Teufel als Hüter gebe dann den Zugang frei.

Zikade

Seltsam schaumige Gebilde hängen im Sommer an vielen Gräsern und Büschen. Hinter diesem so genannten »Kuckucksspeichel« verstecken sich die Larven der Zikade, die ihre Exkremente über den Rücken zu einer Schaumhülle ausbilden, um sich darin insgesamt viermal zu häuten. Dann brauchen sie diese Tarnkappe nicht mehr. Mit Anbruch des Tages beginnt in den südlichen Ländern das stimmgewaltige Treiben der Zikaden, das mit dem Dunkelwerden erlahmt. Licht und Finsternis weist man ihnen zu, das Prinzip der natürlichen Zyklen. In China verkörperten sie Unsterblichkeit, das Auferstehen und Weiterleben nach dem Tode; die ewige Jugend als Glück und Beherrschung von Begierde und Laster. Toten legte man Zikaden aus Jade in den Mund, später →Fische, um ihr Weiterleben zu sichern. Eine Zikade am Hut soll die Rechtschaffenheit und Prinzipientreue der Person »darunter« signalisieren.

Die alten Griechen hatten sie dem *Sonnengott Apoll zugeordnet und Tithonos, sterblicher Gatte der schönen Eos, Göttin der sich in jeder Früh

erneuernden Morgenröte. Eos erbat für ihren Gatten ebenfalls Unsterblichkeit von Göttervater Zeus, vergaß aber, auch für seine ewige Jugend zu bitten. So wurde Tithonos (vermutlich: = Fähigkeit des Ausdehnens) jeden Tag älter und grauer, sein Antlitz bekam Runzeln und seine Stimme keifte bald nur noch. Die Helligkeit des Tages muss unweigerlich jeden Abend der hereinbrechenden Dunkelheit weichen. Irgendwann sperrte Eos, müde ob all der vergeblichen Pflege, ihren Gatten ins Schlafgemach ein, wo aus ihm eine Zikade wurde.

Anhang

Glossar

Anderswelt

Bei den Inselkelten das Reich der Toten, Ahnen, größten Helden und schönsten Frauen, der Elfen, Feen, der Ungeheuer und bösen, gewalttätigen Geister. Die Anderswelt birgt den Born aller Weisheit und Inspiration, die absolute Wahrheit und das Geheimnis der Gegensätze. Diese Welt ist nicht von der irdischen getrennt, sondern im Hier und Jetzt, überall und nirgends, mit irdischen Augen aber nicht zu erkennen. Doch einmal im Jahr, an Samhain (1.November), fallen alle Schleier und Schranken.

Antichrist

Das Neue Testament benutzt diesen Begriff erstmalig und ursprünglich nur für die christlichen Häretiker der Gnosis (1 Joh 2,18; 4,3; 2 Joh 7). Vermutlich stammt die dahinterliegende Idee aus dem Iran, wo in einer Art »dualem System« dem Lichtgott Ahriman das Prinzip des Dunklen und scheinbar Bösen, gleichwertig gegenüberstand. Dann wäre der Antichrist in seiner ältesten bekannten Form nur ein Ausdruck von *Seth.

Christliche Tugenden und Laster

Das Christentum übernahm Platons Auffassung von den Grundtugenden Mäßigkeit (temperantia), Klugheit (prudentia) und Starkmut (fortitudo) als Früchte der Gerechtigkeit (iustitia). Der Kirchenlehrer Ambrosius verwendete erstmalig die Bezeichnung Kardinaltugenden und ordnete sie den vier Paradiesflüssen (*Elemente) zu. Später wurden sie mit den drei theologischen Tugenden Glaube (fides), Hoffnung (spes) und Liebe (caritas) zu einer Siebenergruppe aufgestockt, die Gregor der Große in Beziehung zu den »sieben Gaben des Heiligen Geistes« setzte. Ihnen stellte man die sieben Todsünden gegenüber. Im hohen Mittelalter erweiterte man Tugenden und zu bekämpfende und besiegende Laster mitunter auf je zwölf und fünfzehn, wobei die Zugehörigkeiten variierten.

Demiurg

In der Gnosis der Schöpfergott und Weltbaumeister, der dem Erlösergott gegenübersteht. Platon versteht ihn als Herrscher in dem bereits bestehenden Universum, als »der zweite Gott« und Mittler zwischen der höchsten Gottheit und der Welt.

Dionysos / Bacchus

Dieser dunkle Gott kam aus Thrakien, und seine meist weiblichen Anhänger feierten ihm zu Ehren in jeder Hinsicht recht exzessive Kulte. Oft →stiergestaltig oder als →Ziegenbock dargestellt, versinnbildlichte er schon früh die seelisch gefühlsmäßige Überwältigung im Menschen, Ausbrüche und Überschwemmungen aus dem Unterbewussten. Er wurde Gott der ekstatischen Raserei, damals noch gleichgestellt mit göttlicher Überschattung und Inspiration. In Delphi verehrte man ihn zugleich mit Apoll (*Sonne). Plutarch erklärte in diesem Zusammenhang, das Wesen des Menschen bestehe aus drei Teilen Vernunft und einem Teil unberechenbarer Schwärmerei.

Später repräsentierte er auch die dreimonatige Winterzeit, in der sich Apoll zurückzog, zugleich die Fruchtbarkeit der Neu- und Wiedergeburt in der sichtbaren wie unsichtbaren Natur. Die griechischen Orphiten erhoben Dionysos zum Prinzip des Lebens nach dem *Tode und glichen seinen Mythos dem des *Osiris an. Bei den römischen Bacchanalien verkam sein Kult zur ausschließlichen Völlerei und Weinseligkeit.

Elemente

Im Abendland wird die Elementenlehre durchweg auf den griechischen Arzt und Philosophen Empedokles (um 483–423 v.Chr.) zurückgeführt. Das griechische Wort für Element bedeutet soviel wie Wurzel, Anfang, Ur- oder Grundstoff. Empedokles fand vier unveränderliche Ausdrucksformen dieses Grundstoffes: Feuer, Wasser, Erde, Luft (oder Äther). Hippokrates ordnete ihnen Temperamente zu: Choleriker, Phlegmatiker, Melancholiker und Sanguiniker. Die Zuordnungen erweiterten sich mit der Zeit auf Farben, Töne, jeweils drei Tierkreiszeichen, Jahres- und Tageszeiten, Menschenalter Richtungen u.a.m. Islam und Christentum sprachen auch von den vier Flüssen des Paradieses. Ihre Quintessenz ist die harmonische Verbindung der vier Wurzelstoffe, das Paradies selbst.

Alchimisten fügten die psychologische Komponente hinzu. Dem Feuer wurde dann unsere Welt der Gefühle und Instinkte zugewiesen, dem Wasser unsere Bewusstseinsebenen, der Luft Intellekt, Ideen und Inspirationen, der Erde unser physischer und geistiger Körper. Weil Wasser widerspiegelt, bot es ein passendes Bild für das Unterbewusstsein, das alle Eingaben von außen und innen, von »unten und oben« zurückwirft. Diese Ursubstanz kann uns immer wieder reinigen und erneuern. Märchen und Mythen beschrieben es als »Wasser des Lebens«. Das lebendige Wasser, welches die Mutter, das Unbewusste, in das Becken der Anima gießt, sei ein treffliches Symbol für das Lebendige des seelischen Wesens, fand C.G. Jung (1984:94).

Hekate

Die Herrscherin über Himmel, Erde und Unterwelt wurde meist dreiköpfig dargestellt. Als Ausdrucksform der Großen Mutter und Mondgöttin repräsentierte sie die drei Phasen des *Mondes, den natürlichen Kreislauf allen Werdens von Wachsen, Blühen und Verwelken, Schöpfung, Erhaltung und Zerstörung, Geburt, Leben und *Tod. Manchmal vertrat sie nur den dunklen Aspekt des Todes.

Herakles

Der Nationalheros von Hellas galt als Sohn des Sonnengottes Zeus, gezeugt mit einer Sterblichen, Alkmene. Weil er seine auferlegten Arbeiten bravourös erledigte, wurde er in den Kreis der Götter aufgenommen. Ursprünglich vielleicht einmal Symbol der *Sonne und ihres Verlaufes durch die Jahreszeiten hielt man ihn später für das Urbild des Menschen, der durch sein Leben voller Heldentaten im Dienste der Menschheit die Unsterblichkeit verdient. Die älteste Darstellung (6. Jh. v.Chr.) findet sich im Zeustempel von Olympia und führt zwölf Taten auf. Astrologische und psychologische Deutungen weisen auf seine erfolgreichen Bemühungen, die Aspekte und Probleme des Tierkreises oder Stadien seiner seelischen Vervollkommnung zu meistern. Sein Name bedeutet: Ruhm der (Himmelskönigin) Hera.

Horus

Als vielleicht ältester Sonnengott Ägyptens repräsentierte dieser »Sohn des Lichts«, auch das »göttliche Kind« oder Harpokrates genannt, die äußerlich wahrnehmbaren Wirkungen des Gestirns. Nicht identisch mit ihm ist Horus, als Sohn von *Isis und *Osiris. Horus rächt seinen Vater Osiris, zieht gegen *Seth in den Kampf und tötet ihn. Eine jüngere Zuordnung erhob ihn im Dreieck Osiris (Geist) und Isis (Seele) zur neuen oder erneuerten Persönlichkeit und damit zum Unsterblichen in uns. Ägypten verehrte ihn besonders zum Fest der Wintersonnenwende. In der Spätzeit verschmolz er mit Harpokrates zum Geheimnis des Wiedergeborenen im Menschen.

Isis

Im Mittleren Reich Ägyptens wurde sie *Osiris als Gattin und Schwester zugesellt. Isis suchte und fand den zerstückelten Leichnam des Osiris und zeugte mit ihm *Horus. In späteren Erklärungsmodellen stand sie Osiris (Geist) als Seele gegenüber. Schließlich erhob man sie zur höchsten weiblichen Autorität und Führerin durch das Unterbewusste, zur wahrhaften Weltenmutter und Göttin des *Mondes. Die Jung'sche Psychologie setzte sie mit der Anima gleich, die innere Seelenführerin für den Mann, die weibliche Intuition.

Lebensbaum

Dieses Symbol begegnet uns schon in den ältesten Höhlenzeichnungen und scheint ursprünglich eine Art Grundgerüst und Achse des Universums darzustellen. Der Lebens- oder Weltenbaum ragte mit seinen höchsten Ästen in den Himmel, wurzelte in der Unterwelt, während der Stamm zum Bereich der Erde gehörte. Er bildete das Weltzentrum, das Lebensprinzip, und ermöglichte die Kommunikation zwischen den Seinsebenen. Auf den Menschen bezogen gleicht das Rückgrat einem Lebensbaum, an dessen Strang sich die psychischen Zentren (Chakren) auffädeln, und auf das geistige Lebensgerüst. Er bietet ebenso ein Bild für den Wirbelsäulenkanal und das sympathische Nervensystem mit seinem Netz von Ganglien. Im Christentum verlieh er als Blüten und Blätter treibendes Kreuz die Hoffnung auf Überwindung des Todes und auf die paradiesische Endzeit.

Lebenskraft

Zur Erklärung aller Lebensvorgänge gedachte bewusste Energie, Substanz und Antriebskraft. Diese geheimnisvolle Kraft nennen die Hindus Praktiki, den kosmischen Lebensatem. Als universales Lebensprinzip nimmt sie in allen existierenden Dingen Form an und baut sie von innen heraus auf. Alle unterschiedlichen Erscheinungen von Existenz werden als Transformation dieser Einen Energie angesehen, ihre wesentliche Natur sei Geist. Ihre drei Ausdrucksformen wirken integrierend oder bindend, auflösend und schließlich ausgleichend, das Gleichgewicht zwischen den beiden anderen haltend. Wenn sie mit der Lichtkraft gleichgesetzt wird, liegt ihr symbolischer Ausgangspunkt im Zentrum der *Sonne oder unsichtbar hinter diesem Gestirn.

Libido

Nach Sigmund Freud die seelische Energie aller sexuellen Bestrebungen, deren Ziel der Lustgewinn ist, der Grundantrieb des bewussten und unbewussten Lebens; für C.G. Jung der Inbegriff seelischer Energie überhaupt, die Antriebskraft aller seelischen Vorgänge.

Mercurius

In der mittelalterlichen Alchimie die geheime feurige Wandlungssubstanz der Schöpfung, das Herz der Weltseele; der »Atem Gottes« und kosmische Geist als Offenbarungsgott in allen Lebewesen, ausgedrückt durch das flüssige, unruhige und kaum zu fixierende Metall Quecksilber. Das »Große Werk« sollte diesen in der Materie verborgenen oder gefangenen »weltschaffenden Geist« befreien. Dazu verband die Alchimie die Dreiheit von Mercurius, *Sal und *Sulphur und löste im Quecksilber alle scheinbaren Behinderungen auf. Auflösung macht die in der Form eingeschlossenen Energien wieder verfügbar. Unter dem Großen Werk verstand man die Transmutation der Metalle ebenso wie die Erneuerung und Vervollkommnung der menschlichen Persönlichkeit.

Mercurius wurde als ursprüngliche Einheit Gottes verstanden, stand am Anfang und am Ende des Großen Werkes. »Es gehört zum Wesen der Wandlungssubstanz, dass sie einerseits das durchaus Billige, ja Verächtliche ist, das durch eine Reihe von Teufelsallegorien, wie Schlange, Drache, Rabe, Löwe, Basilisk und Adler, ausgedrückt wird, andererseits aber auch das Wertvolle, ja sogar das Göttliche selber bedeutet. Die Wandlung führt eben vom Tiefsten zum Höchsten, vom tierisch-archaisch Infantilen zum mystischen homo sapiens« (Jung 1984:161 f.).

Merkur

Der römische Merkur ist identisch dem griechischen Hermes und wie er abgeleitet vom ägyptischen Thot (→Affe, →Ibis). Hermes, ursprünglich ein phallischer Steingott, machte vier Entwicklungsstufen durch: vom Schelm und *Trickster zum ordnenden und bewahrenden Prinzip als Gott der Systematisierung in Wort und Schrift; vom Seelenführer, Richter, Herrn der Träume, Schwellenwächter des Unbewussten und Führer zum geheimen Erleben schließlich zu diesem geheimen Erleben selbst. Merkur wurde Diener, Bote und Mittler zwischen den Bewusstseinsebenen, zwischen dem göttlich Kosmischen und dem Menschen, eine Art Heiliger Geist.

Dem sonnennächsten Planeten Merkur schrieb man die Fähigkeit zu, zwischen zwei Punkten Verbindung herstellen zu wollen, mit der Kraft des Verstandes und mit Beweglichkeit bewusst schöpferische Aspekte des Universums zu initiieren.

Mond

Die Phasen des Mondes boten das erste objektive Zeitmaß. Bis zur julianischen Reform (46 v.Chr.) orientierte sich der Kalender in der Antike fast ausschließlich nach dem Mondjahr. Als Gestirn der Nacht mit Feuchtigkeit und Kälte verbunden, erklärte man es zur Urquelle aller Gewässer und Fruchtbarkeit, zum Hort keimenden Lebens und allen Werdens. Es spiegelte zugleich die weiblichen Zyklen, Ebbe und Flut. Mondgöttinnen vertraten die ursprünglichen, empfänglichen, vermehrenden und formgebenden Kräfte im Universum, aber ebenso die rückholenden. Abendländische Mystik sprach dem Mond die Fähigkeit zu, Energien wieder zu ihrem Ausgangspunkt zurückzuführen.

Beim Menschen kommen alle schöpferischen Impulse und regenerativen Energien aus dem Unbewussten und verlaufen periodisch nach festen Regeln. Als Ausdruck der Nachtseite des Bewusstseins regiert der Mond das Ungewisse, Unbeständige, Irrationale, in positiver Ausprägung die kreative Wandlungsfähigkeit. In seinem schöpferisch befruchtenden Aspekt kann der Mond männlich gedeutet werden.

Antike Mondgöttinnen hüteten auch die Weisheit und das »Schatzhaus allen Wissens«. All unsere individuellen und kollektiven Erfahrungen sind im Gedächtnis des Unterbewusstseins gespeichert, erkannte die Psychologie.

Norden

In der Tageslaufsymbolik der *Sonne fixierte man auf der Nordhalbkugel der Erde den Mitternachtspunkt im Norden. Da die Sonne im Süden ihren Zenit erreicht, wurde der Norden zur Unterwelt, zum Reich der Nacht, des *Todes. Im Schlaf aber arbeiten unsere Regenerationskräfte auf Hochtouren, im Bereich des Todes die Kräfte der Neu- und Wiedergeburt. So wurde Norden auch zur Welt kosmischen Urgrunds und aller Erneuerungskräfte. Mit dem Nordwind (Boreas) kam der neue Morgen, die Neugeburt, neue Ideen und rettende Kreativität – der schöpferische Atem Gottes. Da hier symbolisch die Quelle des Ursprungs aller göttlichen Emanationen lag, suchten spirituelle Pilger im »Weg nach Norden« die Fähigkeit, immer mehr zum reinen Kanal für die göttlichen Inspirationen zu werden; für die Urweisheit, das klare *Wasser des Lebens, das allzu schnell verschmutzt, d.h. durch unsere ichbezogenen Wünsche, Illusionen und Missverständnisse bis zur Unkenntlichkeit verfälscht wird.

Osiris

In der Frühzeit Ägyptens ein Vegetationsgott, versinnbildlichte er alles fruchtbare Land, im engeren Sinne das Niltal. Als großer Lehrer der Menschheit begründete er mit seiner Schwester und Gattin *Isis ein goldenes Zeitalter. Im 28. Jahr seiner mythischen Herrschaft fiel er einer Verschwörung seines Bruders *Seth zum Opfer. Zum Osirismythos gehören recht unterschiedliche Sagenstränge. Nach der bekanntesten, aber recht späten Fassung gelingt es Seth mit einer List, Osiris zu bewegen, in einen eigens für ihn angepassten Sarkophag zu steigen. Schnell schließen die Verschwörer den Deckel, Osiris stirbt und seine Leiche wird in den Nil geworfen. Er feierte Auferstehung durch seinen Sohn *Horus und wurde Herrscher und Richter im Totenreich.

Später wollte man Osiris als Geist der Universal- oder Weltenseele verstehen, der im Sarg des menschlichen Teils unserer Seele gefangen war. Er kann Isis (Unterbewusstsein) auch als Oberbewusstsein gegenüberstehen.

Physiologus

Titel eines Werkes als auch Beiname des auf diese Weise als »Naturkundigen« oder »Naturphilosoph« bezeichneten anonymen Lieferanten für die Grundlagen der Schrift. Der christliche Verfasser beruft sich jeweils am Ende aller Kapitel auf ihn. Das Werk stammt aus der Zeit um 200 n. Chr., erschien ursprünglich in griechischer Sprache, bevor es ins Lateinische und später in viele Volkssprachen übersetzt wurde. Im Mittelalter war es nach der Bibel die verbreitetste Schrift. Antike Fabeln und biologische Vorstellungen werden hier mit ethischem und moralisierendem Verhaltenskodex verbunden. Die diversen Ausgaben weisen durch zahlreiche Hinzufügungen oder Weglassungen große Unterschiede auf. Einige Forscher vermuten hinter dem ursprünglichen Autor Didymos von Alexandrien, einen christlichen Hermeneutiker des 3. nachchristlichen Jahrhunderts.

prima materia

Die Alchimie glaubt, alles gehe aus einer Einheit hervor, spalte sich in die Vier *Elemente und werde von ihnen wieder zur Einheit zusammengesetzt: als prima materia (»Paradieserde«). Adam habe diese heimlich bei der Vertreibung aus dem Paradiese mitgehen lassen. In psychologischer Deutung ist es der Beginn anfänglicher totaler Unbewusstheit, der sich der Einzelne während seines Reifungsprozesses entwindet. Als Wasser des Lebens und »universeller Geiststoff« bildet dieser in jedem Menschen vorhandene »Anfangsstoff« die Ursubstanz der Alchimie. C.G. Jung sagte, dieser unbekannte Stoff trage »die Projektion des seelischen Inhaltes«, autonom, von nichts abhängig, da »Wurzel seiner selbst«.

Sal

In der Dreiheit der Alchimie mit *Mercurius und *Sulphur besitzt Sal, das Salz, die Eigenschaft der Trägheit. Es charakterisiert das formschaffende Prinzip durch passive Aufnahme, den angereicherten Urozean oder Mutterschoß der Schöpfung. So entspricht es der Haupteigenschaft des Unterbewusstseins. Der Alchimist Heinrich Kunrath riet: »Richte all dein Sinnen und dein Gemüt auf dieses Salz, denn in diesem Geiststoff findest du die Geheimnisse der alten Philosophen.«

Seth

Der »rote« Seth zählt zu den ältesten Göttern Ägyptens und symbolisierte ursprünglich die rötlich flimmernde Wüste. Dann übernahm er das Prinzip des ewigen Widerstands im Universum, die Zeit der Dürre, Unfruchtbarkeit und des *Todes der Natur. Seine Herrschaft begann während der Hundstage, der heißesten Zeit im Jahr, in der die alles austrocknenden Südwinde einfielen, in der aber auch die Nilüberschwemmung einsetzte. In der Psyche des Menschen vertrat er die Schattenkräfte (→Drachen) als Motor aller Weiterentwicklung. Seine Symbolik enthält viele Ursprünge von dem, was sich später in den Vorstellungen vom *Teufel widerspiegeln sollte.

Sonne

Den frühen Menschen vertrieb sie die beängstigende Dunkelheit und lieferte die lebensfördernde Wärme. Beobachtungen ihres scheinbaren Umlaufes um die Erde lieferten die Grundlagen für den jahreszeitlichen Kalender. In der Sonne dachte man sich den Sitz der obersten Gottheit, die Zentrale des *Elements Feuer, die lebendige, bewusste kosmische Intelligenz. Aus ihr sollten die männlichen Zeugungskräfte strömen, die Eine *Lebenskraft, die in einem ewigen Kreislauf (Sonnenaufgang und –untergang) Leben und Sein garantiert. Sie galt als Quelle und Antrieb aller irdischen Aktivitäten und in ihrem mütterlichen Aspekt dieser Einen universalen Kraftquelle als weiblich. In südlichen Regionen sorgte sie aber ebenso für Dürre und *Tod allen Wachstums.

Auf den Menschen bezogen regiert sie den objektiven Verstand (Oberbewusstsein), fixiert und hebt alles ins Abstrakte, was in ihr Kräftefeld eintritt. Als unbesiegbare Kraft durch alle Formen des Seins (sol invictus) bot sie auch Grundlage für die Erlösungskräfte, für Christus oder andere Erretter.

Sulphur

In der Dreiheit der Alchimie mit *Mercurius und *Sal vertritt Sulphur, Schwefel, die dynamische, verzehrende, positive und befruchtende Kraft. Es entspricht damit der Leidenschaft und dem Verlangen, das jede Handlung anspornt, der Haupteigenschaft unserer selbstbewussten Wahrnehmung, des Oberbewusstseins.

Teufel

Das griechische diabolos bedeutet Verleumder. Westliche Mystik versteht diese Erscheinung als Ergebnis fehlerhafter Beobachtung der Welt und oberflächlicher Schlussfolgerungen. Dieses monströse Bild erscheint vor allem dann, wenn Menschen von dem Göttlichen ein falsches Bild gewinnen und damit zu falschen Lebenskonzepten kommen. Solche Täuschungen können unsere Meinung von der Welt zu festen Negativmustern formen und Ursache unserer Ängste werden. Sie können sogar elementare Gewalt annehmen und uns dauerhaft beherrschen. Wird die Täuschung überwunden, löst sich das Bild des Teufels auf, das selbst »Blendwerk« ist.

Für den schlesischen Mystiker Jakob Böhme liegt beim Auftreten des so genannten Bösen nur ein Missverhältnis vor, eine Unordnung, die nicht mehr positiv und aufbauend zu wirken vermag; etwas, was in übergroßem Maße von einer einseitigen Kraft beherrscht werde, die das Gleichgewicht kippen lasse.

Titanen

In der griechischen Mythologie vertreten sie die Urgötter, die gewaltigen Ur- und Naturkräfte, von keinen Gesetzen unterworfen. Von den olympischen Göttern werden sie in den Tartarus geworfen und angekettet. Sie können auch als Instinkte, Leidenschaften und ungezügelte Triebkräfte unseres Unbewussten verstanden werden, als früheste »Ichbildung« und damit Verstrickung in scheinbare Schuld und Sünde.

Tod

Tod wurde selten als etwas Abschließendes gedacht. Da man in der Natur beobachten oder ahnen konnte, dass in dieser Zeit scheinbarer Passivität Kräfte am Werke waren, die Energien für Neuanfang und eine Art von Wiedergeburt freisetzten, konnte er nur ein Durchgangsstadium in einem unaufhörlichen Kreislauf von Weiterentwicklung sein. Der Volksmund sprach vom Tod als »kleiner Schlaf«, in dem die regenerativen Kräfte der Natur aktiv werden, wie in der Vegetation deutlich: die Kräfte für Transformation.

Trickster

Das englische Wort bedeutet etwa »Possenspieler«. Alle Naturvölker kennen diese Art von Weltenschöpfer, eine Mischung aus Prometheus, *Dionysos und Till Eulenspiegel, vergleichbar dem *Demiurgen. Paul Radin beschreibt den Trickster als Bildner und Zerstörer, mit »gargantualischer« Sexualität, vom widersprüchlichen Impulsen hin- und hergerissen, die er nicht unter Kontrolle halten kann. Gut und Böse sind ihm unbekannt, doch ist er für beide verantwortlich. Keine moralischen oder gesellschaftlichen Wertbegriffe halten ihn zurück, sein Handeln lässt alle Möglichkeiten offen − »eine ständige Fastnacht der Urzeit« (Müller). Sein Universum kennt weder Schuld noch Verzeihen oder falsche Hoffnungen. Er spiegelt das Wesen der Schöpfung, bevor religiöse und philosophische Systeme immer neue und tiefere Sinngebungen formulierten, vor der Ursünde und anderen moraltheologischen Belastungen. C.G. Jung fand im Trickster Züge des *Mercurius und der Schattenkräfte des Unbewussten (→Coyote, →Drachen).

Wald

Dieses einstmals undurchdringliche, dunkle und viele Gefahren bergende Reich der Natur schien wie eine eigene Welt, dem Licht entgegengesetzt. So wurde es zum Symbol des Unergründlichen der Seele. Das unbekannte Psychische, das Unbewusste, mutet uns grenzenlos an, numinos und erschreckend. In Märchen und Mythen wird die Überschreitung dieser Schwelle zur Prüfung und Initiation.

Wasser des Lebens

Meist als der universelle Geiststoff verstanden (*prima materia), die Eine Energie der unsichtbaren *Lebenskraft und als deren Ausdruck das Unterbewusstsein (*Element: Wasser), Träger der »Projektion unserer seelischen Inhalte« (C.G. Jung). Ihre bewusste Wahrnehmung führt zum Heil und zur Heilung aller psychischen Krankheiten, davon ausgehend auch aller anderen.

Literaturverzeichnis

Andritzky, Walter 1989: Schamanismus und rituelles Heilen im Alten Peru, 2 Bde., Berlin

Apuleius 1991: Der goldene Esel, 5. Aufl., Leipzig

Aristophanes 1948: Die Vögel. Hrsg.: E.R. Leander, Wedel

Arroyo, Stephen 1989: Astrologie, Psychologie und die vier Elemente, Reinbek

Artemidorus, Daldianus 1979: Das Traumbuch, Zürich

Bächtold-Stäubli, Hans 1927–1941: Handwörterbuch des Deutschen Aberglaubens, 9 Bde., Berlin und Leipzig

Bailey, Alice A. 1988: Die Arbeiten des Herkules, 2. Aufl., Bietigheim

Baudler, Georg 1989: Erlösung vom Stiergott. Christliche Gotteserfahrung im Dialog mit Mythen und Religionen, Stuttgart

Bauer, Wolfgang / Zerling, Clemens (Hrsg.) 2001: Rabengeschrei. Von Raben, Rillen, Runen und Recken, 2. Aufl., Berlin

Bauer, Wolfgang / Dümotz, Irmtraud / Golowin, Sergius 1987: Lexikon der Symbole. Mythen, Symbole und Zeichen in Kultur, Religion und Alltag, München

Beer, Rüdiger Norbert 1972. Einhorn. Fabelwelt und Wirklichkeit, München

Beltz, Walter 1987: Die Schiffe der Götter. Ägyptische Mythologie, Berlin-Ost

Biedermann, Hans 1989: Knaurs Lexikon der Symbole, München

Biedermann, Hans 1977: Bildsymbole der Vorzeit, Graz

Blankenburg, W. v. 1943: Heilige und dämonische Tiere, Leipzig

Blumrich, Josef F. 1985: Kásskara und die sieben Welten. Die Geschichte der Menschheit in der Überlieferung der Hopi-Indianer, München

Boas, Franz / Hunt, George (Hrsg.) 1994: Die fremde Welt der Kwakiutl. Indianische Mythen der Nordwest-Küste Kanadas, Berlin

Bölsche, Wilhelm 1929: Drachen, Stuttgart

Botheroyd, Sylvia und Paul 1992: Lexikon der keltischen Mythologie, München

Bramly, Serge 1977: Im Reiche des Wakan. Das magische Universum der nordamerikanischen Indianer, Basel

Brasch R. 1979: Dreimal Schwarzer Kater. Aberglaube, Sitten, Gewohnheiten und ihre merkwürdigen Ursprünge, Wiesbaden

Brentjes, Burchard 1982: Der Tierstil in Europa, Leipzig

Carnochan F.G. / Adamson H.C. 1986: Das Kaiserreich der Schlangen. Geheimes Priestertum in Ostafrika, Berlin

Castaneda, Carlos 1976: Der Ring der Kraft. Don Juan in den Städten, Frankfurt

Coppin, Giorgio 1989: Der Bär, o.O.

Coppin, Giorgio 1990: Die Eule, o.O.

Corvalán, Graciela 1987: Der Weg der Tolteken. Ein Gespräch mit Carlos Castaneda, Frankfurt

Creuzer, Georg Friedrich 1836–43: Symbolik und Mythologie der alten Völker, besonders der Griechen, 4 Bde., Leipzig und Darmstadt. Nachdruck Hildesheim / Zürich / New York, 1990.

Creuzer, Georg Friedrich 1822–23: Symbolik und Mythologie der alten Völker, fortgesetzt von Dr. Franz Josef Mone: Geschichte des Heidentums im nördlichen Europa, 2 Bde. (gezählt als Bd. 5 + 6), Leipzig und Darmstadt. Nachdruck Hildesheim / Zürich / New York, 1990.

Czogalla, A. und H. o.J.: Die zwölf Arbeiten des Herakles, Icking

Czogalla, Herbert / Gläsel, Peter J. 1973: Eine Studie über Bewusstsein, Teil III, Icking

Dähnhardt, Oskar 1907–1910: Natursagen. Eine Sammlung naturdeutender Sagen, Märchen, Fabeln und Legenden, 3 Bde., Leipzig und Berlin

DeGraaff, Robert M. 1991: The Book of the Toad. A Natural and Magical History of Toad-Human Relations, Rochester

Demisch, Heinz 1977: Die Sphinx. Geschichte ihrer Darstellung von den Anfängen bis zur Gegenwart, Stuttgart

Derlon, Pierre 1976: Unter Hexen und Zauberern. Die geheimen Traditionen der Zigeuner, Basel

Diederichs, Ulf 2002: Who's who im Märchen, 4. Aufl., München

Dölger, Franz Josef 1910–27: Ichthys. Das Fischsymbol in frühchristlicher Zeit. Religionsgeschichtliche und epigraphische Untersuchungen. 4 Bände, Rom (Bd.1) und Münster (Bd. 2–4)

Drab, Hans 1974: Das Hirschsymbol. Psychologische Studie über die Entstehung und die Wirkung des Symbols, Trient

Duerr, Hans Peter 1979: Traumzeit. Über die Grenze zwischen Wildnis und Zivilisation, 4. Aufl., Frankfurt

Dvorak, Johannes o.J.: Wissenschaft der Entsprechungen. Geheimsprache Gottes, St. Pölten

Eberhard, Wolfram 1983: Lexikon chinesischer Symbole. Geheime Sinnbilder in Kunst und Literatur, Leben und Denken der Chinesen, Köln

Eliade, Mircea 1954: Schamanismus und archaische Ekstasetechnik, Zürich / Stuttgart

Ende, Rolf von 1982: Über Wölfe und Hunde, 2. Aufl., Berlin-Ost

Erler, Martin 1963: Die Geschichte des Osterhasen, in: LRA, o.O.

Estés, Clarissa P. 1993: Die Wolfsfrau. Die Kraft der weiblichen Urinstinkte, München

Evans, Georg Ewart / Thomson, David 1972: The Leaping Hare, London

Fabeln aus drei Jahrtausenden 1985. Auswahl und Nachwort von Reinhard Dithmar, 2. Aufl., Zürich

Findeisen, Hans 1956: Das Tier als Gott, Dämon und Ahne. Eine Untersuchung über das Erleben des Tieres in der Altmenschheit, Stuttgart

Fontana, David 1994: Die verborgene Sprache der Symbole, München

Forstner, Dorothea / Becker, Renate 1991: Neues Lexikon christlicher Symbole, Innsbruck / Wien

Fox, Matthew / Sheldrake, Rupert 1998: Engel. Die kosmische Intelligenz, München

Friedrich, Adolf / Buddruss, Georg (Hrsg.) 1987: Schamanengeschichten aus Sibirien, Berlin

Frisch, Karl von 1955: Zehn kleine Hausgenossen, 4. Aufl., München

Frobenius, Leo 1926: Die Atlantische Götterlehre. Atlantis 10, Jena.

Fromm, Erich 1980: Märchen, Mythen, Träume. Eine Einführung zum Verständnis von Träumen, Märchen und Mythen, Stuttgart

Gebelein, Helmut 1991: Alchemie. Die Magie des Stofflichen, München

Gerlitz, Peter 1992: Mein Totem ist zornig. Mensch und Natur in archaischen Kulturen, Olten

Gessner, Conrad 1557: Vogelbuch. Durch Rud. Heusslin aus dem lateinischen ins Teutsch gebracht, Zürich

Golowin, Sergius 1993: Das Geheimnis der Tiermenschen. Von Vampiren, Nixen, Werwölfen und ähnlichen Geschöpfen, Basel

Golowin, Sergius 1994: Drache, Einhorn, Osterhase und anderes fantastisches Getier, Basel

(Brüder) Grimm 1997: Kinder- und Hausmärchen. Ausgabe letzter Hand, Stuttgart

Grimm, Jakob 1968: Deutsche Mythologie, Nachdruck der 4. Aufl., 1875–78, Graz

Hako, Matti 1956: Das Wiesel in der europäischen Volksüberlieferung mit besonderer Berücksichtigung der finnischen Tradition, Helsinki

Heilborn, Ernst 1905: Das Tier Jehovas. Ein kulturhistorischer Essay, Berlin

Heinz-Mohr, Gerd 1988: Lexikon der Symbole. Bilder und Zeichen der christlichen Kunst, 9. Aufl., München

Henkler, Sven 2001: Mythos Tier. Geschichte und Mythologie einer ewigen Verbindung, Dresden

Hetmann, Frederik 1986: Die Göttin der Morgenröte. Schöpfungsmythen aus aller Welt, Frankfurt

Hirschberg, Walter 1988: Frosch und Kröte in Mythos und Brauch, Wien / Köln / Graz

Höfler, M. 1908: Die volksmedizinische Organotherapie und ihr Verhältnis zum Kultopfer, Stuttgart / Berlin / Leipzig

Hopf, Ludwig 1888: Thierorakel und Orakelthiere in alter und neuer Zeit. Eine ethnologisch-zoologische Studie, Stuttgart

Hoppmann, Jürgen G.H. 1998: Astrologie der Reformationszeit. Faust, Luther, Melanchthon und die Sterndeuterei, Berlin

Hovorka, O. v. / Kronfeld, A. 1908/09: Vergleichende Volksmedizin, 2 Bde., Stuttgart

Howey, M. Oldfield 1997: Die Katze in Magie, Mythologie und Religion, 3. Aufl., Wiesbaden

Hunger, Herbert 1974: Lexikon der griechischen und römischen Mythologie, Reinbek

Jaquemard, Simone 1967: Der Vogel, München / Basel / Wien

Jensen, Ad. E. 1951: Mythos und Kult bei Naturvölkern, Wiesbaden

Jockel, Robert (Hrsg.) o.J.: Götter und Dämonen. Mythen der Völker, Wiesbaden

Johnson, Buffie 1990: Die Große Mutter in ihren Tieren. Göttinnen alter Kulturen, Olten und Freiburg

Ions, Veronica 1988: Die Götter und Mythen Ägyptens, München

Jung, Carl Gustav 1984: Psychologie und Alchemie. Traumsymbole des Individuationsprozesses. Die Erlösungsvorstellungen in der Alchemie u.a., 4. Auflage, Olten und Freiburg

Jung, Carl Gustav u.a. 1985: Der Mensch und seine Symbole, 8. Aufl., Olten

Jung, C. G. 2001: Traum und Traumdeutung, München

Jung, C.G. / Kerényi, Karl / Radin, Paul 1954: Der göttliche Schelm. Ein indianischer Mythen-Zyklus, Zürich

Kaiser, Thomas (Hrsg.)1993: Coyote geht um. Indianische Schelmengeschichten um den Steppenwolf, Berlin

Kaiser, Thomas (Hrsg.) 1983: Rabe. Eine Sammlung von Mythen und Geschichten aus Nordamerika und Sibirien, Hamburg

Kalweit, Holger 1987: Die Welt der Schamanen. Traumzeit und innerer Raum, Bern / München / Wien

Keller, Otto 1913: Die antike Tierwelt, 3 Bde., Leipzig

Keller, Otto 1887: Tiere des klassischen Altertums in kulturgeschichtlicher Beziehung, Innsbruck

Kerényi, Karl 2001: Die Mythologie der Griechen, 2 Bde., 22. Aufl., München

Kirfel, Bernhard 1990: Eisvogel. Der Seher, Dichter und Heiler Hubert Wachtendonk (1928–1985), Berlin

Klein, Elisabeth (Übertragung aus dem Franz.) 1998: Die Schöpfungsmythen, Düsseldorf

Knappert, Jan 1997: Lexikon der indischen Mythologie. Mythen, Sagen und Legenden von A–Z, Weyarn

Knappert, Jan 1995: Lexikon afrikanischer Mythologie. Herausgegeben, übersetzt und bearbeitet von Michael Görden und Hans Christian Meiser unter Mitarbeit von Marita Böhm, München

König, Karl 1972: Bruder Tier. Mensch und Tier in Mythos und Religion, Stuttgart

Künstle, Karl 1928: Ikonographie der christlichen Kunst, 2 Bde., Freiburg

Kuper, Michael (Hrsg.) 1986: Der Narrenspiegel. Eine Zotenfibel aus Narragonien, Berlin

Kuper, Michael (Hrsg.) 1998: Wie der Widerspruch in die Welt kam ... Von der Spinne und anderen Trickstern in Afrika, Berlin

Kuper, Michael (Hrsg.) 1990: Die Vereinigung des Feuers. Ursprungsmythen der Winnebago-Indianer. Gesammelt von Paul Radin, Berlin

Kuper, Michael (Hrsg.) 1991: Hungrige Geister und rastlose Seelen. Texte zur Schamanismusforschung, Berlin

Ladner, Gerhart B. 1996: Handbuch der frühchristlichen Symbolik. Gott, Kosmos, Mensch, Wiesbaden

Lurker, Manfred 1973: Wörterbuch biblischer Bilder und Symbole, München

Lurker, Manfred 1983: Adler und Schlange. Tiersymbolik im Glauben und Weltbild der Völker, Tübingen

Lurker, Manfred 1984: Lexikon der Götter und Dämonen. Namen, Funktionen, Symbole / Attribute, Stuttgart

Lurker, Manfred 1990: Die Botschaft der Symbole. In Mythen, Kulturen und Religionen, München

Mannhard, Wilhelm 1858: Germanische Mythen, Berlin

Mannhard, Wilhelm 1904: Wald- und Feldkulte, 2 Bde., Berlin

Matthews, John und Caitlín 1997: Lexikon der keltischen Mythologie. Mythen, Sagen und Legenden von A–Z, Weyarn

Megenberg, Konrad von 1861: Das Buch der Natur, Stuttgart

Menzel, Wolfgang 1854: Christliche Symbolik, 2 Bde., Regensburg

Meyer, Heinz 1975: Der Mensch und das Tier. Anthropologische und kultursoziologische Aspekte, München

Michel, Paul 1979: Tiere als Symbol und Ornament. Möglichkeiten und Grenzen der ikonographischen Deutung, gezeigt am Beispiel des Zürcher Großmünsterkreuzgangs, Wiesbaden

Mooney, James (Hrsg.) 1995: Der Aufstand der vierfüßigen Völker und die Eulenspiegeleien von Tricksterhase, 2. Aufl., Berlin

Müller, Werner 1955: Weltbild und Kult der Kwakiutl-Indianer, Wiesbaden

Müller, Werner 1956: Die Religionen der Waldindianer Nordamerikas, Berlin

Müller, Werner 1970: Glauben und Denken der Sioux. Zur Gestalt archaischer Weltbilder, 2. Aufl., Berlin

Neumann, Erich 1949: Ursprungsgeschichte des Bewusstseins, Zürich

Neumann, Erich 1956: Die Große Mutter. Eine Phänomenologie der weiblichen Gestaltungen des Unbewussten, Zürich

Ossendowski, Ferdinand 1923: Tiere, Menschen und Götter, Frankfurt

Owusu, Heike 1998: Symbole Ägyptens, Darmstadt

Panzer, Friedrich 1848/1855: Beitrag zur deutschen Mythologie, 2 Bde., München

Pferde – Mitwisser der Götter 1997: Eine Ausstellung im Reiss-Museum Mannheim, Katalog, Mannheim

(Der) Physiologus 1960: Tiere und ihre Symbolik. Übertragen und erläutert von Otto Seel. Zürich und München

Poeppig, Fred 1972: Ursymbole der Menschheit unter besonderer Berücksichtigung der Rosenkreuzersymbolik, Freiburg

Poppe, Thomas 1990: Der Löwe in uns allen. Die Tierfabel als Spiegel der Seele, Reinbek

Poppelbaum, Hermann 1981: Mensch und Tier. Fünf Einblicke in ihren Wesensunterschied, Frankfurt a.M.

Pseudo-Dionysius Areopagita 1986: Über die himmlische Hierarchie, über die kirchliche Hierarchie. Eingeleitet, übersetzt und mit Anmerkungen versehen von Günter Heil, Stuttgart

Ranke-Graves, Robert von 1981: Die weiße Göttin, Sprache des Mythos, Berlin

Ranke-Graves, Robert von 1981: Griechische Mythologie. Quellen und Dichtung, 10. Aufl., Reinbek

Rasmussen, Knud 1996: Die Gabe des Adlers. Eskimomythen aus Alaska, 3. Aufl., Berlin

Rasmussen, Knud 2001: Der Sängerkrieg. Eskimosagen aus Grönland, 2. Aufl., Berlin

Reimbold, Ernst Thomas 1983: Der Pfau. Mythologie und Symbolik, München

Remane, Adolf 1960: Das soziale Leben der Tiere, Hamburg

Renz, B. 1930: Der orientalische Schlangendrache. Ein Beitrag zum Verständnis der Schlange im biblischen Paradies, Augsburg

Riegler, Richard 1907: Das Tier im Spiegel der Sprache, Dresden und Leipzig

Rinne, Olga (Hrsg.) 1985: Der neue Entwurf. Ursprungsmythen, 2 Bde., Darmstadt und Neuwied

Roob, Alexander 1996: Alchemie und Mystik. Das Hermetische Museum, Köln / Lissabon / London / New York / Osaka / Paris

Sachs, Hannelore / Badstübner, Ernst / Neumann, Helga o.J.: Erklärendes Wörterbuch zur christlichen Kunst, Hanau

Sälzle, Karl 1965: Tier und Mensch, Gottheit und Dämon, München

Schäfer, Randolf M. 1997: Der verborgene Sinn des Schicksals. Mit Astrologie die Symbolik des Lebens entschlüsseln, Reinbek

Scherf, Walter 1982: Lexikon der Zaubermärchen, Stuttgart

Schiller, Gertrud 1966–1991: Ikonographie der christlichen Kunst, 5 Bde., Gütersloh

Schlesier, Karl H. 1985: Die Wölfe des Himmels. Welterfahrung der Cheyenne, Köln

Schliephacke, Bruno P. 1979: Bildersprache der Seele. Lexikon zur Symbolpsychologie, Berlin

Schöpf, Hans 1988: Fabeltiere, Graz

Simrock, Karl 1878: Handbuch der deutschen Mythologie mit Einschluss der nordischen, Bonn

Spence, Lewis 1995: Mythen der Indianer, Augsburg

Steiner, Rudolf 1985: Die Apokalypse des Johannes, 7. Aufl., Dornach

Sterneder, Hans 1988: Tierkreisgeheimnis und Menschenleben, 3. Aufl., Freiburg

Storl, Wolf-Dieter 1988: Feuer und Asche, Dunkel und Licht. Shiva – Urbild des Menschen, Freiburg

Streicher, Sonnfried 1996: Fabelwesen des Meeres, 4. Aufl., Rostock

Sühling, F. 1930: Die Taube als religiöses Symbol im christlichen Altertum, Freiburg i. Br.

Sun Bear & Wabun 1981: Das Medizinrad. Eine Astrologie der Erde, München

Taylor, Colin 1996: Die Mythen der nordamerikanischen Indianer, 2. Aufl., München

Thomas, David Hurst u.a. 1994: Die Welt der Indianer. Geschichte, Kunst, Kultur von den Anfängen bis zur Gegenwart, 4. Aufl., München

Toynbee, J.M.C. 1983: Tierwelt der Antike. Kulturgeschichte der antiken Welt, Band 17, Mainz

Udolph, Jürgen 1999: Ostern – Geschichte eines Wortes, Heidelberg

Vries, Jan de 1935: Altgermanische Religionsgeschichte, Leipzig

Vries, S.Ph. de 1990: Jüdische Riten und Symbole, Reinbek

Waters, Frank 1986: Das Buch der Hopi, 5. Aufl., Köln

Wilber, Ken 1991: Wege zum Selbst. Östliche und westliche Ansätze zu persönlichem Wachstum, München

Wilber, Ken 1999: Halbzeit der Evolution. Der Mensch auf dem Weg vom animalischen zum kosmischen Bewusstsein, 4. Aufl., Frankfurt

Wilmshurst, W.L. 1922: Der Sinn der Freimaurerei. Übersetzung aus dem Amerikanischen in Manuskriptform, o.J., o.O.

Wilmshurst, W.L. 1924: Freimaurerische Initiation. Übersetzung aus dem Amerikanischen in Manuskriptform, o.J., o.O.

Wüseke, Eduard B. 1990: Freimaurerische Bezüge zur barocken Emblematik, Münster

Wuttke, Adolf 1925: Der deutsche Volksaberglaube der Gegenwart, 4. Aufl., Leipzig

Zaunert, Paul 1922: Deutsche Märchen seit Grimm, Jena

Zimmer, Heinrich 1984: Indische Mythen und Symbole. Schlüssel zur Formenwelt des Göttlichen, 2. Aufl., Köln

Xokonoschtletl 1988: Unser einziger Gott ist die Erde. Weg, Weisheit und Geschichte der Azteken, Freiburg

Zippert, Erwin 1954/60: Die ägyptischen Mysterien des Osiris und der Isis, in: Die Große Befreiung, München

Bildquellen

S. 26: Die Majestät des göttlichen Wortes. Adlerlesepult im Dom zu Hildesheim (um 1300)

S. 29: Adler mit Jungen als unser zum Licht aufsteigender Geist. Aus einem alten Gebetbuch

S. 32: Selbstporträt eines Baumeisters mit Affe im Dom zu Worms (12. Jh.)

S. 39: Die Göttin Artio hat gerade aus ihrem Korb voller Früchte einen Bären gefüttert. Bronzegruppe aus dem 2. Jh. v.Chr., Historisches Museum Bern

S. 42: Amor in Bedrängnis. Albrecht Dürer: Venus und Amor (1514), Kunsthistorisches Museum Wien

S. 49: Durga kämpft mit dem mächtigen Büffeldämon Mahisha, Rajput-Schule (1750)

S. 51: »Ich bin glücklich und stolz, wie immer Eure Meinung zu teilen«, Grandville (1842)

S. 57: Arion als Apoll »reitet« die Macht des Elements Wasser. Albrecht Dürer (ohne Datum), Kunsthistorisches Museum, Wien

S. 69: Der Versuch, zum »süßen Kern« vorzudringen, Eichhörnchen an einer Konsole im Chorgestühl des Ulmer Münsters

S. 75: Das Einhorn als Erlöser im Gestrüpp der Unvollkommenheit, Stiftskirche Berchtesgaden

S. 79: Ganesha, Herr aller Hindernisse und Widrigkeiten, indisches Steinrelief aus dem 11. Jh.

S. 85: Jesus auf einem »Palmsonntagsesel«, Franziskanerkirche Berchtesgaden

S. 87: »Was nutzt dir die Brille, wenn du etwas nicht sehen willst!« Die Eule als Ausdruck von Scheuklappenweisheit, mit Untertitel von Hans Sachs (unbekannter Zeichner)

S. 89: Lilith, Adams erste Frau, eine alte hebräische Eulengöttin, Terrakotta

S. 92: Der ägyptische Pharao Chefren (ca. 2558–2532 v.Chr.) als »lebender Horus« (Foto: Roland Zieschank)

S. 101: Der Schlaf der Vernunft erzeugt Ungeheuer. Francisco Goya (1793–99), Hamburger Kunsthalle

S. 103: Belzebub als Fliege, hier einmal ungetarnt. Stich von Louis Pascal Breton aus: Collin de Plancy: *Die Kinder Lucifers*, Berlin (1989)

S. 106: Die Leutchen im Walde – ein Leben im Überfluß. Ida Bohatta (1934)

S. 116: Von der Einsamkeit erhabener Höhen

S. 118: Ein Greif erscheint Liebespaar. Wirkteppich aus der Schweiz (um 1430), Staatliche Museen von Berlin, Kunstgewerbemuseum

S. 120: Grille und Ameise: »Gesungen habt Ihr? Ei der Daus! ...« Grandville: Die Fabel von der Grille und die Ameise (1838)

S. 124: Karikatur zu den Kontrahenten des Dreißigjährigen Krieges, aus dem *Kalender der Gehörten* (17. Jh.)

S. 128: Hasenfenster im Dom zu Paderborn. »Drei Hasen und der Löffel drei, und doch hat jeder Hase zwei!«

S. 135: »Das lebendige Brot, das vom Himmel kam« in zweierlei Gestalt. Votivbild aus Kloster Heiligenblut, Tirol (17. Jh.)

S. 141: Hund jagt und packt Eber, den Dämon des Winters. Jagdfries am Dom zu Königslutter

S. 151: Der Hirschkäfer, Symbol für jede Art von Wachstum. Ludwig Emil Grimm (1847), Gebrüder Grimm Museum, Kassel

S. 153: Es war einmal: Swedenborg verband das Kamel mit Erkenntnis und Wissen vom Wahren. Camel-Werbung

S. 158: Bastet köpft als weiblicher Aspekt von Ra die Schlange Apophis. Aus dem *Totenbuch*, Papyrus des Schreibers Ani (um 1250 v.Chr.), Britisches Museum, London

S. 161: Kentaur im Konflikt mit der Konkurrenz. Mosaik aus der Hadriansvilla bei Tivoli, (2. Jh.), Staatliche Museen Berlin, Antiken-Sammlung

S. 169: Fabel vom Wolf und Kranich nach Aesop, St. Zeno in Bad Reichenhall (derzeitige Deutung). Der Wolf, der den Kranich bat, ihm von einem Knochen zu befreien, wollte hinterher den zugesicherten Lohn nicht bezahlen. Dafür ließ er den Kranich am Leben. Mehr als Dank widerspräche seinen Tugenden. Die beiden werden als Protagonisten der mächtigen Geschlechter der Welfen und Staufer gedeutet, die ihre Auseinandersetzung auf dem Rücken des Rehs, des friedlichen Klosterkonvents, austragen.

S. 178: Der Narr in verdächtigem Zusammenhang mit dem Kuckuck. Unbekannter Künstler

S. 181: Der Teufel notiert auf einer Kuhhaut, was von »disen tumben Wibun plapla gesprochun«. Fresko (um 1308) in der Kapelle St. Georg auf Reichenau

S. 189: Das neue Jerusalem aus der *Geheimen Offenbarung* (Reichenau vor 1020), Staatsbibliothek Bamberg

S. 197: Löwe als Wächter im Kreuzgang der Stiftskirche Berchtesgaden

S. 216: Muschel als Weihwasserbecken in der Kirche von Maria Pfarr im Salzburgischen Lungau

S. 228: Pegasus aus *Ortus Sanitatis* (1491), De Animalibus, Kapitel 114

S. 231: Juno mit Pfau als Sinnbild des Elements Luft: Entwurf für das Fresko von Wilhelm von Kaulbach im Prinz-Max-Palais, München 1931 (im Krieg zerstört), Münchener Stadtmuseum

S. 235: Helios und seine Pferde, Troja (nach 390 v.Chr.), Staatliche Museen Berlin, Pergamonmuseum

S. 239: Phönix aus J. Typotius: *Symbola Divina et Human*, Prag 1601–03

S. 247: Waldeinsamkeit, Holzschnitt von Ludwig Richter, o.J.

S. 253: Wie der Salamander lebt im Feuer, so auch im Stein (der Weisen). Aus Michael Maier: *Atalanta Fugiens*, 1618

S. 256: Der gute Hirte, oströmisch (4.–5. Jh. n.Chr.)

S. 258: Anubis als Einbalsamierer, *Totenbuch*, Papyrus von Anhai (um 1100 v.Chr.)

S. 265: Der Ouroborus aus: Abraham Eleazar: *Uraltes chymisches Werk*, Leipzig 1760

S. 277: Adolf Menzel: Zwei Schwäne (nach 1868)

S. 279: Schwein- oder Eberkopf als Winter (links) vor Frühlingssymbol (dem sich reckenden Menschen). Jahreszeitenfries an der romanischen Nikolaus-Kirche, Bad Reichenhall

S. 282: Sirenen stürzen sich auf das Schiff des Odysseus, Vasenmalerei (5. Jh. v.Chr.)

S. 289: Eine Sphinx oberhalb des Treppenaufgangs zum Saarbrücker Schloss

S. 293: Sternbild Steinbock von Abd ar-Rahman as-Sufi (um 965), im 15. Jh. als Bildserie veröffentlicht, Bibliothek Gotha

S. 297: Geballte Kraft verbunden mit gefährlicher Wildheit. Schottischer Highlandstier

S. 303: Die Taube erhebt sich aus den vier Elementen als befreiter Geist. Aus: *De Summa et Universalis Medicinae Sapientiae Vetereum Philosophorum*, Paris (ca. 18. Jh.)

S. 315: Jonas wird für drei Tage auf Weisung des Herrn vom Wal verschluckt. Holzstich von Sebastian Münster, 1628

S. 322: Wolf überfällt Rotkäppchens Großmutter. Gustave Doré (1862)

S. 323: Orpheus in der Unterwelt und der Fenriswolf (derzeitige Deutung), Kreuzgang der Stiftskirche in Berchtesgaden

S. 331: Griechischer Satyr aus dem 5. Jahrhundert v.Chr., Archäologisches Nationalmuseum Athen

Wenn nicht anders angegeben, stammen Bilder und Fotos aus dem Archiv der Autoren.

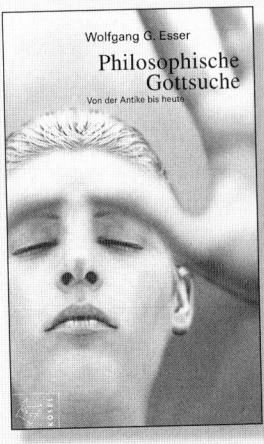